ROBERT COLES

Wird Gott naß, wenn es regnet?

Die religiöse Bilderwelt der Kinder

Aus dem Amerikanischen
von Almuth Dittmar-Kolb

Hoffmann und Campe

Die Originalausgabe erschien
unter dem Titel *The Spiritual Life of Children*
bei Houghton Mifflin Company, Boston
Copyright © 1990 by Robert Coles

Für Jane
Für unsere Söhne Bob, Danny, Mike
und
Zur Erinnerung an Walker Percy

Die Deutsche Bibliothek – CIP-Einheitsaufnahme

Coles, Robert:
Wird Gott naß, wenn es regnet?: Die religiöse Bilderwelt der Kinder /
Robert Coles. Aus dem Amerikan. von Almuth Dittmar-Kolb.–
1. Aufl. – Hamburg: Hoffmann und Campe, 1992
Einheitssacht.: The spiritual life of children ⟨dt.⟩
ISBN 3-455-08445-1

Deutsche Ausgabe
Copyright © 1992 by Hoffmann und Campe Verlag, Hamburg
Schutzumschlaggestaltung Lo Breier
Gesetzt aus der Garamont-Amsterdam
Satz Dörlemann-Satz, Lemförde
Druck und Bindung Clausen & Bosse, Leck
Printed in Germany

Inhalt

Einleitung

Mit diesem Buch schließe ich die Reihe meiner Arbeiten ab, die ich im Laufe der letzten dreißig Jahre über Kinder in verschiedenen Teilen der USA und vielen anderen Ländern der Welt verfaßt habe.

Gegen Ende der siebziger Jahre waren die ersten fünf Bände von *Children of Crisis* erschienen, und meine Frau und ich saßen vor Bergen von Kinderzeichnungen und -bildern, verfügten über eine stattliche Sammlung von Tonbändern und schriftlichen Aufzeichnungen, über zahllose Fotografien von Kindern und nicht zuletzt auch über Erinnerungen an gute und weniger gute Tage, die wir im Verlauf unserer Arbeit erlebt hatten. Damals war ich mit dem Werk Erik H. Eriksons schon recht gut vertraut: Ich hatte bei ihm studiert und als sein Assistent in Harvard gearbeitet. Auch hatte ich das Glück, Anna Freud, zunächst über einen Briefwechsel und später in persönlichen Begegnungen in den USA und England, kennenzulernen.[1] Diese beiden Lehrmeister der Kinder-Psychoanalyse, kluge und in ihren Ansichten sehr ausgewogene Persönlichkeiten, waren Jane und mir eine immense Hilfe bei dem Versuch, aufzuarbeiten, was wir gemacht und angestrebt hatten, und Perspektiven für zukünftige Projekte zu entwickeln. Im Jahre 1978 gab Anna Freud eine Anregung: »Es wäre doch sicher interessant, wenn Sie frühere Arbeiten noch einmal durchgehen und dabei vielleicht bisher Übersehenes zutage fördern.« Ich erinnere mich noch, damals eher überrascht und ein wenig amüsiert reagiert zu haben. Sie lieferte auch keinerlei Anhaltspunkte, was uns möglicherweise erwarten würde, wenn wir ihrem Rat folgten; was ihren Vorschlag so reizvoll machte, war die Art, wie sie ihn vorbrachte: eine Mischung aus ironisch-trockener Zurückhaltung und wirklicher Anteilnahme.

Von 1978 bis zur Mitte der achtziger Jahre führten Jane, unsere drei halbwüchsigen Söhne und ich Interviews durch in Nordirland, Polen, Nicaragua, Südafrika, Brasilien und in unserer Heimat New England sowie dem benachbarten Kanada. Wir wollten ergründen, wie sich Wertvorstellungen bei Kindern entwickeln, ihr Empfinden für Recht und Unrecht, und wir versuchten auszuloten, was es für sie bedeutete, kleine Staatsbürger zu sein. In meinen Büchern *The Moral Life of Children* und *The Political Life of Children* haben wir uns dazu geäußert. Im Verlaufe unserer regelmäßigen Begegnungen mit Kindern hat es uns immer wieder beeindruckt, wie häufig sie religiöse Themen ansprachen. Aber wie konnte es auch anders möglich sein, als daß in einem Gespräch mit Menschen in Belfast oder Warschau oder Managua die Rede auf die »Prods« und die »Papisten« kam, daß vom »polnischen Papst« oder von »dem Kardinal«, der sich mit den Sandinisten angelegt hat, gesprochen wurde. Je näher ich die Kinder kennenlernte, je genauer ich ihnen zuhörte, je mehr Zeichnungen und Bilder von ihnen ich sammelte und zu verstehen suchte, um so klarer wurde mir, daß für viele von ihnen Religion und Patriotismus, auf unterschiedliche und sehr eigenartige Weise vermischt, unverzichtbar waren bei dem Bemühen, eine sinnvolle Lebensphilosophie zu entwickeln.

Als sich dann 1985 meine Arbeit an *The Moral Life of Children* ihrem Ende näherte, war ich endlich soweit, Anna Freuds Vorschlag aufzugreifen: Ich wollte mir das Forschungsmaterial, das ich in der Vergangenheit zusammengetragen hatte, erneut ansehen und dabei überlegen, in welcher Weise es auszuwerten sei – möglicherweise in einer Untersuchung der Glaubenswelt und Spiritualität von Kindern, die an den verschiedensten Orten und in die unterschiedlichsten Traditionen eingebunden leben. Zunächst gingen meine Frau und ich unsere alten Unterlagen durch und erstellten eine Übersicht all der versäumten Gelegenheiten und der nicht weiter verfolgten Hinweise.

Bevor ich von Kindern wirklich etwas lernen konnte, mußte ich in mich gehen und mir über meine eigenen Vorstellungen klar werden, die ich mit Religion als psychologischem Phänomen und als sozialer und historischer Größe verband.[2] Ausgebildet innerhalb der Welt der psychoanalytischen Psychiatrie und der Kinderpsychiatrie, mußte ich mich, nicht zum ersten Mal, jenem so schwierigen Problem stellen, das Freud in *Die Zukunft einer Illusion* in provokativer Absicht benannt hatte – was ist von religiösen Praktiken und Überzeugungen zu halten? Mit dieser Frage hatte ich mich seit dem Beginn meines Medizinstudiums herumgeschlagen, als ich die ersten Vorlesungen von Psychoanalytikern hörte und zugleich in einer Volksküche für katholische Arbeiter jobbte und an Kursen am Theologischen Seminar teilnahm. Auch während meiner Zeit als Assistenzarzt in der Psychiatrie und im Laufe der Zeit, die ich mit meiner Lehranalyse und der Durchführung von Kursen an einem Institut für Psychoanalyse verbrachte, ließ mich dieses Thema nicht los – und nun, da ich mich anschickte, Kinder über Gott, sein Wesen und seine Wege zu befragen, nun hielt ich abermals inne und fragte mich selbst, was ich denn empfand und was ich denn zu all dem zu sagen hatte. Im 12. Kapitel dieses Buches versuche ich eine vorsichtige Annäherung an das Problem des Glaubens im Lichte moderner psychoanalytischer Erkenntnisse. Im Verlaufe meines dritten Besuches bei Anna Freud hatte ich die Religionsfrage ganz allgemein, aber auch als ein persönliches Problem zur Sprache gebracht. Sie hatte, wie stets, sehr aufmerksam zugehört und schließlich einen Fingerzeig gegeben: »Machen Sie sich doch die Vorstellungen der Kinder zu diesem Thema zunutze.« Damals war ich einigermaßen irritiert – ich dachte, sie hätte mir klar machen wollen, daß ich Jungen und Mädchen genau zuhören sollte, wenn sie über religiöse Fragen redeten, um dann besser verstehen zu können, in welcher Weise mein eigenes, in Teilen durchaus kindliches Denken sich religiöser Interessen bediente. Doch als ich mir Jahre später unsere ersten Gespräche (ich hatte sie auf Band mitgeschnitten) noch einmal vergegenwärtigte, wurde mir klar, daß sie genau das meinte, was sie gesagt hatte: Sie war frei von jeder Herablassung oder Kritik gewesen in dem Sinne, daß von etwas Pathologischem die Rede sei.

Gegen Ende des Jahres 1985 habe ich dann in diesem Sinne damit angefangen, mir von den unterschiedlichsten Kindern helfen zu lassen. Die Durchführung dieses Forschungsprojektes hat viele Jahre in Anspruch genommen. Es führte mich in die Vereinigten Staaten, nach Zentral- und Mittelamerika, nach Europa, in den Mittleren Osten und nach Afrika und brachte mich mit den großen Weltreligionen in Berührung, mit dem Christentum, dem Islam und dem Judentum. Dieses Projekt hat dazu geführt, mir auch die Menschen etwas genauer anzusehen, die hier und in anderen Ländern gewissermaßen im religionsfreien Raum leben. Und schließlich hat mich dieses Projekt gelehrt, Kinder als Suchende zu sehen, als junge Pilger, die wissen, daß unser Leben nur eine kurze Reise ist und die sich mit der gleichen Ernsthaftigkeit bemühen, seinen Sinn zu erfassen, wie es diejenigen unter uns tun, deren Zeit schon weiter vorangeschritten ist.

Um unsere Ergebnisse abzusichern, beschäftigten wir uns mit einer großen Zahl von Kindern und brachten dabei ihre jeweils besonderen religiösen Bräuche und Glaubensgrundsätze zur Sprache; aber wir beschäftigten uns auch mit Kindern, deren Interesse an Gott, am Übernatürlichen, am wahren Sinn des Lebens, am religiösen Zusammenhang der Dinge in keiner Weise durch den regelmäßigen Besuch von Kirchen, Moscheen oder Synagogen vermittelt war. Bei einigen handelte es sich um die Söhne oder Töchter erklärter Agnostiker oder Atheisten; andere gehörten zu »gläubigen« Familien, waren aber an spirituellen Fragen interessiert, die keineswegs in Einklang mit den Prinzipien ihres Glaubens standen; sie sprachen visionäre Gedanken aus, übten scharfe Kritik an der institutionalisierten Religion. Das moralische und das religiöse Leben überschneiden sich bei Kindern in ganz natürlicher Weise – nicht anders als bei Erwachsenen. Bei vielen Kindern liegen die Dinge hinsichtlich ihres religiösen und spirituellen Lebens sicher sehr ähnlich – selbst bei jungen Menschen, die überhaupt noch nicht mit einer religiösen Institution in Berührung gekommen sind oder irgendeine Art religiöser Unterweisung erhalten haben. »Ich denke über Gott nach, wer Er ist oder ob Er nur irgend jemand ist, der vor langer Zeit von Menschen erfunden wurde – und wenn Er wirklich existiert, wie wir Seiner Meinung nach sein sollten« – so ein zwölfjähriges Mädchen aus einem Vorort von Boston. Dieses Buch beschäftigt sich nicht so sehr damit, wie Kinder sich mit dieser oder jener Religion auseinandersetzen oder sie praktizieren, sondern damit, in welch vielfältiger Weise Kinder sich als spirituelle Wesen zeigen: als junge Menschen in beständigem Wechsel zwischen Profanität und Spiritualität.

*

Die für dieses Buch erforderlichen Forschungsarbeiten hätte ich ohne die großzügige Hilfe der Lilly-Stiftung und der Ford Foundation nicht durchführen können. Dabei erwies es sich als ungewöhnlich schwierig, schwieriger als bei allen meinen anderen Projekten, die notwendige Unterstützung zu erhalten. Ständig hörte ich von Stiftungs-Managern Kommentare wie: »Religion ist ein Bereich, mit dem wir uns nicht befassen.« Einer dieser Manager, und zwar der, der mir just dies in einem Brief mitgeteilt hatte, ein guter Bekannter übrigens, rief mich auch noch an und meinte, sehr freundlich, aber in vollem Ernst: »Wir haben uns gefragt, was jemand wie du sich von der Beschäftigung mit einem derartigen Thema erhofft.« Mein Buch stellt den Versuch dar, auf diese Frage eine befriedigende Antwort zu liefern.

Mein Dank gilt auch, wie stets, Peter Davison, einem guten Freund und tatkräftigen und sachkundigen Herausgeber. Dank auch an Jay Woodruff für seine ständige Mitarbeit in unserem Büro an der Harvard Universität, wo wir beide lehren – auch er ein wahrer Freund. Ich danke meiner Frau Jane, die mich schon sehr früh darauf hingewiesen hat, wie oft bei nicht-religiösem Gedankengut ein ideologischer Hintergrund durchscheint, und die mich auf so manches aufmerksam machte, das zu erkennen ich mich lange Zeit sperrte. Sie war es, die bereits im frühesten Stadium unserer Arbeit in den Südstaaten spirituelle Interessen und Sehnsüchte bei Kindern beobachtete, die nicht religiös im konventionellen Sinn waren, und sie war es, die mich unablässig zu der Forschungsarbeit anspornte, die wir dann schließlich jahrelang durchführten.

Unsere Söhne Bob, Danny und Mike erwiesen sich überall in der Welt als zuverlässige Helfer – als Kollegen. Während ihre Mutter jedes Interview las und alle Kinderzeichnungen betrachtete und kommentierte, bemühten sie sich in den verschiedensten Ländern darum, Kinder für unsere Gespräche zu finden, und lernten das Wesen der kindlichen Spiritualität verstehen, sowohl das der demütig-gläubigen als auch das derjenigen, die, wie es Dorothy Day einmal formuliert hat, voller Leidenschaft »nach den Sternen greifen«. Mein Sohn Bob hat, unterstützt von seinem Freund Ian Helfant, in Schweden, Ungarn und Tunesien gearbeitet; in den Vereinigten Staaten führte er zahlreiche Gespräche mit Kindern aus Adventistengemeinden in Tennessee sowie mit katholischen, protestantischen und jüdischen Kindern in anderen Südstaaten. Darüber hinaus arbeitete er in Israel auch mit mir und meinem Freund Bruce Diker zusammen, wobei uns dessen genaue Kenntnis der israelischen Verhältnisse sehr zugute kam. Meine Söhne Danny und Mike lernten in London eine Reihe pakistanischer Kinder kennen, und sie standen mir auch bei meiner Arbeit in Nicaragua zur Seite, wo im übrigen auch einer meiner Studenten, James Himes, sich einen Sommer lang mit den Glaubensfragen und spirituellen Interessen der dort lebenden Kinder beschäftigte.

Wayne Arnold, ebenfalls einer meiner Studenten und in der Vergangenheit stets ein fleißiger Helfer in meinem Büro, ging nach Japan, wo ihm die Gespräche, die er dort mit Kindern führte, einen Einblick in eine besondere Form des Christentums und in einige Varianten buddhistischen und schintoistischen Denkens und Glaubens vermittelten. Dem Leser wird es nicht entgehen, daß ich nicht lange und nicht intensiv genug mit buddhistischen Kindern gearbeitet habe, um sie bzw. ihren Glauben zu behandeln. Doch manchmal, wenn ich mit Hopi-Kindern sprach oder auch mit Kindern, die überhaupt keiner Religionsgemeinschaft angehören, kamen mir diese buddhistischen und schintoistischen Kinder in den Sinn.

Drei letzte Danksagungen: an meine Eltern, die mich so früh an spirituell orientierte Romanciers wie Tolstoi und George Eliot herangeführt haben; an Perry Miller, der ein Leben lang über die Puritaner New Englands in all ihrer großartigen und manchmal auch übersteigerten Komplexität arbeitete und der mich als mein Tutor in den Anfangssemestern dazu anregte, mich – ungeachtet des nach dem Zweiten Weltkrieg in Medizin und Psychoanalyse vorherrschenden Agnostizismus – mit religiösen und spirituellen Fragen zu beschäftigen; und zu guter Letzt an meinen Freund Walker Percy, dessen Romane und philosophische Essays so vielen Lesern so viel gegeben haben und dessen Leben für uns alle ein unermeßliches Geschenk darstellt.

KAPITEL I

Das Antlitz Gottes

»Ich will Sein Gesicht malen« – diesen Satz habe ich in vielen Sprachen gehört, von Kindern jeglicher christlichen Konfession, aber auch von Kindern, die eine religiöse Bindung weit von sich weisen. Im Gegensatz dazu stellten jüdische und mohammedanische Kinder sehr schnell klar, daß weder der Jehova der hebräischen Propheten noch Allah oder sein Prophet Mohammed bildlich dargestellt werden dürfen. Es gab jüdische Kinder, in Israel wie in den Vereinigten Staaten, bei denen dieser Unterschied zum Anlaß für ausgiebige Diskussionen wurde. »Natürlich malen die Christen ein Bild von Gott. Ihre Kirchen sind doch voll von Bildern von Ihm«, sagte ein zehnjähriger jüdischer Junge zu mir.[1] »Unser Gott hat sich nie gezeigt. Er hat mit uns gesprochen, aber Er ist nicht erschienen.« Das habe ihm sein Vater gesagt.

Gestatten Sie mir ein bißchen Statistik: Ich habe 293 Kinderzeichnungen von Gott zusammengetragen, und alle bis auf 38 zeigen Sein Gesicht, vielleicht noch den Hals oder etwas Schulterähnliches, aber keinen Leib, keine Arme, keine Beine. Alle diese Bilder sind aufgrund meiner Aufforderung, »ein Bild von Gott« zu malen, entstanden. Wenn ich mehr will und die Kinder dazu ermutige, über die Darstellung des Gesichts hinauszugehen, tun mir die meisten den Gefallen. Aber ich besitze auch 53 Zeichnungen von Kindern, denen trotz meines Vorschlags nicht daran gelegen war, noch etwas hinzuzufügen.

Eine Viertklässlerin von neun Jahren in Lawrence im US-Staat Massachusetts hatte sich sehr viel Mühe gegeben, um »Gottes Gesicht« (nicht, wie sie betonte, »das Gesicht von Jesus«) zu zeichnen. Ich saß ganz in ihrer Nähe in einem Klassenzimmer und sah mir Bilder an, die vorher von Sechstklässlern gemalt worden waren. »Möchtest du mehr als das Gesicht malen?« fragte ich sie. Sie gab keine Antwort. Nach einer Pause wurde ich deutlicher: »Willst du nicht auch den Körper malen?« – »Nein.« Wieder eine Pause und dann kam: »Wenn ich an Gott denke, fällt mir immer nur Sein Gesicht ein. Ich kann mir außer Seinem Gesicht nichts weiter vorstellen.« Selbst Kinder, die Jesus als Menschen gemalt und Bilder von Ihm gesehen haben – auf denen Er geht, redet, mit Seinen Freunden und den Jüngern ißt –, zögern oft, mehr als das Gesicht Gottes darzustellen.

In demselben Klassenzimmer erklärte ein anderes Mädchen, warum sie solche Hemmungen habe: »Als Gott auf die Erde kam, sah Er aus wie ein Mensch. Er war Jesus. Aber dann wurde Er wieder zu Gott, und ich weiß nicht, wie Er jetzt aussieht – aber ein Gesicht muß man ja haben!« Sie machte sich daran, Ihm eins zu geben: Erst kam ein großer Kreis, dann sehr viel fließendes, welliges Haar, dann ein Hals – und hier hielt sie abrupt inne. Ich sah, daß sie sich an ihrem eigenen Hals kratzte. Sie hatte den orangefarbenen Buntstift aus der Hand gelegt, nachdem sie den Hals fertiggemalt hatte; jetzt näherte sich ihre Rechte wieder dem Stift und ergriff ihn. Doch wandte sie dabei ihre Augen die ganze Zeit nicht von ihrem Blatt mit dem orangefarbenen Kreis, der das Gesicht werden sollte, und von den braunen Linien, die die Haare darstellten. Plötzlich begann sie, ihre Überlegungen in meine Richtung hin auszusprechen (ich saß auf der anderen Seite des Mittelgangs): »Es ist bloß ein Versuch. Ich weiß nicht, ob das so stimmt. Ich bin nicht sicher, ob ich das Bild wirklich weiter malen sollte.« Sie blickte von ihrem Blatt Papier auf und mir in die Augen. Ich schwieg einige Sekunden. Mir ging Verschiedenes durch den Kopf: Das erlebe ich nicht zum ersten und auch nicht zum letzten Mal. Manche Kinder machen sich ohne das geringste Zögern daran und malen im Handumdrehen ein Porträt von Gott oder Jesus. Aber es gibt immer auch Kinder, die nicht so forsch sind – als ob sie plötzlich Ehrfurcht, ja sogar Angst überkommt. Dieses Mädchen, sie hieß Betsy, gehörte zu der zweiten Gruppe. Damit es weiter ging, sagte ich schließlich: »Ja, es *ist* ein Versuch. Es gibt keine richtige Antwort – hier gibt's nur dich und mich mit unserem Malpapier und den Stiften.« Sie drehte sich um, musterte meine Tischplatte und meine Arbeit, die nicht genau zu erkennen war, weil ich schräg hinter ihr saß und machte sich umgehend wieder an ihr Bild. Vielleicht war sie dankbar dafür, daß ein anderer »Künstler« ebenso zaghaft war. »Ich mach' einfach mal weiter«, sagte sie leise, mehr zu sich selbst, während sie schon wieder ins Malen vertieft war. Jetzt bekam das Gesicht Augen, Mund und Nase. Als nächstes malte sie Ohren, dann Augenbrauen und einen kräftigen Bart.

Als der Bart fertig war, betrachteten Betsy und ich das Bild und dann die Stifte, die vor ihr auf der alten Tischplatte lagen. Ein- oder zweimal sah sie aus dem Fenster, nicht auf die Straße, sondern quer durch einen Park in Richtung auf die Bäume und Häuser hinten am Horizont. Sie blickte auch nach oben in den Himmel und kommentierte, was sie sah: »Es kommen Wolken auf. Vielleicht regnet es, bis die Schule aus ist.«

»Ja, ich habe heute morgen im Wetterbericht gehört, daß es regnen soll.«

»Ich auch.« Es blieb fünf Sekunden lang still, dann kam ihre Frage: »Glauben Sie, daß Gott naß wird, wenn es regnet?«

»Ich weiß nicht.«

»Aber was glauben Sie?«

Ich veränderte meine Sitzhaltung, während ich nach einer Antwort suchte. Schließlich sagte ich, daß mich vor ein paar Monaten ein Junge genau dasselbe gefragt habe.

»Und was haben Sie ihm gesagt?«

In einem etwas selbstgerechten Ton antwortete ich: »Daß ich es nicht wüßte.«

Sie gab sich immer noch nicht zufrieden. Sie sah mir direkt in die Augen und fragte mich: »Aber Sie können es sich denken, oder?«

Mir fiel auf, daß ich schon wieder unruhig auf dem Stuhl herumrutschte. »Ja.« In meinem Inneren hörte ich eine Stimme sagen: Warum erzählst du ihr nicht, was du vermutest, warum gibst du ihr nicht irgendeine Antwort, die dir gerade einfällt? Aber ich wußte ehrlich nicht, wie ich die Frage beantworten sollte. »Betsy, ich weiß wirklich nicht, wie die Antwort lautet. Ich weiß einfach nicht, was ich sagen soll. Was meinst du denn?«

Das Mädchen reagierte sofort: »Ich glaube, Er wird oft naß. Bloß weil es der Himmel ist, heißt das noch nicht, daß es da nicht regnet. Also, was meinen Sie?«

»Es hat sicher auch mal geregnet, als Jesus auf der Erde war. Aber ich kann mir nicht vorstellen, wie das Wetter im Himmel ist.«

Es schien sie zu befriedigen, daß ich überhaupt bei ihrer spekulativen Unterhaltung mitgemacht und mich nicht, wie bei anderen Gelegenheiten, entschlossen aus der Sache herausgehalten hatte. Dann wurde sie ein bißchen belehrend. »Gott ist bei uns, so wie Er bei Jesus war, und deshalb weiß Er, ob es regnet oder nicht. Er muß den Regen ja spüren, weil Er sonst nicht allwissend wäre, aber das ist

Er doch.« Eine Sekunde Schweigen, ein tiefes Luftholen: »Wer nicht glaubt, daß Er bei uns ist, zweifelt an Ihm. Dann muß man beten.« Zu meiner großen Erleichterung entschied sie sich an diesem Punkt, mit ihrer Zeichnung weiterzumachen. Anscheinend spürte sie, daß ich nicht wollte, daß sie weitersprach. Vielleicht um mir einen Gefallen zu tun, wechselte sie das Thema zu konkreteren Überlegungen: »Ich glaube, ich male Ihn, wie Er lächelt. Er ist sonst zu ernst.«

Es war dumm (oder allzu neugierig) von mir, daß ich mich nicht zurückhielt, sondern weiterfragte: »Glaubst du, daß Er unterschiedlicher Stimmung sein kann?«

Sie warf mir erst einen verwunderten Blick zu und fügte dann mit ungeduldigem Ton in der Stimme hinzu: »Muß Er ja, wenn wir so sind.«

»Das verstehe ich noch nicht, Betsy.«

Ihre Erklärung ließ nicht auf sich warten und wurde in dem gleichen zuvorkommenden, aber auch belehrenden Ton gesprochen. »Wenn Gott dich kennt, dann kennt Er auch deine guten und schlechten Tage. Meine Oma sagt, ihr geht es mal besser und mal schlechter, und sie weiß genau, daß Gott sie die ganze Zeit sieht. Das ist vielleicht ein bißchen ermüdend, aber dafür ist Er ja Gott.«

Ich konnte mich wieder nicht beherrschen: »Kann Gott denn müde werden?«

Betsy reagierte sofort und sehr lebhaft: »Vielleicht ja – vielleicht aber auch nein, weil Er schließlich Gott ist und nicht müde werden kann.«

»Und wenn Gott gern müde werden wollte?«

Betsy lächelte und erklärte fröhlich: »Wenn Er das wollte, könnte Er das bestimmt.« Nachdem sie eine Sekunde nachgedacht hatte, fügte sie hinzu: »Aber warum sollte Er müde werden wollen?«

Betsy wendete sich wieder ihrer Zeichnung zu, beschloß die Augen anzumalen und malte sie teils blau, teils braun an – und als ob sie weiteren Fragen zuvorkommen wollte, erklärte sie: »Ich habe blaue Augen, aber meine Schwester hat braune, und die Augen von Gott sollten so sein wie von allen.« Ich mußte an einen zehnjährigen Jungen in einer Schule in einem Vorort von Stockholm denken. Er hatte verkündet, daß er für ein Bild von Jesus oder Seinem Vater weder die angebotenen Buntstifte noch den Tuschkasten nehmen wollte. »Gott gehört allen, deshalb ist Er weder weiß noch braun oder schwarz. Er hat alle Hautfarben und Augenfarben. Man kann

Ihn sich schwer vorstellen, und deshalb nehme ich nur einen Bleistift.« Auch Betsy hatte sich noch weitere Gedanken gemacht. Sie fügte dem braunen Bart noch gelbe und schwarze Striche hinzu: »Wahrscheinlich hat Er auch alle Haarfarben, die es gibt, genau wie bei den Augen.«

Oft geben Kinder Gott ihre eigene Haarfarbe. Wenn man von Schweden nach Ungarn und Italien und von dort über das Mittelmeer nach Israel reist, wo auch einige christliche Kinder leben, werden die blonden Darstellungen von Gott und Jesus zunehmend von dunkelhaarigen Gestalten verdrängt. Dasselbe geschieht mit den Augen – anstelle der bei den schwedischen Kindern vorherrschenden blauen Augen werden nach Süden hin zunehmend braune und schwarze gemalt. Für Nord- und Südamerika gilt das gleiche. Auch den Kindern selbst fallen solche auf Farben beruhende Unterschiede schnell auf, und sie weisen von sich aus auf ihre Bedeutsamkeit hin. Einige Wochen nach dem eben geschilderten Gespräch zwischen Betsy und mir saßen sie und drei andere Kinder mit mir zusammen und betrachteten nacheinander eine Reihe von gezeichneten und getuschten Bildern, die alle das Antlitz Gottes oder von Jesus darstellten. Schon gleich zu Anfang wies Betsy auf die verschiedenen Haar- und Augenfarben hin und sagte zu Hal, einem zehnjährigen Jungen mit braunem Haar und blauen Augen, daß er die Gesichter auf seinen Bildern immer in den Farben male, die er selbst habe.

Hal gab das umgehend zu. »Kein Mensch hat Gott gesehen, außer er war schon tot. Also, woher soll man das wissen? Er sieht wahrscheinlich oft anders aus – ich meine, du stellst Ihn dir auf deine Art vor, und ein anderer sieht Ihn vielleicht ganz anders. Meine Mutter sagt, Er ist ein Schatten – also, daß Er wie ein Schatten aussieht.«

»Aber wenn Er ein Schatten ist«, entgegnete Betsy, »dann würde Er ja ganz grau sein, und wie kann Er dann blonde Haare und blaue Augen haben – das kann Er eben nicht.«

»Kann Er doch«, beharrte Hal und fügte knapp hinzu, »Er kann tun, was Er will.«

»Du meinst«, fragte Betsy, »Er kann sich verwandeln?«

»Na klar«, antwortete Hal zuversichtlich. Und um seine Überzeugung zu bekräftigen, deutete er auf den Stapel mit Zeichnungen, die auf dem Tisch in dem kleinen, gemütlich eingerichteten

Lehrerzimmer lagen, wo wir saßen. »Es gibt keine richtige Antwort – sie haben alle recht. Du [Betsy] siehst Gott, und ich sehe Ihn, und Er ist so, wie du Ihn dir vorstellst und wie ich Ihn mir vorstelle, Er ist beides. Ich habe den Priester gefragt, und der sagt das auch.«

»Aber weiß der das genau?« fragte Betsy, halb aus echtem Interesse, halb rhetorisch.

»Er kann das nicht genau wissen, nicht hundertprozentig«, mischte sich ein anderer Junge namens Larry ein. Keiner widersprach ihm. Larry war dunkelhaarig mit großen braunen Augen und stammte aus einer spanischsprechenden Familie. Er war elf Jahre alt und meistens ziemlich schweigsam, aber nicht an diesem Morgen. Er war katholisch, aber er war der schärfste Kritiker seiner eigenen Kirche in diesem Raum: »Die Priester hier [in Lawrence] behandeln uns [die spanischsprechenden Einwanderer aus Puerto Rico und verschiedenen anderen karibischen Inseln], als wären wir nicht so gut wie sie. Für die muß Jesus ein Ire sein! Wenn die Ihn zeichnen würden, dann hätte Er die gleiche Haarfarbe und die gleichen Augen wie sie. Auch die Priester raten ja bloß, genau wie wir! Mein Vater sagt, die Priester können auch ganz riesige Fehler machen. Wie Gott aussieht – das kann ich so malen, wie ich will, und jeder andere auch. Ein Priester soll kein Lehrer sein und dir eine Zensur verpassen. Er sollte bloß für dich beten.«

Mir war klar, daß dieser Junge damit die rassischen Spannungen in seinem Wohnviertel in unser Gespräch einbrachte. Die Neuankömmlinge fühlten sich schmerzlich vernachlässigt oder verachtet von denen, die die Geschicke der Stadt in Händen hielten (wie die Schulleiter und die wichtigen Geschäftsleute). Es gab eine populistische Strömung, die die römisch-katholische Kirche zur Zielscheibe sozialer und politischer Kritik machte. Larry hatte nicht vergessen, was insbesondere sein Vater bei vielen Gelegenheiten gesagt hatte: »Der Priester neigt sein Ohr dem zu, der klingende Münze hat.«

»Wenn ich das Gesicht von einem Priester malen sollte«, sagte Larry herausfordernd und wollte damit seine Meinung noch einmal ausdrücklich betonen, »dann würde ich ihm riesige Ohren zeichnen.«

»Aber Gottes Ohren müssen auch groß sein«, wandte Hal ein. »Er hört alles, was wir sagen.«

Jetzt meldet sich die neunjährige Maria, die wie Larry aus einer spanischsprechenden Familie stammte, mit einer Warnung zu Wort: »Er könnte aber auch ausgezeichnet hören, selbst wenn Seine Ohren nicht größer aussehen [als die aller anderen]. Vielleicht hat Er nicht einmal Ohren – oder Augen oder sonstwas. Vielleicht sieht Er gar nicht aus wie wir. Vielleicht sieht Er total anders aus.«

(Etwa eine Woche zuvor war Maria gern bereit gewesen, mit dem Bleistift ein Bild von Moses zu malen, der die zwei Gesetzestafeln mit den Geboten hielt; außerdem hatte sie ein ziemlich stilisiertes Bild von Jesus gezeichnet, auch mit einem Bleistift statt der angebotenen Buntstifte oder Farben. Aber Gott – das war etwas anderes: »Jesus war hier auf der Erde, und die Menschen haben Ihn gesehen. Er war da. Von Gott hat noch niemand ein Fitzelchen gesehen! Die Nonne hat uns gesagt, wir sollten Ihn uns als Stimme vorstellen, nicht als einen Menschen mit einem Körper. Meine Mama sagt, Er kann auf jeden Fall sprechen, aber du kannst Ihn dir nicht mit Armen und Beinen vorstellen, und Essen und Trinken tut Er auch nicht. Er ist ganz anders, und deshalb kann ich Ihn nicht zeichnen.«)

»Selbst wenn das stimmt, selbst wenn Er anders ist als wir«, beharrte Betsy prompt, »darf man sich doch etwas ausdenken. Man rät eben einfach. Wir wissen ja auch nicht, wie Jesus wirklich aussah. Damals gab's noch kein Fernsehen und keine Filme und nicht mal Fotoapparate, und deshalb denken wir uns was aus, wenn wir an Ihn denken, an Sein Aussehen. Du machst die Augen zu, und dann betest du, daß du das Richtige siehst. Die Lehrerin [in der Sonntagsschule] hat uns das beigebracht. Sie hat gesagt, wenn du den Glauben hast, dann wirst du Ihn ›empfangen‹. Sie hat gesagt, daß Er mit seinen Worten zu dir kommt und dir sagt, was du tun sollst, und dann siehst du Ihn, vielleicht, manchmal. Ich meine, du siehst Ihn nicht wirklich, aber du versuchst es, und wenn du es wirklich ernst meinst, dann ist Er für dich da, und ganz egal wie du Ihn siehst, dann ist Er das, bestimmt.«

In diesem Beitrag steckte sehr viel von ihr selbst. Wenn Kinder das Gesicht Gottes oder Jesu mehr als einmal zeichnen, wiederholen sie sich meist sehr stark – die gleichen Gesichtszüge in den gleichen Proportionen, die gleichen Farben und Formen. Nicht so bei Betsy. Einmal malte sie Gottes Gesicht braun an und sagte dazu, wenn sie schwarz wäre, würde sie Ihn »die ganze Zeit« so malen.

Dann fiel ihr aber noch etwas ein, und sie meinte: »Ich würde Ihn doch manchmal weiß machen, denn Er ist ebensogut weiß wie schwarz. Meinen Sie nicht auch?« Ich stimmte ihr zu.

Betsy war bereit, den Gott, den sie gerade erst kennenlernte, nicht faßbar, veränderlich und in allen Farben schillernd sein zu lassen. Ihre religiösen Zeichnungen zeigten Phantasie und Witz, doch keine innigen oder schwärmerischen Gefühle. Das hatte sehr viel mit der Religiosität ihres Elternhauses zu tun. »Daddy hat gesagt, daß jeder Mensch von Gott besucht werden kann. Ob Er lächelt oder traurig ist, hängt von dir selber ab, denn du bist es ja, den Er besucht.« Daher zeigte sie in einer Serie von Gesichtern einen teils lächelnden, teils stirnrunzelnden, mal hell-, mal dunkelhäutigen Gott. Meistens allerdings entsprach Er ihrer biologischen und sozialen Herkunft – eine natürliche Folge, wie sie mich mehrfach erinnerte, *Seiner* Natur: daß Er sich sozusagen an jeden einzelnen anpaßt.

In derselben Stadt (Lawrence), an derselben Schule (Henry K. Oliver) machte sich eine zwölfjährige Schwarze namens Martha Gedanken, die weit über das Problem der »Rassenzugehörigkeit« hinausgingen. Während sie zeichnete, sprach sie über ihre Vorstellung von Gott: »Ich versuche mir Sein Gesicht vorzustellen, und ich hoffe, ich kriege es hin. Vielleicht ist Er weiß, aber Er könnte auch schwarz sein. Das ist mir egal. Ich weiß nur, daß Ihn die schlechten Menschen anwidern, die Er auf die Erde gelassen hat. Er wollte wohl 'ne Menge übler Typen loswerden. Ich hab im Fernsehen von der ›Umwelt‹ gehört, von all dem Mist. Na, hier gibt es *Leute*, die sind nicht besser als Müll, ganz gleich, was sie mit ihrem Abfall anfangen. Wenn ich mir vorstelle, wie Gott aussieht, dann sehe ich Ihn schimpfen und fluchen, daß die Wände wackeln, oder Er weint, wegen all dieser Taugenichtse.«

Nach dieser Rede versah sie das Gesicht des langgezogenen, braungesichtigen Gottes, den sie gezeichnet hatte, mit ein paar Tränen. Dann malte sie mit einem schwarzen Buntstift quer darüber eine schwarze Linie, so daß das Gesicht verunstaltet wurde. Die Ohren waren sehr klein, die Nase nur zwei Punkte, der Mund weit aufgerissen, so daß man die Zähne sah. Aber die großen schwarzen Augen, die noch durch dichte Brauen hervorgehoben wurden, beherrschten das Porträt. Dies war ein Gott, dem nichts entging und der keineswegs mit allem zufrieden war, was auf diesem Planeten geschah. Interessant für eine Künstlerin, die sehr feste Ansichten darüber hatte, was in dem göttlichen Gesicht betont werden mußte, war die Tatsache, daß Martha auch Zweifel, sogar Skepsis ausdrückte: »Ich wollte Ihm eigentlich auch Haare geben, aber vielleicht hat Er gar keine. Wer sagt denn, daß Er wie wir aussieht? Vielleicht sieht Er überhaupt nicht aus wie wir! Vielleicht hat Er gar kein Gesicht! Vielleicht besteht Er nur aus Augen! Er muß uns ja dauernd beobachten, und wie könnte Er das, außer Er kann sehen? Keine Ahnung! Vielleicht ist es Ihm solange egal, bis Er sich an dem Tag [des jüngsten Gerichts] entscheidet. Mein Onkel steht immer auf [in der Kirche] und sagt, daß wir alle bestimmt noch unsere Abreibung bekommen, aber eine tüchtige, wenn wir vor Ihn treten – aber manche Leute sind schlechter als die anderen. Manche sind ziemlich gute Menschen. Gott wird schon wissen, was Er dann tun wird!«

Sie schrieb unter ihr Bild »Sieh dich vor, Er entdeckt dich doch!«. Indem sie bei ihrem Glauben an die visuelle Seite von Gottes richterlichem Vorgehen gebunden blieb, verband sie zugleich ihre Zeichnung mit der Rolle des grimmigen Mahners, die ihr Onkel in der evangelischen Kirche spielte, die sie und die benachbarten armen schwarzen Familien besuchten. Sie hatte mir bereits mehrfach geschildert, wie diese langen, hitzigen Sonntagsgottesdienste verliefen und wie sie sich gruselte, wenn die älteren Männer und Frauen (darunter auch ihr Onkel und ihre Großmutter) außer sich gerieten, während sie Warnungen, Ermahnungen, Klagen und Anschuldigungen herausschrien. Sie versuchte nicht hinzuhören, aber sie erinnerte sich nur zu gut an bestimmte Sätze, und diese verfolgten sie, zu ihrer großen Beunruhigung, bis in ihre Träume. Wenn sie dann aufwachte, war sie in kalten Schweiß gebadet, ihre Beine zitterten, und sie hatte Kopf- und Bauchschmerzen. »Einmal habe ich nach so einem Traum gedacht, daß ich sterben müßte«, erzählte sie, »und eine Zeitlang hatte ich Angst, aber plötzlich hatte ich keine Angst mehr.« Ihre Erklärung dafür kam ruhig und kurz: »Ich habe mich an Gott erinnert.«

Damit hatte sie von sich aus ein Thema angesprochen, das mich sehr interessierte, wie Martha und ihre Mitschüler aus der sechsten Klasse wußten. Nach einem etwas betretenen Schweigen (ich selbst überlegte, was ich sagen sollte, und wollte keinesfalls aufdringlich erscheinen, obwohl ich gern erfahren hätte, was Martha geträumt hatte) sprach sie über den Gott, an den sie sich erinnerte: »Ich glaube, ich habe Ihn gesehen, aber vielleicht habe ich Ihn nur gefühlt. Als ich aufwachte, dachte ich an ein lächelndes Gesicht, aber ich weiß nicht, wessen Gesicht es war. Ich könnte es nicht zeichnen. [Ich hatte sie danach gefragt.] Weil Gott so nah bei mir war, hatte ich keine Angst mehr. Meine Oma hat immer gesagt, wenn du Gott brauchst, dann zeigt Er sich; Er kommt dann und berührt dich, und danach geht es dir wieder gut. Ich hab' sie gefragt, wie Er aussieht, und sie sagte, Er sieht wie niemand sonst aus, Er ist ein Geist. Aber in der Kirche gibt's doch Bilder von Ihm, das wußte ich doch. Sie hat dann gesagt: ›Kind, das sind Bilder von Jesus, als Er zur Erde gekommen war. Aber als Er fortging, hörte Er auf, so zu sein; auch Er wurde ein Geist.‹ Ich glaube, ich hab' mich an meine Oma erinnert und an ihre Worte, als ich den Traum hatte, und vielleicht ist das der Grund, warum es mir wieder besser ging, oder vielleicht war's auch so, wie sie es erzählt hat. Gott hat auf mich heruntergeblickt und mich berührt, und danach ging's mir gut. Ich glaube, selbst wenn Er ein Geist ist, kannst du Ihn sehen. Als ich aufwachte und Angst hatte, da stellte ich mir Sein Gesicht vor – die großen Augen und das Lächeln. *Er* hatte keine Angst, und deshalb brauche ich auch keine zu haben.«

Den Satz »Ich stellte mir Sein Gesicht vor« habe ich in Schulen und Wohnungen überall auf der Welt gehört. Es ist ein Satz, der nicht nur so etwas wie emotionale Zuflucht beschreibt – wie es bei Martha an jenem Morgen war –, sondern sich auch mit einer ganzen Reihe von anderen seelischen Erfahrungen verbindet – mit Augenblicken des Erfolgs ebenso wie mit Beunruhigung oder Gefahr. Der zwölfjährige Mark, Sohn frommer »Adventisten vom Siebenten Tag« aus der Nähe von Chattanooga in Tennessee, unterhielt sich mit meinem Sohn und mir über seine bereits recht eindrucksvollen sportlichen Erfolge – er hatte eine Reihe von Siegen bei örtlichen Laufwettbewerben aufzuweisen. Er sah für sich noch weitere Erfolge voraus, sowohl in der Schule wie auch auf der Aschenbahn. Es lag ihm aber auch viel daran, uns verständlich zu machen, was er als Quelle seiner Energie ansah: »Ich will immer mein Bestes geben, aber das gelingt mir nur, wenn Gott mit mir ist.«

Er habe zwar wirklich hart an sich gearbeitet, um sich durch seine Leistung hervorzutun, aber dabei sei er nur ein »Diener« gewesen. Mein Sohn Bob und ich waren von der Intensität und dem Ernst von Marks beiläufiger Schlußbemerkung beeindruckt: »Ich habe das Glück, daß Gott mich erwählt hat. Es liegt an Seinem Lächeln.« Er zögerte einen Augenblick, dann erklärte er genauer, was er damit meinte – vielleicht weil er merkte, daß wir ihm nicht ganz folgen konnten: »Wenn ich laufe und Sein Lächeln sehe, dann fühle ich, wie sich mein Körper verändert – es ist, als ob man in einen höheren Gang schaltet, sagt mein Daddy. Meine Beine wollen dann so schnell laufen, daß ich Angst habe, sie laufen mir davon! Ich hab' sogar schon einmal zu ihnen gesagt: ›Bitte, nicht *zu* schnell, oder ihr kommt vor mir am Ziel an!‹ Es ist, als ob – sie nicht mehr mir gehören. Einmal, als ich mein schnellstes Rennen lief, wußte ich schon am Start, daß ich fliegen würde, einfach fliegen! Ich sah nämlich das größte Lächeln auf Seinem Gesicht, das ich je gesehen habe, genau in dem Moment, als ich auf das Startzeichen wartete. Ich hatte die Augen geschlossen, und ich bemühte mich gar nicht speziell darum, Ihn zu sehen oder Ihn um Hilfe zu bitten. Nein, Sir, ich hab' nicht mal gebetet. Manchmal tu ich das [vor einem Rennen], aber damals nicht. Ich hatte schon am Morgen gebetet und Gott gebeten, mich mein Allerbestes leisten zu lassen. Ich habe Ihn nicht darum gebeten, daß Er mich gewinnen läßt, nein, Sir. Früher wollte ich immer das Rennen gewinnen, aber mein Daddy und unser Pastor sagen, daß nicht der Sieg zählt, sondern daß du mit Gottes Segen läufst. Bloß weil du an Gott denkst und betest – nein, Er ist nicht so einer, der bloß deshalb Partei ergreift und dir einen Schubs gibt, damit du die anderen aus dem Rennen schlägst.« Hier unterbrach er sich. Er saß uns gegenüber, mit leicht gesenktem Kopf, die Hände ein bißchen unbeholfen unterhalb seiner flachen, harten Bauchpartie gefaltet. Dies war die bevorzugte Sitzposition seines Vaters – der allerdings auf diese Weise einen gewaltigen Bauch hütete. Mein Sohn, der inzwischen Mark und andere Bewohner dieser kleinen Stadt ganz gut kannte und wußte, wie sie dachten, traf mit seiner nächsten Bemerkung gleich ins Schwarze. »Es stimmt, was du da sagst, daß Gott nicht Partei ergreift und nachhilft – aber glaubst du, Er weiß, daß es einen Sieger geben wird, und wenn ja, glaubst du, ob Er etwas damit zu tun hat, wer der Sieger ist?«

Anhaltendes Schweigen.

Ich suchte nach ein paar neutralen Worten, die unser Gespräch vielleicht wieder in Gang bringen würden. Schließlich ging es hier um ein komplexes theologisches Thema. Mein Sohn kam mir zur Hilfe: »Eins steht jedenfalls fest, Mark, du scheinst dauernd zu gewinnen.«

Diese Bemerkung – ein simpler Hinweis auf eine unbestreitbare Tatsache – stachelte den Jungen zu unserer Überraschung mächtig an. »Man kann nicht sagen, daß Gott will, daß man gewinnt. Ich glaube nicht, daß Er will, daß jemand von uns gewinnt, kein einziger. Er will, daß wir an Ihn glauben, und dann versuchen wir unser Bestes zu geben, und wenn du Ihm deinen Glauben gegeben hast, dann hast du das getan, was am wichtigsten ist. Am Abend vorher bete ich, und ich kann Sein Gesicht vor mir sehen; es ist sehr groß, und Er lächelt, weil Er uns liebt und will, daß wir Ihn lieben. Gottes Gesicht ist das Gesicht der Liebe, hat unser Lehrer (in einer Geschichtsstunde in der fünften Klasse im Frühling 1988) gesagt, und daran denke ich dann, ich höre diese Worte, und dann kommt Gott auf mich zu, mit einem Lächeln, und ich danke Ihm. Dann schlafe ich schnell ein, und wenn ich wieder aufwache, dann sehe ich Ihn wieder, und ich bete und sage: ›Ich tu' mein Bestes für Dich‹, und das ist schon alles. Bevor das Rennen losgeht, spreche ich wohl noch ein Gebet, und ich mache die Augen fest zu, aber ich wünsche mir nicht von Ihm, daß Er herkommt und auf meiner Seite ist, damit ich gewinnen kann. Nein, Sir, ich sehe Sein Gesicht nicht immer – nur manchmal. Ich spreche nur schnell mein Gebet (›Bitte, lieber Gott, laß mich Dein Diener sein‹), und schon sind meine Augen wieder auf, und ich laufe so schnell ich kann zum Ziel, und ich sehe die ganze Zeit das Ziel vor mir und denke nur ans Ziel und an sonst gar nichts. Es kann mal passieren, daß ich beim Laufen Sein Gesicht sehe, manchmal. Aber nicht oft. Wenn ich laufe, ist es so, als ob meine Beine sich ganz stark anstrengen, unheimlich stark, und ich gar nicht mit ihnen Schritt halten kann. Und es ist auch schon passiert, da hab' ich gedacht, das sind gar nicht mehr meine Beine, die gehören jemand anders.« – »Wer könnte denn dieser ›Jemand anders‹ sein?«

Mark, ein begabter, einfühlsamer Junge mit einem Gehirn, das ebenfalls sehr schnell »laufen« konnte, war mir, dem befangenen Arzt, aber schon einen Schritt voraus: »Deine Beine gehören dir, aber deine Stärke wird dir gegeben. Wenn man betet, dann bittet man um Kraft. Ich denke, wir gehören zu Gott, außer wir bekämpfen Ihn. Dann kommt der Teufel ins Spiel – der legt alle in Ketten, die sich nicht wehren. Ich hab' darüber nachgedacht, warum manche Leute dem Teufel nachgeben, und andere nicht. Die Menschen haben das selbst in der Hand, glaube ich. Ein Freund von mir, der hat bei einigen Rennen Schwierigkeiten gehabt. Er sagt, der Teufel ist in seine Schuhe gefahren. Es ist nicht richtig, so etwas zu denken. Du mußt aufrecht in deinen Schuhen stehen und sagen, daß sie dir gehören, und daß du nicht zuläßt, daß irgendein anderer sie bekommt, und schon gar nicht der Teufel.«

Er hatte damit geholfen, seine Bemerkung, daß er manchmal das Gefühl habe, daß seine Beine jemand anderem gehörten, zu erklären. »Hast du manchmal das Gefühl, Mark, daß deine Beine so schnell laufen, es so toll machen, daß Gott selbst derjenige ist, der sie lenkt – daß Er der ›Jemand anders‹ ist, den du gemeint hast, als du sagtest, daß deine Beine ›jemand anderem gehören‹?«

»Nein, das habe ich damit nicht gemeint. Nein, ich meinte, daß meine Beine sich so schnell bewegten, daß ich sie scheinbar nicht mehr unter Kontrolle hatte – und daher waren sie wie fremde Beine. Aber ich meinte nicht, daß sie in Gottes Gewalt waren. Das würde nicht richtig sein, wenn ich so was dächte. Ich meine, Er wacht zwar über uns, aber wir müssen es allein schaffen, und danach beurteilt Er uns auch. Es liegt alles an uns selbst. Er blickt herab, und Er lächelt, oder Er regt sich auf, aber was wir tun, das tun wir von uns aus – so stelle ich mir vor, wie das alles funktioniert.« Schließlich kam er noch ein letztes Mal auf das Antlitz Gottes zurück. Er erzählte noch einmal, daß er zu Hause und in der Adventisten-Schule, die er besuchte, und natürlich in der Kirche selbst viel von Gott hörte; und daß er sich sehr bemüht hatte, das Gehörte zu verstehen; und daß seine eigene Leistung ihn noch mehr dazu brächte, darüber nachzudenken, wer er sei und warum er so gut gelaufen sei. »Ich blicke auf zu Gott, und ich stelle mir vor, daß Er auf mich herabsieht«, erklärte er uns. Wir brauchten nicht erst nachzufragen, was er damit meinte, weil er sofort und unbefangen eine nähere Erklärung dazu gab: »Ich bin nach [dem Evangelisten] Markus benannt worden, und ich würde gern wissen, wie er aussah. Ich habe mal unseren Pastor gefragt, warum Gott sich gerade die Jünger erwählt hat, die er hatte, und er hat gesagt, er weiß es nicht, aber sicher seien alle Menschen in Gottes Augen etwas Besonderes. *Seine* Augen sind sicher etwas Besonderes, das wette ich. Ich meine, *Er* ist so besonders, wie man nur sein kann, aber es sind eben die Augen, die Er dazu benutzt, um uns alle hier unten zu sehen! Manchmal mache ich es so, wie es mir meine Mutter und mein Vater gesagt haben: Ich bete zu Gott und denke an Ihn, und dann sehe ich Ihn, Sein Gesicht, Seine Augen. Mehr sehe ich nicht, vor allem Seine Augen, und Seine Stirn auch, denke ich, und Sein Haar, sonst nicht viel. Er blickt herab, und ich bete, daß Er freundlich auf uns herabsieht, daß Er lächelt. Ja, das sehe ich auch manchmal – Sein Lächeln.«

Auf Marks Bildern, die er im Laufe eines Jahres malte, sind dieses Gesicht, diese Augen, dieses Lächeln oft zu sehen. Die Augen sind nicht immer gleich groß, auch das Lächeln fällt unterschiedlich aus – mal schwächer, mal stärker – mit Hilfe der Wangenlinien, des mehr oder weniger weit geöffneten Mundes; und an einem schweren Tag malte er einen geschlossenen Mund. Dafür, daß Gott gelegentlich unfreundlich oder melancholisch blickte, hatte Mark eine Reihe von Erklärungen (hier aus verschiedenen Gesprächen zusammengestellt): »Wenn du Ihn nicht beachtest, das ist das Schlimmste, was du tun kannst. Er wird dann traurig, und das kannst du an Seinem Gesicht sehen. Er will aber nicht, daß wir Ihn loben, nur um nett zu sein. Er will, daß wir Ihn loben, weil wir verstanden haben, wer Er ist – der Schöpfer aller Menschen.«

»Auf der Autobahn war ein schrecklicher Unfall, nur drei, vier Meilen entfernt. Ein Lastwagenfahrer fuhr in Richtung North Carolina, und die Polizei glaubt, daß er am Steuer eingeschlafen ist. Er krachte auf einen Personenwagen mit fünf Leuten drin, und niemand war mehr am Leben, als die Leute kamen, die ihnen helfen wollten. Mein Daddy kam gerade in der Gegenrichtung vorbei und sah das kaputte Auto, und er ging über den Mittelstreifen und wollte helfen, weil er eine Menge Rote-Kreuz-Kurse mitgemacht hat und in Erster Hilfe richtig gut ist. Aber sie waren alle tot – ein Vater und eine Mutter und drei Kinder, und eins war, glaube ich, in meinem Alter. Daddy hat sich gleich hingekniet und hat für die Familie gebetet, daß Gott sie in Sein Haus aufnimmt und besonders gut zu ihnen ist, nach dem, was ihnen passiert ist. Bei solchen Sachen muß Er sicher selber weinen. Wahrscheinlich haben diese Leute auch geweint auf dem Weg zu Ihm, und Er muß geweint haben, während Er sie erwartete. Er hat geweint, als Er auf der Erde war, glaube ich, und es gibt hier immer noch eine Menge Unglück, seit Er damals wieder wegging.«

»Ich stellte Ihn mir meistens vor, wie Er auf uns herablächelt, aber bei all dem Unglück, den Kriegen und den Morden – Drogen und so was –, da muß Er oft den Kopf hängenlassen und mit dem Kopf schütteln. Wie meine Mama sagt, wenn du Ihm in die Augen sehen könntest, würdest du da den ganzen Schmerz von der ganzen Welt sehen. Wenn ich an Ihn denke, dann lächelt Er, und das liegt daran, daß wir in meiner Familie Glück gehabt haben. Wir hätten ja auch wie die Leute in dem Auto alle auf einmal umkommen können. Das Ende kann innerhalb von einer einzigen Sekunde kommen, wenn du es am wenigsten erwartest. Darüber hat unser Pastor am darauffolgenden Sonntag gepredigt: wann das Ende kommt. Er hat gesagt, wir sollten jeden Tag so leben, als ob es danach keinen neuen Tag gibt, und wir sollten jeden Morgen bereit sein, vor Gott zu treten, und jeden Abend auch. Wenn ich meine Gebete spreche, weiß ich manchmal, daß Er mir genau zuhört, und manchmal weiß ich, daß Er 'ne Menge anderes zu tun hat als mir auf die Schulter zu klopfen! Aber dann sehe ich Ihn wieder, wie Er auf uns herunter-guckt, und so wird's auch sein, wenn ich sterbe – ich werde zu Ihm gehen, und Er wird mich genau angucken und sich Seine Meinung bilden! Du bist hier, um dein Bestes zu geben, und wenn du Ihn dann siehst und Er dich, dann wird das ein gutes Treffen. Ich geb' zu, manchmal frage ich mich, wie Er uns alle gleichzeitig im Auge behalten kann, aber die Antwort ist eben, daß Er Gott ist, und Seine Art zu sehen ist eben anders, als wenn wir hier unten etwas sehen.«

»An manchen Tagen ist Er sicher böse – dann macht Er die Augen zu und will keinen von uns sehen! Einmal – vor einem Jahr – fühlte ich mich ganz mies. Da versuchte ich Ihn mir vorzustellen, wie Er lächelt. Aber Er lächelte nicht. Er wollte mich nicht mal angucken. Er hatte Sein Gesicht abgewandt. Ich versuchte zu beten. Plötzlich sah ich Sein Gesicht direkt vor mir, und Er sah überhaupt nicht freundlich aus. Ich sagte meinen Eltern, daß ich gebetet hätte, aber daß der Herr mir irgendwie zu verstehen gab, daß dies nicht mein Tag sei. Mein Dad wollte wissen, was ich damit meinte. Er fragte mich: ›Wie kommst du darauf, daß es ›irgendwie‹ nicht dein Tag ist und daß Gott das sagt?‹ Ich sagte: ›Beim Beten, wie Er mich da angeguckt hat.‹ Darüber hat Daddy sich etwas aufgeregt. Er sagte, ich zöge meine eigenen Schlüsse, und das dürfte ich nicht. Wir haben uns alle zusammen hingesetzt und unsere Gebete gesprochen, und Gott war netter – Er sah freundlicher aus. Es war das Lächeln, und es waren auch Seine Augen. Man kann ja an den Augen sehen, ob jemand auf deiner Seite steht oder ob er nicht dein Freund ist und dich nicht mag. Natürlich ist Gott nicht wie ein Junge auf dem Spielplatz, entweder auf deiner Seite oder nicht auf deiner Seite! Nein, Sir, Er ist anders. Aber Er muß mit uns wählerisch sein, hier. Das steht in der Bibel, und es liegt an jedem einzelnen, sich darum zu bemühen, Ihn kennenzulernen und sich Ihm zu öffnen, und dann kannst du Ihn um etwas bitten, und Er hört dir zu und paßt auf. Warum? Naja, wenn du jemanden kennst, dann kennt er dich auch, und wenn nicht, ist es schwer. So ist das auch mit Gott.«

Jedes Kind stellt sich Gottes Gesicht auf seine ganz persönliche Weise vor; in Marks Fall sah es bleich aus. Auch die Ohren werden verschieden groß dargestellt, vielleicht entsprechend dem Wunsch des Kindes, gesehen oder übersehen zu werden, oder wie sehr es sich dafür interessiert, alles mitzukriegen, was so geschieht, wobei das Zuhören ein Mittel sein kann, um sich an den Aktivitäten der Umgebung zu beteiligen, ein Teil der Welt zu sein. Auch der Mund sieht auf jedem Bild anders aus, je nachdem, wie sehr das Kind sich für Essen und Lächeln interessiert und auch abhängig davon, ob es sich unsicher fühlt – daher stammt die Vorstellung eines zornigen, ja sogar alles verschlingenden Gottes. Wo das eine Kind einen Gott des Lächelns malt, zeigt ihn das nächste als eine furchterregende Gottheit, die bereit ist, die Sünder dieser Welt aufzufressen und herunterzuschlucken oder sie voller Verachtung auszuspucken. Eine Freundin von Martha in Lawrence, Massachusetts, sprach vom »Ekel« Gottes – sie war davon überzeugt, daß er »Drogenhändler und Bandenmitglieder« öffentlich anprangern würde und daß er über bloße Worte hinaus sie »mit einem Hurrikan wegpusten« oder »mit seinen Zähnen Hackfleisch aus ihnen machen« würde. Wenn Gott und seine Taten derart plastisch heraufbeschworen werden, weist das den Hörer darauf hin, daß die emotionale Spontaneität der Kinder in Gott einen Verbündeten findet. »Jemand muß hierherkommen und in unserer Nachbarschaft kräftig aufräumen«, forderte Marthas Freundin an einem heißen Sommertag, und für diese Aufgabe schien ihr Gott am besten geeignet zu sein. Sie sah sich im Fernsehen am liebsten Zeichentrickfilme an, und die magischen Kräfte, die darin eine Rolle spielten, wollte sie nur zu gern an die Aufgabe gewendet sehen, die anscheinend nicht zu bewältigen war – eine Stadt von manchem schweren Unrecht zu säubern. Kein Wunder, daß das Gesicht ihres Gottes viele spitze, scharfe Zähne aufwies; sie waren die Waffen des empörten Gottes, den sie sich vorstellte. Sie malte eine Serie von fünf Porträts von Ihm, jedes anders. Sein Gesichtsausdruck spiegelte mit Sicherheit ihren eigenen, denn sie mußte Tag für Tag durch eine Umgebung gehen, die Gott, wenn es nach ihr gegangen wäre, in seiner Barmherzigkeit zertreten hätte.

Kinder, die in privilegierten Verhältnissen leben, zeigen dem Betrachter oft ganz andere Abbilder des göttlichen Gesichts – rund, harmonisch, mit großen Augen und einem Lächeln. Aber auch diese Gesichter können auffällige Besonderheiten aufweisen – so als ob zumindest im Himmel Fragen der Klasse, Rasse und Nationalität nur eine geringe Rolle spielten. Ein elfjähriges Mädchen in New Orleans schilderte mir das Aussehen Gottes folgendermaßen: »Ich stelle Ihn mir nicht besonders gutaussehend vor, nicht so wie den Mann, den ich mal heiraten möchte, wenn ich groß bin. Gott ist anders. Er sieht anders aus. Er ist der Einzige, der so aussieht, wie Er selbst – ich meine, niemand anders sieht aus wie Er. Deshalb weiß ich nicht, wie ich Ihn zeichnen soll, weil Er so was Einmaliges ist.« Natürlich hatte sie schon oft Bilder von Jesus und auch von Gottvater gesehen, mit dem langen graumelierten Bart, dem dichten weißen Haar und den tiefliegenden, durchdringenden Augen. Sie war durchaus bereit, sich an der Wiedergabe eines solchen Bildes zu versuchen, aber sie fand es sehr wichtig, daß ich wüßte, daß sie dann »bloß abmalen« würde – also nur die Vorstellungen, die sie aus den Religionsbüchern kannte, zu Papier bringen würde. Darüber hinaus wies sie eines Tages auf einen interessanten Punkt hin, während sie sich ihre Malutensilien zurechtlegte: »[In der Sonntagsschule] erzählen sie uns, daß Jesus Gott ist, aber auch der Sohn Gottes – deshalb müssen Jesus und Sein Vater verschieden aussehen.« Und dann überlegte sie laut, wie auch schon andere Kinder, woher eigentlich irgend jemand wissen könne, wie Jesus ausgesehen habe: »Ich weiß, daß sie in den Kirchen der Schwarzen sagen, daß Jesus schwarz ist, also ein Farbiger. Unsere Putzfrau hat uns erzählt, daß Er in ihrer Kirche so aussieht – also die Bilder von Ihm. Ich hab' meine Großmutter gefragt, wer recht hat, und sie hat gesagt, Jesus sei kein Farbiger gewesen. Er war ein Weißer, aber alle Menschen wollen, daß Er so aussieht wie sie, und das ist ›natürlich‹.

Ich hab' sie gefragt, ob es falsch ist, wenn ich ein Bild von Jesus oder von Gott male, wo Seine Haut braun ist und nicht weiß. Sie hat gesagt: ›Mein Schatz, ich glaube, da oben spielt die Hautfarbe überhaupt keine Rolle.‹ «

Diese Betrachtungen einer Fünftklässlerin von großer geistiger Unabhängigkeit, die eine Privatschule besuchte, gingen einer Zeichnung voran, die ein sehr provokatives Bild Gottes in atemberaubender Farbzusammenstellung zeigte. Sie verlieh Ihm ein dreieckiges Gesicht, mit dreieckigen Augen und einer dreieckigen Nase; einer Andeutung von Mund; Ohren, die wie gleichschenklige Dreiecke ohne Basis aussahen; kurze Haare, die in einer Art Bürstenschnitt hochstanden, und eine grünblaue Hautfarbe. Das Gesicht befand sich auf einer orangefarbenen Kurve – eine Linie, die auf einem anderen Bild vielleicht eine Schüssel dargestellt hätte oder vielleicht eine Mondsichel. Das Bild überraschte und verblüffte mich, doch dann erinnerte ich mich wieder daran, daß Sara, die es gemalt hatte, ein frühreifes, künstlerisch begabtes Mädchen war. Ihre Mutter war eine Malerin, deren Bilder meist in abstraktimpressionistischem Stil gehalten waren. Trotzdem, dieses Kind experimentierte ausgesprochen kühn mit Gottes Angesicht.

Als ich Sara zu ihrem Bild befragte, erfuhr ich, daß sie eine ideologische Rechtfertigung für ihre ungewöhnliche Darstellung hatte. »Man kann nicht wissen, wie Gott aussieht, weil Er vielleicht überhaupt nicht wie wir aussieht. Ich glaube auch nicht, daß Er wie sonst etwas anderes aussieht. Ich denke, Er könnte eine gewaltige Kraft sein, so wie ein Sturm – ein Tornado, ein Hurrikan! –, oder Er könnte die Sterne sein, vielleicht ein unsichtbares Band, das alle Sterne zusammenhält. Wie sollen wir das je vor unserem Tod wissen? Meine Großmutter sagt immer zu mir: ›Sara, wieder ein Tag weniger, bis ich vor meinen Schöpfer trete‹, und deshalb habe ich sie mal gefragt, was sie meint, wie Er ist – und wie Er aussieht –, und sie sagte, daß man es abwarten muß. Dann hab' ich ihr erzählt, daß ich die Bilder für Sie male, und sie sagte: ›Es ist okay, wenn man sich was ausdenkt‹, und das [das Bild, das sie gerade gemalt hatte] ist nun mein Tip, und ich kann damit richtig liegen oder auch ganz falsch.«

Sophia, die zwölfjährige Tochter einer Hausangestellten, die einige Meilen entfernt in einem anderen Viertel von New Orleans lebte, hielt sich an den Rat ihrer Mutter und malte Jesus schwarz. Sie sagte zu mir, Er sei Gott, Er sei schwarz, und sie sei sicher, daß »die

Weißen« das eines Tages auch entdecken würden, wenn auch
vielleicht erst dann, wenn Er wieder auf die Erde käme, und dann
»wird jedermann es sehen«. Ich fragte Sophia, woher sie das so
genau wüßte. Sie antwortete ohne zu zögern: »Unser Pfarrer weiß
das.« Ich schwieg ein paar Sekunden, schließlich fragte ich sie, ob sie
schon einmal darüber nachgedacht habe, *woher* der Pfarrer das
wüßte. Sie mußte lachen, und ihre Augen blitzten auf, als sie sagte:
»Eines Tages kommt der Herr zu uns herab. Wir werden Ihn sehen,
und Er wird zu den Menschen sprechen. Er war ein armer Mann,
genau wie wir, und Er wird mit uns reden. Er hat mit Martin Luther
King gesprochen, und den hat unser Pfarrer gekannt. Als meine
Mama und mein Daddy klein waren, haben sie Martin Luther King
gesehen; sie können sich noch dran erinnern, wie er sprach. Unser
Pfarrer war da. Gott war auch da und besuchte uns. Sonntags
beachtet Er bestimmt Leute, wenn sie tüchtig darum beten, daß sie
Ihn hören können. Dann spricht Er durch sie, und man kann Ihn
sehen, wenn man seine Augen für Ihn offen hält und darauf wartet,
daß Er kommt.«

Sophia hatte mir von den vielen Stunden erzählt, die sie am
Sonntag in der Kirche verbrachte. Sie war jede Woche dort, immer
in derselben Kirchenbank, inmitten ihrer Großfamilie. Sie hatte
Ihn sogar selbst einmal gesehen, als sie noch klein war. »Ich war
noch nicht in der Schule, glaube ich. Ich saß mit meinen Leuten da
[in der Kirche], mit noch mehr Verwandten und meinen Kusinen,
und dann rief meine Mama laut, daß sie Ihn, den Herrn, gerade
gesehen habe, und ich auch. Er hatte einen riesigen schwarzen
Mantel an, und ich konnte nur Sein Gesicht sehen, und Er hatte ein
riesiges Gesicht, und Er sagte irgend etwas. Es war etwas Wichtiges,
aber ich konnte es nicht richtig verstehen. Er hatte große Augen, die
größten, die ich je gesehen habe, und Er hatte eine ganz, ganz hohe
Stirn mit ganz vielen Falten, und dann noch Haare, ein paar weiße
und sonst normale, nicht weiße. Sein Mund war offen, weil Er
sprach, und weiter fällt mir nichts mehr ein, außer daß Er uns nicht
ansah. Er blickte starr geradeaus, aber uns sah Er nicht an. Gott
sieht die Menschen nicht an, glaube ich. Er sieht durch uns hindurch, aber nicht in unser Gesicht, glaube ich. Vielleicht kann Er
uns alle zugleich sehen, aber Er guckt niemandem in die Augen.«

Ich hatte bereits gehört, wie Sophias Eltern über Gott sprachen,
und ich wußte, daß einige ihrer Ideen und Vermutungen die Bilder-

welt ihrer Tochter beeinflußt hatten. Die grimmige Wachsamkeit ihres Gottes, die sich mit einer strengen und distanzierten Haltung verband, half ihr – wie ihren Eltern –, das Leben der armen Schwarzen in New Orleans zu verstehen. »Gott ist dort oben und läßt uns keine Sekunde aus den Augen«, erzählte sie mir eines Morgens und fügte dann hinzu: »Später macht Er seine Rechnung auf. Für jede Falte auf seiner Stirn macht Er später was.« Damit erfuhr ich schließlich, was es mit der auffällig gefurchten Stirn auf sich hatte, die Sophia ihrem dunkelhäutigen Herrn verliehen hatte.

In einem weißen Arbeiterviertel von Boston erzählte mir der neunjährige Tommy, ein aufgeweckter Viertklässler, daß er keine Ahnung hätte, wie Gott aussehe oder wie er ihn malen solle, »außer Er sieht so aus wie auf den Kirchenfenstern«. War da ein Zögern zu spüren? Ich ermutigte den Jungen, Gott gerade so zu malen, wie es ihm paßte, aber er fragte noch einmal nach: »Soll ich die Bilder von Ihm aus der Kirche abmalen?« Ich wies den Jungen darauf hin, daß wir diese Bilder ja gar nicht in der Nähe hätten. Er nickte und meinte dann, er könne aber die Augen schließen, und dann würde er sich gut an die Kirchenbilder erinnern. Ich erwiderte, daß ich mir sicher gern ansehen würde, woran er sich auf diese Art erinnern könne, aber mir ebensogern ein Bild von Gott ansehen würde, das er sich ganz allein ausgedacht hätte. Im Gegensatz zu vielen anderen Kindern, die entweder damit zufrieden waren, ein Bild von Gott zu malen, das so ähnlich war wie andere Bilder, die sie schon kannten, oder zu den Kindern, die sich etwas ausdenken und ihre ganz persönliche Auffassung zeichnen wollen, wollte Tommy noch weiter über das Thema reden. Er fragte mich: »Ist das nicht ein Geheimnis, wie Er aussieht?«

Ich antwortete: »Ja, ich glaube schon.«

»Glauben Sie, daß Er aussieht wie wir?«

»Ich weiß es nicht.«

Ich wollte die Frage gerade an ihn zurückgeben, da äußerte er bereits ernsthaft seine Meinung: »Ich glaube es nicht. Er könnte echt ganz anders aussehen.«

»Wie denn?«

»Oh«, sagte Tommy, »wie etwas, das es hier überhaupt nicht gibt.«

Ich wollte wissen, ob dieser lebhafte, vor Energie sprühende Junge schon lange derartige Mutmaßungen angestellt hatte. Er sagte: »In der Sonntagsschule hat uns eine Nonne ein Bild von Jesus gezeigt, das wir abmalen sollten. Wir sollten uns beim Malen ganz viel Mühe geben, weil es sich ja um Gott handelte. Mein Freund wollte wissen, ob Gott und Jesus gleich aussehen. Die Nonne sagte uns, sie *sind* ein und derselbe! Ich wollte sie noch mehr dazu fragen, aber ich merkte, daß sie das nicht wollte. Sie sagte, wir sollten uns an die Arbeit machen, und das haben wir dann auch schleunigst getan! Sie hat nämlich so einen Zeigestock [für die Wandtafel], und wenn ihr etwas nicht paßt, was einer sagt oder was er für Fragen stellt, dann donnert sie damit auf sein Pult, und dann weißt du Bescheid, was sie damit andeuten will. Beim nächstenmal kriegst du ihn direkt ab! Mein Dad hat mir gesagt: ›Streite dich nie mit einer Nonne!‹ Meine Mama sagt, das sind knallharte Typen, die härtesten auf der ganzen weiten Welt.«

Nach dieser langen Rede blieb er in Gedanken versunken sitzen, ohne mit mir weiterreden zu wollen oder die vor ihm stehende Schachtel mit den Buntstiften zu öffnen. Schließlich sagte er: »Vielleicht sieht Gott wie ein Stern aus. Vielleicht wie unser Planet.« Eine lange Pause.

»Vielleicht ist *Er* der Härteste auf der ganzen Welt.«

Ich versuchte daraus schlau zu werden, was der Junge meinte und wie er darauf kam. »Das verstehe ich nicht, Tommy«, sagte ich.

Er guckte mich an, als wundere er sich darüber, daß ich mich nicht mehr an den Ausspruch seiner Mutter über die Nonnen, den er gerade zitiert hatte, erinnerte. Er setzte zu einer Erklärung an: »Die Nonnen haben gesagt, daß Gott über die ganze Welt herrscht, über jeden einzelnen Ort. Er muß einfach überall sein. Vielleicht ist Er nicht so wie wir; vielleicht versteckt Er sich und sieht ganz anders aus. Vielleicht ist Er sehr groß, so groß wie der Mond oder unser ganzer Planet. Meine Mutter meint sicher auch, daß Er härter als die Nonnen ist!«

Der Junge schwieg. Er starrte die Buntstiftschachtel an, nahm sie, leerte sie auf seinem Tisch aus, sah noch einmal nach, ob noch welche darin geblieben waren, und fand noch drei Stifte, die er vorsichtig herausnahm und in einiger Entfernung von den etwa zwanzig übrigen Stiften hinlegte. Als schließlich alles bereit war, nahm er sich das oberste Blatt von dem Papierstapel, den ich auf einen Nachbartisch gelegt hatte, und machte sich sofort mit einem orangefarbenen Stift an die Arbeit. Er malte einen großen Kreis und legte dann den Stift abrupt aus der Hand, nahm statt dessen einen gelben und malte damit einen weiteren, kleineren Kreis, oberhalb des ersten. Dann nahm er wieder den orangefarbenen Stift und malte damit ein Gesicht – runde Augen, ein dünner Strich als Nase und noch ein Strich als Mund, Halbkreise als Ohren. Er legte den orangefarbenen Stift wieder hin, entschied dann, noch gründlicher zu sein, und legte ihn energisch in die Schachtel zurück – das Ende einer Dienstfahrt. Mit dem gelben Stift versah er nun auch den kleineren Kreis mit den gleichen Gesichtszügen. Dann wurde auch der gelbe Stift wieder in sein Gehäuse zurückgeschoben. Nun nahm Tommy den schwarzen Stift, ließ ihn ein paar Sekunden über dem Papier schweben, führte ihn mal näher heran und mal weiter weg und legte ihn schließlich wieder auf die Tischplatte, wobei er ihn aber immer noch mit drei Fingern der rechten Hand festhielt. Die Finger bewegten sich ein bißchen, startbereit, aber in seinem Kopf war noch keine Entscheidung gefallen, was er tun wollte.

Ich überlegte, ob ich irgend etwas sagen sollte. Ich beschloß, den Mund zu halten; dies war nicht der Tommy, den ich kannte, ein schlagfertiges Kind mit raschen Bewegungen. Er blickte aus dem Fenster, nach oben in den Himmel. Ich machte unbewußt das gleiche. Dann wendete er sich wieder seiner Zeichnung zu, während meine Augen bei einer Wolke hängen blieben. Dann bemerkte ich, daß der Junge inzwischen mit dem schwarzen Stift zu malen begonnen hatte. Er versah erst das orangefarbene und dann das gelbe Gesicht mit schwarzen Haaren. In Sekundenschnelle hatte auch der schwarze Stift seine Arbeit getan und wurde den drei eingesperrten hinzugesellt. Der Künstler betrachtete inzwischen sein Werk und sah dann die vielen unbenutzten Buntstifte an. Er sagte mit Bedauern: »Ich wünschte, ich hätte ein paar mehr Buntstifte benutzt, aber es sind einfach zu viele.« Er machte sich daran, auch diese wieder einzuordnen; dabei ging er methodisch vor, denn er verfolgte eine bestimmte Absicht, was mir aber erst klar wurde, als er, nachdem nur noch drei oder vier Stifte übrig waren, zu mir sagte: »Die hab' ich noch draußen gelassen, damit ich einen Regenbogen malen kann. Den kann man nämlich überall sehen, im ganzen Universum!« Ein heiteres Lächeln lag noch lange auf seinem Gesicht – es hatte auch etwas von einem Regenbogen. Tommy war offensichtlich überaus angetan von seiner Idee und malte sich den Effekt im Geiste aus, bevor er ihn in die Tat umsetzte. Dann nahm er nacheinander die Stifte – grün, violett, rot und gelbgrün – und malte damit seinen großen Regenbogen. Dieser verband die beiden Gesichter wie ein Schutzdach miteinander und beherrschte schließlich in seiner Größe sogar das ziemlich große Blatt Papier, das Tommy sich genommen hatte.

Als er sein Vorhaben beendet hatte – oder besser, seiner Inspiration Ausdruck verliehen hatte –, ordnete er auch die übriggebliebenen Stifte ein. Er schloß die Schachtel. Jetzt konnte er seine ganze Aufmerksamkeit dem Bild zuwenden. Er schob es genau in die Mitte des Tisches. Er betrachtete es konzentriert. Etwa zehn Sekunden vergingen. Ich beobachtete ihn, während er sein Werk studierte. Schließlich nahm er das Stück Papier, und ich dachte schon, er wolle es mir wie schon vorher einmal übergeben. Aber er hielt es nur hoch, damit ich es besser sehen konnte. Ich besah es und war beeindruckt: Es war eine sehr ungewöhnliche und suggestive Darstellung des göttlichen Gesichts. Ich wollte Tommy einige Fragen stellen, aber ich wußte nicht genau, wie ich sie formulieren sollte. Tommy kam mir mit einer eigenen selbstsicheren Analyse zuvor, die er knapp, eifrig, in einer kraftvoll ausgewogenen Darlegungsweise formulierte: »Ich hab' gedacht, ich mach' mal Gott den Vater und Gott den Sohn! Die Sonne ist der Vater, und die Erde ist der Sohn! Verstehen Sie?«

Ich lächelte und sagte enthusiastisch »Ja«. Er war sichtlich zufrieden, doch wollte er sich nicht lange dabei aufhalten, sondern fuhr schnell fort: »Der Regenbogen ist vielleicht der Heilige Geist!« Ich muß interessiert und erstaunt ausgesehen haben. »Also, wissen Sie, Gott hat ein Gesicht und Jesus auch. Die Nonne hat zwar gesagt, sie sind gleich, aber der Priester hat meiner Mutter gesagt, daß das nicht stimmt: Sie sind verschieden. Ich halte mich an den Priester! Dann gibt's da noch den Heiligen Geist, und ich denk' mir, der hat kein Gesicht. Vielleicht hat ein *Geist* schon eines, so wie im Fernsehen oder im Kino – da laufen die Geister rum und haben Gesichter und können sprechen. Aber ich glaub' nicht, daß der Heilige Geist so eine Art von Geist ist! Nein, Sir! Der Heilige Geist sieht sicher anders aus, aber ich weiß nicht, wie anders – also, wie das wäre, wenn man den Heiligen Geist sieht. Erst wenn wir auf dem Weg zu Gott sind, lernen wir auch den Heiligen Geist kennen, glaube ich.«

Tommy versuchte mit aller Kraft, sich die komplexe Dreifaltigkeit vorzustellen, von der er im Unterricht hörte: Vater, Sohn und

Heiliger Geist – die, wie er mir mehrfach erklärte, »alle zusammen sind, aber auch voneinander getrennt«. Seine Zeichnung fand ich sehr aufschlußreich in ihrer Originalität und ihrem dichten Symbolismus, die dem Betrachter mit entwaffnender Simplizität angeboten wurden. Seine Vision – die Sonne als das Gesicht Gottes, die Erde (auf die Christus herabstieg, die Inkarnation) als das Gesicht von Gottes Sohn und ein Regenbogen (etwas, was wir auf der Erde sehen, das seine Existenz aber der Sonne verdankt) als der Heilige Geist – war von großer und umfassender Schönheit. Ich sagte Tommy, daß er mir etwas Einzigartiges und sehr Wertvolles gegeben habe: Gott in seinen möglichen oder verschiedenartigen Formen. Er achtete genau auf meine Worte und fragte mich, ob es seine »Gesichter« seien, die ich mit den »Formen« meinte, die ich eben erwähnt hätte. »Ja, von den Gesichtern spreche ich«, bestätigte ich ihm. Er antwortete mit einem kühnen Gedankensprung: »Der Regenbogen ist nur ein Gesicht, das der Heilige Geist vielleicht hat. Es könnte auch noch andere geben, jedenfalls vielleicht. Ich habe meinen [Groß]-Onkel, [einen Priester], gefragt, wie der Heilige Geist ›sich herabsenkt‹ – denn davon hat er uns erzählt. Er hat gesagt, daß sei eines von ›Gottes Geheimnissen‹, und wir würden das erst erfahren, wenn wir vor Ihn treten. Vielleicht bringen manche Vögel uns den Geist herunter. Einmal hab' ich gesehen, wie ein paar Vögel auf einer Telefonleitung bei unserem Haus saßen, und einer von den Vögeln flog zu uns, und dann flog er wieder weg. Vielleicht hatte der eine Botschaft für einen von uns, hat mein Onkel gemeint. Er sagte, daß ich niemals vergessen soll, daß Gott seine eigene Art hat, sich bei uns in Erinnerung zu bringen – daß Er in der Nähe ist!«

*

Für viele christliche erzogene Kinder hat das Malen eines Bildes von Gottes Angesicht die Bedeutung, daß Er ihnen auf diese Weise konkret gegeben, »nahe«-gebracht wird. Ich habe nie ein jüdisches oder islamisches Kind dazu aufgefordert, ein Bild von Gott zu malen, ebensowenig wie ich Kinder, die behaupten, daß sie allen institutionalisierten Religionen indifferent gegenüberstehen, dazu aufgefordert habe, etwas darzustellen, dessen Existenz sie bezweifeln oder dessen Glaubwürdigkeit sie bestreiten. Gelegentlich habe ich aber Bekenntnisse wie auch Phantasien zu hören bekommen. In

Jerusalem erzählte mir ein Junge von fast dreizehn Jahren, der gerade ein Bild von Moses mit den Gesetzestafeln beendet hatte, von einer früheren Übertretung des Bilderverbots. »Ich denke oft an Moses, er ist unser größter Lehrer. Mein Bruder [fünf Jahre alt] hat mich mal gefragt, wie Gott aussieht und was Moses sah, als er auf den Berg ging. ›Hat er Gott gesehen?‹ Ich habe geantwortet: ›Nein, natürlich nicht. Man kann Gott nicht sehen.‹ – ›Aber wenn Er doch Moses die Tafeln gegeben hat?‹ Ich war platt. Ich sagte ›So ist das eben.‹ Aber ich konnte ihn nicht überzeugen. Er wollte mir noch tausend andere Fragen stellen, das ahnte ich schon. Da hab' ich ihn angeschrien, er soll nicht mich fragen. ›Frag doch Vater, frag unseren Rabbi!‹ Ich wollte keine weiteren Fragen mehr hören!«

Aber er konnte seinen eigenen Verstand nicht abschalten, und so sehr er sich auch bemühte, den Gedanken und Vorstellungen Einhalt zu gebieten, es tauchten doch immer neue auf. »Ich stellte mir Moses vor, wie er schon über der Wolkengrenze war. Ich sah, wie jemand, der wie Moses aussah, mit ihm sprach und ihm die Tafeln gab, die Gebote. Ich machte die Augen zu, aber das brachte auch nichts: Ich sah das ja sowieso nicht wirklich mit den Augen! Damals hab' ich mir gesagt, daß ich jetzt weiß, was das Wort ›Teufel‹ bedeutet: Es bedeutet, gegen die Vorschriften zu verstoßen und sich nicht dagegen zu wehren, daß der Verstand versucht, die Führung zu übernehmen, statt fleißig zu lernen und gehorsam zu sein. Ich weiß, daß ich mir früher auch solche Fragen wie mein Bruder gestellt habe, aber ich hab' sie unterdrückt. Doch als er mich gefragt hat, da fielen sie mir wieder ein. Mein Vater sagt, wir sollen tun, was richtig ist, aber auch, daß wir alle unsere Fehler machen, weil niemand vollkommen ist. Ich glaube, es ist ein großer Fehler, wenn man vergißt, was man gelernt hat [als gläubiger junger Jude]. In der Schule verlangt der Lehrer, daß wir unseren Verstand gebrauchen – wir sollen intelligent und ›kreativ‹ sein, heißt es immer. Aber man kann auch zu weit gehen. Bei Gott ist das so: Er macht die Vorschriften, und wir müssen zuhören.«

In London erzählte ein fast zwölfjähriges pakistanisches Mädchen meinem Sohn mit fester Stimme, was er bereits von anderen islamischen Kindern gehört hatte: Allah will keine Bilder von Menschen, von lebenden Kreaturen – »nur Muster«! Aber nachdem sie viele komplizierte Muster gezeichnet hatte und nach vielen Diskussionen, die sich um ihre Hoffnungen und Ziele drehten, widersetzte sie sich eines Nachmittags ihrem Gedankengang und erzählte ihrem amerikanischen Besucher von ihren Gebeten: daß sie »eines Tages Allah und auch Mohammed begegnen« würde, daß sie »beiden ins Gesicht schauen« würde. Sie beeilte sich hinzuzufügen, daß diese Begegnung »in einem anderen Leben« stattfinden würde. Bei einem anderen Besuch erkundigte sich ihre Mutter bei meinem Sohn nach seiner Arbeit mit Kindern, die keine Mohammedaner waren. Man kam dabei auch auf die Zeichnungen – nicht zum erstenmal! –, und die Mutter vertraute ihm folgendes an: »Als meine Kinder noch klein waren, wollten sie Allah *sehen* und Mohammed auch. Wenn ich ihnen ein Bild von ihnen – von ihren Gesichtern – hätte zeigen können, wäre ich sehr glücklich gewesen! Ich erkläre ihnen, daß man nicht alles, was es gibt, im Fernsehen sehen kann. Ich sage ihnen, daß wir manchmal unsere Augen schließen müssen, statt immer noch mehr sehen zu wollen: Filme, Videokassetten, all die Sender, die man kriegt, wenn man nur auf den Knopf drückt! Ja, aber wie sieht Er [Allah] aus? wollen sie wissen. Macht die Augen zu, wenn ihr solche Fragen habt, erkläre ich ihnen! Als sie dann immer noch weiterfragten, habe ich zu ihnen gesagt: ›Wenn ihr versucht, Ihn, also Sein Gesicht zu sehen, werdet ihr blind – dann könnt ihr gar nichts mehr sehen!‹ Ich habe mir die Augen zugehalten, um ihnen zu zeigen, was Blindsein bedeutet – nur noch Dunkelheit!«

Auch in völlig anderer Umgebung lernen Kinder, ihre Wißbegier zu unterdrücken – wie ich in einer recht feinen Grundschule erfuhr, auf die die Intellektuellen eines Vororts von Boston ihre Kinder schicken. Ein elfjähriger Junge, der wissen wollte, wie Gott aussieht – er hatte einen Freund, der aus einer gläubigen katholischen Familie stammte –, fragte einen anderen Freund danach, nur um zu hören zu bekommen: »Gott sieht überhaupt nicht aus, weil Er nicht existiert. Es gibt ihn nicht wirklich.« Der Junge wandte sich später an seinen katholischen Freund: Glaubte er »wirklich« an Gott? Ja! Der katholische Junge zeigte schließlich seinem neugierigen Klassenkamerad ein Buch, das Bilder von Jesus enthielt. Der Freund blickte hin und gleich wieder weg, dachte nach, schwieg. Aber mehrere Wochen später erzählte er mir, daß er versucht hatte, »sich vorzustellen, wie Gott aussieht, ob es Ihn gibt«, daß aber nur dabei herausgekommen sei, daß er sich unnötig bemühe: »Du kannst Ihn ja nicht sehen, wenn es Ihn nicht gibt. Dad sagt, es ist

alles nur Aberglaube, die Religion – aber eine Sekunde lang habe
ich jemanden gesehen, als ich es versucht habe!« Seine Nervosität,
als er mir von der »Sekunde« erzählt, war so deutlich, daß ich die
Sache so stehen ließ. Es war für ihn so, als wäre er auf verbotenes
Territorium geraten (ein fremdes Land, daß zu Hause für verboten
erklärt worden war). Manche Religionen verbieten die bildliche
Darstellung Gottes, während andere Ihn seit vielen Jahrhunderten
gefeiert haben, indem sie Ihn in Gemälden, Glasmalerei, auf Fres-
ken und in den Illustrationen von Kinderbüchern gezeigt haben.

Die jahrelange Beschäftigung mit Kindern hat mich gelehrt, daß
sie mit allem, was sie tun, schnell auf die eine oder andere Weise
eine Beziehung herstellen. Sich ein Bild von Gottes Antlitz zu
machen, bildet da keine Ausnahme. Rasse, soziale Schicht, Geschlecht, Erlebnisse im Kreis der Familie und ganz individuelle
Erfahrungen können sich auf die Bilder auswirken, die die Kinder
malen, wenn auch derartige Einflüsse mit den religiösen und kulturellen Sitten und Gebräuchen konkurrieren mögen, die das Kind
ebenso beeinflussen. Viele christliche Kinder haben sich Mühe
gegeben, mir ein möglichst konventionelles Gesicht Gottes zu
präsentieren, so wie sie es vielleicht aus einem Buch oder aus der
Kirche kannten und nun selbst nachzumalen versuchten. Viele
andere gingen das Geheimnis mit rationalen Mutmaßungen an
oder mit plötzlich aufblitzenden Vermutungen, die immer zugleich
auch private Träume, Sorgen und Erwartungen verkörperten. Die
Betonung des Gesichts und die häufige Hervorhebung eines bestimmten Gesichtszuges waren für mich immer wieder Anlaß zu
Neugier und Verwunderung – Gott verkörpert durch stechende
Augen, durch Ohren, die wie Antennen jegliche menschliche Re-
gung erfassen können, als ein Mund, der ständig lächelt oder zornig
nur darauf wartet, alles zu verschlingen, was sich an feindlichen
Teufeln in unserem Universum herumtreibt. Und Gott als jemand,
dessen Weisheit und Erfahrung durch Falten, graues oder weißes
Haar, einen mehr oder weniger großen Vollbart angedeutet werden. Wenn auch viele Kinder Gott mit einem kompletten Körper
ausstatten, wie wir noch sehen werden, so haben diejenigen, die
das nicht tun, ihre Gründe dafür genannt, wie z. B. Tommy mit
dieser typischen Äußerung: »Gott braucht sich wegen Essen und
Trinken keine Sorgen zu machen, glaube ich. Mein [Groß-]Onkel
sagt, Er ist ›entsprungen‹ – Er kann aus der Haut raus und überall

hingehen, wo er hinwill.« Diese Vorstellung eines sozusagen vom Fleisch befreiten, »entsprungenen« Herrn findet ihr Echo in den Gedanken vieler Kinder und wird, ohne Worte, manchmal sehr überzeugend mit Hilfe von Buntstiften und Pinseln enthüllt: Es sind Gesichter, die soviel Autorität oder Erhabenheit oder Macht oder Liebe oder Geheimnis oder Leidenschaft des Richtens oder Weisheit oder Beunruhigung oder Sorgen oder Verletzlichkeit (Gott, der für die Menschheit leidet) zeigen – aber auch Gesichter, die anscheinend körperlos in der Unendlichkeit des Raums, in der Ewigkeit der Zeit schweben.

Wenn ich neben einem Kind sitze und zusehe, welche Mühe es sich gibt, Gottes Angesicht darzustellen , dann fällt mir manchmal ein Erlebnis ein, das ich vor Jahren bei der Arbeit in Dorothy Days katholischer Arbeiter-Suppenküche hatte.[2] Eines Nachmittags hatten wir uns zu mehreren mit einem Trunkenbold, einem »Stadtstreicher«, auseinandersetzen müssen, einem zornigen, fluchenden, trotzigen Mann von etwa fünfzig Jahren, der fürchterlich aussah: Er hatte langes graues Haar, einen zotteligen Vollbart, eine riesige Narbe auf der rechten Wange, keinen einzigen Zahn mehr im Mund und blutunterlaufene Augen, wovon eines ganz schrecklich zuckte. Doch Dorothy Day sagte zu uns: »Bei allem, was wir wissen, könnte er Gott selbst sein, der gekommen ist, um uns auf die Probe zu stellen. Laßt uns ihn deshalb wie einen geehrten Gast behandeln und sein Gesicht ansehen, als sei es das schönste, was wir uns vorstellen können.« Ich hatte damals einige Mühe, Gott in diesem Gesicht zu sehen, und so ist es auch mit den Gesichtern Gottes, die manche Kinder mir geschenkt haben – sie wirken doch eher unwahrscheinlich als Kandidaten für eine derartige Ehre. »Und doch . . .«, wie Dorothy Day gelegentlich sagte und das Ende des Satzes in der Schwebe ließ, so daß alle Möglichkeiten offenblieben. Es gebührt Ihm selbst, Sein Gesicht zu enthüllen – das scheint sie und eine große Anzahl von Kindern gewußt zu haben. Oder in Tommys Worten, als er sich sein Heiligen-Geist-Bild noch einmal ansah und insbesondere den Regenbogen, der zu so viel mehr geworden war: »Du mußt Gott vertrauen, wenn du versuchst, Ihn dir vorzustellen.« Sicher hatte man ihm etwas in dieser Art zu Hause an die Hand gegeben – aber angesichts dieses unverbrauchten Bildes hatte sich die religiöse Welt dieses Kindes als unabhängig, rührend und überzeugend erwiesen.

KAPITEL 2

Die Stimme Gottes

»Ich bin sicher, Sie werden das noch verstehen«, sagte der Junge höflich. Er wartete einen Augenblick, bevor er weitersprach – lange genug, daß mir auffallen konnte, wie besorgt er war, daß ich einen wesentlichen Aspekt seines religiösen und spirituellen Lebens vielleicht nicht begreifen könnte. Dann sagte er: »Ich spreche mit Allah, und Er hört zu. Ich bete zu Ihm und zu Mohammed, und sie sprechen zu mir.« Der Junge hieß Harun. Er war elf Jahre alt, stammte aus Pakistan und lebte jetzt in London. Ich beeilte mich, ihm zu erklären, daß ich bereits mit sehr vielen Kindern unterschiedlichster Herkunft gesprochen hatte, und daß sie mir von den Gebeten, die sie an Gott richteten, und von den Antworten, die sie erhielten, erzählt hatten. Wollte Harun mich vielleicht wissen lassen, daß ein Westler unweigerlich Schwierigkeiten haben müßte, ihn zu verstehen?

Mit der Zeit lernte ich die verschiedenen Bedeutungen des von Harun so oft gebrauchten Satzes »Ich bin sicher, Sie werden das noch verstehen« kennen. Manchmal sollte es eine beruhigende Geste sein: Sie sind auf dem richtigen Weg. Bei anderen Gelegenheiten wies er mich damit sehr höflich darauf hin, daß ich auf ihn konfus wirkte, vielleicht sogar verbohrt. Oft bedeutete der Satz auch noch etwas anderes – daß ein Kind das Amt des Lehrers übernahm: Lassen Sie mich Ihnen helfen, die Dinge zu begreifen, damit Sie sie *bestimmt* verstehen. Ab und zu hörte ich aus dieser Wendung auch eine entschieden ungeduldige oder ärgerliche Nuance heraus: Wie so viele andere hier in der Stadt London, auf dieser Insel England, sind Sie reichlich überzeugt davon, daß Ihre Sichtweise vernünftig ist – welch ein Irrtum.

Trotz allem blieb Harun tolerant, geduldig, versöhnlich. Er hatte den Wunsch, mich zu belehren. Seine Eltern, überaus fromme Leute, hatten ihn eindringlich ermahnt, er müsse versuchen, mich »Allah und Seinem Propheten Mohammed näher zu bringen«. Je öfter ich den intelligenten und redegewandten Jungen besuchte, desto häufiger bekam ich nicht nur seine normale Alltagssprache zu hören, sondern auch spezielle Botschaften, die ihn mit Stolz erfüllten, Botschaften, die sich offensichtlich an mich persönlich richteten:»Ich bin sicher, Sie werden verstehen, daß Allah uns sehr viel zu sagen hat, und daß wir hier sind, weil wir Seine Worte empfangen sollen. Wenn wir zu Ihm beten, hört Er zu, und danach müssen wir zuhören.« Ich war ein aufmerksamer Zuhörer, und an jenem Morgen merkte ich, daß ich allmählich die Geduld mit Haruns belehrendem, beinahe schon überheblichen Ton verlor. Er versuchte, mir seine religiösen Auffassungen klarzumachen, und die Art, wie er das tat, war – wie mir inzwischen klar war – der seiner Eltern sehr ähnlich.

Eines Tages, als wir uns unterhielten, fragte ich Harun nach seinen Gesprächen mit Allah. »Ist es Seine Stimme, die du hörst?«

»Er spricht mit mir. Er hört meine Gebete, und Er antwortet darauf.«

»Wie macht Er das?«

»Mit Worten, an die ich mich erinnern soll.«

Ich hätte ihn gern gefragt, *wessen* Worte es waren, seine eigenen oder Seine, aber ich wagte es nicht, Skepsis in unser Gespräch einfließen zu lassen. Statt dessen begnügte ich mich mit der Frage: »Was für Worte?«

»Oh, viele.« Er hielt inne, und ich überlegte, was besser sei, ihn nach Beispielen zu fragen oder die Sache fallenzulassen, in der Hoffnung, daß wir ein andermal darauf eingehen würden. Harun kannte mich inzwischen ganz gut, wie ich mir eingestehen mußte, als ich später seine Erwiderung nochmals überdachte. Als ich nämlich nicht auf sein »Oh, viele« reagierte, fragte er mich, ob ich je erlebt hätte, daß mich jemand ansprach, der nicht körperlich neben mir stand.

»Oh, ja«, antwortete ich.

»Dann verstehen Sie es auch«, sagte er. Genaugenommen ließ er mich damit wissen, daß *er* verstand, was ich an ihm zu verstehen suchte.

Zwei Wochen später gingen wir mehr ins Detail – wir sprachen über die Lektionen, die Harun aufgrund seiner täglichen Gebete lernte:»Ich habe Allah gebeten, mich stark zu machen, und Er sagt, daß ich schon stark bin. Ich habe Ihn noch den ganzen Tag gehört: ›Du bist schon stark.‹ Als ich in der Schule war, sah ich unserem ›Pausenschreck‹ [einem Klassenkameraden, der alle anderen drang-

salierte] direkt in die Augen. Ich war bereit, es mit ihm aufzunehmen. Vielleicht hätte er gewonnen, wenn wir gekämpft hätten, aber
weil ich bereit war, mich mit ihm anzulegen, war ich für ihn
uninteressant! Allah hat mich stark gemacht.«
Ich beschloß, jetzt die Rolle des Miesmachers und Zweiflers zu
spielen. Harun und ich waren Freunde geworden und würden
deshalb unsere jeweiligen Standpunkte respektieren, meinte ich.
Ich wies meinen jungen Freund darauf hin, daß auch der Rabauke
vielleicht seine Gebete spräche. Diese Bemerkung bedeutete für
Harun einen Schlag ins Gesicht, das war zu sehen. Ich war selbst
erschrocken. Warum hatte ich das gesagt? Welcher mißtrauische
Kern in meiner 20.-Jahrhundert-Psyche hatte mich auf diese Weise
auf die tief empfundene Geschichte des Jungen reagieren lassen?

In Sekundenschnelle war ich in meine eigene Vergangenheit
zurückversetzt worden und hatte mich an den fünfzehn- oder
sechzehnjährigen Jungen aus unserer Nachbarschaft erinnert, der
mich, als ich etwa acht war, drangsaliert hatte. Mein Vater hatte
damals diese Streitereien benutzt, um mir seine Grundüberzeugun-
gen nahezubringen – das Gefühl, das Leben sei hart, und man
müsse irgendwie lernen, wie man durchkommt. »Geh ihm aus dem
Weg«, schlug mein Vater vor. »Er ist fast doppelt so alt wie du, und
dir bleibt kaum was anderes übrig.« Aber ich schaffte es nicht ganz,
seinen Rat zu befolgen. Ich probierte meine eigene Version von
Haruns Strategie aus. Als der Rüpel (er hieß Richie – den Namen
von so jemandem vergißt man nie) wieder aggressiv wurde, versuchte ich ihn zornig anzustarren, und als er näher kam und mich
schubste, machte ich es wie meine Mutter, die beim gemeinsamen
Abendessen rhetorische Fragen an uns Kinder stellte, und fragte
ihn, warum er sich ausgerechnet mit mir anlegte – und nicht mit
dem, den er *wirklich* hauen wollte? Ich sehe noch heute vor mir, wie
er rot anlief, und kann die Schmerzen spüren, wie damals, als er auf
mich einschlug. Am nächsten Tag (und das war das einzige Mal in
meinem Leben, daß so etwas passierte) trat mein Vater vor die Tür,
als Richie vorbeiging, hielt ihn am Arm fest und erteilte ihm eine
Lektion, die er nicht so schnell vergessen würde: Wenn Richie mich
angreifen könne, dann könne mein Vater ihn angreifen – das sei
»das Gesetz der Gangster«, eine Formulierung, die mir noch heute
in der Stimme meines Vaters in den Ohren klingt. Danach fühlte
ich mich natürlich sicher – aber auch seltsam geschwächt und

ängstlich. Mein Vater gab mir zu verstehen, daß mein Erlebnis nur am Anfang all der Bitterkeit und Gewalt stünde, die ich im Laufe meines Lebens noch kennenlernen würde. (Es war das Jahr 1939, Hitler war auf dem Höhepunkt seiner Macht, Stalin hatte bereits Legionen idealistisch gesinnter Kommunisten ermorden lassen, und die beiden Diktatoren hatten sich soeben diplomatisch umarmt.) Auch der Standpunkt meiner Mutter konnte weder mich noch meinem Vater sehr befriedigen. Sie empfahl mir das gleiche, was Harun sich zunutze gemacht hatte – Gebete: »Bobby, wir müssen Mitleid mit denen haben, die so schwach sind, daß sie andere schlagen müssen; wir müssen für sie beten.« Ich hatte bereits die Erfahrung gemacht, daß diese Mischung aus Psychologie und christlichem Verständnis bei Richie nicht funktionierte, und mein Vater erklärte meiner Mutter und mir, wie wirkungsvoll eine derartige Einstellung im Europa des Jahres 1939 sein würde. Hobbes berühmter Ausspruch (»Das Leben ist einsam, arm, gemein, brutal und kurz«) schien allgemein befolgt zu werden, egal wie viele Gebete gesprochen wurden. Und was noch schlimmer war, alle möglichen Pastoren und Priester hatten sich bereitwillig auf die Seite von Hitler und seiner Gefolgsleute geschlagen, ja sogar danach gedrängt. Während meine Mutter sich auch in den folgenden Jahren wie eine Ertrinkende an Dietrich Bonhoeffers Beispiel klammerte, pflegte mein Vater nur den Kopf zu schütteln.

Bei der klinischen Arbeit stößt ein Kinderpsychiater immer wieder auf seine eigene Kindheit – die inzwischen nicht nur bei Spezialisten bekannte »Gegenübertragung«, die zur Folge hat, daß unsere Reaktionen auf unsere Patienten unsere eigenen Erfahrungen als Kind in einer bestimmten Familie widerspiegeln. Als Harun mir in unserem Gespräch von der Wirksamkeit des Gebets in einem bestimmten Augenblick seines jungen Lebens erzählte, erstand meine eigene Vergangenheit vor meinem inneren Auge und war mir derart frisch und überzeugend gegenwärtig, als sei sie nie vergangen. Meine säuerliche Reaktion auf dieses anständige, sensible und wohlerzogene Kind signalisierte, daß seine Geschichte an eine Wunde gerührt hatte. Was die Reaktion des Jungen auf meine Äußerung betraf, so ging mir sein Schweigen auf die Nerven. Ich wartete auf Worte, egal welche, selbst auf das ständig wiederholte »Ich bin sicher, Sie werden verstehen«. Ich sehnte mich nach ein wenig von Haruns gelegentlicher Herablassung als Zeichen, daß meine scharfzüngige Logik ihn nicht übermäßig niedergedrückt hatte. Doch der Junge schien ziemlich verletzt und beleidigt. Ich wollte mich schon entschuldigen, als er das Wort ergriff:»Ja, ich bin sicher, er [der ›Pausenschreck‹] spricht seine Gebete.« Ich fühlte mich erleichtert. Doch nach einem weiteren langen Schweigen gab mir Harun Stoff zum Nachdenken:»Aber ich bin sicher, Allah hört all den Gebeten, die bei Ihm ankommen, sehr aufmerksam zu.« Der Wissenschaftler in mir wollte das Duell schon fortsetzen. Schön, Gott hört zu, dachte ich, und trotzdem werden Tag für Tag zahllose Menschen von Kriminellen, Lügnern und Mördern niedergetrampelt, abgesehen von den relativ unbedeutenden Jungen, die Kinder wie Harun und mich drangsaliert haben. Mir fiel auf, daß ich die Beine nicht stillhalten konnte, sondern immer wieder übereinanderschlug, und daß es in meinem Bauch rumorte – für mich immer ein sicheres Anzeichen von wachsender Angst. Die Reihe war an mir zu sprechen, aber mir fiel nichts ein, deshalb sah ich auf die Uhr und sagte meinem jungen Freund, daß wir schon weit über die vorgesehene Zeit seien. Harun dankte mir wie immer für den Besuch. Er erkundigte sich nach meinen Söhnen, die er kennengelernt hatte. Seine Zuvorkommenheit ging so weit, daß er mir einige Bücher zeigte, die er in der Schule las – damit ermöglichte er in Wirklichkeit, daß wir unseren freundschaftlichen Umgang miteinander wieder aufnehmen konnten. Als ich mich verabschiedete, sagte Harun:»Ich werde zu Allah beten, daß Sie und ich die richtigen Antworten finden!« Ich war um eine Antwort verlegen, so daß ich mich etwas befangen dafür bedankte.

Ein paar Tage darauf hatten wir beide unser letztes Zusammentreffen noch einmal überdacht, und Harun sagte, er sei bereit, noch einmal »übers Beten« zu sprechen. Er erzählte mir, daß er Allah mehrmals gebeten habe, ihn zu leiten, und daß Allah ihm keine Lösungen geschickt hätte:»Ich habe gebetet, aber ich habe nie etwas außer meinen eigenen Worten gehört, oder ich habe meine Eltern sagen hören, daß man glauben muß [an Gott, an Allah, an Mohammed als Seinen Boten], selbst wenn man ganz schlimm in der Klemme ist.«

Ich erklärte Harun, daß ich auch in einer Art Sackgasse angelangt sei – daß ich nämlich glaube, daß die Welt voller Not und Schlechtigkeit sei, und daß dies immer so sein würde, ob gebetet würde oder nicht. Er nickte und antwortete nur mit einer einzigen Frage:

»Wird uns das nicht immer wieder gesagt – daß die Welt nur dann erlöst wird, wenn Allah kommt, um sie zu erlösen?« Ich hatte nicht gewußt, daß einem jungen Anhänger des Islams diese Botschaft vermittelt worden war. Harun hatte aber auch noch etwas anderes mitzuteilen. Gerade an diesem Morgen habe er beim Gebet eine Stimme gehört – Allahs, wie er hoffte, aber nicht anzunehmen wagte: »Bete darum, dein Leben lang solche Sorgen zu haben wie du sie jetzt hast. Bete, daß du diese Sorgen nicht irgendwo unter den Teppich kehrst.« Diese Stimme hatte ihn nervös und verwirrt gemacht. Er hatte darauf gehofft, daß er von den Nöten, über die wir nachgedacht hatten, erlöst würde, und jetzt erfuhr er, daß er deren verwirrende, quälende Existenz auf jeden Fall wie einen Schatz hüten solle. Er hatte seinen Vater nach einer Erklärung dafür gefragt. (Vater und Sohn waren enge Vertraute; sie hatten eine beeindruckend starke Bindung.)

Harun mußte ein, zwei Tage auf eine Antwort warten, und als er sie bekam, gab er sie bei unserem nächsten Treffen an mich weiter: »Mein Vater hat gesagt, daß man nach dem Gebet warten und lauschen soll. Allah spricht mit einem. Ich habe ihm gesagt, ich hätte gewartet, und ich hätte Allah auch wirklich gehört, und daß Er mir gesagt habe, ich *sollte* mir Sorgen machen – weil es so viel Not gibt. Mein Vater fragte, warum ich mich dann noch aufrege. Ich sagte ihm, daß ich mir jetzt Sorgen darüber mache, was *Sie* dazu sagen!«

Ich mußte lächeln. Und dann laut herauslachen. Ich sagte zu ihm, daß ich dächte, daß er und ich zusammen vor einem Rätsel stünden, das vielen gläubigen Menschen vertraut sei, ebenso wie vielen, die nicht Gott dienen, die aber ehrlich und tief über die vielen Ungerechtigkeiten dieser Welt beunruhigt seien. Ich sagte ihm, wie sehr mich seine Geschichte von neulich bewegt habe – von der Kraft, die er als Resultat seiner intensiven Gebete an Allah gefühlt habe, von der echten Selbstsicherheit, die sie ihm verliehen hatten. Ich erzählte ihm von meinem eigenen Kindheitserlebnis mit dem bedrohlichen älteren Jungen und von den Lektionen, die mir mein Vater damals erteilt hatte. All diesem hörte Harun mit großer Beteiligung und Aufmerksamkeit zu, er nickte mit dem Kopf oder blickte manchmal mit abgewendetem Kopf gedankenvoll in die Luft. Als ich fertig war, dankte er mir. Er gab mir auch sogleich zu verstehen, daß wir uns trotz der unterschiedlichen Standorte auf wichtigen Gebieten ganz nahe seien. »Wir machen uns beide Gedanken. Allah hat ja gesagt, daß wir das sollten. Ich hoffe, daß all die Leute in England, die andere rumschubsen, auch bald anfangen, sich Sorgen zu machen – aber vielleicht tun sie's nicht. Ich denke mir, wir müssen beten, daß Allah die Zeit hat, sich über sie Sorgen zu machen.«

Hier kam ein Kind in Berührung mit der Weite unseres Universums, mit dem Mysterium von Gottes Zeit, mit der Frage nach Seiner Aufnahmefähigkeit, Seiner Fähigkeit, auf die Milliarden von Bitten, die Er jeden Tag hört, zu reagieren. Angesichts solch schwindelerregender Vorstellungen war Harun nur zu bereit, die Hände zu erheben und um Hilfe zu flehen, sei es nun zu Hause oder in der Moschee. Er war kein Tor in bezug auf die Wirksamkeit der Gebete oder die Zukunftsaussichten unserer Welt. Er rechnete damit, daß es in seinem Leben noch öfter Menschen geben würde, die ihn drangsalierten. Aber trotz allem gab er die Hoffnung auf sein Selbstwertgefühl und seine Würde nicht auf. Wenigstens aber stünde eines in seiner Macht, sagte er am Ende unseres Treffens, nämlich ein Gebet für sein eigenes moralisches Überleben zu sprechen: »Ich hoffe, Allah vergißt mich nicht. Ich hoffe, Er wird weiter zu mir sprechen. Ich hoffe, daß Er mich beim Namen ruft, wenn ich am Abgrund stehe, damit ich nicht zu tief falle. Ich hoffe, daß Er mich davor bewahrt, daß ich selbst andere unter Druck setze. Ich möchte nicht dazu [zu den vielen Drangsalierern dieser Welt] gehören.« Ich glaube, er konnte die Hochachtung für ihn auf meinem Gesicht lesen: Ich sah in ihm einen Jungen, der sich bereits jetzt einer schweren, aber äußerst lohnenden Herausforderung gestellt hatte, einen, der möglicherweise ein paar Illusionen verloren und einige Aspekte der weltlichen »Realität« akzeptiert hatte, der aber seinen Glauben an das, was Allah ihm zu sagen hatte, hochhielt.

*

Auf Gottes Stimme zu horchen[1] ist nicht nur für islamische Kinder von wesentlicher Bedeutung. Die Aufmerksamkeit, die Harun Allahs *Stimme* schenkte, erinnerte mich oft an einen gleichaltrigen jüdischen Jungen, der in Brookline, einem Vorort von Boston, lebt. Als ich Avram kennenlernte, war er neun, und ich blieb mit ihm während seiner Adoleszenz in Verbindung und war auch bei seiner

Bar-Mizwa zugegen. Seine Eltern waren Juden der konservativen Glaubensrichtung, sehr religiös, dabei aber auch im weltlichen Amerika sehr erfolgreich – der Vater ist Rechtsanwalt, die Mutter in einer Reihe von karitativen Gemeindeprojekten aktiv. Ausgebildet als Bibliothekarin, hatte sie ihren Beruf zugunsten der Ehe und dreier Kinder aufgegeben und ist heute, nachdem alle Kinder die Schule hinter sich gebracht haben, wie sie es ausdrückt, »eine berufsmäßige Ganztags-Volontärin«. Avram, ein begabtes, sensibles und wortgewandtes Kind mit einem erfrischenden Sinn für Humor, ist der Älteste und zugleich der einzige Sohn. Er hat sehr viel dazu beigetragen, daß ich mit den wichtigsten Grundsätzen des konservativen Judentums vertraut wurde, wobei er sich bei passender Gelegenheit auch noch die Mühe machte, mir die Unterschiede zwischen den konservativen, den orthodoxen und den reformierten jüdischen Gemeinden zu erklären. Er besuchte seit vielen Jahren den hebräischen Religionsunterricht und hatte auch ein sehr enges Verhältnis zu seinem Vater, der der Sohn eines Rabbiners war. (Avrams Großvater war schon tot, als er geboren wurde, aber Avram ist nach ihm benannt.)

»Unser Gott macht sich Sorgen um uns hier unten«, sagte Avram zu mir. Es war gerade einen Monat her, seit ich aus England zurückgekehrt war, wo ich die Gespräche mit Harun geführt hatte. Daß er davon sprach, daß Gott »sich Sorgen machte«, ließ mich aufmerken – es erinnerte mich an Haruns Worte, daß Allah ihm gesagt hatte, er solle sich weiterhin Sorgen machen. Sofort wollte ich von Avram mehr darüber hören, und er ließ sich nicht lange bitten: »Wir [Juden] bemühen uns immer, Gott zu verstehen, und Er ist immer an uns interesssiert – wir sind Seine Kinder. Er macht sich schon lange Sorgen um uns. Er sieht all das Leid hier unten, und sicher ist Er traurig. Wenn ich bete, bitte ich Gott, mir zu helfen. Ich glaube, ich will herausfinden, was ›das Beste‹ ist, indem ich Ihn frage.

Ich höre Ihn; ich höre, wie Er sagt, daß wir die Gebote befolgen und als gute Menschen leben sollen. Ich höre, wie Er sagt, daß Er uns [Juden] eines Tages alle wieder zusammenführen will. Er hat einen Bund mit uns geschlossen und wird uns helfen – aber wir müssen Ihm auch zeigen, daß wir es verdient haben und daß wir bereit sind [für Seine Hilfe]. Wenn du vor einer Entscheidung stehst, ist Gottes Stimme in dir und führt dich in die richtige

Richtung. Es zählt nicht allein, was wir selbst entscheiden; es ist Seine Entscheidung – Er lehrt uns, wie wir richtig leben sollen. Wenn es hier unten nur Ihre und meine Stimme gäbe und natürlich die von all den anderen Menschen, dann würde sich das gegenseitig aufheben – wir würden uns nur dauernd streiten und sagen, ich habe recht und du hast unrecht, und die anderen würden dasselbe sagen. Mein Vater sagt, dann wäre es hier so wie in der Börse, wo alle gleichzeitig herumschreien, so daß man seine eigene Stimme nicht mehr hören kann. Das ist der Grund, warum Gott sprechen muß – damit wir damit aufhören und wissen, was die richtige Richtung ist.«

»Avram, ist es die Stimme deines Vaters, die du hörst, oder die des Rabbiners oder deine eigene? Hörst du denn tatsächlich die Stimme Gottes?« Ich glaubte zu wissen, was er meinte, wenn er von Gottes »Stimme« sprach, aber ich besaß genug Vertrauen in unsere Freundschaft, in das wechselseitige Geben und Nehmen, um eine so genaue Nachfrage zu formulieren. Und ich glaubte, ich müsse dies auch tun, weil es, wie Avram selber gesagt hatte, sehr wichtig sei, daß wir unsere eigenen Vorstellungen (und Wünsche und Sorgen) von denen Gottes unterscheiden.

Avram konnte Dinge oft sehr gut erklären. Hier sind einige Beispiele, wo er sich darum bemüht hat und die ich nach mehreren Gesprächen zusammengestellt habe: »Wenn ich zu Gott bete, ist das ganz anders, als wenn ich mich mit meinen Freunden unterhalte. Nein, es ist auch nicht so wie mit meinem Vater oder meiner Mutter. Sie haben mir beigebracht, mit Ihm, mit Gott, auf eine ›spezielle‹ Weise zu sprechen, und das versuche ich. Ich beuge den Kopf, senke die Stimme und mache meine Augen zu. Ich spreche meine Gebete [auf hebräisch]. Ich warte eine Weile, und dann bitte ich Ihn um Hilfe. Ich zähle Leute auf, die krank sind. Und Leute, die ich im Fernsehen gesehen habe und die Hilfe brauchen. Ich versuche Ihm so eine Art Bericht zu geben.«

»Ich höre Ihn sagen, daß ich fleißig arbeiten soll und meinen Teil tun soll. Ich denke, Er wird das Seine tun, wenn wir das unsere tun. Es ist meine Stimme, auch die von Dad und Mom, obwohl wir gar nicht auf so eine Art miteinander sprechen. Es ist schon Seine Stimme, denke ich – weil sie anders ist. Genau wie ich nur beim Beten so spreche, wie ich es tue, so spricht auch niemand auf diese Art zu mir außer Gott. Er bringt mich zum Nachdenken, und dann höre ich Ihn. Es ist nicht Seine Stimme – ich meine, Er spricht nicht zu uns, wenn wir beten; wir sprechen mit uns selbst. Aber Er ist es, der uns sagt, was wir uns selbst sagen sollen. Verstehen Sie, was ich meine?«

Ich nicke. Ich mußte an ein Gebet Martin Luther Kings denken, das ich ihn vor Jahren in Alabama hatte sprechen hören. Er bat Gott damals, Er möge in diesen gefährlichen Zeiten zu ihm sprechen, damit er dann wiederum wisse, was er anderen Menschen sagen solle, die jedem seiner Worte eine solche Beachtung schenkten und die sich fürchteten und in großer Gefahr seien. »Sprich mit uns, lieber Gott«, flehte Dr. King mehrmals, »damit wir Dich hören und dadurch uns selbst.« Ich habe diese Worte auf einem Tonband. Ich habe sie Avram einmal vorgespielt. Er lächelte.

Im darauffolgenden Jahr bereitete sich Avram auf seine Bar-Mizwa vor und erlebte zugleich in der Schule die Unbilden (und gelegentlichen Obszönitäten) der Mittelstufe und der Pubertät. Er war ein introvertierter Junge, aber auch ein ausgezeichneter Sportler; ein Idealist, der aber auch die Freuden genießen wollte, die das Leben in der wohlhabenden oberen Mittelschicht bietet; er war fromm und fühlte sich seiner Gemeinde eng verbunden, zugleich war er aber auch ein echter Amerikaner, der die Geschichte seines Landes ungewöhnlich gut kannte und sich sehr für Politik interessierte. Avram bezeichnete sich selbst als »Jongleur«, während ich ihn mir als geschickten, stämmigen Seiltänzer vorstellte, dem es keine Schwierigkeiten bereitete, auf dem Seil zu gehen, auch wenn uns Zuschauer gelegentlich ein Herzklopfen befiel. Es wurde mir allmählich klar, mit welcher Ernsthaftigkeit er seine Gespräche mit Gott führte. Er selber bezeichnete es als »Gespräche führen«, und damit beschrieb er etwas, das Tag für Tag bei ihm zu Hause frühmorgens und spätabends stattfand: der Versuch eines Jungen (noch war er ja nicht der »Mann«, zu dem ein Jude mit dreizehn Jahren wird), sich mit seinem Schöpfer »auszuquatschen« (wie er es einmal selbst nannte).

»Gestern Abend hatte ich es wirklich nötig, ein Gespräch mit Gott zu führen«, erzählte er mir eines Nachmittags ohne das geringste Anzeichen von Schüchternheit oder Schamgefühl, aber auch ohne Dünkel oder Melodramatik. Er hatte stundenlang für zwei Arbeiten – in Mathematik und Geschichte – geübt. Er war zugleich müde und hellwach gewesen: »All diese Zahlen und

Gleichungen gingen mir dauernd im Kopf herum, und die Jahreszahlen und die Namen von den Generälen [im Bürgerkrieg] und von den Schlachten, in denen sie gekämpft haben. Meine Arme und Beine wollten nur noch eins: ›Raus!‹, und mein Kopf hatte ›Lernfieber‹ – das ist ein Ausdruck von meinem Vetter [einem Studenten]. Gegen elf hatte ich genug, aber ich wußte, daß ich mich wieder abreagieren mußte, denn sonst würde ich mich nur im Bett herumwälzen und doch nicht einschlafen können. Ich hatte schon ein paarmal im Laufe des Abends zu meiner Bibel hingeblickt, und jetzt wollte ich darin lesen. Ich mag Jesaja gern – das ist der Lieblingsprophet meines Vaters. Ich fing von vorn an: ›Dies ist das Gesicht Jesajas . . . Höret, ihr Himmel! und Erde, nimm zu Ohren! denn der Herr redet . . .‹ Ich habe das schon so oft gelesen, aber ich finde es jedesmal wieder toll. ›Der Herr redet‹! Ich saß da und senkte meinen Kopf, dann bat ich den Herrn, mit mir zu reden. Ich meine, ich betete zu Ihm. Der Herr hat ja schließlich andere Sachen zu tun als mit mir zu sprechen! Das weiß ich ja! Aber unser Rabbiner sagt, daß Gott nichts Wichtigeres zu tun hat als mit uns zu reden. Mit jedem, der wirklich und wahrhaftig mit Ihm reden will. Er ist bei uns, die ganze Zeit sieht Er uns zu und hofft für uns.«

»Was meinst du damit, wenn du sagst: ›Gott hofft für uns‹?«

Avram antwortete ohne nachzudenken: »Oh, ich meine, daß er wirklich Interesse an uns hat und wirklich das Beste hofft – daß wir ein gutes Leben führen. Er ist ja kein Zauberer. Er hat uns die Freiheit gegeben. Es liegt alles an uns! Aber Er hat uns nicht verlassen, nachdem Er uns auf eigene Füße gestellt hat. Er *hofft* – Er hofft, daß wir an seine Gebote denken und uns bemühen, danach zu leben.

Als ich gestern Abend über meinen Aufgaben hockte und mit den Füßen scharrte und meine Schuhe abwechselnd an- und auszog und überlegte, was es wohl im Fernsehen gäbe, und zu vergessen versuchte, daß das verdammte Ding je erfunden wurde – da mußte ich plötzlich (es war um neun, ich habe die Glockenschläge gezählt) an den Propheten Jesaja denken und an Moses, immer wieder mußte ich daran denken, wie es heißt: ›Und der Herr sprach zu Moses . . .‹ Ich bin sicher nicht Moses! Aber unser Rabbiner sagt: ›Wir sind alle ein Teil von dem, was Moses war und *ist*‹, so sagt der [der Rabbiner] das, er betont immer das *ist*. Bei uns heißt es: Moses lebt! Das wird noch mal jemand auf T-Shirts drucken, und ich glaube, viele Leute werden gar nicht wissen, *welcher* Moses. Für mich lebt er *echt*! Ich glaube, ich habe gestern dagesessen und an ihn und Jesaja gedacht – wie die mit Gott gesprochen haben.«

Nach einer kurzen Pause fuhr er fort: »Ich habe meine Gebete gesprochen, und hinterher habe ich versucht, Gott zu sagen, wie mein Leben so ist. Ich sage, ich habe das Gefühl, daß ich manchmal nicht das Richtige tue – ich bete erst zu Ihm, nachdem ich mir den Kopf mit Geschichtszahlen vollgestopft habe. Das Volk Israel (die Juden von vor Jahrhunderten) aßen Datteln und beteten zu Gott; wir lernen Daten auswendig. So wie das heute ist, denken viele Menschen gar nicht weiter über Ihn nach. Mein Vater sagt: ›Es gibt viele Juden, denen Gott nichts bedeutet; aber sie finden's toll, wenn sie an den hohen Feiertagen in den Tempel gehen, um sich da sehen zu lassen!‹ Das ist bei den Christen sicher dasselbe. Es ist wirklich schade! Und so war das gestern auch: den ganzen Abend nur Mathe und Geschichte – und nur fünf Minuten für ein Gespräch mit Gott. Vielleicht hat Er auf mehr gehofft.«

Bei dem Wort »hoffen« fiel ihm meine frühere Frage wieder ein und in bester talmudischer Tradition stellte er Betrachtungen an, in denen sich ein Bewußtsein für die Feinheiten der menschlichen Kommunikation spiegelte: »Wenn wir uns selbst betrachten, dann denken wir, daß wir es sind, die Gott brauchen und die zu Ihm beten sollen. Sicher brauchen wir Ihn – aber wünscht Er sich nicht auch, mit uns in Verbindung zu stehen? Das ist die andere Hälfte der Gleichung (ich hab' diese Woche zuviel Mathe gepaukt!). Er ist da oben, und wir sind hier, und es geht hin und her, oder jedenfalls sollte es das.«

Ich unterbrach ihn kurz, um ihn nach dem »es« zu fragen, denn ich wollte gern noch mehr über seine Gespräche mit Gott hören. Ich wurde nicht enttäuscht: »Naja, ›es‹ bedeutet Botschaften, die hin- und hergeschickt werden. Wenn ich gebetet habe, sperre ich die Ohren auf, und ich höre Gott, der mich wissen läßt, was wichtig ist und was lange nicht so wichtig ist, wie ich vor fünf Minuten gedacht habe. Es ist nicht Gottes Stimme – ich meine, ich bin ja nicht verrückt. Es ist meine Stimme, aber es ist nicht meine gewöhnliche Stimme. Sie ist anders, sie sagt etwas anderes, und sie hört sich sogar anders an! Ich komme ja in den Stimmbruch – ab und zu muß ich kieksen, und Junge, das kann ganz schön peinlich sein. Aber wissen Sie was, meine Stimme hat sich schon vor Jahren verändert, als ich erst acht oder neun war und anfing, über Gott nachzudenken und was *Er* will, und nicht nur über mich und was ich will.«

Er schwieg und schien nicht weiterreden zu wollen. Ich fragte ihn, so rundheraus wie möglich:»Avram, kannst du mir genau erzählen, was Gott gestern zu dir gesagt hat?«

»Ja. Es war nicht viel; aber genug, daß ich reichlich darüber nachdenken mußte. Er hat gesagt, genug ist genug, und ich soll ich selber sein und nicht jemand, der versucht, am nächsten Morgen zwei Einsen zu schreiben. Er sagte mir, ich sollte darauf achten, wohin mein Weg geht, und nicht bloß an diese Klassenarbeiten denken. ›Avram‹, hat Er gesagt, ›denk an Moses und Jesaja – gerade heute, wo du deinen Kopf nur mit Algebra und der Schlacht von Antietam vollgestopft hast.‹ ›Avram‹, sagte Er, ›es werden noch andere Tage kommen, nicht bloß Mathearbeits-Tage und Geschichtsarbeits-Tage. Für diese Tage mußt du auch leben!‹ Das war es schon ungefähr. ›Morgen ist ein Mathearbeitstag‹, hat der Mathelehrer gesagt. ›Morgen ist ein Geschichtsarbeitstag‹, hat unser Geschichtslehrer gesagt. Gut, gut! Ich bin froh, daß ich mich an Gott wenden kann und Er noch ein paar Tage nennt, die etwas anders sind!«

Ich beschloß noch einmal nachzuhaken:»Avram, sprechen deine Mutter und dein Vater manchmal so mit dir wie Gott es gestern tat?«

Er ließ sich mit seiner Antwort Zeit. Schließlich schüttelte er den Kopf. Dann bot er mir eine Erklärung an:»Meine Mama ist immer sehr nett, aber sie möchte, daß ich gute Noten habe. Ihre Einstellung dazu, was ich um acht oder neun tun sollte, ist so: ›Avram, wenn du denkst, du hast genug gelernt, dann geh ins Bett und schlafe; wenn du richtig ausgeschlafen bist, geht morgen sicher alles besser.‹ Mein Papa sagt was anderes, nämlich: ›Avram, arbeite solange, bis du alles wie am Schnürchen kannst. Schlaf ist wichtig – aber den kannst du später nachholen! Am besten, man bereitet sich rechtzeitig vor, aber wenn das nicht geht, dann geht es eben nicht, oder wenn du es nicht gemacht hast, dann ist es auch noch so – Hauptsache, du bringst es hinter dich und machst es gut!‹«

Er mußte selbst darüber lachen, wie er die beiden mit ihren unterschiedlichen Ausdrucksweisen und Ansichten nachgemacht hatte – die liebevolle Besorgnis der Mutter, die weniger subtile Ermutigung des Vaters, in den Ring zu steigen und um jeden Preis zu gewinnen. Wie vielen anderen Kindern war es Avram gelungen, Prinzipien beider Elternteile in seiner eigenen Persönlichkeit zu vereinen und mit ihrer Hilfe seinen eigenen moralischen Standpunkt zu formulieren: Man gibt sich Mühe, man ist fleißig, aber man bewahrt eine übergeordnete Perspektive – drei Themen, die er wiederholt erwähnte. Avram forderte mich auf, mir zu merken, was er mir gerade eben erzählt hatte, nämlich Gottes Worte an ihn. »Sehen Sie, der Gott Israels drängt mich nicht in die gleiche Richtung wie meine Eltern. Wenn ich Gott sprechen höre, merke ich, daß Er anders ist, ganz anders. Ich höre sonst niemanden, der spricht wie Er. Ich habe darüber mit meinen Eltern geredet. Meine Mama sagt: ›Natürlich ist Er anders. Er ist Gott und nicht jemand wie du und ich.‹ Mein Papa sagt das gleiche, aber er sagt: ›Gott versteht, daß wir nicht vollkommen sind, so wie Er sich das wünscht. Er versteht, daß es lange dauert, bis man weiß, wie man Ihn auf die richtige Weise ehrt.‹ Papa läßt sich ganz schön von seiner Arbeit auffressen, auch am Wochenende. Er findet es furchtbar, wenn er am Sabbath arbeiten muß, aber manchmal muß er es einfach. Papa sagt, Gott hat die richtige Perspektive, aber ich bin nicht so sicher, daß Gottes Perspektive so ist wie die von meinem Papa oder von mir. Unser Rabbiner spricht viel darüber – wie wir versuchen, Gott zu einem Partner in unseren Geschäften zu machen, und daß das nicht richtig ist, und wie wir an Gott denken, wenn wir Ihn brauchen, und Ihn sonst vergessen, und das ist das Schlimmste, denn das heißt, daß man Ihn als selbstverständlich hinnimmt, und dabei sollte man soviel wie möglich an Ihn denken und nicht nur, wenn es für uns praktisch ist. Wenn ich bete und Gottes Worte zu mir kommen, dann habe ich das Gefühl, daß ich wenigstens daran gedacht habe, was der Rabbiner gesagt hat, und daß ich wenigstens einen Versuch mache.«

Allmählich wurde mir bewußt, daß dieser Junge tatsächlich für sich selbst eine ungewöhnliche Stimme gefunden hatte, vielleicht eine abnorme – das war das Äußerste, was der skeptische Zuhörer in meinem Inneren gerade noch gelten ließ. Für Avram war es eine übernatürliche Stimme, die vom Herrn selbst eine Brücke bildete zu seiner Sprache, seinem Familienleben, seiner Situation als US-Amerikaner des 20. Jahrhunderts, der in einer vorrangig von wohlhabenden und gebildeten Juden bewohnten Gegend an der Ostküste Nordamerikas lebt. Zu keinem Zeitpunkt behauptete Avram, daß er, wie einst Moses und Jesaja, von Gott angesprochen wurde. Um nicht falsch verstanden zu werden, es ist natürlich *ebenderselbe* Gott, der schon vor Jahrhunderten zum jüdischen Volk gesprochen hat. Er ist genauso gut der Gott der Zeit wie der des Ortes. Und Avram wollte Gott auch nicht auf irgendeine praktische Weise an die Bedingungen des modernen Lebens anpassen. Schließlich war er ein Junge, der der *konservativen* Gemeinde angehörte und die High-School von Brookline besuchte und nicht etwa eine Jeschiwa, eine Talmud-Schule.

Ein Jahr später, nach seiner Bar-Mizwa, beschäftigte er sich mit der Frage, welche Botschaft Gott wohl für ihn gehabt hätte, wäre er, wie ein Vetter von ihm, nach Israel gezogen und in der orthodoxen jüdischen Tradition erzogen worden. Das veranlaßte mich zu der Frage, ob er meine, daß Gottes »Stimme« dann deutlich anders sein würde. Er antwortete: »Ja, sicher«, und wir dachten beide eine Weile schweigend darüber nach. Dann sagte Avram: »Wenn man der Vater eines Volkes ist, dann muß man so mit ihm sprechen, daß man verstanden wird. Er will ja mit jedem einzelnen von uns sprechen, sofern wir Ihm eine Chance geben. Ich spreche ja auch mit meinen Freunden auf unterschiedliche Weise, je nachdem mit wem ich zusammen bin; das macht doch jeder. Gott muß jede Sprache, die es gibt, sprechen können. Ich meine schon, daß Er das tut.« Seine Worte hatten etwas Tastendes. Er wollte aus Gott nicht einen Relativisten oder Opportunisten machen; so wie er Ihn sich wünschte, besaß Gott auf wunderbare, phantastische Weise die Fähigkeit, all die einzelnen Seelen anzuhören, die im Laufe der Jahrhunderte nach Ihm gerufen hatten, die mit all ihrer Kraft und Hoffnung darum gebetet hatten, erhört zu werden. In solchen Augenblicken versanken Avram und ich in ein Schweigen, das lange genug anhielt, um uns klarzumachen, daß wir das Thema erschöpft hatten.

*

Anne, ein elfjähriges Mädchen, das gar nicht weit von Avram in West Roxbury, einem anderen Vorort von Boston, lebte, war katholisch, und deshalb war auch für sie das Nachtgebet von großer Bedeutung, wenn Gottes Stimme auch für gewöhnlich keine qualvolle Selbstüberprüfung bei ihr auslöste. »Ich knie mich neben mein Bett«, erzählte Anne mir und fuhr, ohne auf Details einzugehen, fort: »Dann spreche ich mein Gebet, und dann hüpfe ich ins Bett, und als nächstes ist es schon Morgen, und es riecht nach Kaffee, was bedeutet, daß meine Mama schon auf ist und voll unter Dampf steht.« Ihre Mutter war so energiegeladen, wie es dieser Ausdruck vermuten läßt, und Anne bemühte sich, es ihrer Mutter nachzutun, sogar beim Beten: Tu, was getan werden muß, und dann ran an die nächste Aufgabe, die das Leben bereithält! Sie war in der sechsten Klasse, als ich sie kennenlernte, eine durchschnittliche Schülerin und ausgezeichnete Sportlerin. Zu jener Zeit fand sie es »phantastisch«, wenn sie eines Tages »bei Olympia mitschwimmen könnte«; auf etwas realistischerer Ebene träumte sie davon, Nonne zu werden oder vielleicht auch Ärztin, falls sie später gute Noten in den naturwissenschaftlichen Fächern bekäme. Ihre Mutter »war mal Krankenschwester, aber sie hat das alles für uns aufgegeben«. »Uns« – das waren fünf Kinder, Anne war die zweitälteste. Ihr Vater war Sporttrainer und Beratungslehrer an einer High-School. Seine Schwester, die auch Anne hieß, war Nonne gewesen, hatte ihren Orden aber nach zehn Jahren Zugehörigkeit verlassen. Ein Großonkel war Priester, Jesuit, gewesen.

»Ich bete sehr viel«, erklärte mir Anne, als sie mich mit ihrem Leben mitsamt den religiösen Gewohnheiten näher bekannt machte. Sie fuhr fort: »Ich bete, bevor ich zum Frühstücken gehe, und ich bete vorm Einschlafen, das macht zweimal am Tag. Vor dem Abendessen sprechen wir alle zusammen ein schnelles Gebet – ›nicht zu lang‹, sagt meine Mutter immer zu meinem Vater, denn sie will, daß wir ›aufessen‹, und dann sind wir mit dem Abwaschen dran, und sie klappt vor dem Fernseher zusammen. Sie war dann aber auch schon den ganzen Tag auf den Beinen!«

Andererseits hatte Anne es auch schon erlebt, daß ihre Mutter »alles stehn und liegen ließ« und sich im Wohnzimmer auf ihren Lieblingssessel setzte und den Rosenkranz betete oder sogar »einfach nur so dasaß«, ein denkwürdiges Ereignis für ihre Kinder, die alle die zupackende Tüchtigkeit erwähnten, mit der sie normalerweise ihre Haushaltspflichten erledigte, ganz zu schweigen von den unzähligen ehrenamtlichen Aufgaben, die sie sich zusätzlich auflud: »Wann immer jemand um Hilfe ruft, schreit Mama ›hier‹, und sie ist immer als erste da und geht als letzte«, erzählte Anne voll Bewunderung, aber auch mit einem Anflug von Ärger in der Stimme. Die Ursache für letzteres wurde deutlich, als sie zugab, daß der Preis für die Großzügigkeit ihrer Mutter gegenüber Außenstehenden für Anne und ihre ein Jahr ältere Schwester sehr hoch war, denn die beiden mußten sich um ihre drei Brüder und ihren Vater kümmern: »Wir helfen beim Putzen. Sie sollten mal deren Zimmer sehen!«

In diesem konservativen, traditionsgebundenen Milieu wurde Anne durch Jesus – durch Sein Leben, Seine Worte, Seine hohen Ideale und Seine Ermahnungen – gelegentlich zur Rebellion, zu offenem Widerstand angestachelt. Allmählich wurde mir klar, daß sie gemerkt hatte, daß Christus' unverblümte Herausforderungen der »Mächtigen« ihr nützlich waren, wenn sie sich über die täglichen Zwänge eines gepflegten Haushalts ärgerte: »Ich denke an Jesus, wenn ich so viel tun muß – zu viel. Er sagte, wir sollen Ihm nachfolgen, selbst wenn das bedeutet, daß wir eine Menge Sachen ungetan lassen, die wir eigentlich tun sollten. Aber wir gehen völlig in all dem auf, was unbedingt erledigt werden muß, und dann denken wir nicht gerade viel an Ihn. Das ist doch nicht richtig! Ich habe meiner Mama gesagt, daß man sich in unserer Familie auch mal Zeit für eine Denkpause nehmen sollte. Sie sagte: ›Gut, Annie, worüber willst du nachdenken, wenn du aufgehört hast und dir all diese Zeit zur Verfügung steht?‹ Ich hab' geantwortet: ›Ich würde an Jesus denken, und daß Er gesagt hat, man soll sich auf das konzentrieren, was wichtig ist.‹ Meine Mama hat hochgeguckt und gesagt, da hätte ich allerdings recht, und ich glaube, ich hätte den ganzen Nachmittag freibekommen, wenn ich gesagt hätte, daß ich in mein Zimmer gehen und beten will!«

Sie erlebte manchmal aber auch Phasen echter, ausdauernderer Frömmigkeit, Zeiten, wo sie (egal, was sich gerade im Haus abspielte) innehielt und sich wirklich in ihre Gebete vertiefte. Das hatte ihre Tante sie gelehrt: »Tante Anne hat gesagt, sie hätte eine ›besondere Verpflichtung‹ mir gegenüber, und dann hat sie mir beigebracht, wie man betet und wie man auf Jesus hört. Sie sagte, wenn ihr alles zuviel wird, sucht sie sich ein stilles Plätzchen und kniet dort nieder und bittet Jesus, daß Er kommt und mit ihr spricht, und das tut Er dann. Ich mach' das nicht so oft wie sie, glaube ich – ich meine, Ihn um Rat fragen. Vielleicht, wenn ich größer bin –«. Sie brach abrupt ab.

Ich erkundigte mich genauer nach den Gelegenheiten, wo sie dem Beispiel ihrer Tante gefolgt war und intensiver betete. Sie sagte: »Ich gehe in den Wintergarten [einen kleinen, mit Grünpflanzen gefüllten Raum hinten im zweiten Stock, wo auch eine Couch, ein schmaler Tisch und ein Stuhl stehen], und ich sehe aus dem Fenster nach oben in den Himmel. Wenn ich das lange genug mache, passiert manchmal etwas Komisches: Es sieht beinah so aus, als ob Jesus da oben ist – die Wolken sehen wie ein Mensch aus. Er ist nicht wirklich da – in den Wolken, meine ich. Er ist im Himmel. Ich weiß nicht, wo das ist, aber ich mache mir manchmal Gedanken darüber. Im Wintergarten knie ich mich nicht zum Beten hin; ich sitze einfach so da und denke an Jesus. Da ist es ruhig. Ich tue, was mir meine Tante gesagt hat: Ich denke einfach an Ihn und spreche mit Ihm. Das ist nicht wie bei meinen üblichen Gebeten. Es ist wie – also, ich sage: ›Lieber Jesus, ich bin ziemlich müde, und ich fühle, daß ich schlechte Laune kriege und nicht mehr ›gütig‹ sein kann, wie sie es von uns in der Sonntagsschule verlangen und wie Du es warst, und deshalb, bitte, wenn Du kannst, hilf mir.‹ Manchmal stehe ich dann wieder auf und geh' wieder dahin, wo ich hergekommen bin, und das war's. Und manchmal mache ich die Augen zu und stelle Ihn mir vor. Er sieht so aus wie in unseren Büchern in der Sonntagsschule, und es kann passieren, daß Er spricht. Er sagt zum Beispiel: ›Anne, du mußt auch an die anderen denken und nicht nur an dich. Anne, selbst wenn deine Mutter dich dauernd antreibt, du mußt mithelfen.‹ Aber Er ist freundlich dabei und gibt mir das Gefühl, daß Er auf meiner Seite steht; Er versteht, was ich durchmachen muß!«

Wessen Stimme glaubte Anne zu hören? Ich fragte:»Du hast mir mal erzählt, daß du manchmal Rat und Hilfe von Jesus bekommst. War Er es, der mit dir gesprochen hat, als du an dem Nachmittag im Wintergarten warst?«

»Ja«, antwortete sie und fügte sogleich hinzu:»Nein, doch nicht.« Sie erläuterte das näher:»Er hat mit mir gesprochen, und ich hab' Ihn gesehen – Ihn mir vorgestellt. Aber ich weiß nicht, ob Er es wirklich war. Meine Tante sagte, Er kommt zu dir, zeigt sich dir, deshalb denke ich, das passiert.« Ich erkundigte mich nach Seiner Stimme, Seiner Sprechweise. Darüber hatte sie noch nicht nachgedacht. Sie überlegte eine Zeitlang, blickte dann auf und erklärte mir, daß sie eben alle Leute »durchgegangen« sei, einen nach dem anderen, und daß ihr niemand aufgefallen sei, außer vielleicht »meine Tante, die Stimme hat etwas von ihr, aber es ist eine Männerstimme, deshalb ist sie es doch wieder nicht«. Ihre Mutter, ihr Vater, ihre Großeltern? Nein, sicher keiner von denen. Ein Lehrer? Ein Priester? »Vielleicht ein *bißchen* wie unser Priester, aber Er war nicht in allem wie der Priester, nein.«

Ich sprach sie nun auf den Inhalt der Rede an, ob er irgendwelchen Sätzen ähnelte, die sie irgendwo anders gehört hatte. Sie sah mich erstaunt an. Anscheinend beschloß sie, daß ich eine Belehrung nötig hätte. »Dr. Coles«, begann sie. Sie blickte noch einmal zu Boden, und ich hatte das Gefühl, ich müßte mich wappnen. Sie blickte wieder auf und fing noch einmal an: »Jesus antwortet auf unsere Gebete, wenn wir immer wieder beten und wenn wir es verdient haben. Ich will nicht angeben. Vielleicht ist Er oft mit mir unzufrieden! Aber wenn ich wirklich bete und Er wirklich antwortet – dann ist das Er selbst. Was ich sehe, ist Er, und was ich höre, ist Er. Meinen Sie das nicht auch?«

Sie machte einen etwas gereizten Eindruck, als ob ich ihr nicht wirklich glaubte oder als ob ich leugnete, was für sie wirklich war, und dadurch ihr Erlebnis zu etwas bloß »Psychologischem« erklärte. Ich war etwas verunsichert und zögerte. Anne hatte jedoch nicht die Absicht, mich vom Haken zu lassen. Da saß sie und blickte mich erwartungsvoll an. Ich sagte: »Ich weiß nicht, was ich davon halten soll, Anne«, um mir dann – ein reines Ausweichmanöver! – sofort selbst zu widersprechen. »Viele Kinder haben mir solche Geschichten wie du erzählt. Sie haben Gott gesehen, als sie an Ihn dachten, und sie haben Ihn auch gehört. Er ist zu ihnen gekommen, und sie sind dafür dankbar.«

Mir gefiel meine Antwort überhaupt nicht; sie war zu formal und distanziert, eher die Mitteilung eines Forschungsergebnisses als die Reaktion auf die vertrauensvolle Anfrage eines Kindes. Während ich mir selber zuhörte, wurde mir allmählich klar, warum Anne mich irgendwie provoziert hatte. In meine psychologische Forschungsarbeit vertieft und im Bewußtsein, daß es auch in meinem eigenen Leben Momente gab, die den von ihr (und Harun und Avram) beschriebenen glichen, fühlte ich mich hin- und hergerissen, vielleicht sogar in die Enge gedrängt und daher gereizt. Mit Harun hatte ich den über der Sache stehenden Beobachter und Zuhörer spielen können; mit Avram wurde ich zum Intellektuellen, der einen Hang zu diesen etwas mystischen Momenten hatte; aber bei Anne hatte ich aus irgendeinem Grund das Gefühl, in der Klemme zu sitzen.

Da sie ein taktvolles und gutherziges Mädchen war, half sie mir schließlich aus meiner Sackgasse heraus: »Ich bin auch sehr dankbar, wenn ich Jesus sprechen höre. Es hilft mir wirklich sehr. Ich kann mich später, wenn ich es brauche, an Seine Worte erinnern. Dadurch schaffe ich es, ruhig zu bleiben und nicht wieder alles zu verderben!« Es hörte sich ein bißchen dick aufgetragen an: Erinnerte ihre Aufzählung nicht ein bißchen an die Bekenntnisse, die in den sonntäglichen Bekehrungssendungen des Fernsehens abgelegt wurden? Oder bemühte sich das Kind wirklich so sehr darum, genügend Kraft zu sammeln, um möglichst gut durchs Leben zu kommen?

Wir setzten unsere Diskussionen fort, und viele Wochen später machte sie ihre inneren Kämpfe wirklich verständlich. »Der Priester sagt, wir sollen Jesus kennenlernen. Ich wollte schon mitten im Gottesdienst die Hand heben und fragen, wie das gehen soll. Aber ich hatte Angst – ich würd' mich das niemals trauen. Ich fragte nachher Mama und Papa. Sie sagten, du mußt beten, nicht aufhören zu beten. Ich fragte meine Tante, und sie hat dasselbe gesagt. Ja, es stimmt, man muß beten; aber Jesus hört doch die Gebete von allen, und Er beantwortet sie hoffentlich auch alle, aber wenn Er es nicht tut, muß man das auch verstehen! An manchen Tagen bete ich viel, ganz oft, aber ich weiß nicht, ob Jesus mich gehört hat. Es gibt ja auch noch andere Menschen, und die haben schlimmere Sorgen. Wie Daddy immer sagt: Wir haben ein schönes Haus und zwei Autos und genug zu essen, und unser Sommerhaus [auf Cape Cod]. Also, was gibt es da zu klagen? Ich denke, da hat Gott ganz andere Leute, zu denen Er kommen muß.«

Diese großzügige Selbstverleugnung, verbunden mit einer rührenden Demut und einer nie versiegenden Dankbarkeit für die Geschenke des Lebens, genügte jedoch nicht, um die in Anne aufsteigenden Gefühle von Einsamkeit, Verdrossenheit und sogar Angst zu unterdrücken. »Ich höre immer, wie der Priester sagt, wir sollten bessere Menschen sein, wir sollen versuchen uns zu bessern, und ich fühle mich nur schlechter! Ich kann meine neue Klassenlehrerin nicht leiden. Sie kann sich überhaupt nicht beherrschen. Sie mag nur die Jungs und uns Mädchen nicht. Sie ist nicht verheiratet – und sie zieht die Jungs immer vor! Ich weiß, sowas soll man nicht sagen. Meine Mutter sagt immer, wir sollten uns den Mund zunähen. Ich versuch's ja auch, aber dann rutscht einem wieder was heraus! Ich schau mir das Bild von Jesus an [in ihrem Zimmer] und frag' mich, wie Er mit jedem so nett sein konnte! Er ist eben Gott, daran liegt es. Ich bin furchtbar oft nicht nett. Meine Tante sagt dann, ich bin auf einer ›Haßtour‹. Das stimmt aber nicht wirklich; ich mag die meisten Leute – jedenfalls meistens. Wenn ich ehrlich bin, [ich mag] alle bis auf die Lehrerin. Die mag ich überhaupt nie!«

»Wenn ich zu beten anfange, und wenn Jesus dann antwortet und mir sagt, daß ich es gut habe und ich soll mal einen Punkt machen und die Dinge nicht mehr so schwer nehmen, und daß ich mir Mühe geben soll und die anderen Leute mal anlächeln und nicht so muffig mit ihnen sein soll – dann geht es mir gleich wieder gut, und die Sonne scheint wieder. Manchmal habe ich das Gefühl, als wenn es auf mein ganzes Leben regnet – so ein richtiger Platzregen, und ich werde naß und friere, aber dann verziehen sich die Wolken wieder, und es wird warm, und ich höre wieder die Worte, die der Priester immer sagt und auch meine Tante. Ich habe sie auch auswendig gelernt: ›Ich bin das Licht der Welt; wer mir nachfolgt, der wird nicht wandeln in der Finsternis, sondern wird das Licht des Lebens haben.‹ Ich höre das, wenn ich Ihn höre, wenn ich, so sehr ich kann, zu Ihm bete. Und ich brauche das, und dann höre ich es auch.«

Diese Sätze habe ich aus mehreren Unterhaltungen, die im Laufe eines ganzen Monats stattfanden, zusammengestellt, um auf diese Weise zusammenfassend den Prozeß darzustellen, in dem mir das Mädchen zu vermitteln suchte, was Gott für sie bedeutete. Die Gedanken türmten sich übereinander, und es fiel ihr nicht leicht, sie in Worte zu fassen, und mittlerweile (ich kannte sie jetzt schon über ein Jahr lang) fühlte ich mich von ihnen auf eigenartige Weise angerührt. Ich versuchte natürlich immer noch, wie schon bei Harun und Avram, zu verstehen, wie Anne Gottes Stimme hörte, wo deren Ursprünge in ihrem Leben zu finden waren. Nachdem ich Annes zugleich ernstes und doch beiläufiges Bekenntnis – das ergreifende Zitat aus dem Evangelium des Johannes – gehört hatte, war ich ein bißchen weniger der skeptische Psychologe gewesen. Ihr Gesicht leuchtete, als sie die Sätze über das Licht sprach, die sie gehört hatte.

Wenn ich heute meine Notizen lese und versuche, dem Gehörten einen Sinn zu geben, frage ich mich manchmal, ob ich die

Möglichkeit, daß die Kinder leichtgläubig oder abergläubisch waren, geleugnet habe. Besonders Anne neigte zu einer eilfertigen Routine, sie versetzte sich für einen kurzen Moment in eine Zuhörerpose, in der sie angeblich auf Worte von Jesus lauschte, nur um im nächsten Moment ihr geschäftiges Leben wieder aufzunehmen, was sie auch selbst erkannte: »Ich darf nicht so in Eile sein, wenn ich bete, richtig bete. Es gibt ja Stoßgebete, aber ich glaube, die sind nicht sehr gut. Nur wenn ich in mein Zimmer gehe und mich richtig auf die Knie niederlasse und da bleibe und mit Gott *spreche*, nicht nur, um schnell was bei ihm zu erreichen – erst dann bin ich auf dem richtigen Weg, und meine Gebete sind kein Witz.«

Diese Selbstanklagen sollten einen kritischen Außenstehenden überzeugen, aber zugleich bestätigte sie damit ihre Zugehörigkeit zu einer religiösen Glaubensgemeinschaft, die Erdteile, Jahrhunderte und verschiedene Konfessionen umfaßt – eine Gemeinde, zu der auch Kinder gehören. Hören Sie zum letztenmal Anne sprechen – sie erzählt von einer Begegnung mit Jesus, als sie gerade dreizehn geworden war: »Ich hatte den ganzen Nachmittag frei. Wir wollten später, wenn Papa nach Hause gekommen war, nach Brewster [auf Cape Cod] fahren. Ich war mit Giftsumach in Berührung gekommen und hatte von Kopf bis Fuß Ausschlag. Ich kam mir so blöd vor – ich weiß genau, wie die Pflanze aussieht, und hab' trotzdem nicht daran gedacht. Ich habe versucht, dem Hund die Schuld zu geben, unserem armen, alten Hund. Ich behauptete, er sei in die Büsche gerannt, und als ich ihn dort rausholen mußte, hätte ich das abgekriegt. Aber das war unfair. Wenn ich mit ihm spazieren gehe, lasse ich ihn gar nicht von der Leine – und außer mir geht nur noch meine Mutter, und die paßt noch besser auf, daß er von den Sumach-Blättern wegbleibt. Ich war selbst dran schuld – und wie das passiert war, fiel mir nach ein paar Tagen, wo ich mich furchtbar kratzen mußte, auch wieder ein. Ich war nämlich zu einer Party bei meiner Freundin gegangen. Und da war so viel los gewesen, daß ich mich überhaupt nicht vor dem Sumach in acht genommen hatte!

An dem Nachmittag ging ich in mein Zimmer und andauernd juckte es, und ich fing an zu weinen. Ich kam mir so blöd vor und fühlte mich so miserabel – und dabei fing der Sommer erst an! Ich finde mich sowieso nicht schön, und nun auch das noch! Ich guckte in den Spiegel und brach endgültig zusammen. Ich habe nur noch geheult, aber ich wollte nicht, daß irgend jemand reinkam und mich tröstete. Ich weinte, aber ich gab keinen Ton von mir. Wenn ich sonst weine, dann kann man es manchmal im ganzen Haus hören! An dem Nachmittag wollte ich allein sein – also, nicht ganz. Ich wollte mit Gott sprechen. Ich wollte, daß Er mir zuhört. Ich weiß, es war selbstsüchtig von mir, all meine albernen Sorgen an Ihm auszulassen, aber ich wollte es nun mal.

Ich bat Gott, mir zu vergeben, daß ich so egoistisch und eingebildet war. Ich blieb einfach still auf den Knien liegen. Ich versuchte, keinen einzigen Muskel zu bewegen. Ich konnte den Hautausschlag von dem Giftsumach fühlen, es juckte. Ich überlegte, ob ich mich einreiben sollte, aber dann ließ ich es. Ich bleibe einfach hier knien – und steh' vielleicht nie wieder auf. Oder jedenfalls erst wieder, wenn dieser verdammte Ausschlag weg ist. Ich lehnte mich an mein Bett und legte meinen Kopf auf die Matratze, die Tagesdecke, und ich glaube, ich bin eingeschlafen. Es war sehr seltsam – plötzlich machte ich die Augen auf und merkte, daß ich einen Augenblick geträumt hatte, das muß es ja gewesen sein: Ich war unten am Cape und ging spazieren, aber nicht am Meer; vielleicht war's bei dieser Wiese, die ich da kenne. Es war ein schöner Tag. Die Sonne schien, aber ich entdeckte eine große Wolke, und sie zog vor die Sonne, genau zwischen sie und mich! Ich sah nach unten und sah einen Schatten, meinen eigenen Schatten, und als ich weiter auf die Erde guckte, sah ich Giftsumach in riesigen Mengen. Ich wollte schon schreien und weglaufen, als ich eine Hand auf meiner Schulter fühlte. Ich drehte mich schnell um, und es war niemand da, aber ich hörte eine Stimme, ich hörte Ihn – ich wußte, daß Er es war – sagen: ›Ich bin das Licht der Welt‹, also meine Lieblingsverse aus der Bibel. Ich fühlte mich richtig wohl, als ich die Worte hörte. Ich hätte dem Giftsumach zulächeln können statt davor davonzulaufen! In dem Augenblick kam ich wieder zu mir. Ich befand mich in meinem Zimmer, auf den Knien, mit dem Kopf auf dem Bett. Ich blieb so liegen, ganz still. Ich erinnerte mich an den ganzen Traum – er muß eigentlich kurz gewesen sein, aber es kam mir so vor, als ob ich ganz lange dort [auf der Wiese am Cape] gewesen wäre! Mir wurde innerlich ganz warm; ich hatte meinen inneren Frieden wieder. Ich wußte, daß das Jucken von dem Sumach gleich wieder losgehen würde, aber es war mir egal. Ich lächelte bei dem Gedanken daran; das würde mich jedenfalls nicht schaffen. Ich glaube,

Gottes Worte hatten mich – wenigstens für einen Augenblick! – gelehrt, was wichtig ist und was nicht.«

*

Wenn Anne von solchen Ereignissen erzählte, schweiften meine Gedanken gelegentlich ab, zurück nach Brasilien, wo ich in den frühen achtziger Jahren mit meinen Söhnen gearbeitet hatte[2] oder in die amerikanischen Südstaaten, wo meine Frau und ich in den frühen Sechzigern gewesen waren. Damals hatten uns immer wieder Kinder von Gottes Worten erzählt, die ihnen bei Tage und bei Nacht verkündet wurden. Am häufigsten erinnerten mich Annes Gedanken an die *Favelas* von Rio de Janeiro, und insbesondere an ein Mädchen von zehn Jahren, also ein Jahr jünger als Anne, die ich damals, als ich in Brasilien lebte, kannte. Schließlich suchte ich nach meinen Notizen aus der Zeit und hörte meine Tonbänder ab.

Lassen wir Margarita zu Wort kommen, deren Leben sich in einer Favela, einem Elendsviertel mit seinen drückenden Leiden und Demütigungen, abspielt. Die katholische Kirche ist dem Mädchen nur in Form einer kleinen Kapelle am Rande der Favela, in der sie lebt, bekannt, und ihre Gefühle ihr gegenüber sind nicht positiv – im Gegenteil. Die folgenden Behauptungen eines ungebildeten Mädchens, das sich aber unverblümt und mit oft unvergeßlicher Eloquenz ausdrücken konnte, sind aus vielen verschiedenen Gesprächen zusammengestellt: »Wenn ich da oben zu Jesus hinschaue [zu der berühmten Statue, die mit ausgebreiteten Armen auf einem Berggipfel steht und ganz Rio überblickt], dann frag' ich mich, woran Er wohl denkt. Er kann uns alle sehen, und sicher hat Er auch eine Meinung [über uns]. Ich versuche mit Ihm zu sprechen. Wenn ich großen Kummer habe, ist Er alles, was mir bleibt. Meine Mutter ist krank. Sie arbeitet noch in Copacabana [als Zimmermädchen im Hotel], obwohl sie hustet und Blut spuckt. [Sie hatte Tuberkulose und starb bald darauf.] Sie ist alles, was wir haben – und Er. [Sie deutet auf die Statue.] Ich frage Ihn sehr oft, warum Er so etwas wie das hier macht. [Ihre rechte Hand beschreibt einen Bogen, der die Favela umfaßt, wo ihre Familie lebt.] Er muß doch auch sehen, was wir sehen, Copacabana und Ipanema [Wohnviertel der Wohlhabenden] – und dann dies hier. Mutter hat uns immer erzählt, daß wir in den Himmel kommen, weil wir arm sind. Ich hab' ihr früher geglaubt. Ich denke, daß sie es selbst nicht wirklich

64

glaubt. Sie sagt das nur so – dann halten wir nämlich den Mund, wenn wir Hunger haben! Wenn ich sie das heute sagen höre, schau ich zu Ihm hoch und frage Ihn: Was sagst *Du* dazu, Jesus? Glaubst Du ihr? Glaubst Du dem Priester, der dasselbe sagt? Fällt Dir auf, was der für ein großes Auto hat und was für ein großes Haus? Der Priester ist nämlich so einer, der die meiste Zeit mit den Reichen verbringt, und die geben ihm ein paar Cruzeiros extra, damit er einmal in der Woche für uns betet. Was hältst Du von ihm – und von seinen reichen Freunden? Vergiß die nicht, lieber Jesus, wenn Du uns alle anschaust und Deine Entscheidungen triffst [wer in den Himmel kommt]!«

»Ich sollte nicht Jesus die Schuld geben! Aber ich tu es manchmal trotzdem. Er ist doch hier – jedenfalls die Statue, die mich immer an Ihn erinnert –, und dann spreche ich plötzlich mit Ihm, und ich bin entweder böse auf Ihn, oder ich bete darum, daß Er mir sagt, warum die Welt so ist, wie sie ist.«

Margarita verweilte nicht sonderlich gern bei diesem Thema. Lieber sprach sie über die Krankheit ihrer Mutter oder über ihre Zukunftspläne – sie träumte von einer Stelle als Verkäuferin in einem Geschäft in Copacabana. Doch mitten in diesen Gesprächen kam sie immer wieder auf die Jesus-Statue zurück, so daß ich einmal versuchte, das Thema genauer zu erkunden. Dabei erzählte sie mir noch detaillierter von ihrem Dialog mit Gott, und ich kann mich noch gut daran erinnern, wie ihr Gesicht aufleuchtete, als sie mit großen Augen davon sprach: »Wenn es mir richtig schlecht geht und ich an die Zukunft denken muß und weiß, daß wir [ihre vier jüngeren Schwestern und zwei älteren Brüder] dann allein sind, wenn Mutter nicht mehr da ist, dann könnte ich laut schreien. Ich werde wütend auf Ihn. Ich beschimpfe Ihn: ›Warum nimmst Du sie uns fort? Was hat sie getan, um den Tod zu verdienen? Davon, daß unsere Mutter im Himmel ist, werden wir Kinder nicht satt! Hast Du sie gefragt, was *sie* sich wünscht? Du kannst das, wenn Du es willst! Du kannst zu uns sprechen, wenn Du uns etwas sagen willst! Dauernd erzählen sie uns [in der Kirche] von all den Wundern: Du hast Dich überall gezeigt, also kannst Du auch hierherkommen. Oder sind wir nicht gut genug? Das denken nämlich viele von Deinen Priestern und Nonnen, von den Leuten in Deiner Kirche: Sie tun nichts weiter, als die ganze Zeit den Reichen zu schmeicheln. Und sie leben wie die Reichen – in großen Häusern, mit großen Autos davor. Wir wissen das! Wir sehen es! Meine Tante arbeitet bei einer Familie in Ipanema, sie hat da Bilder gesehen, wie unser Bischof sich bei dieser Familie lieb Kind macht. Du weißt, was das für ein Mann ist [das Oberhaupt der Familie, wo ihre Tante arbeitete], Du weißt, was er macht – und Du läßt zu, daß der größte Bischof hier mit ihm Händchen hält! Pfui!‹«

Margaritas Wut hielt noch ein paar Minuten an, und sie sprach in einem Ton (und mit Worten), von denen mir schon damals klar war, daß ich sie niemals in Artikeln oder Büchern würde wiederholen können. Gerade als ich einen Versuch machen wollte, daß sie und ich und der anwesende Übersetzer (ein mir befreundeter Kinderarzt) etwas Abstand von ihrer Wut bekämen, machte sie uns plötzlich darauf aufmerksam, daß sich der Himmel über uns verfinstert hatte. »Sehen Sie mal! Da drüben fängt es an zu regnen.« Sie drehte sich ganz um, so daß sie mit dem Rücken zum Meer stand und betrachtete den Himmel: »Sehen Sie, ein Blitz! Hören Sie!«

Wir hörten den Donner grollen. Margaritas Blick hing am Himmel. Wir befanden uns hoch oben auf einem Berg – von der Favela, in der Margarita wohnte, reichte der Blick, wie von vielen der Slums, über das ganze Stadtgebiet –, und während das Blitzen und Krachen unsere Aufmerksamkeit gefangen nahm, deutete Margarita in die Richtung, aus der noch mehr Wolken herbeizogen. Ab und zu sah sie auch auf die Stadt herab, die teils im Schatten lag, teils dramatisch vom Widerschein des Blitzes erhellt wurde. Aber immer wieder sah sie nach oben, zum Ursprung des Unwetters: »Sehen Sie, was da alles los ist. Er sitzt nicht bloß da und leidet. Er kann gehen und sprechen – Er zeigt uns, was Er tun kann, wenn Er nur will! Die Statue da bringt Ihn sicher manchmal zum Lachen.« Sie wendete sich zu der Christus-Figur und begann sie zu verhöhnen und mit blasphemischen Bemerkungen zu attackieren. Es war nicht nötig, daß mein Freund, der Arzt, mir ihre Worte übersetzte; was sie sagte, war an ihrem Gesicht abzulesen, auf dem sich abwechselnd bitteres Lächeln, tiefe Verachtung und hitzige Empörung abzeichneten.

Irgendwann schaltete ich automatisch das Tonbandgerät aus. Sie drehte sich sofort zu mir um: »Warum haben Sie das gemacht?« Ich antwortete – es war eine Halbwahrheit –, daß ich nicht so viele leere Kassetten hätte, und ich wolle ja über *sie* und nicht über Jesus und die katholische Kirche oder das Wintergewitter sprechen, so schön das auch sei. Das konnte sie nicht einsehen, und weil mir klar wurde, daß sie recht hatte, stellte ich das Gerät wieder an. »Sie zwei sollten mal bei dem Priester vorbeigehen und ihn fragen, warum er so viel ißt [er war etwas übergewichtig], während meine kleine Schwester [sie war ein Jahr alt] immer weint, weil sie nicht genug zu essen bekommt! Ich hoffe, Jesus sieht alles, was hier passiert. Ich hoffe, Er stiert nicht nur auf das Meer, wie die Statue! Wenn Sie was über uns hier oben wissen wollen, dann fragen Sie Ihn doch. Vielleicht antwortet er Ihnen ja.«

Erst als sich das Gewitter allmählich verzogen hatte, drehte das lebhafte, kratzbürstige Mädchen uns wieder das Gesicht zu: »Wenn ich mit Ihm rede, frage ich Ihn, warum Er die Statue nicht umwirft. Warum sollte Er darin gefesselt sein, wie einer, der im Gefängnis sitzt? Ich denke, viele Leute finden das gut, sie haben Jesus, wo sie Ihn haben wollen, in dem Beton dort oben auf dem Berg! Ich hätte es lieber, wenn Er noch weiter oben wäre, hoch über den Wolken, und Er müßte auf dem Mond oder vielleicht auf einem Stern stehen und Blitze herunterschicken und mit den Fäusten auf Seinen Tisch hauen – Donner müßte es geben, falls wir nicht sehen, was Er getan hat! Ich hätte es lieber, daß der Regen in Strömen die Hänge unserer Favela herabrauscht, so daß das Auto von unserem Priester nicht anspringt. Dann muß er zu Fuß gehen, wie meine Mutter, oder den Bus nehmen, genau wie sie. Dann funktioniert auch die Klimaanlage in seinem Auto nicht mehr. Wenigstens steht der Jesus da oben die ganze Zeit in der Sonne. Der hat keine Klimaanlage! Im Sommer muß es für Ihn ganz schön heiß sein, so um Mardi Gras [im Februar]. Ich hab' Ihn mal nach dem Wetter gefragt, aber auf so etwas antwortet Er natürlich gar nicht erst!«

»Aber wovon spricht Er denn wirklich?« fragte ich sie – eine Frage, die ich schon Wochen zuvor hätte stellen können.

Sie hatte auch gleich eine Antwort parat. »Er spricht zu ganz komischen Zeiten mit mir. Wenn ich rauskomme [aus dem Verschlag, wo sie wohnte] zum Spazierengehen und Ihm sagen will, was ich auf dem Herzen habe, dann sagt Er mir nicht mal guten Tag. Wenn ich schreie, dann macht Er dicht. Wenn ich Ihm sage, wie sehr ich Ihn liebe, rührt Er sich nicht – nicht ein Pieps. Aber wenn ich wirklich am Ende bin und nicht an Ihn denke – wenn ich nur an mich denke und mir solche Sorgen mache, was aus uns werden soll und was als *nächstes* wieder passiert –, dann überrascht er mich, total.

Ich höre Ihn, und Er sagt so etwas wie: ›Margarita, du guckst zu weit in die Zukunft. Sieh mal erst zu, wie du den Tag überstehst, bis zum Sonnenuntergang; und dann versuch' es bis zum Morgen durchzustehen, bis zum Sonnenaufgang.‹ Wenn ich Ihn reden höre, werde ich ruhiger. Oh, ich lasse mich nicht völlig überzeugen. Hören Sie mal, zwischen dem Augenblick, wo die Sonne untergeht, und dem Zeitpunkt, wo der Mond heraufkommt, kann wer weiß was geschehen – ganz zu schweigen von der Zeit zwischen Sonnenuntergang und Sonnenaufgang! Aber wenn ich Ihn höre, habe ich etwas, woran ich mich halten kann. Ich glaube, ich gehe spazieren, weil ich neue Kraft brauche, und gerade wenn ich die Suche aufgeben will, dann ist Er da. Er sagt, ich soll an Sein eigenes Leben denken – das war voll Not und Leid. Ich versuche zu behalten, was Er gesagt hat, und daran zu denken, wie Sein Leben war: Damals, als Mutter noch mit uns in die Kirche ging, hab' ich davon gehört. Vor ein oder zwei Jahren hat sie aufgehört [hinzugehen]. Wenn ich höre, wie Jesus mit mir spricht, dann wünschte ich, ich wüßte noch mehr von Ihm. Ich wäre bereit, wieder zur Kirche zu gehen – ein- oder zweimal. Dann kommt mir der Priester auch nicht mehr ganz so schlimm vor. Aber damals hat er dauernd gesagt, wir sollten Geduld haben, immer nur Geduld! Dauernd hat er das gepredigt! Die Art wie Gott spricht, finde ich besser!«

Dieser Monolog lief nicht so glatt ab, wie es sich hier ausnimmt. Es gab Unterbrechungen, Abschweifungen, Momente des Schweigens, Fragen von mir, aber als es Abend war, hatte ich hier einen Satz, dort eine Wendung gehört, die mich bewegten und anrührten. Ihre Redeweise war unverblümt, mit Slangausdrücken durchsetzt, lebhaft und handfest. (Bei solchen Begegnungen ist natürlich das Dolmetschen immer ein Problem.) Ihr Interesse an Gott spielte, wie mir erst viel später klar wurde, eine viel bedeutendere Rolle als ich mir damals eingestehen mochte. Gottes Worte zu hören war, wie sich herausstellte, die hauptsächliche Stütze ihres Lebens. Seine Stimme konnte ihr wieder Mut geben, wenn sonst nichts half. Für sie war Seine Stimme eine Sache *sui generis* – sie gehörte niemandem, den sie kannte, ganz gewiß nicht dem Priester. Und doch entdeckte ich nach und nach eine gewisse Ähnlichkeit zwischen der Richtung seiner Kommentare und Predigten und dem, was sie Gott sagen hörte, wenn Er ihr zu verstehn gab, daß Er sich um sie sorgte.

Es war nicht so, daß sie ihrem Phantasie-Christus die Worte des Priesters in den Mund legte. Auch hörte sie nicht die Stimme des Priesters, wenn Jesus sprach. Im Gegenteil, sie gab sich alle Mühe – wenn sie letztendlich auch vergeblich war –, die beiden in Gegensatz zueinander zu bringen: Jesus als Außenseiter und Gegenspieler der Reichen und Mächtigen; der Priester als hoffnungslos verdorbener Bittsteller, der dem Geld und den Privilegien hinterherjagte. Trotzdem wußte sie, daß dies wohl nicht ganz stimmte. Denn schließlich brachte er manchen ihrer Mitbewohner in der Favela Essen und sauberes Trinkwasser und Medikamente, wenngleich er sich auch in Copacabana und Ipanema aufhielt und einen bequemen (aber nicht extravaganten) Wagen fuhr, einen in Brasilien hergestellten Ford. Wie Margarita einmal ärgerlich sagte, er war nicht Jesus. Sie erwartete auch nicht, daß er Jesus war, aber sie wünschte sich sehnlichst, daß es in ihrem Leben Jesus gäbe, wobei sie, vermute ich, sehr wohl wußte, daß nur ein Wunder des Herrn ihr Schicksal und das ihrer Familie wenden konnte.

Als ihr nach und nach aufging, daß der Priester auch nur ein Mensch war, da war es für sie eine Versuchung, sich vehement an ihm abzureagieren. Hinterher wollte sie es jedoch wieder gutmachen: Sie erinnerte sich an eine Gelegenheit, wo er etwas Nettes getan hatte; sie gestand ihm ein angenehmes Lächeln zu, eine freundliche Art; und, was sehr wichtig war, sie entdeckte in ihrem Herzen auch so etwas wie Barmherzigkeit für ihn und sprach das laut aus, was sie im Inneren längst gewußt hatte, nämlich daß der korrupte Reichtum, dem ihre Mutter als Zimmermädchen in Copacabana begegnet war, sicher nicht von dem Priester herrührte und daß er ihm auch nicht den Vorzug gab. Wenn sie in Wut geriet, dann verachtete sie ihn; wenn Gottes Stimme sie beruhigt hatte, dann hatte sie Mitleid mit ihm, ja, sie respektierte ihn sogar für seine Bemühungen, und wenn sie in einer nachdenklichen, innerlich bewegten Stimmung war, dann bezeichnete sie ihn sogar als einen der wenigen anständigen Menschen, die sie je getroffen hatte.

Der Priester, Vater Ricardo, war mir persönlich bekannt, und ich hatte ihn oft von der Favela sprechen hören, in der Margarita lebte. Bei einer Gelegenheit sprachen wir von der Liebe dieses Mädchens zu Jesus, von ihrer täglichen Suche nach der Gegenwart Seiner Stimme, und sei sie noch so flüchtig, und ich konnte der Versuchung nicht widerstehen, den belehrenden Psychologen zu spielen.

Ich versicherte dem Priester, das Margarita sehr bekümmert sei und zugleich auch anderen Kummer mache, daß sie aber in gewisser Weise doch ganz gesund und stabil sei, von ihrer Intelligenz und Einsicht ganz zu schweigen. Seine erste Reaktion bestand darin, diese Tragödie zu beklagen – traurig, traurig, daß so ein so lebenstüchtiges, starkes Kind in sein Unglück renne. Wenn doch nur ... Als er weiter redete, griff er diesen Gedanken nicht noch einmal auf und wiederholte auch nicht noch einmal, wie viele Menschen er kannte, die so wie Margarita waren. Statt dessen ging er auf meine psychologische Deutung ein. »Oh, ja, ich weiß, daß sie einen klaren Kopf hat, da bin ich ganz sicher. Es ginge ihr sicher sehr viel schlechter, wenn sie mir nicht ab und zu drohte und unserer Kirche Bescheid sagte, daß sie noch einen weiten Weg gehen muß, bis sie Seiner würdig ist – und ihrer!«

Dieses Bekenntnis ergriff mich zutiefst. Der Priester hing seinen Gedanken nach, und auch ich war verstummt. Kurze Zeit darauf rief uns seine Haushälterin, die in der Favela in der Nähe von Margaritas Familie lebte, zum Abendessen. Während des Essens unterhielten wir uns über verschiedene Kinder aus der Favela, die ich mittlerweile kennengelernt hatte, darunter Margarita. Wir kamen auch auf ihr Interesse an der Christus-Statue und auf ihre Unterhaltungen mit Jesus zu sprechen, und ich machte wieder eine Bemerkung darüber, daß ein derartiges Erlebnis bei einem Kind mir sehr eigenartig erschiene. »Spricht Jesus denn nicht mit den Kindern, die Sie in Boston behandeln?« fragte er. »Nein, Pater, eigentlich nicht«, antwortete ich. »Schade«, sagte er. Jetzt besann ich mich auf meine medizinischen Kenntnisse und lieferte noch ein paar philosophische und theologische obendrein: Was sollten wir, bitte, dazu sagen, wenn Margarita (und nicht nur sie) diese Stimmen Gottes auch noch hörte, wenn sie älter würde? Hysterie? Stimmenhören? Ein Skandal für die Kirche und ihre Institutionen? Primitives, ungebildetes Denken? Aberglaube? Ich erwähnte diese Dinge nicht alle im einzelnen, aber ein Blick von ihm bedeutete mir, daß er die Litanei, die da in mir hochstieg, bereits kannte. Schließlich brach er unser Schweigen: »Oh, ich denke, Gott tut Sein Werk auf vielfältige Weise. Alles kommt von Ihm, lernen wir im Seminar, und deshalb bin ich sicher, daß Er bei einem Kind wie Margarita einen Weg sucht, um sie zu erreichen – und ich denke, Er hat einen gefunden.«

KAPITEL 3

Kindliche Spiritualität:
psychologische Themen

Anna Freud[1] war hoch in den Siebzigern und konnte auf eine länger als ein halbes Jahrhundert während Arbeit mit Kindern zurückblicken, als sie sich bemerkenswert offen über die Grenzen psychoanalytischer Befragung äußerte:»Wir müssen dabei unsere eigenen Interessen verfolgen. Gut, wir überlassen es den Kindern, die Marschrichtung zu bestimmen, genauso wie wir es mit den Erwachsenen halten, die wir ja dazu auffordern, uns alles zu sagen, was ihnen gerade in den Sinn kommt. Aber unsere Patienten kommen zu uns, weil irgend etwas schiefgegangen ist, weil irgend etwas nicht gut funktioniert, und wir haben gelernt herauszufinden, woran das liegt. Mir fällt da ein Junge ein, der mit seinen zehn Jahren mehr über Computer wußte als ich je begreifen werde. Er war hochbegabt und redete sehr gern. Er wollte, daß wir in unserer gemeinsamen Zeit über wissenschaftliche Themen sprachen – über Computer und wie sie Informationen verarbeiten. Ich versuchte ihm zu folgen; ich sah, daß er eine Freundschaft über das Gespräch mit mir suchte – und brauchte. (Seine Eltern waren Intellektuelle, die kaum Zeit für ihn hatten und ebensowenig, wie mir aufgefallen war, füreinander.) Zeitweilig ging es zwischen uns hoch her, weil ich ihm sagen mußte, daß es bei einer Psychoanalyse nicht darum geht, den Verstand zu untersuchen! Schön, sagte er prompt: Dann vielleicht die Seele? Auch nicht die Seele, mußte ich ihm sagen. Wenn ich ihn gefragt hätte, was er mit Seele meinte – was ich hätte tun können, wenn es sich um ein anderes Kind gehandelt hätte –, wäre er mit Freuden darauf eingegangen und hätte wochenlang mit mir über dieses Thema diskutiert! Was ich dem Jungen damit zu verstehen geben wollte, war dasselbe, was ich auch einigen meiner erwachsenen Analysanden klarmachen mußte – daß wir [Psychoanalytiker] zwar einiges über Gefühle wissen und uns sowohl für ›Normalität‹ wie auch für ›Krankhaftes‹ interessieren, daß man uns aber weder mit intellektuellen Weggefährten bzw. Diskussionspartnern noch mit Philosophen verwechseln darf, die sich darum bemühen, Antworten auf die ›letzten Fragen des Lebens‹ zu finden.«

Den letzten Satz sprach sie mit einer gewissen Trockenheit und lächelte dabei ein wenig. Unausgesprochen ging es bei diesen Äußerungen um das Thema »Abwehr« – die Art und Weise, mit der jeder, der in der Analyse ist, verschiedene Wege ausprobiert, um sich nicht mit bestimmten Themen auseinandersetzen zu müssen. Wir versuchen sowohl uns selbst wie unsere Ärzte von diesen Problemen abzulenken, denn je näher wir an unsere grundlegenden Schwierigkeiten herankommen, desto stärker werden wir von Ängsten und Befürchtungen heimgesucht – inzwischen ist es ein Gemeinplatz, welche Anziehungskraft die »nur allzu verlockenden Abschweifungen«, wie Anna Freud es nannte, auf einen Analyse-Patienten haben. Allerdings leugnete sie nicht ihr Interesse an manchen dieser »Abschweifungen«. Sie war sehr belesen und interessierte sich insbesondere für Lyrik; auch hatte sie eine idealistische Ader, die ein Sich-Einlassen auf soziale und politische Probleme zur Folge haben konnte. Aber sie war stets auf der Hut und übte Zurückhaltung, wenn es darum ging, psychoanalytisches Denken auf andere intellektuelle Betätigungsfelder anzuwenden.

Andererseits verhielt sie sich mir gegenüber interessiert und ermutigend, solange ich mein Forschungsvorhaben in der psychoanalytischen Tradition durchzuführen plante. »Sie werden die Kinder nicht ›behandeln‹, sondern Sie werden sie dazu auffordern, Ihr Lehrer zu sein, Ihnen beim Lernen behilflich zu sein. Sie werden zweifellos entdecken, daß sie viele psychologische Themen diskutieren möchten, häufiger indirekt als direkt. Sie werden erleben, daß biblische Geschichten für manche Kinder zu ihrer eigenen Geschichte geworden sind – aber welche Geschichten und für welche Kinder und warum? Es wird auch passieren, daß Sie noch weiter davon [von der psychoanalytischen Kinderpsychiatrie] abkommen; sicher werden sich Gespräche über philosophische und theologische Themen ergeben – und bei solchen Diskussionen können sich Kinder manchmal recht gut behaupten, vorausgesetzt, der Erwachsene erwartet nicht zu wenig von dem Kind, das er befragt.«

Sie wußte, wie entmutigend es sein kann, wenn man mit einer ausgearbeiteten Kette von Fragen im Kopf vor einem Kind sitzt, das sich nicht im geringsten dafür interessiert und hinter der Maske von Höflichkeit oder Charme nichts als den Rückzug vor dem allzu aufdringlichen Erwachsenen im Sinn hat. Sie wußte auch, daß es wiederum Kinder gibt, die eher allzu bereitwillig und mitteilsam sind und die auf jedes Thema anspringen, das von jemandem angeboten wird, der mit Fragen, Papier, Mal- und Zeichenstiften bewaffnet zu ihnen kommt, ob Lehrer oder Arzt. An jenem Tag führte sie mir dies alles sehr detailliert vor Augen, wobei sie sich zu eigenen Fehlern bekannte, aber auch von Erfolgen berichtete – alles, um zu unterstreichen, wie wichtig es in einer Studie über die religiöse Gedankenwelt junger Menschen sein würde, keine vorgefaßte Meinung zu haben, sondern zuzulassen, daß die Kinder »die Gelegenheit so nützen, wie sie es wollen«. Sie vertrat wieder einmal ihre weithin bekannte Überzeugung, daß die »direkte Beobachtung« unbedingt der theoretischen Klassifizierung vorangehen sollte, während letztere ein – wie sie es nannte – »späteres Stadium« des Forschungsvorhabens charakterisiere. »Ich denke oft«, fuhr Anna Freud fort, »daß die konzeptionelle Bearbeitung unserer Forschungsdaten später am Schreibtisch viel schwieriger ist als in dem Moment, wo wir mit den Kindern beisammen sind und ihnen Fragen stellen.« Sie machte eine Pause und fügte dann die wunderbare Erklärung hinzu: »Vielleicht, weil sie dann [wenn wir unsere Ergebnisse zusammenfassen] nicht mehr da sind, um uns zu helfen!« Diese Worte habe ich bei der Abfassung dieses Kapitels immer im Kopf gehabt.

*

Kinder versuchen nicht nur zu verstehen, *was* mit ihnen geschieht, sondern auch, *warum* es geschieht, und in diesem Denkprozeß spielen sowohl ihre eigenen Erfahrungen auf religiösem Gebiet als auch die spirituellen Wertvorstellungen, die ihnen übermittelt wurden, eine Rolle, wie auch noch andere Erklärungsmöglichkeiten. Daß das religiöse und spirituelle Denken ein Teilaspekt der kindlichen Entwicklung ist, wurde mir zum erstenmal bewußt, als ich Mitte der fünfziger Jahre während einer Kinderlähmungsepidemie in Boston als Kinderarzt mit Polio-kranken Kindern zu tun hatte. Dies war kurz bevor der von Salk entwickelte Impfstoff gegen Kinderlähmung verfügbar war.[2] Kerngesunde Kinder waren plötzlich gelähmt, sie konnten nicht mehr gehen oder ihre Arme bewegen und manchmal sogar nicht mehr atmen. Die unter der sogenannten bulbären Poliomyelitis (einer Lähmung, die das Atemzentrum im Stammhirn befällt) litten, wären gestorben, wenn

73

es nicht die »eiserne Lunge«, einen wahren Dinosaurier von Atmungsgerät, gegeben hätte, die uns im Kinderkrankenhaus und im Landeskrankenhaus von Massachusetts zur Verfügung stand. Nur Kopf und Hals waren zu sehen, der übrige Körper des Kindes verschwand in diesen Maschinen und wurde, wie ein Kind es ausdrückte, nur durch einen Elektrostecker am Leben gehalten. Das Krankenhauspersonal arbeitete rund um die Uhr, um die Kinder zu pflegen. Dutzende von Kindern waren plötzlich damit konfrontiert, ihr Leben als Behinderte zu verbringen, ein Leben, bei dem oft nicht einmal mehr das Atmen selbstverständlich war. Die Kinder erfuhren recht schnell, wie es um ihre Heilungschancen stand – entweder würde es ihnen nach und nach wieder besser gehen – oder niemals wieder. Sie erfuhren auch, welche Maßnahmen zu ihrer Rehabilitation möglich waren, sobald das akute (febrile) Stadium der Krankheit vorüber war. Ein weiterer Assistenzarzt und ich verbrachten viele Stunden damit, den Kindern zuzuhören; am Ende trugen wir unseren Kollegen vor, was wir erfahren hatten, und veröffentlichten Artikel darüber in Fachzeitschriften. Natürlich war die Versuchung groß, in erster Linie die psychologische Aussagekraft in dem, was die Kinder uns erzählten, zu sehen. Aber der Psychoanalytiker Erich Lindemann, der an der Spitze des psychiatrischen Dienstes des Landeskrankenhauses von Massachusetts stand, ermahnte uns immer wieder: »Es handelt sich hier um junge Menschen, die von einem Tag auf den anderen ein ganzes Stück älter geworden sind; sie müssen darauf gefaßt sein, zu sterben oder in Zukunft mit einer Behinderung zu leben; und da ist es nur natürlich, daß sie über das Leben nachdenken, statt unbefangen in den Tag hinein zu leben. Es kann nicht ausbleiben, daß sie sich sehr viele Gedanken machen – und es wäre durchaus angebracht, wenn Sie darauf eingingen. Es wäre meiner Meinung nach ein Fehler, die psychiatrische Sichtweise allzusehr in den Vordergrund zu stellen. Falls sich eine ernste psychische Störung zeigt, müssen Sie natürlich darauf reagieren. Aber wenn diese Kinder mit Ihnen weinen wollen und Ihnen ihre Enttäuschung zeigen möchten und darüber reden wollen, warum ihr Gott sich nicht zeigt, dann sollten Sie für sie da sein – und uns allen hier im Krankenhaus dadurch helfen.«

Wenn Menschen unerwartet einen Angehörigen verlieren oder plötzlich mit starken Schmerzen im Krankenhaus liegen, sind sie nicht wie betäubt, sondern oft psychisch wachgerüttelt: Sie betrachten ihr bisheriges Leben, ihre derzeitige Verfassung und ihre Zukunftsaussichten, sofern sie welche haben, mit äußerster Intensität. Fast unmerklich, aber zeitweise auch sehr ausgeprägt, verbinden sich unter derartigen Umständen psychologische Themen mit spiritueller Innerlichkeit.

Damals war es bereits möglich, Gespräche aufzuzeichnen, aber ich denke mit Schaudern an die riesigen, sperrigen Tonbandgeräte zurück, die wir mit uns herumschleppten. Ich weiß noch gut, wie unangenehm es mir war, als ich einen elfjährigen Jungen, einen »Eiserne-Lunge-Patienten«, wie wir es nannten, um Erlaubnis bat, unsere Unterhaltung auf Band zu nehmen. Mir war nur zu bewußt, an welch dünnem Faden sein Leben hing. Doch seine Reaktion überraschte mich: »Bitte, nehmen Sie jedes Wort auf, das ich sage. Ich kann morgen schon tot sein, und so hätte ich doch die Chance, daß meine Worte mich überleben!«

Bald unterhielten wir uns jeden Tag über Themen, die über das rein Medizinische hinausgingen. Tony war aus Boston, aus einer katholischen Beamtenfamilie. Er war ein guter Sportler gewesen und hatte drei jüngere Geschwister. Von Alpträumen geplagt, wachte er jede Nacht auf und rief nach der Schwester, weil er meinte, er müsse jetzt sterben, er wisse es ganz genau. Jedesmal untersuchte sie ihn sorgfältig, nur um festzustellen, daß alles soweit in Ordnung war. Schließlich zog sie mich in zwei aufeinanderfolgenden Nächten hinzu, als notwendige Vorsichtsmaßnahme. In der dritten Nacht schrieb ich auf seine Karte »[braucht] psychiatrischen Berater«. In der fünften Nacht *war* ich bereits dieser Berater, und am folgenden Nachmittag hatten wir das erste unserer »regelmäßigen Treffen«, wie Tony sie später nannte.

Die Bedeutung, die das Tonbandgerät für ihn hatte, schwand nur allmählich; er gab mir zu verstehen, daß seine Ängste und Alpträume sehr wichtig seien und daß er nicht wüßte, ob ich das richtige Verständnis dafür aufbrächte. Etwas verunsichert mußte ich feststellen, daß sich hinter seinen Worten eine kritische Absicht verbarg; anscheinend fühlte sich dieser gelähmte Junge, der ein guter Schüler und Sportler gewesen war, von mir wie von anderen, die sich bemühten, ihm zu helfen, mißverstanden. An einem sonnigen Oktobernachmittag blickte Tony in den klaren wolkenlosen Himmel und stellte Betrachtungen über uns Ärzte und Schwestern und über sein bisheriges kurzes, aber aus jetziger Sicht so ereignisreiches Leben an: »Ich könnte jetzt dort [in der Konfessionsschule, die er besuchte] sein und Fußball oder Basketball spielen. Ich könnte eine Mathestunde haben, das ist mein Lieblingsfach. Warum hat es mich getroffen? Wie ist das passiert? Was habe ich getan? Solche Fragen gehen mir überhaupt nicht mehr aus dem Sinn. Ich meine, es muß doch jemand geben, der darauf eine Antwort weiß! Ich soll mich an Gott halten, sagt meine Mutter. Aber kann Er denn jeden einzelnen von uns hören? Da bin ich mir nicht sicher. Ich habe soviel Zeit zum Nachdenken – ich grübele dauernd über diese Fragen nach. Sobald ich eingeschlafen bin, habe ich immer unheimliche Träume. Ich sitze in einem Auto – das meines Vetters –, er ist am Steuer, und wir fahren schneller und schneller, und ich spüre, daß es gleich zu einem Unfall kommt, und rufe: ›Joey, Joey, Joey, tritt auf die Bremse‹, aber er tut es nicht, und ich umklammere meinen Rosenkranz und denke, Jesus, wir kommen! Dann sehe ich plötzlich, daß der Fahrersitz leer ist. Ich weiß nicht, was ich machen soll. Ich kann doch nicht Autofahren! Ich versuche es aber – ich rutsche auf Joeys Platz, packe das Lenkrad und suche mit dem rechten Fuß nach der Bremse, aber mein Fuß gehorcht mir nicht, und das Auto fährt immer weiter, ich kann schon den Abgrund sehen, wo es nicht weiter geht, und unten liegen alle diese Autowracks, die schon heruntergestürzt sind. Und dann wache ich auf und weiß nicht, wo ich bin – ob hier im Krankenhaus oder schon dort, wo du vor Gott stehst und Er entscheidet, was mit dir geschehen soll.

Die Schwester sagt immer [jedesmal, wenn er wieder nachts schreiend aufwachte], daß alles in Ordnung ist und daß ich keine Angst haben soll. Ich frag' mich, warum ich keine Angst haben sollte! Ich könnte jeden Augenblick aufhören zu atmen. Gestern hatten wir einen Stromausfall im Krankenhaus. Wegen des Gewitters. Gut, sie hatten noch Strom, ein Notstromaggregat, für unsere Geräte; sie haben gesagt, wir brauchten uns keine Sorgen zu machen. Aber was passiert, wenn dies Aggregat auch kaputt geht und all diese Apparate hier den Geist aufgeben? Was dann? Ihr solltet mal hier reinsteigen und erleben, was das für ein Gefühl ist! Wie ein Gefängnis – nur daß man nicht mal in seiner Zelle hin- und hergehen kann und daß man nicht atmen kann ohne die Maschine! Und deshalb frage ich: ›Okay, Gott, ich muß was getan haben, womit ich das verdient habe! Sag's mir endlich!‹«

Ein langes Schweigen folgte. Zum erstenmal stellte ich mir vor, wie es wäre, wenn ich selbst in der eisernen Lunge läge. Tony unterbrach meine sorgenvollen Gedanken: »Als ich damals von der Kinderlähmungsepidemie erfuhr, sagte ich: ›Wie schlimm, da werden viele krank!‹ Aber nie trifft es einen selber! Nein, wir denken immer nur, es trifft *die anderen*! Und jetzt bin ich es selbst; ich bin einer von ›den anderen‹. Alle kommen sie mich besuchen. Meine Mama würde am liebsten hier [neben der eisernen Lunge] schlafen, wenn sie es dürfte. Mein Vater ist so mitgenommen – wenn der kommt, dann weint er nur die ganze Zeit, so daß Mama ihn wieder nach Haus bringen muß, und dann kommt sie allein wieder. Aber ich sage ihr, sie soll wieder nach Hause gehen, denn Dad kann nicht kochen, und meine Oma ist krank, und die Kleinen [seine jüngeren Geschwister] brauchen sie. Sie sagt, *ich* brauche sie, aber das stimmt nicht. Das ist keine Spinnerei! Ich brauche Gott, nur der kann mich retten! In meinem Traum sage ich zu mir: ›Tony, du kannst dich nicht selber retten, und hier ist auch keiner sonst, der dich retten kann‹ – denn Joey ist ja weg –, ›also bist du in Gottes Hand. Entweder schenkt Er dir das Leben, oder du wirst Ihn gleich sehen – schon im nächsten Augenblick!‹«

Um seinen Alptraum zu deuten, brauchte Tony meine Hilfe nicht. Er handelte von seiner einsamen Reise durch Zeit und Raum an den Rand der Dinge, die er gerade hinter sich hatte; er handelte von seinem tapferen, verzweifelten Kampf, das bißchen Leben, das ihm geblieben war, unter Kontrolle zu bekommen, ein technisches Gerät zu beherrschen, das, wie er wohl wußte, sein letztes »Zuhause« vor seinem Tod werden konnte. Sein siebzehnjähriger Vetter Joe war immer sein Vorbild gewesen: »Ich wollte immer so werden wie er. Er ist Kapitän der Footballmannschaft [in einer katholischen High-School], und außerdem ist er ein wirklich guter Schüler. Er will aufs B. C. [Boston College] oder aufs Holy Cross. Er besucht mich auch, und ich merke, daß er Angst hat und daß er sich das nicht anmerken lassen will, aber das ist doch nur natürlich. Ich hätte eine Todesangst, wenn ich *ihn* hier besuchen müßte! Und jetzt habe ich keine Todesangst! Ich kann jeden Tag sterben, und ich weiß es. Der Priester hat mich besucht und hat gesagt, daß er für mich betet und alle anderen auch, aber ich weiß nicht, ob das hilft. Ich weiß noch, in der Sonntagsschule haben wir die Geschichte von Hiob gelesen, diesem Typ, der krank wurde, und alle in seiner

Nähe wurden auch krank oder starben – ich weiß es schon gar nicht mehr so genau –, und ihm hat's gestunken, richtig gestunken. Er wußte nicht, was er davon halten sollte, und so geht's mir auch. Der Priester hat gesagt, ich solle Vertrauen haben, und ich hoffe, ich habe es, aber auch wenn du es hast, kannst du sterben, selbst wenn du nur ein Kind bist. Gestern abend habe ich gebetet und an Jesus gedacht, und dann fiel's mir wieder ein – Er war auch noch jung, als Er starb, und obwohl Er Gott war, hat Ihn das nicht vorm Sterben bewahrt. Da war ich ganz schön weit unten.« An diesem Tag wollte er nichts mehr sagen. Seine Augen füllten sich mit Tränen, und ich trocknete sie. Ich hatte zum erstenmal das Gefühl, Tony »könnte es vielleicht nicht packen«, eine Redewendung, die er selbst einmal benutzt hatte und auf die ich damals im Brustton der Überzeugung reagiert hatte: Unsinn, *natürlich* würde er es packen!

Vor dem nächsten Treffen hatte ich Herzklopfen; ich hatte vorher schon gehört, daß Tony mürrisch und kurzangebunden mit anderen Ärzten und dem Pflegepersonal gewesen war. Aber als ich mit ihm sprach, war er nachdenklich, ruhig, fast immer beherrscht, wenn auch recht still, und er schien immer noch überraschend viel Freude daran zu finden, daß seine Bemerkungen auf Band genommen wurden: »Die [seine Worte] werden hier noch länger sein. Ich könnte schon tot sein, und die Leute können mich hören! Stellen Sie sich mal vor, man hätte schon früher solche Apparate gehabt – wir könnten George Washington hören, ja, sogar Jesus! Ich glaub', ich werd' verrückt!«

Wir unterhielten uns über Zukunftstechnologie – wann es z. B. möglich sein würde, einfach selbst Filme zu drehen, so daß wir bestimmte Menschen noch Jahrzehnte nach ihrem Tod nicht nur hören, sondern auch sehen könnten. Während dieses Gesprächs war er ganz sachlich, aber am Ende sagte er plötzlich und unerwartet, mit ganz leiser Stimme: »Ich bete, daß ich nicht sterben muß. Ich möchte noch länger leben.« Er wirkte ganz ruhig, aber aus irgendeinem Grund erschütterte mich die Schlichtheit und Offenheit seiner Erklärung, und ich entgegnete nichts darauf. Schließlich bedrückte mich das Schweigen so sehr, daß ich sagte: »Es wird noch alles gut, Tony.« Ich hatte während der ganzen spannungsgeladenen, angsterfüllten Wochen ständig Äußerungen in diesem Sinne getan, aber jetzt klangen die Worte hohl. Ich war fast schon bereit (dumm wie ich war), mich für meine Banalität zu entschuldigen, als

Tony mir dankte und zum erstenmal in den zwei Wochen unserer Bekanntschaft vorsichtig Optimismus anklingen ließ: »Ich bin ja immer noch hier, und das könnte ja heißen, daß Gott 'ne Art Konferenz gehabt hat und beschlossen hat, daß er mich noch eine Weile ›auf Eis legt‹ und vielleicht noch eine Weile hiersein läßt, damit ich zur gleichen Zeit wie meine Freunde sterben kann, wenn wir alle älter sind. Ich würde schon gern sofort in den Himmel kommen, falls ich überhaupt eingelassen würde, aber ich hab' mir überlegt, daß ich da ganz allein wäre – meine Freunde sind ja alle hier und bleiben hoffentlich auch noch lange hier.« Er machte eine kleine Pause, um Atem zu holen und neue Kraft zu schöpfen, und fügte dann hinzu: »Falls ich hierbleibe, falls Er mich hier bleiben läßt, dann hab' ich mir vorgenommen, daß ich Gott jeden Tag dafür danke, jeden einzelnen Tag, bis ich *wirklich* mal sterbe, jeden Tag!«

Langsam ging es ihm besser, und ich kann mich noch gut an den Tag erinnern, an dem er die eiserne Lunge verlassen konnte. Er konnte schließlich sein normales Leben wieder aufnehmen, nachdem er sich völlig erholt hatte, obwohl es allerdings an jenem ersten Tag, als er sein Gefängnis für wenige Minuten verlassen konnte (der Aufenthalt »draußen« wurde von uns nach und nach verlängert), weder für ihn noch für uns sicher war, ob er sich wirklich auf dem Wege der vollständigen Genesung befand. Eine Woche später sagte er: »Es ist eine Krankheit, ich weiß. Aber wenn ich durchkomme und wieder wie alle anderen bin, dann werde ich anders darüber denken. Ich denke dann, daß es so war, als ob Gott mich gepackt hätte und gesagt hätte: ›Tony, nimm dich in acht und gib dir alle Mühe, so gut zu sein, wie du kannst.‹ Gott hat mich prüfen wollen, das war es, glaub' ich, wirklich. Ich hoffe, ich stehe es durch und zeige Ihm, wie dankbar ich bin, und ich werde es nie vergessen – Ihn nie vergessen.«

Ich weiß nicht, wie Tonys Leben weiterging, nachdem er Ende November desselben Jahres, kurz nach Thanksgiving, aus dem Kinderkrankenhaus entlassen wurde. Dieser Junge war mir ans Herz gewachsen, wie es manchmal bei jungen Patienten der Fall ist, deren Krisen wir miterleben. Er war ängstlich und furchtsam geworden. Er hatte Launen angenommen und sogar unter Panikanfällen gelitten. Er hatte furchterregende Alpträume. Er war, so berichteten die Krankenschwestern, den einen Augenblick stumm und in sich zurückgezogen, und im nächsten Moment hatte er wie ein Wasserfall mit gekünstelter Fröhlichkeit herumschwadroniert, um dann urplötzlich, wenn seine Mutter ihm versicherte, daß sein Leidensweg sicher bald ein Ende habe, in Traurigkeit zu versinken. Während all dieser psychischen Hochs und Tiefs und der medizinischen Unannehmlichkeiten hatte er zugleich eine religiöse Prüfung, eine seelische Herausforderung zu bestehen. Er hörte, was ihm sein Priester zu sagen hatte. Er sprach seine Gebete. Er hatte seinen Rosenkranz und den seiner Mutter bei sich in der eisernen Lunge, manchmal hielt er in jeder Hand einen. Dann ging er von den religiösen Pflichtübungen zu spiritueller Kontemplation über und zweifelte an seinem katholischen Glauben, wie er es nie zuvor getan hatte. Er identifizierte sich mit den Leiden Hiobs. Einmal ging er soweit, ganz explizit daran zu zweifeln, ob der junge Jesus »wirklich sterben wollte, selbst wenn Er dann Gott gesehen hätte«. Er wurde zum religiösen Skeptiker: »Wie können wir alle hier [auf der Krankenstation] nur einen Sinn in all dem erkennen, einen, der zur Kirche paßt?« Er ging noch weiter – er sagte dem Priester, er brauche sich nicht »die Mühe zu machen« zu kommen, sagte seiner Mutter, daß er auf irgendeine Weise »exkommuniziert« worden sei, denn aus welchem Grunde sei er sonst lebensgefährlich erkrankt?

Zur gleichen Zeit, oft nur Minuten nachdem er sich an ein religiöses Ritual geklammert oder einen religiösen Glaubenssatz hochgehalten – oder auch verworfen – hatte, stellt er sich und der ganzen Welt Fragen nach dem Sinn und Zweck der Leiden. Ihn habe eben eine geheimnisvolle »Pechsträhne«, wie er es nannte, erwischt. Er war dabei aber durchaus bemüht, sich psychisch auf einem relativ ausgeglichenen Kurs zu halten. Trotzdem drohte ihn eine Depression zu überwältigen. Stärkste Ängste brachen sich Bahn, wie nicht zuletzt sein Alptraum bewies. Sein geschärftes Gewissen drängte ihn zur Selbstkritik, zum Bekennen all der kleinen Fehler, die er im Laufe seines kurzen Lebens gemacht hatte. In seinen Äußerungen gingen psychologische und religiöse Selbstbeobachtung oft ineinander über: »Der Priester sagt, ich soll beten, aber ich habe keine Lust dazu. Mein Onkel [ein Sportlehrer an der High-School] sagt, ich solle ›den Mut nicht sinken lassen‹, dann würde ich schon durchkommen. Ich versuche es ja – wenn ich niedergeschlagen bin, rede ich solange mit mir, bis es mir besser geht. Aber meistens denke ich – wenn du jetzt stirbst, Tony, wo kommst du dann hin? Ja, die Frage stelle ich mir immer wieder. Ich weiß, ich werde nie eine

Antwort bekommen, bis ich wirklich sterbe, und das will ich nicht, jedenfalls nicht, bevor ich so alt wie mein Opa bin! Aber es könnte passieren, und deshalb sollte ich mir vielleicht Gedanken darüber machen, denke ich. Es ist besser, sich solche Fragen zu stellen, als bloß dazuliegen und sich immer mieser zu fühlen.«

Wenn man diese Schilderung seiner Überlegungen genau unter die Lupe nimmt, sieht man, daß dieses Kind religiöse Bräuche erprobt und wieder aufgegeben hat, daß es um seelische Ausgeglichenheit gekämpft und, nicht zuletzt, sich mit Fragen beschäftigt hat, die unsere Philosophen, Theologen und Romanschriftsteller seit Jahrhunderten behandeln und die sich auch ganz gewöhnliche Menschen stellen. Seine Spiritualität wurde meiner Meinung nach durch die reale Todesgefahr hervorgerufen.

*

Bei Durchsicht meiner Interviews mit Kindern fällt mir auf, daß bestimmte psychologische Themen immer wieder auftauchen. Ich höre die Kinder von ihren Sehnsüchten, Plänen und Hoffnungen sprechen und natürlich auch von ihren Sorgen und Ängsten, den Augenblicken tiefer Verzweiflung – und all dies verbindet sich, in manchmal sehr eigener Weise, mit biblischen Geschichten oder mit religiös sanktionierten Vorstellungen von Gut und Böse oder Ritualen wie Gebet oder Meditation. Die ganze Bandbreite des kindlichen Denkens kann also mit den jeweiligen religiösen und spirituellen Überzeugungen in Beziehung treten, und das geschieht auch. Moralische Vorstellungen, zu denen auch Gefühle wie Scham und Schuld gehören, haben einen erheblichen Anteil am Seelen- und Gefühlsleben junger Menschen. In dieser Hinsicht kann das Nachdenken von Kindern mit dem christlicher Heiliger wie Augustinus, Teresa von Avila und St. Johannes vom Kreuz konkurrieren. Das sagte beispielsweise Tony, nachdem er die eiserne Lunge hatte verlassen können und sich auf dem Weg zur vollständigen Heilung befand: »Ich hoffe, ich bin es wert, daß Gott lächelt und sagt, daß ich hierbleiben darf. Ich hätte ein besserer Mensch sein können, das weiß ich. Ich hätte zu Hause mehr helfen können. Ich habe Glück gehabt, aber ich bin nicht sicher, ob ich es auch verdient habe. Vielleicht gibt Gott einem einfach eine zweite Chance. Vielleicht sagt Er: ›Die sind noch so jung, diese Polio-Kinder, die können eine zweite Chance bekommen.‹«

81

»Warum müssen dann aber einige von denen, die krank geworden sind, sterben? Ich weiß, daß ich ein paar sehr schlimme Sachen getan habe. Ich bin mal von zu Hause weggerannt, und mein Dad hat mich zurückgeholt. Er sagte, ich solle mich schämen – ich sei ›undankbar‹. Als ich krank war, ich meine damals, als es mir am schlechtesten ging, habe ich gedacht, daß Gott dasselbe zu mir sagt – daß ich ›undankbar‹ sei. Ich war immer ›schwer zum Helfen zu bewegen‹ zu Hause; ich weiß noch, wie meine Mutter das vor einem Jahr zu mir gesagt hat. Es hat mir weh getan, daß sie so mit mir geschimpft hat, aber es war auch gut, denn ich habe mich bemüht, mich zu bessern. Ich habe dann gebetet: Bitte, lieber Gott, gib mir einen Anschwung, damit ich stärker bin.«

»Ich will diese Sache mit der eisernen Lunge nie mehr vergessen. Immer wenn ich etwas tue, was ich nicht tun soll, werde ich hoffentlich damit aufhören und meine Augen zumachen und mir diese Lunge hier vorstellen und wie ich darin liege. Vielleicht wird mein Ruf bei meiner Familie und meinen Freunden dann besser. Manchmal bin ich ein richtiger Miesmacher, und dann denke ich gar nicht daran, was für ein Glück ich habe, daß ich so gute Freunde habe und meine Familie! Jesus sagt, man soll freundlich sein und auch an andere denken, nicht nur an sich selbst, und ich wünschte, ich könnte das besser machen. Als ich fast gestorben wäre, habe ich überlegt, was Er denken würde, wenn *Er* krank wäre und den ganzen Tag in so einem Apparat steckte wie ich. Jesus hätte, glaube ich, nicht so viel Selbstmitleid gezeigt. Er hätte sich wahrscheinlich erkundigt, wie es den anderen auf der Station geht, und Er hätte auch nicht andauernd die Ärzte und Schwestern herbeigeklingelt, wie ich das getan habe. Ich wünschte, ich wäre ein besserer Patient gewesen! Heute schäme ich mich deshalb ein bißchen. Wenn ich meine Gebete spreche, denke ich: Vielleicht hat Jesus das nicht gemerkt, weil Er gerade dabei war, anderen zu helfen, und dann wird Er nicht zu sehr von mir enttäuscht sein. Ich bete zu Ihm, daß ich ›würdig‹ werde, so wie wir das zu Hause vor dem Essen machen. Ich denke, Er weiß sowieso alles. Ich denke, man kann Ihm nicht ›durch die Lappen gehen‹, das sagt mein Dad immer! Ich hab' schon dumme Sachen gemacht. Ich hab' Kaugummi auf den Stuhl eines Jungen geklebt, und der hat sich deshalb mit einem anderen gehauen, weil er glaubte, der sei's gewesen, und dann haben die beiden Ärger mit dem Lehrer gekriegt, und ich habe dazu den Mund gehalten. Das war unrecht. Ich habe es dem Priester gesagt. Er hat mir dafür keine Buße auferlegt. Ich glaube, er hat gedacht, das macht den Kohl auch nicht fett. Aber jetzt, wo ich hier bin, habe ich Tag und Nacht Zeit zum Nachdenken, und da fällt mir alles wieder ein, was ich jemals falsch gemacht habe!«

Ob Unfälle, Krankheiten, ein Unglücksfall – das Auftreten von Gefahren und Schmerzen ist bei Kindern wie bei Erwachsenen Anlaß zur Besinnung. Im Fall des Jungen führte seine hilflose Lage dazu, daß er betete, sich an vergangene Begegnungen mit seinem Seelsorger und mit seinen Eltern erinnerte und in sich ging. Natürlich ist es nichts Neues, daß Religionen dazu dienen, die verschiedensten moralischen Prinzipien und Maßstäbe hochzuhalten, das Gewissen ihrer Anhänger zu schärfen und die Kultur der jeweiligen Nation zu stützen. Was weniger ins Auge fällt, sind die Strategien, die Kinder sich ausdenken, um die gesellschaftlich und in der Familie geübte Moral einerseits und die religiösen Moralvorstellungen, denen sie in Kirchen, Moscheen bzw. Synagogen begegnen, andererseits miteinander in Einklang zu bringen. Sie stehen vor der Aufgabe, sich eine eigene Moral zurechtlegen zu müssen, die zugleich individuell und in eine religiöse Tradition eingebunden ist, und danach müssen sie (und das ist der Kern jeder Spiritualität) über ihre eigenen moralischen Erfolge und Mißerfolge nachdenken und damit über ihre Zukunftsaussichten als menschliche Wesen, die eines Tages sterben müssen.

*

Für Kinder, auch für kerngesunde, die nie ernsthaft krank waren, hat der Tod eine große Bedeutung. Sie erfahren darüber das gleiche, was Ältere erfahren, sei es in Predigten oder Geschichten, in Liedern und in Warnungen, die in den heiligen Schriften stehen. Sie kommen auch direkt mit dem Tod in Berührung, wenn ihre Großeltern oder andere ältere Leute sterben. Ich gebe jedes Jahr in der vierten Klasse einer Schule in Cambridge im Staat Massachusetts einen Kunstgeschichtskurs. Unter den Kindern kommt es Jahr für Jahr zu einer lebhaften Diskussion, wenn ich ihnen ein Gemälde des englischen Malers Sir Luke Fildes (1844–1927) mit dem Titel »Der Doktor« zeige. Darauf ist ein Arzt zu sehen, der am Krankenbett (genaugenommen sind es zusammengeschobene Stühle) eines Kindes sitzt; mit der linken Hand streicht der Doktor über seinen Bart. Auf einem Tisch daneben sind eine Tasse und ein Löffel zu sehen sowie eine Flasche mit Medizin. Das Kind (wahrscheinlich ein Mädchen, denn die Haare sind ziemlich lang) ist eingeschlafen. Sein linker Arm ist ausgestreckt, sein rechter liegt auf seiner Brust, auf der Bettdecke. Im Hintergrund kann man die Umrisse eines Mannes erkennen, der wohl der Vater des Kindes ist. Die Schulkinder sind ungewöhnlich still, wenn sie das Dia mit dieser Krankenbett-Szene betrachten, und es kommen auch keine spontanen Kommentare. Ich habe inzwischen gelernt, weder Fragen zu stellen noch etwas dazu zu sagen. Die Fragen kommen immer von selbst – Fragen, die in sich schon Aussagen sind.

»Das ist ein Mädchen, nicht wahr?« fragte ein Kind, das gern redet. »Und sie ist krank, nicht?«

»Ja.«

»Was hat sie denn?«

»Ich weiß es nicht.«

»Sie sieht sehr krank aus«, meinte das Kind, und dann stellte es eine weitere Frage: »Glauben Sie, daß sie gesund wird?«

»Das Bild sagt darüber nichts aus, oder? Aber ich hoffe es.«

»Ich bin da nicht so sicher«, verkündete ein Junge. »Wissen Sie, warum?« Er wartete nicht auf eine Antwort. »Sie sieht sehr krank aus, und Sie haben gesagt, daß das Bild vor vielen Jahren gemalt wurde, und damals waren die Ärzte noch nicht so klug.«

»Also, das ist nicht fair«, erhob ein anderer Junge die Stimme, »nur weil das anno dazumal war und es noch keine Medikamente wie heute gab, Penizillin und so, heißt das doch nicht, daß der Arzt hier dumm war. Was glauben Sie, was sie hatte?«

Sie waren alle in erwartungsvollem Schweigen vereint (was selten vorkam). Ich sagte: »Ich weiß es nicht, aber sie sieht so aus, als hätte sie hohes Fieber gehabt, das sie sehr mitgenommen hat.«

»Ja«, stimmten mehrere Kinder zu.

»Wird sie daran sterben?« fragte ein Mädchen.

»Ich weiß es nicht.«

Als sich das Mädchen wieder zu Wort meldete, war aus einem Kind, das die übliche Neugier gegenüber einem Bild zeigte, eine Erzählerin geworden, die sich sehr persönlich und ausführlich äußerte. »Meine Kusine war mal sehr krank. Sie ist beinahe gestorben. Sie war erst sieben. Erst dachten alle, sie hat eine schlimme Blutkrankheit, aber das war es doch nicht. Sie hatte ganz hohes

Fieber, genau wie das Mädchen. Wir haben alle gebetet, und ich glaube, Gott hat uns erhört.«

»Woher weißt du das?« fragte prompt ein Junge, der neben ihr saß.

Sie drehte sich mit einem schnellen Blick zu ihm hin und sofort wieder zurück, wobei sie ihm mit einem deutlichen Stirnrunzeln die Meinung sagte. Sie begegnete seiner Frage mit spürbarer Verachtung: »Sag's doch gleich, wenn du nicht an Gott glaubst.«

»Ich hab' gar nichts davon gesagt, daß es Gott nicht gibt. Ich habe dich nur was gefragt«, sagte er. Sie verharrte in verächtlichem Schweigen und sah in eine andere Richtung. Er guckte sie wieder an und fragte sie noch einmal dasselbe, nur daß er die Frage jetzt näher erklärte und etwas vorsichtiger formulierte. »Wenn man betet, dann will man doch auch wissen, ob man Gott erreicht, also, darum ging es mir. Ist das nicht in Ordnung, daß man das wissen will?«

Das Mädchen, das gleich zu Anfang gesprochen hatte, antwortete jetzt anstelle ihrer Mitschülerin, die offensichtlich keine Neigung zeigte, ihren skeptischen Tischnachbarn einer Antwort zu würdigen. »Aber weißt du denn nicht, daß man da nie etwas Genaues wissen kann, denn Gott geht nicht rum und gibt damit an, daß Er dies und jenes getan hat! Gott tut Seine Werke ›hinter den Kulissen‹, wie unser Priester sagt. Ich hatte einen Bruder, der gestorben ist. Ein Blutgefäß in seinem Kopf ist aufgegangen. Es passierte einfach so [sie schnippte mit den Fingern]. Mein Dad sagte, es gibt keinen Gott, wenn Er so etwas zuläßt. Meine Mama sagte, daß man Gott nicht die Schuld geben kann; Er hat uns nur auf die Erde gebracht. Ich wußte nicht, was ich denken sollte. Der Priester kam zu Besuch, und Dad wollte nicht runterkommen. Er blieb im Schlafzimmer. Er [der Priester] erzählte uns, wir sollten uns nicht über Dad aufregen – denn es ist nur natürlich, wenn jemand wie Tim stirbt, so jung, daß jeder fragt, warum Gott das zuläßt. Aber das hat Er gar nicht, das darf man nicht vergessen. Er versucht uns zu helfen. Er ist immer da und springt für uns ein. Aber immer nur ›hinter den Kulissen‹. Deshalb betet man zu Ihm. Aber man kann nicht erwarten, daß Er alles perfekt macht. Unser Priester sagte, das wäre der Himmel – dann wären wir im Himmel –, wenn Gott das hier unten tun könnte.«

Die anderen Kinder hatten dieser langen theologischen Erklärung gespannt zugehört. Als das Mädchen fertig war, erhob sich keinerlei Widerspruch, und ein paar Kinder nickten beifällig. Ich überlegte, ob ich mit dem bekannten »Das-nächste-Dia« weitermachen sollte. Doch plötzlich fing das Mädchen an zu sprechen, das uns berichtet hatte, daß sie und ihre Familie Gott um Hilfe angefleht und sie erhalten hatten: »Du kannst schon wissen, daß Gott dich hört, wenn du zu Ihm betest. Er kann nicht alles tun, erst wenn du in die nächste Welt gehst – und da ist Er der Boss. Aber Er hört dir zu, wenn du wirklich mit Ihm sprechen willst. Bestimmt.«

»Woher weißt du das? Das möchte ich bloß wissen«, sagte der Junge wieder. »Mehr will ich ja gar nicht, ich bin nicht gegen Gott. Ich möchte nur wissen, wie du betest und Ihn hörst, also ich meine, wie Er dir Antwort gibt – also, woher du weißt, daß Er darauf antwortet. Das ist alles.«

Seine abgehackte Sprechweise, die ernsthafte, fast flehentliche Haltung, seine offensichtliche Aufrichtigkeit und seine im Kern freundschaftliche Absicht – wir reagierten alle mit Sympathie darauf: ein Lächeln lag auf den Gesichtern, Köpfe wendeten sich ihm zu, mit geöffnetem Mund, sprechbereit. Eine ganze Reihe von Kindern rief »Genau« – nicht um ihm zu applaudieren, sondern um auszudrücken, daß sie vor dem gleichen Rätsel gestanden hatten wie er. Das Mädchen, das uns versichert hatte, daß der Herr ganz sicher zuhörte, suchte jetzt nach Worten. Sie sah mich an und zum Schluß auch ihren Nachbarn, den sie offensichtlich bisher als etwas Böses, das man am besten ignoriert, eingeschätzt hatte. Dann sah sie in recht dramatischer Weise zur Decke empor. Schließlich sagte sie: »Das kann man nicht beweisen, weil man Ihn ja nicht sehen und anfassen kann! Aber Er paßt auf die Menschen auf, und wenn Er das Mädchen [auf dem Gemälde] sehen würde, hätte Er Mitleid mit ihr; und wenn sie zu Ihm beten würde, dann würde Er versuchen, ihre Gebete zu erhören. Ich weiß das.«

Ein anderer Junge meldete sich zu Wort.

»Wenn du sagst, Gott würde versuchen dem Mädchen zu helfen, dann meinst du, sie ist am Leben geblieben, sie ist gesund geworden. Stimmt das?«

Er sah das Mädchen direkt an, aber sie reagierte mit keinem Blick. Ein anderes Mädchen mischte sich ein, einerseits an ihrer Stelle, aber auch im Sinne des Jungen: »Du kannst nicht davon ausgehen, daß wir wissen, ob das Mädchen gesund geworden ist. Vielleicht hat es sie gar nicht gegeben! Sie ist auf dem Bild, aber ob sie wirklich gelebt hat? Aber egal, das ist schon lange her. Und außerdem, wenn Gott jemandem helfen will, würde Er nicht mit *uns* darüber sprechen! Er würde einfach tun, was Er tut – aber ich weiß gar nicht, was Er tut! Ich bin nicht sicher, ob es Gott überhaupt *gibt!* Gibt es einen Gott? Mein Vater sagt nein, und meine Mutter sagt vielleicht!«

Jetzt wurde es im Klassenzimmer lebendig. »Ja, es gibt einen Gott«, sagte ein Junge; ein beifälliges Murmeln folgte. Der Junge, der gerade seine Zweifel und die seiner Eltern zum Ausdruck gebracht hatte, fragte sofort und sehr direkt: »Wie willst du das beweisen?« Ein Junge in der ersten Reihe, der bis jetzt nicht nur geschwiegen, sondern anscheinend an der ganzen Diskussion nicht interessiert gewesen war, meldete sich plötzlich zu Wort: »Was hat das alles mit dem Bild zu tun?«

»Na ja, wenn du krank wirst, dann betest du doch, damit Gott dich wieder gesund macht«, antwortete ein anderer Schüler, der sich bis zu diesem Augenblick auch aus dem Streit herausgehalten hatte. Alle stimmten zu – rundum zeigten nickende und lächelnde Gesichter die Erleichterung, daß man wieder einen gemeinsamen Boden gefunden hatte. Noch einmal sahen wir alle das Bild an. Die Kinder stellten aufschlußreiche Fragen. Wo war die Mutter? Warum saß der Arzt nur nachdenklich da, statt etwas zu tun? Wo war sein Stethoskop? Benutzten die Ärzte damals überhaupt Stethoskope? War das Mädchen »wirklich« eingeschlafen oder war sie »nur erschöpft«? Wem gehörte das Bild, und machte es den Besitzer »traurig«, so eine Szene »die ganze Zeit« zu betrachten?

Aber bald darauf waren wir wieder beim Thema Gott, Beten, Seelenleben angelangt. Eines der stilleren Kinder, ein Junge, der bisher nur gelegentlich ja oder nein gemurmelt hatte, löste erneutes Nachdenken aus durch die folgende Vermutung: »Vielleicht träumt sie gerade von Gott. Vielleicht sagt Er ihr gerade, daß sie gesund wird, oder falls sie nicht gesund wird, daß Er gut zu ihr sein wird, wenn sie zu Ihm kommt. Schließlich, wenn du als Kind stirbst, kommst du höchstwahrscheinlich in den Himmel – weil Gott Freude an den Kindern hat, das hat uns die Lehrerin in der Sonntagsschule gesagt!«

Ich bemerkte, wie schon häufig zuvor, wie oft Kinder (und Erwachsene) sich Gott als Richter, Kritiker oder Wohltäter vorstellen: einer, der belohnt und bestraft. Außerdem unterstellten die Kinder Gott eine psychische Verfassung, die ihrer eigenen nicht unähnlich war. Ein Kind betonte, daß Er launisch und überarbeitet sei – »kein Wunder, bei all den Leuten, bei denen Er auf dem laufenden bleiben muß«. Ein anderes Kind legte die Betonung auf Gottes Weisheit, auf Seine Fähigkeit, sich nichts entgehen zu lassen, was falsch oder »dumm« ist, und Seine Fähigkeit, immer auch »die guten Seiten« zu sehen und sich daran zu halten. Ein drittes Kind behauptete, Gott sei »wie der Doktor«. Die Blicke wandten sich daraufhin wieder dem Bild zu, während das Mädchen die Gründe dafür nannte: »Der Doktor da denkt an das Mädchen, und das tut Gott auch. Ich wette, daß Gott jede Sekunde an kranke Menschen denkt und wissen will, was mit ihnen wird. Das muß ganz schön schwer sein, wenn jeder Hilfe von dir erwartet!« Andere Kinder schalteten sich ein mit der Befürchtung, daß es gelegentlich eine Panne geben könnte. Ein Mädchen, das ein bißchen schüchtern war und leicht übersehen wurde, gab uns neuen Stoff zum Nachdenken: »Vielleicht hat Gott gar nicht gewußt, daß sie krank ist. Vielleicht hatte Er zu tun. Vielleicht wünscht sich der Arzt, daß Gott herkommt und hilft, aber Er ist nicht gekommen, und das Mädchen wird krank und kränker.«

So durchquerten wir weiter unter vollen Segeln die theologischen Gewässer – wobei einige Kinder argumentierten, daß Gott, allein durch sein Wesen, nichts entgehe, während andere darauf bestanden, daß es durchaus möglich sei, daß Er überarbeitet oder abgelenkt wäre. Er achte darauf, wie »ehrlich« und »gut« wir sind. »Lügner« oder »Menschen, die anderen Menschen weh tun«, könne Er überhaupt nicht leiden. Egoisten auch nicht, während Ihm umgekehrt diejenigen, die an andere denken und nicht nur an sich selbst, um so lieber seien. Unter diesen Umständen, erklärten die Kinder, sei es das Beste, wenn man an andere dächte und sich strikt an den Buchstaben des Gesetzes hielte. Allerdings, niemand könne vollkommen sein – sie gaben gern zu, daß bei ihnen durchaus nicht alles glatt ging, daß sie oft etwas Falsches täten und sich deshalb häufig Sorgen machten, was Gott von ihnen hielte, und was geschähe, wenn sie eines Tages vor Seinem Gericht stehen würden, was zwar noch in weiter Ferne läge, aber bestimmt passieren würde.

Einige dieser Kinder sorgten sich noch wegen etwas anderem. In agnostischen oder nur wenig religiösen Familien aufgewachsen, ließen sie erkennen, daß sie Gottes Existenz skeptisch gegenüberstünden, von Seinen Zielen oder Wertvorstellungen ganz zu schweigen. Doch der Anblick von Kirchen und Synagogen, die Glaubens-bekundungen aus dem Mund von Erwachsenen oder anderen Kindern machten sie »nervös«, vermittelten ihnen das Gefühl, daß sie »noch mal Ärger bekämen«, falls der Allmächtige sich doch als mehr denn eine bloße kollektive Phantasievorstellung erweisen sollte. »Ich weiß nicht, ob es Gott gibt«, erklärte ein Junge. »Aber ich hab' schon darüber nachgedacht, was aus mir wird, wenn es Ihn wirklich gibt und Er wüßte, daß ich nicht auf Seiner Seite war!«

Nicht alle Kinder aus diesem Kreis machten aus Gott eine möglicherweise rachsüchtige oder strafende Figur. Mir fiel auf, wie mehrere von ihnen (drei Mädchen, zwei Jungen) sich sehr darum bemühten, ihn mit dem Arzt auf dem Bild in Verbindung zu bringen. Für diese Kinder war Gott nachdenklich, sogar ein biß-chen ratlos – was vielleicht auf ihre eigene grüblerische, su-chende Haltung gegenüber der etablierten Religion schließen ließ. Es konnte auch Indiz für ihre natürliche geistige Neugier sein, sich mit etwas zu beschäftigen, das in ihnen vorhanden war, aber noch keine feste Form angenommen hatte. »Ich fände es schöner, wenn Gott wie dieser Doktor wäre«, sagte ein Junge, »also, jemand, der dasitzt und versucht dir beizustehen und der vielleicht betet – anstatt mit den Armen zu fuchteln und herumzuschreien, wie es manche Prediger [im Fernsehen] tun.« Seine Vorstellung, daß Gott sich nicht nur um das Kind kümmern, sondern auch für es beten könnte, löste bei den Kindern eine überaus lebhafte Diskussion aus – für mich einer der Höhepunkte während meiner Forschungs-arbeit. Als Folge dieses besonders lebhaften Gedankenaustauschs über Geistig-Seelisches verabredete ich mich mit einer ganzen Reihe von Kindern zu Einzelgesprächen, sowohl in der Schule wie zu Hause.

Den Stein ins Rollen brachte eine Frage, die gleich nachdem der Junge seine Vorstellung von Gott als betendem Arzt vorgetragen hatte, gestellt wurde: »Was soll das heißen – Gott ›betet‹?« Ein Mädchen, das ganz hinten saß, fragte das so leise, daß ich es nicht richtig verstehen konnte. Ich wollte sie gerade bitten, ihre Frage zu wiederholen, aber schon stellte ein Mädchen, das neben ihr saß, die gleiche Frage, diesmal lauter und mit einem deutlichen Anklang von Verächtlichkeit. Bevor der Junge antworten konnte, erklärte das zweite Mädchen seine eigene Ansicht, die ihre Nachfrage ausgelöst hatte: »Gott ist Gott, warum sollte *Er* zu sich selbst beten? Wir beten zu Ihm – jedenfalls sollten wir das –, und Er hört zu, und dann trifft Er seine Entscheidung.«

»Woher weißt du, was Er tut? Hast du mit Ihm gesprochen? Warum könnte – warum sollte Er nicht beten wollen?«

Der Junge, der dies sagte, ließ uns verstummen, nicht nur durch die Aussage selbst, sondern auch durch die Art, wie er redete. Er war aufgestanden, hochrot im Gesicht, und sah dem Mädchen, von dem er sich offensichtlich provoziert fühlte, direkt in die Augen. Dann goß er noch ein bißchen Öl ins Feuer: »Auf jeden Fall, mein Vater sagt, daß Gott nicht den Pastoren und den Priestern und Rabbinern gehört, all diesen Leuten. Er hat Seine eigenen Vorstellungen – und bloß weil es eine Kirche gibt und sie dir da drin erzählen, sie sprächen in Seinem Namen, brauchst du das noch lange nicht zu glauben!«

»Hör mal«, wandte ein Mädchen ein, »das ist vielleicht die Ansicht von deinem Vater, aber nicht von meinem!«

»Genau, sie hat recht«, sagte ein anderes Mädchen.

»Der Meinung bin ich auch«, äußerte ein Junge.

»Also, ich nicht«, fiel ein anderer ein. »Im Fernsehen sieht man diese Prediger, und das sind Betrüger! Warum sollten wir uns von denen herumkommandieren lassen? Die bestehlen einen doch! Das ist ganz schlecht! Wenn ich Gott wäre – wenn ich Gott wäre, würde ich gerne ein Arzt sein und neben dem Mädchen sitzen, und ich würde bestimmt für sie beten, damit sie gesund wird!«

»Du bist aber leider *nicht* Gott«, sagte sein Tischnachbar trocken.

Wieder folgte ein Durcheinanderreden, dann fragte ein Junge: »Ist Jesus nicht als eine Art Arzt herumgezogen?«

Wir schwiegen alle. Ich wollte schon mit ja antworten, aber dann fiel mir ein, daß sicher alle Kinder die Geschichten kannten, in denen Jesus Menschen heilt – daher das schweigende Überlegen. Jetzt besahen sie das Bild an der Wand mit neuem Interesse. Ein Mädchen überlegte laut: »Glaubt ihr, *er* könnte Jesus sein?«

Ein Junge sagte nein, dann erläuterte er es: »Das ist ein Arzt. Wenn er Jesus wäre, würde das Bild anders aussehen.«

»Wieso?«

»Naja, Er hätte so einen Kreis [den Heiligenschein] über seinem Kopf, oder Er würde diesen großen Stock in der Hand halten« – den Hirtenstab, der in den Religionsbüchern zu sehen war.

»Ich weiß nicht, ob du recht hast. Er könnte doch einfach

herkommen und versuchen, wie einer von uns zu sein. Er könnte das. Er könnte das, wenn Er wollte.«

»Wer sagt das? Du vielleicht! Aber glaubst du nicht, ein Priester weiß das besser?«

»Nein!«

»Ich bin auch deiner Meinung [zu dem gewandt, der nein gesagt hatte]. Gott kann tun, was Er will, und das geht niemand außer Ihn selbst etwas an. Das stimmt doch, oder?«

»Ja, das stimmt. Aber es hat keinen Sinn, sich deswegen zu streiten! Laßt uns auf das Bild zurückkommen! Wir können doch sagen, daß es möglich ist, daß es Gott ist, aber vielleicht ist es auch nur ein Arzt! Das wäre doch ein Kompromiß.«

»Ja, das wäre einer. Es ist albern zu überlegen, was Gott tun kann und was nicht, und wie Er ist und wie nicht. Meine Mutter sagt, Er ist für jeden Menschen anders, weil Er das kann.«

»Also nein, jetzt sagst *du*, wie Er ist, stimmt's?«

»Nein, hab' ich nicht! Ich habe nur gesagt, Er kann alles sein, was Er will, und deshalb könnte Er so sein wie der Arzt auf dem Bild. Er *könnte*. Ich hab' nicht gesagt, Er *ist*!«

»Okay.«

Noch immer fuchtelten Hände in der Luft herum. Weitere Kinder wollten etwas sagen. Aber die Pausenglocke läutete, und deshalb setzte das »Okay« den Schlußpunkt unter unsere Debatte.

Während wir unsere Sachen zusammenpackten, kam der Junge, der die radikale Vorstellung von Gottes Vielseitigkeit vertreten hatte, zu mir nach vorn und wollte weiter darüber sprechen. Daraus ergaben sich viele weitere Gespräche in der Schule wie auch bei ihm zu Hause. Während einer dieser Diskussionen erläuterte er seinen psychologisch wie theologisch interessanten Standpunkt, der mir übrigens auch in Gesprächen mit anderen Kindern öfter begegnet ist. Im folgenden habe ich Bemerkungen, die er im Laufe von drei verschiedenen Gesprächen machte, zusammengefaßt.

»Wenn ich an Gott denke, denke ich an Jesus, zum Beispiel, daß Er wirklich ein guter Freund für seine Jünger war. Er wollte nicht, daß die Menschen sich schlecht vorkommen, wie das viele von diesen Priestern gern hätten, und Pastoren auch. Mein Dad sagt, die Kirchen streiten sich darüber, wem Jesus gehört! Sie wollen Ihn sich gegenseitig wegnehmen. Er war doch zugleich ein Mensch und ein Gott, deshalb kann Er doch auch ein Arzt oder sonst etwas, vielleicht ein Lehrer oder ein Geschäftsmann, sein. Warum nicht? Hier lebt zum Beispiel ein Mann, der gibt Kindern Geld, damit sie aufs College gehen können, wenn sie fleißig sind und die Schule zuende machen. Der ist ein Geschäftsmann, und vielleicht ist der besser als eine Menge Priester. Ja, gut, aber selbst wenn er Jude ist [ich hatte ihn darauf aufmerksam gemacht], könnte der Mann Jesus sein. Ich meine, Jesus war ein Jude, nicht wahr? Falls Er wiederkommt, könnte Er doch wieder ein Jude sein.«

»Wenn es mir nicht gut geht und niemand da ist, mit dem ich sprechen möchte, dann denke ich an Jesus – mehr an Ihn als an Gott. In der Sonntagsschule heißt es, Er ist genau wie Gott, aber Er war doch hier auf der Erde, und ich kann Ihn mir vorstellen – wegen all dieser Bilder von Ihm –, und ich kann mit Ihm reden. Nein, das ist nicht dasselbe wie beten. Es ist anders. Es ist so, daß Er mein Freund ist, und Er ist so etwas wie jemand aus der Familie, nur daß Er nicht die ganze Zeit da ist und einen erziehen will und sich aufregt, daß dein Zimmer nicht aufgeräumt ist. Vielleicht haben sie sich auch über Ihn aufgeregt, als Er noch ein Kind war. Seine Eltern! Alle sagen doch, daß Er genau wie andere Kinder war, und erst als Er älter wurde, zeigte sich, daß Er weise war – vielleicht war Er zwölf oder dreizehn, nur ein bißchen älter als ich? Deshalb meine ich, daß man gut mit Ihm reden könnte.«

»Manchmal sage ich etwas und gebe mir selbst die Antwort, und ich bin es wirklich selbst, der da antwortet, aber irgendwie hört es sich besser an als ich bin; ich meine, klüger. Es könnte doch sein, daß es Jesus ist, der mit mir spricht – ich meine, der meine eigene Stimme benutzt!«

»Man sollte nicht so furchtbar sicher tun! Ich mag es nicht, wenn Leute behaupten, daß sie wissen, wie Gott ist und wie Er uns haben möchte! Ich will dann immer sagen, daß Gott nicht so ist! Er ist keiner, der es gut findet, wenn sich Leute Seinetwegen streiten! Ich denke mir, Er ist *kein* Mensch! Aber Er war doch mal einer, und vielleicht ist Er es noch; zum Teil wenigstens. Wenn ich bete oder wenn ich Ihn mir vorstelle und mit Ihm spreche, dann sehe ich einen Menschen vor mir, und Er hat eine Stimme, und ich kann sie hören. Nein, das ist nicht bloß meine eigene; sie hört sich anders an. Es ist weder die von meinem Vater noch von meiner Mutter oder sonst jemandem. Es könnte sein, daß mein Gehirn sich die Stimme ausdenkt. Ich meine, es ist mein Gehirn, ja, aber wenn ich höre, was Er zu mir sagt, dann denke ich, daß Er es war, Jesus; ich glaube es jedenfalls. Ich hoffe, ich habe recht.«

»Über manche Sachen könnte ich nie reden, selbst wenn Gott zu mir käme und mir was zu essen mitbrächte und mir auf die Schulter haute, so wie mein Vetter das macht, wenn er uns besucht. Das ist ein toller Typ. Aber wenn man zu jemandem aufblickt – ich glaube, dann schämt man sich wirklich, wenn man ihm sagen müßte, daß man manchmal ein Egoist ist, also an sich selbst zuerst denkt. (Das sagt meine Mama immer zu uns: ›Hört auf, immer zuerst an euch selbst zu denken!‹) Es macht mir nichts aus [Gott] zu beichten, aber manche Sachen kann man einfach nicht sagen. Da fehlen mir die Worte.«

Der Gott dieses Jungen war ein übernatürlicher Freund, der aus dem Nichts auftauchen konnte und eine Art psychologischen Schutzraum darstellte. Wenn andere Menschen – vielleicht sogar seine eigenen Eltern – den Jungen im Stich ließen, dann konnte er sich an Jesus wenden, und der schien oft auch gesprächsbereit. Auch wenn dieser Junge recht gut mit seinen Eltern auskam, so sind doch Eltern nie perfekt, ebensowenig wie Kinder. So wurde Jesus gelegentlich zum Stellvertreter der Eltern – und das bekannte »ödipale Dreieck« wurde zum Quadrat. Doch selbst zu Jesus mußte der Junge gelegentlich auf Distanz gehen, und das tat er, indem er ihn sich als Richter vorstellte, wenn auch als einen freundlichen. Der Junge hat das selbst einmal so ausgedrückt: »Wenn's geht, erspart man sich doch, ausgeschimpft zu werden. Oder man macht es selbst.« Jesus verkörperte im Dialog oft das Gegenteil einer Gardinenpredigt – Er war derjenige, der Vergebung verhieß, eine moralische Zuflucht. Andererseits ließ Er sich aber nicht für dumm verkaufen; eher war Er dann ein ernster Richter, dessen hohe Ansprüche für diesen freundlichen, vertrauensvollen, anständigen Jungen sehr bedrückend sein konnten. Gott als potentieller Kritiker, sogar als jemand, der ständig nach Fehlern Ausschau hält – auch diese Vorstellung lebte im Kopf des Jungen.

Gott kann für Kinder, psychologisch gesehen, fast jede Gestalt annehmen. Er kann ein Freund sein oder ein potentieller Feind; ein Bewunderer oder ein Kritiker; ein Verbündeter oder ein Störenfried; eine Quelle der Ermutigung oder aber der Angst, Furcht, sogar Panik. Offensichtlich können religiöse Glaubenssätze, indem sie das intensive spirituelle Nachdenken von Kindern verstärken, zu einem integralen und überzeugenden Teil des Gewissens werden und entweder dessen selbstkritische oder dessen freundlichere Seite, das sogenannte Ich-Ideal der psychoanalytischen Theorie, verstärken. In vielen Fällen, wo die strenggläubigen christlichen, jüdischen oder mohammedanischen Eltern den Kindern mit den schärfsten religiösen Sanktionen (die sie ebenso auf sich selbst beziehen) drohen, bringen diese Kinder es fertig, sich in ihren Gedanken oder Träumen einen Gott zu konstruieren, der zwar ein vollkommenes Vorbild verkörpert, aber doch nachsichtig, versöhnlich, ermutigend und fähig ist, hin und wieder eine momentane Schwäche oder Erschöpfung zuzugeben.

Eines der Kinder, mit denen ich besonders intensiv für dieses Forschungsvorhaben gearbeitet habe, ein Junge, träumte immer wieder, er sei in einem Flugzeug, das nach Irland fliegt (wo alle vier Großeltern geboren waren). Das Flugzeug gerät in Turbulenzen und stürzt über dem Atlantik ab. Aber er selbst bleibt auf wunderbare Weise oben in der Luft, und während er in den Wolken schwebt, sieht er plötzlich Jesus, der dort spazieren geht. Sie kommen ins Gespräch. Jesus gibt sich Mühe, den Jungen zu beruhigen – er sagt ihm sogar, daß er sich selbst auch schon verloren und verwirrt gefühlt habe. Der Junge wundert sich, in doppelter Hinsicht: Er hat in seinem Traum bisher noch gar keine Angst verspürt, obwohl das Flugzeug mit seinen Eltern und seiner Schwester an Bord gerade abgestürzt ist; und er hat sich bisher noch nie vorgestellt, daß Jesus verletzlich sein oder in irgendeiner Weise Beschränkungen unterliegen könne. An dieser Stelle – wo er nicht nur aufgeschreckt, sondern auch verwirrt ist, und schließlich doch noch die Angst in ihm aufsteigt – wacht der Junge auf und findet sich statt in den Wolken in seinem Bett wieder. »Ich habe diesen Traum schon zwei-, dreimal gehabt, vielleicht sogar noch öfter«, erzählte er mir, und als ich ihn nach einer Erklärung fragte, antwortete er ausgesprochen knapp: »Vielleicht wollte Gott mit mir sprechen, und das hat Er dann gemacht.«

Gottes Absichten werden wir nie erfahren, aber die des Jungen sind ziemlich leicht zu durchschauen. Ein Junge findet die Gesellschaft Gottes angenehmer als die seiner Eltern, jedenfalls für einen Augenblick lang. In dieser erhabenen Gesellschaft erfährt er, daß er mit seinem Gefühl der Richtungslosigkeit durchaus nicht allein dasteht. Er hat eine kurze, beeindruckende Begegnung, die er sich noch Tage später in Erinnerung ruft, immer dann, wenn er merkt, daß er mal wieder kleine Alltagsverfehlungen begeht. Der Junge hat sich darum bemüht, seine eigene Stimme zu finden, und zwar mittels einer mitternächtlichen Beschwörung der Stimme eines anderen. Er nennt diesen Traum einen »Besuch« – warum auch nicht? Zumindest ist dies ein psychisches Erlebnis, an dem ein Kind festhält, weil es ihm bedeutungsvoll erscheint – so etwas wie ein göttlicher Fingerzeig, ein Hilfsmittel, um Unsicherheiten zu überwinden und sich weniger fremd und einsam zu fühlen.

Biblische Geschichten wie auch Lehren aus dem Koran werden von Kindern oft benutzt, um in ihr eigenes Innere, aber auch nach Höherem zu schauen. Wenn Kinder damit beschäftigt sind, sich mit ihrer Sexualität auseinanderzusetzen und die Macht ihrer Eltern mit Ehrfurcht, Neid oder Wut zu betrachten, die Stabilität und Dauer ihrer Welt in Frage zu stellen, sich von ihren Geschwistern abzugrenzen, sich als reale oder potentielle Liebende zu sehen oder als reale oder potentielle Kämpfer, dürfte es kaum verwundern, daß sich in Millionen von Kinderköpfen die Geschichten von Adam und Eva, Abraham und Isaak, Noah und der Arche, Kain und Abel, Samson und Deliah, David und Goliath mit der eigenen Geschichte verbinden. Die biblischen Geschichten sind nicht bloß symbolisch als Ausdruck dessen zu verstehen, was Menschen emotional durchmachen. Nach meiner Erfahrung ist es eher so, daß Kinder sich auf religiöse Geschichten stürzen, weil sie wahrhaft inspirierend sind – sie regen ihre Phantasie und ihr Denken an und helfen ihnen, erwachsener, nachdenklicher und selbstsicherer zu werden.

In Familien, die ausdrücklich an einem Glauben festhalten – in denen man Rituale praktiziert, Aufträge und Leitlinien in die Tat umsetzt –, sind seelisch-geistige Werte für die Kinder ein fester Bestandteil ihres Gefühlslebens. In amerikanischen Familien, die sich der protestantischen Tradition verpflichtet fühlen und einer fundamentalistischen Glaubensrichtung[3] anhängen (ebenso in den orthodoxen jüdischen Familien, die ich in Israel kennenlernte, und bei den strenggläubigen Mohammedanern in Tunesien), werden Religion und Psychologie in gewissem Sinne eins – zum Beispiel müssen aufsässige Kinder es nicht nur mit ihren Lehrern aufnehmen, sondern sie bekommen auch täglich die ganze Macht der »Familienreligion« zu spüren. Die Kinder werden im Namen Gottes belohnt und bestraft, es wird ihnen in Seinem Namen gesagt, was sie zu tun haben und wann. »Gott ist der Vater meiner Eltern, und auch meiner«, erklärte einmal eine Neunjährige aus dem östlichen Tennessee mir und meinem Sohn. Sie erzählte, daß der Herr sie keine Sekunde aus den Augen ließe. »Er sieht immerzu auf uns herab, das weiß ich ganz genau.« Ein solches Kind wird alle seine leidenschaftlichen Gefühle, sei es Verehrung oder Zorn, auf diesen Elternteil aller Eltern, diesen Vater aller Väter, richten, was zu einer umfassenden psychischen Bindung führt. So ein Kind wird Gott lieben, schmähen, für Ihn kämpfen, Ihm gehorchen oder Ihm wütend den Gehorsam verweigern. Für diejenigen unter uns, deren Religiosität für sie nur eine unter vielen Betätigungen darstellt, eine unter vielen eingegangenen Verpflichtungen, ist es schwer, sich in Menschen zu versetzen, für die »Gottes Gegenwart« eine totale und unumstößliche psychische Realität besitzt, die den Worten »der Vater meiner Eltern und auch meiner« tiefe Bedeutung verleiht. Nach meinem Eindruck macht bei solchen Menschen die Spiritualität, ihr geistig-seelisches Leben, den Kern ihrer Psyche aus; das In-eins-Setzen ist so total, wie das Mädchen aus Tennessee es mir beschrieb. Menschen wie sie spüren Gottes Vaterschaft so tief und beständig, daß jeder einzelne Augenblick ihres Lebens von Gott durchdrungen, um nicht zu sagen von Gott heimgesucht zu sein scheint. Kein Wunder, daß solche Kinder Ihn so häufig um sein Wohlwollen bitten, sich mit der ganzen Kraft ihrer Leidenschaft wie ihrer Enttäuschung an Ihn wenden, Ihn sowohl offen wie auch in ihren verborgensten Herzenswinkeln flehentlich beschwören (von ihren halbvergessenen Träumen ganz zu schweigen), mit Ihm hadern oder Ihn, auf einer bewußteren Ebene, mit Zweifeln auslöschen. An jenem Nachmittag sagte das Mädchen zu meinem Sohn und mir auch: »Gott ist im Himmel, aber Er ist auch in meinem Kopf«, und lieferte damit vielleicht die treffendste Analyse der Beziehung zwischen der Spiritualität und der Psyche junger Menschen – eine Verschmelzung. Mochten andere ihrem Gott am Sonntag einen einstündigen Besuch abstatten oder im geheimen Augenblicke der Gottesnähe erleben, die dem Inhalt nach spirituell, in psychologischer Hinsicht bedeutsam waren; für dieses Mädchen war Gott, wie sie es einmal ausdrückte, einfach »ein Begleiter, der dich nie verläßt«.

KAPITEL 4

Kindliche Spiritualität: philosophische Betrachtungen

Das neunjährige Mädchen aus dem Osten Tennessees, das oft von Gott als »dem Vater meiner Eltern« sprach, erzählte meinem Sohn eines Morgens – er hatte seit mehreren Wochen jeden Tag Gespräche mit ihr und anderen Kindern geführt –, daß sie »immer wieder den gleichen Traum von Jesus« träume. Mein Sohn wollte natürlich Genaueres erfahren und bekam daraufhin folgenden Traum zu hören: »Also, ich gehe im Wald spazieren, nicht weit von unserem Haus, aber trotzdem verirre ich mich. Das Komische ist nur, daß ich gar keine Angst habe. Ich gehe immer weiter. Aber ich merke, daß die Sonne schon weit über den Himmel gewandert ist und es in ein paar Stunden dunkel wird, und wenn ich bis dahin nicht den Weg nach Hause gefunden habe, wird es gefährlich. Deshalb gehe ich schneller. Je schneller ich gehe, um so müder werde ich, und ich spüre, daß ich allmählich Hunger habe. Ich weiß nicht, was ich tun soll. Mein Vater hat gesagt, daß ich niemals Wasser im Wald trinken soll – da können schlimme Keime drin sein. Meine Mutter sagt: ›Du darfst keine Beeren essen, auch wenn sie hübsch aussehen, so wie die im Laden.‹ Deshalb hielt ich meinem Magen eine gehörige Strafpredigt, aber er achtete nicht auf mich. Dann betete ich, daß mir der Magen nicht mehr so knurrte, aber es geschah nichts.

Ich fing an zu laufen. Dann wurde ich so müde, daß ich wieder langsamer ging. Allmählich bekam ich es mit der Angst zu tun. Ich mußte weinen. Ich hatte solche Angst, daß ich darüber ganz vergaß, an Gott zu denken. Ich glaube, ich stellte mir Löwen und Tiger vor – ausgerechnet hier in den Wäldern bei Chattanooga! Ich versuchte, mich zu beruhigen. Gerade als ich schon anhalten und Wasser aus einem Bach trinken wollte, sah ich in einiger Entfernung ein Haus. Ich wurde ganz aufgeregt und lief darauf zu. Da müßte es doch ein Telefon geben – so etwas hatte ich im Sinn. Aber das Haus war nicht so nah, wie es zunächst den Anschein hatte. Ich rannte immer weiter, und es bewegte sich immer weiter von mir fort. Es war wie in der Wüste, wissen Sie – wenn man etwas sieht, und einem dann einfällt, daß es vielleicht nicht wirklich da ist. Ja, eine Fata Morgana. [Mein Sohn hatte das Wort eingeworfen.] Ich fürchtete mich noch mehr, weil ich so etwas noch nie erlebt hatte, also, das etwas vor mir zurückweicht, gerade wenn ich denke, ich bin gleich da. Aber ich ging immer weiter, und plötzlich – es war wirklich komisch – stand das Haus direkt vor mir. Ich traute meinen Augen nicht – es war das Pfefferkuchenhaus, genau wie im Märchen. Ich stand also da – das träumte ich natürlich – und dann überlegte ich, ob das alles bloß ein verrückter Traum wäre. Aber es kam mir alles ganz echt vor; ich meine, in dem Augenblick *war* es echt. Ich wollte hineingehen und nachsehen, ob jemand da sei, und fragen, ob ich meine Eltern anrufen könnte. Ich wußte unsere Telefonnummer, und ich überlegte, ob ich unsere Vorwahlnummer, 615, benutzen sollte, oder ob ich aus einem ganz anderen Land anriefe. Ich war auch neugierig, ob es drinnen auch solche Kekse, ich meine diese Pfefferkuchen, gäbe, so wie draußen an den Wänden und auf dem Dach. Ich sah die Klingel und läutete, und da kam ein Mann an die Tür – also das war anders als im Märchen –, und der war noch jung und sah aus, na, vielleicht wie Elvis Presley. Mein Onkel sammelt Bilder von ihm, er hat ganz viele. [Er arbeitet in einem Musikgeschäft und ist dort Geschäftsführer.]

Dieser Mann hatte ein Banjo, er hielt es nur so in der Hand. Ich wußte nicht, was ich zu ihm sagen sollte. Er sagte kein einziges Wort zu mir, nicht mal Hallo. Mir hatte es wohl die Sprache verschlagen, glaube ich. Dann hörte ich, wie ein Hund bellte und immer näher kam, und ich hatte große Angst. Da fing ich an zu weinen, und der Mann befahl dem Hund: ›Sitz!‹, und der Hund gehorchte. Es war ein großer Hund, ein Jagdhund; er war dunkel, schwarz. Die Rasse weiß ich nicht. Als der Hund aufgehört hatte zu bellen, fragte mich der Mann, ob ich etwas wollte, und ich sagte ja, ich wolle zu Hause anrufen, wenn er es mir erlaube. Aber er sagte, er habe kein Telefon. Ich glaube, ich habe ihm das nicht abgenommen! Ich sagte: › *Wirklich* nicht?‹ Er sagte: ›Nein.‹ Da stand ich nun. Ich wußte nicht, was ich tun sollte! Da sagte er, ich könnte ein Glas Milch haben, wenn ich wollte; und er hatte eine Schachtel mit Milky-Ways, das sind meine Lieblingsriegel. Er sagte, ich könne so viele essen, wie ich wolle! Meine Mutter sagt immer: ›Nur einen am Tag!‹ Er sagte, er könne ein Lied spielen, während ich die Milky-Ways esse. Er sagte, er würde es das Milky-Way-Lied nennen. Ich kann mich am besten an sein Lächeln erinnern. Er stand da und hatte das Banjo in der rechten Hand, und seine linke Hand, mit der stützte er sich so an der Mauer ab. Es war wie – also, er grinste so, und das machte mich nervös, also richtig unruhig. Ich hatte ein Milky-Way genommen, aber ich mochte es nicht essen. Ich fing an, mich in dem Zimmer umzusehen. Ich wanderte darin herum. Er fragte mich. ›Was'n los, Kleine?‹ Ich sagte ›Nichts‹ – aber in Wirklichkeit wollte ich meine Mama und meinen Papa anrufen, und wenn er mich bitte, bitte telefonieren ließe, dann würde ich gehen. Aber er sagte immer nur nein, er habe kein Telefon, jedenfalls kein richtiges. Ich wußte nicht, was er meinte, und das sagte ich dann auch, und da ging er rüber zu einem kleinen Raum und öffnete die Tür und holte so ein Telefon (es sah jedenfalls so aus) heraus und nahm es mit zu mir und zeigte es mir, und ich merkte, daß es aus Lebkuchen war, genau wie die Wände von dem Haus, und dann noch so silberne Bonbons, so im Kreis – vielleicht sollten das die Löcher von der Wählscheibe sein.

Ich hatte furchtbare Angst, ich war total durcheinander. Ich wollte nur noch zurück in den Wald. Lieber verirrt als in diesem Haus, dachte ich! Deshalb wollte ich weg. Ich fing an zu gehen, hin zu der Tür, und in dem Moment fing er an, Banjo zu spielen, und die Lichter gingen an und aus, und ich fürchtete mich so, daß ich anfing zu weinen, und plötzlich ging die Tür auf, und draußen blitzte ein Licht auf; ja, etwas wie ein Blitz, und ich glaube, es war Jesus. Er war gekommen, um mir zu helfen, und ich hatte gerade ein Taschentuch in der Hand und wollte mir das Gesicht abwischen – vielleicht meine Tränen wegwischen –, und danach kann ich mich an nicht mehr viel erinnern. Also, ich ging mit Jesus spazieren, vielleicht ging ich auch hinter Ihm her, und ich glaube, Er hat mit mir gesprochen. Ich glaube, Er hat gesagt, daß man aufpassen soll, wohin man geht, sonst kann man sich verirren oder ausrutschen und hinfallen, oder man läuft dauernd im Kreis im Wald herum, und dann findet man nicht den richtigen Weg, der nach Hause führt. Und dann bin ich aufgewacht, und ich zitterte immer noch. Ich bin zu meinen Eltern gelaufen. Ich ging in ihr Schlafzimmer, ich mußte es einfach tun; ich mußte sie aufwecken. Ich habe sie nicht richtig geweckt; ich bin stehengeblieben, und vielleicht habe ich meine Mutter ein bißchen angefaßt, jedenfalls war sie gleich wach. Sie war meinetwegen beunruhigt, sagte sie, und dann stand sie auf und machte mir warmen Kakao, und dann ging's mir besser, und ich ging wieder ins Bett.

Ich bin dann erstmal nur so liegen geblieben. Ich glaube, ich hatte immer noch Angst – ich hatte Angst, wieder einzuschlafen. Ich dachte, ich würde den gleichen Traum noch einmal haben! Ich habe mal einen Traum gehabt, den habe ich noch zweimal geträumt. Unser Pastor hat zu Mama gesagt, daß so etwas passieren kann. Aber dieser [Traum] war so unheimlich. Ich dachte, ich bleibe einfach bis zum nächsten Morgen so liegen, und dann stehe ich auf und trinke Orangensaft und vielleicht mache ich mir auch einen Haferbrei und toaste mir eine Scheibe von Mamas Bananenbrot. Aber dann bin ich doch eingeschlafen. Ich habe den Traum nicht noch einmal geträumt.«

In ihrer in engem Kontakt lebenden fundamentalistischen Glaubensgemeinschaft wurde ein derartiger Traum nicht einfach so übergangen. Das Mädchen erzählte ihn ihrer Mutter und dann, im Beisein ihrer Mutter, auch dem Pastor. Er beruhigte sie: Gott sei gekommen, um sie von der »Versuchung« zu erlösen. Sie sei »in die Irre gegangen«, und Er habe sie »gerettet«. Auch ich nahm den Traum durchaus ernst; ich war in Versuchung, aus dem Traum mit seiner überladenen sexuellen Metaphorik und seinem märchenhaften Charakter eine psychologische »Staatsaktion« zu machen. Doch ich zügelte mich. Es ging doch um ein Mädchen, das für eine kurze Zeit ihren Instinkten ausgeliefert gewesen war, ihrem Hunger und Durst und der Versuchung durch einen Musikanten – aber im Handumdrehen hat die sichere Gegenwart Jesu sie erlöst. Er stärkt ihre sowieso schon festen moralischen Grundsätze. Er vermittelt ihr die eine oder andere psychoanalytische Lektion, wie sie wieder aus einer Sackgasse herausfinden kann. Sie geht unversehrt aus allem hervor: erst ein Ausbruch des Es, dann eilt das Über-Ich zur Hilfe herbei, mit einem Schubs vom Herrn; schließlich wird das Ich flexibler und robuster, auch mit Hilfe des Herrn. Doch im Laufe der nächsten Wochen war nicht so sehr der Inhalt des Traumes für Bob und mich von Interesse, sondern die Art und Weise, wie das Mädchen ihren Traum im nachhinein bewertete.

Sie hieß Mary [Maria] und hatte uns bereits mehrmals gesagt, daß sie ihren Namen nicht so gut fände, weil »so viele so heißen«. Aber nach ihrem Traum überdachte sie ihre Einstellung zu dem Namen noch einmal: »Ich mußte daran denken, wie Jesus zu Maria kam und sie nicht wußte, daß Er es war, und sie deshalb wirklich sehr überrascht war, und sie muß sich gefragt haben, warum Er sie auserwählt hatte; ich meine, warum Gott sie auserwählt hatte, Seinen Sohn zu bekommen. Meine Mutter hat zu mir gesagt, daß ich mir jetzt, jedenfalls ein bißchen, vorstellen kann, wie Maria sich gefühlt hat! Ich war jedenfalls hinterher ganz schön überrascht, als ich merkte, daß ich von Jesus geträumt hatte, daß Er mit mir spazieren gegangen ist! Wenn ich jetzt mal Ärger in der Schule habe oder enttäuscht bin, weil ich was gekauft habe und es mir nicht mehr gefällt – dann denke ich seitdem immer an Jesus und daß Er mir gesagt hat, ich soll immer daran denken, was wirklich wichtig ist, und mir nicht wegen jeder kleinen Sache, die schief geht, graue Haare wachsen lassen. Er hat nicht sehr viel zu mir gesagt in dem Traum. [Ich hatte sie gefragt, was sie von den Worten Jesu behalten hatte.] Aber wenn ich jetzt in der Kirche bin und davon gesprochen wird, was Jesus für Gedanken hatte, dann denke ich seitdem immer daran, wie Er da mit mir im Wald gesprochen hat. Er hat mir gesagt – also das weiß ich noch, glaube ich –, daß man sich immer fragen muß, was wichtig ist und was nicht. Als der Pastor neulich sagte, daß Petrus glaubte, er sei nicht würdig, den gleichen Tod zu sterben wie Jesus, also gekreuzigt zu werden, da dachte ich: Wie muß man sterben, so daß Gott und Jesus sagen: ›Du warst ein guter Mensch, Maria, und danke! – du warst würdig‹? Unser Pastor sagt, wir sollen jeden Tag versuchen, uns als würdig zu erweisen. Ich versuche es manchmal; aber oft vergesse ich, daß ich mich darum bemühen will. Ich sollte mich öfter daran erinnern!

Vielleicht – das hört sich jetzt komisch an, aber ich habe das schon öfter gedacht – vielleicht lag es an mir, daß ich diesen Traum hatte, nämlich weil ich mit Jesus zusammen sein wollte und weil ich versuchte, würdig zu sein, mich würdig zu erweisen, so wie sie das in der Kirche sagen. Vielleicht war Er nur Er selbst, und Er wußte, daß ich in dem Moment diesen unheimlichen Traum hatte, und Er meinte, daß ich mich zwar bemühte, würdig zu sein, aber vielleicht doch nicht nach Hause finden würde, und dieser Mann würde mich fangen; deshalb wollte Jesus mir eine Botschaft schicken, und das tat Er dann auch: Er ist selbst gekommen und hat mich darauf aufmerksam gemacht, daß ich gut aufpassen muß, wenn ich spazieren gehe, und seitdem fühle ich mich Ihm viel näher. Es war – es war wie ein Geschenk, und Er hat es mir gegeben, und vielleicht habe ich es gar nicht verdient, aber jetzt, wo ich es habe, muß ich immer daran denken, und ich glaube, ich bin auch schon viel besser geworden, in der Schule und zu meinen Freundinnen. Meine beste Freundin (sie heißt auch Mary!) sagte gestern, daß ich netter geworden bin und daß ich nicht mehr so nervös bin. In der Kirche ist immer die Rede vom ›Frieden Jesu‹, und ich glaube, ich habe in jener Nacht etwas davon erhalten. Genau weiß ich das erst, wenn ich vor Ihm stehe, und das tue ich hoffentlich eines Tages! Meine Tante sagte, daß Jesus uns unseren Verstand gegeben hat, damit wir an Ihn denken und Ihn ehren können. Vielleicht schickt Er uns aus demselben Grund auch Träume, damit Er zu uns zu Besuch kommen kann und damit wir Ihn bei uns haben, wenn wir an den Traum zurückdenken und an Ihn in dem Traum.«

Ein Mädchen von noch nicht einmal zehn Jahren hatte einen denkwürdigen, sehr plastischen Traum, der sich nicht unerheblich auf ihr Leben auswirkte, der sie nachdenklicher machte. Sie schien die Dinge mit mehr Abstand zu sehen. Ungeduld und Bockigkeit traten nur noch gelegentlich auf. Sie besuchte weiterhin die Grundschule, blieb ein amerikanisches Mädchen des ausgehenden zwanzigsten Jahrhunderts, und ihr Interesse galt weiterhin »süßen« Kleidern, »religiöser Rockmusik« oder einem Armband, das sie bei einem anderen Mädchen gesehen hatte und auch gern haben wollte, und natürlich auch einem ihrer Vettern, den jeder in der Familie »süß« fand und den auch sie »unheimlich süß« fand.

Zu bestimmten Zeitpunkten im Leben dieses kleinen Mädchens folgte auf einen psychischen Aufruhr eine Phase, in der sie philosophische Betrachtungen anstellte – beides waren wohl Aspekte ihres Seelen- und Gefühlslebens. Ihr Leben war nicht besonders bemerkenswert, sondern von unauffälliger Normalität, genau wie ihre Denkweise. Ihre inneren Kämpfe waren die eines Kindes, das sich viel Mühe gibt, anständig, freundlich, einfühlsam und »gottesfürchtig« zu sein, ein Begriff, den ihre Eltern und Großeltern sehr häufig benutzten. Natürlich kam es gelegentlich vor, daß sie ins Stolpern geriet und Ärger oder Zorn in sich aufsteigen fühlte oder daß sie von ihren Emotionen überwältigt wurde, was sie auf eine schüchterne, zarte und liebenswerte Weise zum Ausdruck brachte: »Ich mag diesen Jungen gut leiden, diesen Mark, ja, das muß ich zugeben.« Ihr Leben wurde zum großen Teil von Gewissenhaftigkeit und Pflichtbewußtsein bestimmt. Die liebebedürftige wie die ehrgeizige Seite ihres Wesens wie auch die häufigen Anwandlungen von Wut, die sie sich aber nur selten eingestand, verarbeitete sie vor allem in Träumen wie dem, den sie meinem Sohn erzählt hatte, oder sie fanden Ausdruck in ihrer Liebe zur Musik: Sie sang im Kinderchor der Kirche und spielte Klavier. Die eine oder andere Zeichnung, auf der Mary Jesus als kräftigen, energiegeladenen Mann darstellte, zeigte ihr Interesse an starken Männern: an ihrem Vater, der mit seinem Bart und seiner Statur ein bißchen wie der Jesus auf Marys Bildern aussah, und an einem älteren Vetter, der schon zur High-School ging und die Jugendgruppe seiner Kirche leitete, und den sie offensichtlich als ihr Ideal betrachtete. Wenn sie von diesen Menschen und Aktivitäten sprach, bekam ich nicht nur sachliche Berichte oder zustimmende oder ablehnende Stellungnahmen zu hören, sondern auch Bemerkungen über den Sinn des Lebens – Bemerkungen, die nicht spezifisch religiös waren, jedoch in engem Zusammenhang mit ihrem religiösen Leben standen.

Sie machte sich, wie alle Kinder, Gedanken über ihre Zukunft, aber durch die Art, wie sie das tat, ergaben sich Einblicke in ihr Gefühls- und Seelenleben wie in ihre philosophischen Vorstellungen.[1] »Ich will meine Zeit auf dieser Erde nicht ungenutzt verschwenden«, sagte sie einmal zu mir – eine überraschende Feststellung aus dem Munde einer Neunjährigen. Als ich mich bemühte, sie zu beruhigen und ihr ein Gefühl der Sicherheit zu vermitteln, was ich für gewöhnlich tue, wenn ein Kind allzu pflichtbewußt zu sein scheint, stellte sie flink, aber ohne Unwillen zu zeigen, klar, daß sie Trost weder wollte noch nötig hatte – im Gegenteil:»Ich bin so glücklich, daß mir diese Zeit hier geschenkt worden ist! Denken Sie mal an all die Menschen, die der Herrgott nicht hierher geschickt hat!«

Für einen Moment verschlug es mir die Sprache. Alles, was ich herausbrachte, war:»Mary, es hat mich richtig ein bißchen schokkiert, als du von all diesen ungeborenen Menschen geredet hast.«

Sie nahm ihren Faden wieder auf, anscheinend in der Absicht, mir ihre Vorstellungen haarklein zu erläutern.»Wenn man auf die Welt kommt, dann steckt ein Sinn dahinter. Der Herr will, daß du etwas Bestimmtes tust. Falls du nicht weißt, was es ist, dann mußt du dir alle Mühe geben, es herauszufinden. Vielleicht dauert das eine Zeitlang. Vielleicht macht man auch Fehler. Aber wenn du betest, dann führt Er dich in die richtige Richtung. Allerdings, du kriegst es nicht schriftlich von Ihm, wo's langgehen soll. Kann sein, daß Er dir ganz leise etwas zuflüstert, und zuerst hörst du es vielleicht noch gar nicht, aber wenn du Vertrauen zu Ihm hast und dich immer wieder an Ihn wendest, dann wird alles gut. Als ich letzten Sonntag in der Kirche mitgesungen habe, da hab' ich gedacht, daß Gott bestimmt Freude an uns hat, weil wir jeden Ton getroffen haben! Als wir fertig waren und noch etwas zusammensaßen und der Pastor redete, da hab' ich nicht zugehört, weil ich mir dauernd meine eigenen Gedanken machen mußte – ich habe überlegt, daß Gott mich vielleicht auf die Welt geschickt hat, damit ich so singe wie gerade eben. Nein, ich will keine Sängerin werden. [Ich hatte sie danach gefragt.] Ich warte ab, was Er denkt, wenn ich größer bin. Aber es ist möglich, daß es für Ihn nur eine einzige Sache gibt, die Er wirklich wichtig findet, und das Übrige mußt du selbst entscheiden.«

»Ich höre zu, wenn der Wind stärker wird – als ob Er mit mir sprechen will. Nein, Seine Stimme höre ich nicht. Ich höre meine eigene Stimme – aber Er hat sie in Gang gebracht! Wenn ich mich frage, was ich von bestimmten Sachen halte und was ich tun soll, dann weiß ich, daß das Gott ist, der sagt: ›Mary, du bist da unten auf der Erde, und du bist fast zehn, du kannst jetzt schon eine Menge, also nur zu, tu was. Ich bin schon da, wenn du Hilfe brauchst.‹ «

»Ich hab' mal gehört, wie ein Pastor, einer, der zu Besuch war, gesagt hat, daß Gott ›verborgen‹ sein kann. Das sehe ich nicht so. Nur weil man Ihn nicht sehen kann, heißt das nicht, daß er sich versteckt hat. Nein. Er ist überall! Ich versuchte mal zu singen, und mein Halsweh war noch nicht ganz vorbei, und ich wollte mich schon beim Chorleiter abmelden, wegen Krankheit, aber ich hab' dann doch durchgehalten, und dann merkte ich, daß ich alles, einfach alles total richtig machte. Ich wußte wohl, warum! Ich sagte hinterher ein Dankgebet und versprach Gott, daß ich singen will, bis meine Stimme nichts mehr hergibt, und dann weiß ich, daß Er andere Menschen gefunden hat, die für Ihn Musik machen sollen!«

»Als ich letzte Woche spazieren ging, habe ich ein Eichhörnchen gesehen, das sah so aus, als wenn es mit seinem Schwanz spielte. Dann hat es mich entdeckt und machte sich gleich an etwas zu schaffen: Es lief zu einer Eichel, die von der großen Eiche in unserer Nachbarschaft gefallen war und nahm sie und sauste den Baum hinauf und steckte sie in das Loch, das da oben ist. Ich dachte: Für das Eichhörnchen bin ich vielleicht ein Riese, ein Gott – und als es mich sah, ist ihm eingefallen, was es eigentlich tun soll und daß es sich nicht dabei erwischen lassen darf, wie es die Zeit totschlägt. Vielleicht will der Herrgott, daß wir uns an die Arbeit machen, genau wie das Eichhörnchen. Wir sind auf der Welt, damit wir etwas *tun*!«

In diesem letzten kurzen Satz, der mit großer Überzeugung gesprochen wurde, hörte ich ein natürlich gebliebenes Kind noch einmal seine Überzeugung bekennen, daß sein Aufenthalt auf der Erde keineswegs sinnlos und seine Existenz, die es so distanziert von außen zu betrachten vermochte, kein Zufall sei. Ich schrieb ihre Beteuerungen ihrer ländlichen, fundamentalistisch ausgerichteten Kultur zu. Es gab jedoch auch Gelegenheiten, bei denen sie so gut wie überhaupt keine religiösen Bezüge herstellte – als ob sie, genau wie viele Kinder, die in einer rein weltlich orientierten Umgebung aufwachsen, durchaus dazu fähig war, sich die gleichen Fragen zu stellen, die die existentialistischen Philosophen stellen – die ewigen Fragen des Lebens: »Ich hab' neulich unseren Nachbarn gesehen, der hatte einen Unfall, und er hat meinem Papa gesagt, daß er lieber heute als morgen sterben möchte, wegen seiner vielen Schmerzen. Er hat ständig Magenschmerzen. Und er hat die schlimmsten Rückenschmerzen, die man sich vorstellen kann. Ich hab' überlegt, wie es wäre, wenn man selbst solche Schmerzen hätte – wenn einem Tag und Nacht etwas wehtut. Ich weiß nicht, ob ich weiterleben wollte. Vielleicht hätte ich auch die Hoffnung, daß ich bald sterbe. Ich würde nicht darum beten, daß ich sterbe, nein – denn Er trifft die Entscheidungen, und nicht du selbst.

Das Seltsame ist – unser Nachbar, der kann noch lachen, trotz seiner Leiden. Er ist froh, daß er morgens die Sonne aufgehen sieht, sagt meine Mama. Heute habe ich die Sonne aufgehen sehen, und ich habe mich darüber gefreut und gedacht, ich sollte doppelt froh sein, weil ich das sehen kann, und ich find's toll, wie der ganze Himmel plötzlich leuchtet, zack, und daß mir nichts wehtut. Vor ein paar Wochen hatte ich ein Loch im Zahn, das hat gar nicht weh getan. Ich weiß gar nicht, ob ich überhaupt schon mal richtige Schmerzen gehabt habe, außer als ich letztes Jahr vom Pferd gefallen bin.

Letzte Woche habe ich gesehen, wie ein Baum umfiel. Es kam plötzlich ein Sturm auf und krach, fiel er um: Es hörte sich an wie ein entfernter Gewehrschuß! Wenn ein Baum stirbt – das ist auch Leben. Man soll nicht nur um die Menschen weinen und darüber alles andere auf der Welt vergessen! Meine Mutter sagt, ich hätte sie, als ich noch ganz klein war, gefragt, ob ein Baum oder ein Stein es fühlt, wenn er was hat. Sie habe nein gesagt, und ich darauf: ›Mama, Gott muß es weh tun, wenn ein Baum krank ist.‹ Sie hat das unserem Pastor erzählt, und er meinte, daß ich ›eine Gute‹ in der Sonntagsschule werden würde! Ich gehe auch gern hin, aber dieses Jahr haben wir eine Lehrerin, die ich nicht immer so toll finde. Ich würde ebensogern allein an Gott denken und natürlich singen!«

Mit ihren philosophischen Überlegungen stand Mary keineswegs allein, mir fielen bei ihren Worten auch andere Kinder ein: zum Beispiel ein jüdischer Junge ihres Alters (drei Monate älter) in Brookline, der bereits auf einen akademischen Beruf zusteuert (sein Vater ist Rechtsanwalt). Gil, so heißt er, besuchte den hebräischen Religionsunterricht, aber er hatte keine Hemmungen, ernste Zweifel an seiner, aber auch an allen anderen Religionen zu äußern: »Wie läßt sich beweisen, daß das alles stimmt? Mein Vater ist ein echter Jude! Er liebt den Sabbat – die ganze Woche freut er sich schon auf den Sabbat. Meine Mutter legt immer viel Wert auf das Essen an diesem Tag – sie kocht immer riesige Mengen davon, Challah, – aber sie sagt: ›Es ist alles ein großes Mysterium!‹ Das kommt mir auch so vor – ich meine, wir könnten auch einfach so auf der Welt sein, und wenn man stirbt, dann stirbt man eben.

Ich frage mich immer mal wieder, ob wir die einzigen denkenden Lebewesen sind. Ich glaube, unser Hund tut's auch, wenigstens ein bißchen. Bäume, nein. Ameisen, nein. Vögel, vielleicht. Mein kleiner Bruder hat neulich mit Steinen geworfen, und da habe ich zu ihm gesagt: ›Versetz’ dich mal in die Lage der Steine – die finden das gar nicht witzig, dauernd in der Gegend herumgeschmissen zu werden, ohne irgendeinen Grund!‹ Mein Daddy sagte, aus mir würde noch ein ›Naturalist‹. Ich hab’ ihn gefragt: ›Was ist das?‹ Er sagte: ›Du liebst die Natur.‹ Tu’ ich gar nicht, meiner Meinung nach. Ich mag gar nicht all dies Zeugs, was es im Wald gibt – aber beim Spazierengehen hat meine kleine Schwester neulich gefragt, ob die Bäume uns sehen, so wie wir sie sehen. Tun sie nicht, das weiß ich genau. Aber wenn du ein Eichhörnchen siehst, das dich anstarrt, dann will es damit vielleicht sagen: Mach’, daß du hier wegkommst, damit ich mich nicht fürchten mußt!

Wenn ich in den Himmel blicke, dann frage ich mich, ob es dort oben Leute gibt, die zu uns runtergucken. Nein, mein Daddy sagt nein. Aber woher will er das wissen? Vielleicht hat Gott uns Juden da oben irgendwohin gebracht. Es steht doch in seiner Macht, stimmt's?«

Gil bemerkte, daß ich mich nicht dazu äußern wollte. Daraufhin stellte er mir die Frage direkt:»Was meinen Sie dazu?«

Ich antwortete, ohne zu zögern:»Ich glaube, daß es weder auf den Planeten noch auf den Sternen menschliches Leben gibt.« Heute wundere ich mich darüber, wie eindeutig ich Stellung bezog. Warum hatte ich es so eilig, die Tür wieder zuzuschlagen?

Gil aber bestand weise darauf, einen Vorbehalt gelten zu lassen: »Im Fernsehen [im öffentlichen Sender Nova], habe ich gehört, daß unsere Satelliten unheimlich viele Jahre brauchen würden, um einen Stern zu erforschen. Vielleicht würden sie dort oben Menschen finden! Vielleicht gibt's da oben auf einem der Sterne jemanden, der glaubt, daß dieser Planet menschenleer ist – daß es hier keine Juden gibt! Vielleicht lebt Gott auf einem dieser Sterne!«

Mir machte Gils phantasievoller Gedankensprung und seine Art, mich taktvoll zurechtzuweisen, Spaß, aber ich weiß noch, daß ich (herablassend?) dachte: Gil ist ein innerlich gefestigtes Kind, dessen übersprudelnde Phantasievorstellungen – nun ja, genau das sind. Ich lächelte über seine Worte und sagte ihm, daß er recht habe – wir wissen es nicht, und alles ist möglich.

Eine Pause trat ein, und dann gingen die Gedanken des Jungen, dessen Vater Geschichte unterrichtet hatte, bevor er Anwalt wurde, ihre eigenen Wege:»Vor Tausenden von Jahren lebten die Juden in der Wüste. Sie waren ein Stamm und wollten zusammenbleiben, und sie mußten sich verteidigen. Ich wette, sie schauten genauso zum Himmel auf wie wir! Ich wette, sie überlegten auch, wer da oben sein könnte – und dann hörten sie Gott, jedenfalls glaube ich, daß es so war. Ich kenne die Bibel nicht so gut wie manche Leute; meine Familie ist mal so, mal so, den einen Tag sind sie sehr fromm und den nächsten sagen sie, wenn man Jude ist, dann heißt das, daß man ›einem Volk angehört‹ und all solche Bräuche und Nationalgerichte hat – wie zum Beispiel die Italiener. Aber sie haben uns [ihn und seine zwei Jahre ältere Schwester] mal nach Israel mitgenommen, und da konnte ich mir gut vorstellen, wie diese Leute – meine Vorfahren! – in den Himmel gestarrt haben, und dann hörten sie Gott sprechen. Ich habe unseren Rabbi gefragt, wie Er sprach – ich meine, wie Gott sich anhörte –, und er sagte, es war eine Stimme, die die Leute hörten, die Juden von damals, vor Urzeiten. Und da kam mir diese Idee: Es waren Juden, die quer durch das ganze Universum, von Stern zu Stern, die anderen Juden riefen! Ich habe meinem Daddy von meiner Idee erzählt, und er hat gelacht und gesagt: ›Deine Geschichte ist so gut wie alle anderen!‹ « Ob er das wirklich gesagt habe, fragte ich. »Ja, das hat er gesagt.«

Im Laufe von zwei Tagen sprachen wir über die Bibel als eine Abfolge von Geschichten. Gil erklärte, woran er glaubte und wo er Zweifel hatte, wie er sein Judentum verstand und in welcher Hinsicht er dem jüdischen Glauben nicht folgte: »Das waren starke Typen [die alten Juden]. Sie haben gekämpft und wollten Sieger bleiben. Ich glaube, die haben sich gedacht: Wenn man sich an Gott hält, dann geht man nicht unter. Ich möchte wohl wissen, wie sie auf die Idee gekommen sind. Warum haben nicht welche von den übrigen Völkern, von diesen Stämmen, die da drüben [im Nahen Osten] lebten, dasselbe getan? Oder vielleicht hat's die auch gegeben, ich weiß das nicht so genau. Mir kommt es so vor, als wenn die Juden ein wirklich frommer Stamm waren, und die anderen Stämme wollten nur immer die anderen besiegen. Ein Freund von mir – er ist kein Jude –, wissen Sie, was der zu mir gesagt hat? Er sagte: ›Die Juden beherrschen die ganze Welt.‹ Ich sagte: ›Aber sicher doch.‹ Er sagte: ›Nee, ganz im Ernst.‹ Er sagte: ›Sieh mal, dieser Typ Jesus, das war doch ein Jude, und der ist der Gott von allen Menschen geworden.‹ Aber das stimmt nicht – es gibt ja auch die Araber und die Asiaten mit ihrem Buddha. Aber ich weiß schon, was er sagen wollte. Jesus *war* Jude, und alle seine Freunde waren Juden. Wenn man in Jerusalem die Klagemauer sieht, das bringt einen wirklich zum Nachdenken – all diese Juden, die vor uns da waren! Ich hätte gern gewußt, wie sie damals, vor Urzeiten, aussahen. Mein Dad sagte, er weiß es nicht – aber sie hätten bestimmt keine Jeans angehabt! Ich habe überlegt, ob Abraham und Isaak und Moses und so weiter diese Mauer kennen und ob sie heute da beten. Ich denke, wir können nicht wissen, ob sie hier irgendwo in der Gegend sind. In welcher ›Gegend‹ – das ist die große Frage, nicht? Wenn ich morgens aufwache, und unser Hund will unbedingt raus, dann springt er auf mein Bett, und ich weiß genau, der läßt mich jetzt nicht wieder einschlafen, und dann leckt

er mir das Gesicht und winselt und drückt sich ganz fest an mich –
und wenn ich dann nachgebe und mit ihm rausgehe und dann
einfach so dastehe und es noch dunkel ist und so still, daß du
deinen Hund schnüffeln hörst: also, dann weiß ich, daß da oben
jemand ist, vielleicht ist es Gott, vielleicht sind es auch ganz viele
Menschen, die Seelen von all den Toten. Es geht über unseren
Verstand, man kann es nicht herausbekommen. Mein Dad sagt das,
wenn ich ihn nach Gott frage und wo der Himmel ist und ob es
eine Seele gibt. Er sagt, es gibt *bestimmt* eine Seele, aber sie sei nicht
›physisch‹, und deshalb sollte ich nicht immer fragen: ›Wo ist sie?‹
    Er hat recht, man kann auch zu viele Fragen stellen! Aber so
bin ich eben – ich versuche immer alles herauszubekommen! Ich
wünschte, man könnte das. Aber seit etwa einem Jahr frage ich
nicht mehr ganz so viel! Ich schaue nur nach oben und sage
›Vielleicht!‹ Einmal ging ich mit dem Hund in den Park, und es war
ganz still, und da muß man sich doch fragen, ob da draußen Leute
sind – *Seelen* meine ich –, und die wollen doch sicher mit jemandem
reden. Na, vielleicht reden sie miteinander. Aber wie? Wo sind sie?
Dad sagt, er glaubt, daß die Seele mit einem stirbt, wenn man stirbt.
Aber das ist doch nicht die Seele, das ist doch das Denken, von dem
er spricht, oder? Wahrscheinlich ist es am besten, man grübelt nicht
weiter herum, sondern denkt nur an das, was man heute zu tun hat.
Und morgen. Nur, im Hebräisch-Unterricht und in der Synagoge
bekommt man gesagt, daß Gott bei uns ist, bei den Juden, und daß
deine Seele Seine Gabe ist, jedenfalls hat das der Rabbiner gesagt,
als er unsere Klasse besucht hat, und ich wollte ihn fragen, an
welche Stelle unseres Körpers Gott die Seele hintut, die Er uns
schenkt, aber dann dachte ich, daß das nur Ärger bringt, denn der
Lehrer im Hebräisch-Unterricht sagt, daß ich zuviel frage, und ich
solle bloß Hebräisch lernen und wie man die Torah liest und
aufhören, den ›Philosophenkönig‹ zu spielen. Also, was soll das
nun wieder bedeuten? Ja, danach hab' ich ihn gefragt. Der Lehrer
fand meine Frage aber überhaupt nicht komisch [im Gegensatz zu
ihm und mir!]. Er sagte: ›Schluß mit der Fragerei!‹ Ich glaube, wenn
ich mich gemeldet hätte, als der Rabbiner unsere Klasse besuchte,
dann hätte dieser Lehrer seinen Zeigestock genommen und mich
damit attackiert, so wie im Mittelalter, als die Ritter mit Schwertern
oder Lanzen aufeinander losgegangen sind.«
    »In der einen Woche bekommst du gesagt, daß du dir Gottes Rat

gut merken sollst und daß jedes Wort in der Torah wichtig ist. Aber wenn ich in der nächsten Woche laut überlege, welche Sprache sie im Himmel sprechen oder so etwas, dann bekomme ich zu hören, daß ich mir zu viele Gedanken mache! Ich wünschte, die würden sich mal entscheiden! Ich weiß natürlich, daß ich Leuten damit auf die Nerven gehen kann. Ich stelle ja nicht nur eine Frage, ich frage immer weiter! Meine Mutter sagt, ich müsse lernen, wann Schluß ist. Sie sagt: ›Gil, wenn du nicht lernst, wann man mit dem Fragen aufhören muß, dann fangen die Leute an, dich zu ignorieren.‹ Aber in der Schule findet die Lehrerin es gut, wenn man viele Fragen stellt. Nur wenn ich etwas über Religion und über Gott wissen will, Fragen wie die, die wir hier schon besprochen haben – dann ist es jedesmal bald soweit, daß alle sagen, ich soll aufhören! Dad hat mich mal in sein Arbeitszimmer geholt und mir in dem großen Lexikon das Wort ›Diskretion‹ gezeigt. Ich wußte nicht, was das bedeutet. Ich habe die Erklärung gelesen, und dann hat er gesagt, ich sollte mir das Wort merken und es oft gebrauchen. Deshalb sage ich ›Diskretion‹, wenn ich mit unserem Hund spazieren gehen will.

Dad hatte sicher gute Absichten – aber er hat mir damit gesagt, daß ich an die anderen denken soll, wenn ich etwas wissen möchte, und ›diskret‹ sein soll; das heißt also: Paß auf, daß du niemanden vor den Kopf stößt, und platz' nicht mit allem gleich brühwarm heraus, sondern denk' erst mal nach! Ich habe Dad gefragt, ob Moses diskret war, als er zu dem Pharaoh sagte: ›Laß die Juden gehen‹, und Dad sagte, ›Gil, aus dir wird eines Tages noch ein Rechtsanwalt!‹ Ich will aber gar kein Anwalt werden. Ich glaube, ich würde gern ein Astronom sein oder vielleicht ein Astronaut. Bis ich groß bin, fliegt man sicher überall hin, zu den Planeten und in den Weltraum hinter den Planeten. Das wird alles erforscht, und da wird's sicher so manche Überraschung zu entdecken geben!

Ich weiß nicht, was ich gern entdecken möchte. [Ich hatte ihn danach gefragt.] Das heißt, ich weiß es doch: Ich möchte gern Gott finden! Aber Er würde ja nicht einfach irgendwo darauf warten, daß ein Raumschiff landet! Er ist ja keine Person. Er ist etwas Geistiges. Er ist wie Nebel oder Dunst. Er könnte auch wie etwas sein, was wir noch nie auf der Erde gesehen haben. Woher sollen wir das also wissen? Man kann Ihn sich nicht vorstellen, weil Er total anders ist – anders als alles, was man je gesehen hat! Ich sollte vielleicht wirklich ›diskret sein‹ und daran denken, daß Gott Gott ist, und wir sind wir. Ich glaube, wenn ich in den Himmel schaue und solche Ideen habe, dann ist das ein Versuch, von mir – von uns – zu Ihm zu gelangen!«

Ich fand es sehr ungewöhnlich, daß er »Ideen« als eine Art Verbindung mit einem Gott benutzen wollte, der gänzlich außerhalb der Reichweite unserer Augen, auch von Teleskopen, wäre, jedoch nicht außerhalb der Reichweite unserer Imagination. Gil suchte Gott, obwohl er nicht einmal sicher war, daß es Gott tatsächlich gäbe. Er erwähnte oft, daß die Juden »verstreut« seien, und deutete an, sie seien »noch verstreuter« als die meisten dächten. Ich hatte das Gefühl, daß er sich mit diesen Worten über etwas mokierte – ich meinte, die Andeutung eines Augenzwinkerns, eines Lächelns zu sehen. Als ich ihm die Frage stellte, ob er *wirklich* glaube, daß Juden »einen Teil des Himmels« bewohnten, zog er sich clever aus der Affäre: »Naja, wir sind doch hier, und dieser Planet ist doch ein ›Teil des Himmels‹.« Ein Lächeln von mir kreuzte sich mit einem leicht triumphierenden Lächeln von seiner Seite, und das löste bei mir eine gewisse Gereiztheit aus: Schluß jetzt mit diesem neunmalklugen Gerede.

Ich war der Meinung, daß sein Wortgeplänkel darauf hindeutete, daß er selbst nicht wußte, wie ernst er manche seiner ernsten Ideen nehmen sollte. Aber nach ein paar Monaten mit weiteren Gesprächen begann ich, meine Meinung zu ändern. Gils spirituelle Spekulationen, die er mit trockenem Humor präsentierte, erinnerten an Kierkegaards Vorstellungen – eine Art ironischer Ernst, eine theologische und philosophische Einstellung, die sich selbst nicht allzu ernst nahm. Einmal, als ich es am wenigsten erwartete, bewies Gil ein Stück Selbstbeobachtung, das mich besonders beeindruckte: »Ich war neulich mit meinem Hund unterwegs und dachte dabei nach. In dem Augenblick bin ich am meisten ich selbst! Ich brauche niemandem zuzuhören und mit niemandem zu sprechen! Ich stelle mir all diese Fragen, und daß Gott mich hört, ist wohl nicht sehr wahrscheinlich. Warum sollte Er auch? Wie könnte Er es je schaffen, all das zu hören, was jeder bei Ihm loswerden will? Es muß schwer für Ihn sein, daß Er uns nicht näher ist. Nein, ich meine nicht, daß Er ›näher bei uns lebt‹. [Ich hatte danach gefragt.] Ich meine, Er versteckt sich, ein bißchen, und wir versuchen Ihn zu finden. Wir spielen manchmal Verstecken – wir Kinder – und einmal, als wir neulich Versteck spielten, da dachte ich an die vielen Male, wo Sie und ich uns unterhalten haben, und was ich sage und was Sie fragen, und ich dachte: Weißt du, Gil, so machst du es auch, wenn du über Gott nachdenkst und über Ihn sprichst, und vielleicht macht *Er* es auch so mit uns. Ich will damit Gott nichts Schlechtes nachsagen! Ich meine nicht, daß Er sich vor uns versteckt, weil Er uns heimlich nachspionieren will oder weil Er uns nicht gern hat und sich deshalb fernhält. Doch, ich habe schon mal überlegt, ob es sein könnte, daß wir so schlecht sind, daß Er nicht mehr in unsere Nähe kommen mag! [Ich hatte danach gefragt.] Mein Dad sagt: ›Gott weint sicher wegen all der schlimmen Sachen, die passieren, besonders Hitler und der Holocaust.‹ Er sagt so etwas manchmal am Freitagabend, wenn wir unser Sabbat-Essen haben. Wir hatten mal einen Gast, der ist Anwalt, und er war in einem Konzentrationslager. Er sieht alt aus. Er ist sehr klug. Er hat eine Nummer auf dem Arm; es sieht wie eine Tätowierung aus. Er hat sie mir gezeigt. Er hat gesagt, er glaubt nicht an Gott. Er sagt, er ist Jude, und er glaubt an das jüdische Volk, und er würde für Israel in den Tod gehen, aber er kann sich nicht vorstellen, daß es einen Gott gibt, weil Hitler damals fast den Krieg gewonnen hätte. Er und Dad haben ein Streitgespräch gehabt, aber als Freunde. Wir anderen saßen dabei und hörten zu. Ich fand, daß er [der Gast] ganz oft recht hatte. Ich habe zu Dad gehalten; ich wollte, daß er in dem Streit gewinnt. Aber der Typ hat mich total beeindruckt!«

Er hielt inne, und es war zu sehen, daß er noch einmal über die Diskussion nachdachte, die er zu Hause gehört hatte – das Problem des Bösen und Gottes Reaktion darauf. Er rutschte auf dem Stuhl hin und her, bevor er das schmerzliche Thema anging: »Als die beiden diskutierten, wollte ich schon die Hand heben, wie in der Schule, und fragen, was passiert wäre, wenn es so ausgesehen hätte, als würde Hitler es schaffen, alle Juden ohne Ausnahme zu töten – ob Gott ihn dann daran gehindert hätte? Ich glaube nicht. Ich glaube, Er mischt sich nie ein; jedenfalls sagt unser Hebräischlehrer, daß Gott niemals versucht, etwas aufzuhalten oder in Gang zu setzen. Ich kann mir aber nicht vorstellen, daß Er einfach dagesessen hätte, ohne Hitler zu stoppen! Wenn die Juden Sein Volk sind, dann hätte Er uns doch verlieren können. Ich fragte meinen Vater: ›Hätte Gott geweint, wenn alle Juden in diesen Konzentrationslagern umgekommen wären?‹ Dad sagte, er wüßte es nicht; er wüßte nicht, ob Gott weint oder lächelt, oder was Er überhaupt tut. Aber Er müßte doch unglücklich sein, nicht wahr, wenn das Volk, das Er Tausende von Jahren geliebt hat, wenn wir alle in die Lager gekommen wären und man uns umgebracht hätte? Am besten, man versucht gar nicht erst, auf all das Antworten zu bekommen – das sagen ja alle, Dad und der Rabbiner und alle. Ich versuche das auch nicht mehr, jedenfalls meistens. Nur, man kann nicht ganz damit aufhören! Verstehen Sie – wenn man einen Kopf hat, dann fängt der manchmal von allein an zu denken! Man sagt etwas, und dann hofft man, Gott hört einem zu, oder man fragt sich, ob Er einem überhaupt zuhört!«

Er machte eine Pause und fuhr dann fort: »Ein Junge in der Schule hat mir erzählt, daß seine Großmutter gesagt hat, daß Gott die ganze Welt – die Planeten und alles – in Seiner Hand hält. Ich fand das lustig! Dem Typen paßte es aber nicht, daß ich lachte. Ich wollte mich nicht über ihn lustig machen; ich versuchte mir das nur bildlich vorzustellen! Der Typ fragte mich, was ich wohl glaube, wie Gott aussieht. Ich hab' gesagt, ich weiß es nicht. Als Jude denkst du nicht darüber nach, wie Gott aussieht. Ich versuche es zwar manchmal, aber mir fällt niemand ein, der so aussieht, wie Gott aussehen könnte! Ich stelle Ihn mir vielleicht als einen gigantischen Riesen vor; ich sehe Ihn als alten Mann mit einem Bart und einem langen weißen Gewand oder so was; oder ich sehe Ihn auf einem Thron sitzen, mit einem Stock, einem Stab, in der Hand. Und dann sage ich mir: Er ist sicher überhaupt nicht so, wie wir uns das denken. Als ich Bilder von Jesus gesehen habe, habe ich eine Zeitlang gedacht, daß Gott wie Er aussieht oder Er wie Gott. Aber das ist dumm – Jesus ist nicht unser [der Juden] Gott, und selbst wenn Jesus der Sohn von Gott ist, selbst wenn die Christen recht haben. Er ist nicht Gott. Sie müssen einfach verschieden aussehen! Im übrigen kommt es auf das Aussehen auch gar nicht an. Gott ist die Liebe, das sagen auch viele Leute. Meine Schwester sagt das; sie ist schon in der High-School und hat sowieso nur noch Liebe im Kopf!«

In gewisser Weise war seine Bemerkung zugleich eine psychologische und philosophische Aussage: Es ist mir bewußt, daß die Art, wie jemand Gott beschreibt, zugleich – jedenfalls bis zu einem gewissen Grade – eine Beschreibung der eigenen Person ist.

Zugegeben, Gil gibt keine näheren Erklärungen zu den Bemerkungen, die er nebenbei äußert, und er zieht auch keine generellen Schlüsse daraus. Er spricht einfach aus, was er denkt, und oft legt er seine Gedanken seinen Eltern und seinen Lehrern, dem Rabbiner und dem Hebräischlehrer in den Mund, und ab und zu wagt er es auch zu bekennen, daß eine spekulative Überlegung seinen eigenen Tagträumen entsprungen ist.

»Am Sabbat«, erzählte er mir einmal, »werden wir manchmal auch ernst.« Es war sein Vater, der gelegentlich solche Wendungen des Tischgesprächs herbeiführte. Der Junge wußte genau, warum: »Er sagt, wir benehmen uns nicht wie *Juden*, und deshalb müssen wir aufhören, Quatsch zu machen und versuchen, ernst zu werden. Wir müssen über die Geschichte der Juden reden oder über Israel oder über Religion – wie man nach Gottes Willen sein soll. Er kennt die Bibel viel, viel besser als ich! Mein Großvater hat dafür gesorgt, daß mein Dad Hebräisch kann und die Geschichte des jüdischen Volkes kennt. Ich gehe auch zur Hebräisch-Schule, aber es ist nur einmal in der Woche, und ich vergesse vieles wieder. Mein Vater versucht nicht, uns die Religion aufzudrängen, so wie das sein Vater mit ihm gemacht hat. Es ist anders. Aber Dad hat mir mal gesagt, daß er früher auch so viel wissen wollte wie ich und daß er auch nicht die Antworten finden konnte, und ich werd's wohl auch nicht. Ich frage jetzt nichts mehr. Ich versuche nur zuzuhören, und manches glaube ich, und den Rest glaube ich nicht! Ich glaube, daß es irgendwo Gott gibt, aber Er ist nicht so, wie wir es uns gern denken; Er ist vielleicht anders – und das ist fast schon alles, was ich weiß! Vielleicht macht es Gott Spaß, daß Er uns im unklaren läßt! Es ist wahrscheinlich auch besser für uns. So bleiben wir auf Zack und schlafen nicht ein. Gott würde es nicht gefallen, wenn Sein Volk die halbe Zeit vor sich hin döst!«

»Als ich letzte Woche in der Synagoge hörte, wie der Schofar [Widderhorn, zur Ankündigung des Sabbat] geblasen wurde, hab' ich überlegt, ob Gott das irgendwie hören kann, und vielleicht auch die Leute, von denen man [in der Bibel] liest, wie Moses oder sogar Adam und Eva, das heißt, wenn ihre Seelen gerade in der Gegend sind. Stellen Sie sich mal vor, die vielen Menschen, die nach Adam und Eva kamen! Wir haben unseren Hebräischlehrer danach gefragt – ob man die Menschen so weit zurückverfolgen kann. Er dachte, wir wollten ihn auf den Arm nehmen, aber das stimmt nicht! Wenn man über Religion nachdenkt, kann einem schwindlig werden. Das muß man sich mal vorstellen, daß niemand wirklich weiß, wer Gott ist und was Er vorhat! Wir würden ja gern einen direkten Draht zu Ihm haben, aber ich glaube, daraus wird nichts. Wenn man in die Synagoge geht, dann tut man das wahrscheinlich, weil man sich Hoffnungen auf so eine Verbindung macht, oder man geht bloß hin, damit die Nachbarn einen sehen! Als ich nachher mit dem Fahrrad fuhr, klang der Ton des Schofars noch lange in meinen Ohren. Vielleicht ist Gott uns am nächsten, wenn man an Ihn denkt und mit Ihm spricht und sich vorstellt, wie der Schofar geblasen wird und was man im Hebräisch-Unterricht auswendig gelernt hat – Gebete, und was Moses gesagt hat und Jesaja. Was sich hier auf der Erde abspielt, das ist ein ›Experiment‹. Das hat mein Großvater vor ein paar Jahren zu mir gesagt, und ich glaube, er hat recht! Er meinte, [ich hatte danach gefragt] daß Gott mal ausprobieren wollte, Menschen zu machen, und uns diesen Planet gegeben hat und dazu die Freiheit, unser Leben so gut oder so schlecht zu leben, wie wir wollen. Und genau das ist auch passiert – wir sind gut gewesen, und wir sind auch furchtbar gewesen. Das Experiment hat uns sehr viel Schlimmes gebracht, aber es gibt auch anständige Leute. In der Schule macht man naturwissenschaftliche Experimente; da kann man lernen, wie man etwas Neues erschafft. Also, wir sind auch erschaffen worden, und wir sind mitten in einem Experiment, und eines Tages wird Gott darüber nachdenken, was bei dem Experiment herausgekommen ist. Ich weiß nicht, wie Er das machen will. Wie kann Er das jemals feststellen? Ich habe Großvater gefragt, und er sagte: ›Sieh mal, Gil, das übersteigt deinen und meinen Horizont. Alles, was man tun kann, ist, sich zu bemühen, ein guter Mensch zu sein und Gott den Rest zu überlassen!‹ Ich habe ihn noch andere Sachen gefragt, aber er sagte, wenn man zuviel denkt, bekommt man ›Gehirnerschöpfung‹. Deshalb haben wir uns ins Auto gesetzt und sind zum Eisessen gefahren. Ich habe einen Witz gemacht und gesagt, daß das Eisessen sicher auch ein Teil von Gottes ›Experiment‹ ist!«

Gil bemühte sich, das Universum und die Religion seiner Vorväter zu verstehen. Er hatte sich an Familienmitglieder und Lehrer gewandt, seine Erfahrung, seine Phantasie und nicht zuletzt seine intellektuellen und kontemplativen Kräfte genutzt, also die Fähigkeit, Symbole zu verstehen und zu gebrauchen, bereits vorhandene Methaphern, Vergleiche und Bilder anzuwenden und auch selbst welche zu erfinden – alles, um das gleiche zu tun, was die Philosophen schon jahrhundertelang getan haben. Genau wie sie suchte der Junge nach einer Erklärung für das Bestehende, für die Realität, wie er sie wahrnahm, hörte, fühlte, mit den Sinnen wie mit dem Verstand. Wie sie benutzte er seine Geisteskräfte für die Suche nach Weisheit und in der Hoffnung auf moralische Antworten, auf den einen oder anderen Hinweis, wie dieses Leben gelebt werden sollte. Wie die Philosophen untersuchte er die Ansichten anderer Menschen und unterzog deren Ideenwelt einer kritischen Analyse. Wie sie versuchte er das, was er bei anderen beobachtet, erfahren, gelesen und gehört hatte, zusammenzubringen, um dadurch sein eigenes »System«, seine eigene Sammlung von Grundsätzen zu erschaffen. Daß er Artikel für philosophische Zeitschriften schreibt, liegt noch in weiter Ferne (falls es je dazu kommt), aber man konnte deutlich sehen, daß er versuchte, aus dem, was er gelernt hatte, etwas Eigenes zusammenzustellen, das er auch anderen vorlegen konnte; eine Beschreibung der Welt, wie er sie wahrnahm; eine Auseinandersetzung mit der Sichtweise anderer Menschen; eine Darstellung seiner eigenen Sinnsuche in dieser Welt und, nicht zuletzt, eine Bestätigung der moralischen Prinzipien, die er für sich selbst aufgestellt hatte. Während ich ihm und anderen Jungen und Mädchen, die sich in ähnlich ernsthafter Weise mit intellektuellen und ethischen Problemen beschäftigten, zuhörte, erinnerte ich mich an die Dringlichkeit und Entschlossenheit, mit der sie Gott definieren, Ihn zeitlich und räumlich eingrenzen und so genau wie möglich erkennen wollten, um (sich und anderen) zu erklären, wer und was Er ist; und dabei kam mir in den Sinn, ob die Kinder selbst nicht der Schatz sind, nach dem sie so offensichtlich suchen: Gott in der Gestalt von Kindern, die über Ihn nachdenken, rätseln, sinnieren und grübeln, junge Menschen, die sich in Sein Bild versenken und sich nach Seinem Bilde formen.

KAPITEL 5

Kindliche Spiritualität:
visionäre Momente

Manche junge Menschen erleben Augenblicke intensiven visionären Schauens. Bestimmte Momente, in denen ein Junge oder ein
Mädchen den Blick mit leidenschaftlichem Eifer auf einen, für mich
und wohl auch für alle übrigen Menschen unsichtbaren, spirituellen Horizont richtete, sind mir unvergeßlich. Was sie in diesen ganz
persönlichen visionären Augenblicken erlebten, wurde mir manchmal mit wenigen stockenden Worten, manchmal aber auch mit
großer Ausdrucks- und Überzeugungskraft offenbart. Diese Momente kommen nach meinem Dafürhalten in ihrer Mischung
aus psychischer Unterwerfung und philosophischer Transzendenz
Kierkegaards »Glaubenssprung« sehr nahe.

Ich beginne mit den Hopis, deren außerordentliche Spiritualität
meine Frau und mich bereits in den Jahren, die wir in New Mexico
und Arizona verbrachten, in ihren Bann geschlagen hatte. Als ich
dann zu einem späteren Zeitpunkt begann, Kinder nach ihren
religiösen Vorstellungen zu befragen, um die spirituelle Seite ihres
Innenlebens kennenzulernen, wußte ich, daß ich unbedingt zu den
Hopis zurückkehren müßte.

Von der achtjährigen Natalie, an deren Mutter ich mich noch
von meinem ersten Aufenthalt dort draußen im Westen erinnern
konnte, habe ich viel gelernt. Natalie war die Älteste, sie hatte zwei
Schwestern und einen Bruder im Säuglingsalter. Sie war nach
Auskunft des Schulpersonals eine »durchschnittliche« Schülerin,
die zu »Launen« neigte. Sie gab allerdings keinen Anlaß zu Be-
schwerden. Sie war eben »ein typisches Hopi-Mädchen, das den
Gebräuchen ihres Volkes sehr viel näher steht als unserer Welt der
›Anglos‹« – so drückte es die Schul-Krankenschwester – mit einiger Untertreibung – aus. Als ich Natalie so gut kannte, daß wir
manchmal über eine Stunde beisammensaßen und nicht nur über
ihr eigenes Leben, sondern das Leben im allgemeinen sprachen,
trat ihre Naturreligion, ihr vom Glauben an eine belebte Natur
geprägtes Weltbild, die für Hopi-Kinder nichts Ungewöhnliches
ist, immer deutlicher zutage, und – das war schon ungewöhnlich –

mir fiel auf, mit welcher Selbstvergessenheit sie sich in ihre Gedanken vertiefen konnte: Sie wirkte fast geistesabwesend, wenn ihre ganze Aufmerksamkeit von Erde und Himmel, von Sonne, Mond und Sternen, von den Blumen, die ihre Mutter anpflanzte, von den Tieren und dem durch die Wolkenformationen am Himmel wechselnden Licht in Anspruch genommen wurde.

An dem Nachmittag, als wir unser erstes richtiges Gespräch hatten, saßen wir vor ihrem Elternhaus. Vor uns erstreckte sich meilenweit die ebene Fläche der Wüste, aus der nur in weiter Entfernung abrupt ein Tafelberg, eine Mesa, herausragte. Über uns dehnte sich die unendliche Weite des Himmels. Die Kraft der Sonne hatte bereits ein wenig nachgelassen. Natalie berührte ihren linken Arm mit den Fingern der rechten Hand und stellte fest, daß die Haut nicht mehr ganz so heiß, ja relativ kühl war. Sie trank eine Orangenlimonade. Unser Gespräch blieb eine Weile lang einsilbig und unpersönlich, dann versiegte es ganz, weil das Mädchen zwei Bussarde erblickt hatte, die über uns kreisten. Sie beobachtete sie genau. Sie machte mich auf das Vogelpaar aufmerksam und versank danach wieder in Schweigen; sie fühlte sich offenbar nicht gezwungen, Konversation zu machen. Ich war froh, daß der bloße Austausch von Höflichkeiten beendet war, aber nach zwei oder drei Minuten, die unter bestimmten Umständen sehr lang sein können, begann ich zu überlegen, wie lange wir wohl so sitzen bleiben würden, die Köpfe in den Nacken gelegt, die Augen auf die kreisenden Raubvögel geheftet. Als die Bussarde allmählich in immer weiteren Kreisen fliegend aus unserem Gesichtsfeld verschwanden, senkte Natalie erst die Augen, dann den Kopf. Mit traurigem Gesichtsausdruck sah sie mich an und sagte:»Ich glaube, sie finden noch etwas [zu fressen]. Hoffentlich sind sie nur einfach so herumgeflogen und nicht, weil sie wirklich Hunger leiden. Ich finde es wunderbar, wenn sie so dahingleiten und dann innehalten, mit den Flügeln schlagen und wieder gleiten.«

Ihre Beschreibung zeigte, mit welcher Genauigkeit sie die Vögel beobachtet hatte, wie sorgfältig sie Einzelheiten wahrgenommen hatte, die mir gar nicht aufgefallen waren. Wir tauschten wieder für eine Weile freundliche Belanglosigkeiten aus. Die ganze Zeit über aber ließ sie mich nicht aus den Augen, während ich darüber nachdachte, welche Fragen ich ihr gleich stellen wollte, Fragen zu ihrem Glauben und ihrem religiösen und spirituellen Innenleben.

Wieder vergingen einige Minuten. Ich sah nicht auf die Uhr, aber meine Beine, die ich immer wieder anders übereinanderschlug, verrieten meine Ungeduld. Ich war inzwischen so irritiert, daß ich ihr Verhalten eigentlich unhöflich fand. Gleich darauf schämte ich mich meiner Anmaßung. Schließlich war sie hier zu Hause; es war ihr Leben, ihr Nachmittag. Wenn sich jemand unhöflich benahm, dann war ich das – ich drang hier ein, stellte Fragen, erwartete, daß für mich Bilder gemalt wurden. Nur weil ich das schon so oft getan hatte, war das noch kein Grund, zu meinen, ich hätte ein Recht dazu, wann immer es mir paßte. Dann beschloß das Mädchen offenbar, mir eine Geschichte zu erzählen, so wie sie es von ihren Eltern kannte und wie sie es bereits bei früheren Besuchen getan hatte. »Die Bussarde«, fing sie an, »haben uns angeguckt.« Sie bemerkte den zweifelnden Ausdruck auf meinem Gesicht. Sie wartete nicht erst ab, bis ich meine Skepsis, wenn nicht sogar einen Widerspruch, in taktvolle Worte faßte. Mit etwas lauterer Stimme begann sie mit einer Erklärung: »Die Vögel beobachten uns. Zwei Vögel, die zwei Vögel beobachten. Denken Sie nicht auch?«

Ich antwortete, indem ich laut überlegte, ob die Vögel uns wirklich beobachteten.

Sie wischte meinen angedeuteten Einwand zur Seite. »Die sind eben so, daß sie wissen, daß wir hier sind. Sie sehen alles – besser als Radar, sagt mein Dad. Sie wissen nicht, was Radar ist? [Ich hatte sie gefragt.].«

Ich fühlte mich zu Recht der vorgetäuschten Naivität verdächtigt. Ich sagte, daß ich wohl wüßte, was Radar »macht«, aber daß ich keine Ahnung hätte, was das sei.

Sie reagierte verständnisvoll, sogar amüsiert: »Genau wie mit den Vögeln – sie sehen alles, das weiß ich genau, weil ich das schon oft gesehen habe, wie sie hoch oben kreisen und kreisen und dann plötzlich herabstürzen und dabei nie ihr Ziel verfehlen. Sie wissen ganz genau, wonach sie suchen, und sie kriegen es!«

Wir freuten uns, daß wir uns einig waren. Wir unterhielten uns weiter, meistens über die Wüste, die vor uns lag; es war fünf Uhr nachmittags, und die glühende Hitze verflog allmählich. Ich hielt das Gespräch durch Fragen und Kommentare in Gang, aber im Rückblick hatte ich den Eindruck, als ob alles, was Natalie gesagt hatte, einem langen, ununterbrochenen Lied glich. »Die Bussarde stürzen sich auf alles, was da ist. Die Kaninchen versuchen sich zu verstecken, aber ihre Chancen stehen nicht gut. Wenn hier irgendwo ein Kaninchen ist, fliegt es bald durch die Luft! Dad sagt, daß wir von einem Leben in ein anderes übergehen. Mutter sagt: ›Leb' dein Leben jetzt und hör auf, dich jetzt schon zu fragen, wie das nächste wird!‹

Sie versucht mit mir Geduld zu haben. Sie hört mir zu, wenn ich spreche, und dann sagt sie, daß man sieht, daß ich ihre Tochter bin, weil ich dasselbe sage, was sie früher auch gesagt hat. Was? [Ich hatte gefragt, was sie früher gesagt hatte.] Alles! Ich denke viel an die Mesa; da leben nämlich die Menschen aus meinem Volk, die von uns gegangen sind, und meine Mutter ist als Kind mal da gewesen, und sie hat mich auch einmal dorthin mitgenommen, und deshalb denke ich viel an die Mesa, sehr viel. Ich besuche sie [in meinen Gedanken], und ich treffe dort unsere Ahnen. Sie geben mir eine Decke und umarmen mich, und sie zeigen zum Himmel und sagen, daß dort oben noch mehr sind von unseren Ahnen. Es sind immer nur ein paar von ihnen, die zur Mesa kommen, und dann gehen sie wieder fort. Kennen Sie das, wenn die Vögel erst auf dem Baum sitzen und dann wieder wegfliegen, weil sie Hunger oder Durst haben, sie fliegen fort und andere kommen her, und das geht den ganzen Tag so, ein Vogel nach dem anderen? Wir werden Vögel, wenn wir sterben. Wir fliegen fort, aber wir kommen zurück. Ich weiß das, weil [ich hatte sie danach gefragt] ich manchmal merke, wie ich mich in die Luft erheben möchte, um direkt zu der Mesa hinzufliegen und dort ein Fest zu feiern – das bedeutet, unser Brot essen, im Kreis stehen und meiner Großmutter zuhören, wie sie von unserem Volk erzählt.

Sie ist sehr krank. Sie ist irgendwo zwischen hier und dort [der Mesa]. Sie wird von uns fortgehen und dort alles für uns vorbereiten. Als ich gestern aufwachte, merkte ich, daß ich selbst dort gewesen bin [in einem Traum] und sie besucht habe. Später [am selben Tag] habe ich sie hier besucht, und ich habe ihr den Schweiß von der Stirn gewischt und ihr Wasser zu trinken gegeben. Sie hat mir die Hand gereicht, und ich habe sie festgehalten. Sie hat mir gesagt, daß sie darum betet, daß sie bald dorthin kommt. Nachher hab' ich gehört, wie sie mit *ihrer* Großmutter gesprochen hat. Sie werden dort zusammen sein, und wir werden sie besuchen!

Wenn es Abend wird, macht die Sonne alle möglichen Tricks, bevor sie stirbt. Der Mond wartet höflich. Man darf die Sonne nicht stören! Ich liebe es, die Sonne fortgehen zu sehen. Auf der Mesa hat unser Volk gewohnt, solange wir zurückdenken können. Mein Onkel hat gesagt, wir hätten einstmals tief in der Erde gelebt, aber dann gab es eine Explosion, und wir wurden zu der Mesa hochgeschoben, und wir haben dieses Land zuerst von der Mesa aus gesehen. Wir haben uns entschlossen, nicht dort zu leben, sondern alles so zu lassen, wie es ist, und wenn wir zurückgerufen werden, dann gehen wir einfach geradeaus durch die Wüste; wir steigen auf die Mesa; wir winken dem Himmel zum Abschied, und dann gehen wir zurück in die Erde. Aber meine Großmutter sagt, es ist alles falsch, was mein Onkel erzählt. Wir seien vom Himmel zu der Mesa herabgekommen. Wir sind dorthin gebracht worden, damit wir immer viele Meilen weit sehen können, und weil wir dann näher an den Wolken und an der Sonne, den Sternen und dem Mond sind. Wir sind alle von dort hergekommen – der Himmel hat sich der Erde genähert, und der Wind hat uns hinabgetragen. Wie, weiß ich nicht. Der Wind hilft den Vögeln, und uns hilft er auch. Er bringt die Geister unserer Ahnen von hier nach dort zur Mesa und wieder zurück. Wenn sich der Wind dreht, muß man aufhören mit dem, was man gerade tut, und ganz genau hinhorchen. Und dann hört man, was passieren wird. Ich habe meine Ahnen und noch andere gesehen, wie sie der Wind zu uns getragen hat. Sie kommen her und flüstern unseren Alten etwas zu, und dann sprechen sie [die alten Leute] mit uns [über das, was sie gehört und erfahren haben].«

Ich fragte sie, ob sie wach gewesen sei oder geschlafen habe, als sie ihre Ahnen sah. »Natalie, wie soll ich mir das vorstellen, daß du deine Ahnen *gesehen* hast und daß sie vom Wind zu euch hierher *getragen* wurden?«

»Ich meine, daß ich dabei am Fenster sitze und zu unseren Ahnen bete. Ich sehe sie.«

»Wie betest du – kniest du dabei?«

»Nein, ich bleibe sitzen. Ich schließe meine Augen. Ich lasse mich zu meinem Volk gehen. Ich bitte sie, mich aufzunehmen. Ich spreche mit ihnen. Dann sehe ich sie.«

»Sind deine Augen jetzt offen?«

»Nein, sie sind zu. [Meiner Meinung nach waren sie nur halb geschlossen.] Meine Gedanken wandern durch unser Land, und auf der Mesa werden sie gehört. Sie sind wie die Vögel. Sie steigen auf und kreisen und kreisen, und dann bewegen sie sich allmählich auf die Mesa zu, und dort warten unsere Ahnen auf Nachricht von uns. Dann höre ich, was sie für Neuigkeiten haben. Im Moment denken sie, daß es nicht mehr lange dauert, bis Großmutter zu ihnen kommt.«

Ich war nicht sicher, ob ich wirklich alles, was in ihr vorging, verstand. Ich bekam auch sonst häufiger nicht mit, was sich die Hopis – Erwachsene wie Kinder – mitteilten: durch ein Zwinkern und Nicken, durch ein Heben oder Senken ihrer Arme, ein plötzliches Hochziehen der Augenbrauen und dann wieder durch das Glätten ihrer Stirn; auch ihre vielen naturalistischen Anspielungen und die Erzählungen, sowohl scheinbar simple wie auch sehr phantasievolle, wo sich Menschen in Teile der Natur verwandelten und andersherum, blieben mir ein Rätsel. Der Begriff »magisches Denken«, den ich während meiner Zeit als Arzt in der Kinderpsychiatrie häufig zu benutzen gelernt hatte, kam mir oft in den Sinn, wenn ich Natalie zuhörte, doch zur gleichen Zeit war ich beeindruckt von ihrer Schlichtheit und Bescheidenheit und ihrem Desinteresse daran, ob ihre Visionen nach meinen psychologischen oder kulturellen Maßstäben glaubwürdig waren.

Die folgenden Äußerungen habe ich aus verschiedenen Gesprächen mit Natalie zusammengestellt: »Wenn ich morgens aufwache, sehe ich Blackie, unsere Hündin an. Ich gucke ihr in die Augen, und sie guckt in meine. Wir wissen, daß es Zeit ist, einen neuen Tag zu beginnen. Das Licht hat uns dazu aufgefordert! Wir wissen, daß wir damit [aufstehen, ins Bett gehen] immer weitermachen, bis erst sie stirbt und dann ich und wir wieder zusammen sind: erst geht's dann zu der Mesa und dann – wer weiß wohin? Meine Großmutter hat mir vor langer Zeit erzählt, daß wir von einem Ort zum anderen wandern; wir gehen durch Menschen hindurch und vielleicht auch durch Tiere, ich weiß nicht. Blackie hat eine Seele, da bin ich sicher. Sie sieht mich an, und ich weiß, daß sie bereit ist, für mich zu leben und zu sterben! Sie weint, wenn ich weine. Wenn ich lache, bellt sie, das ist ihre Art Lachen. Wenn ich mich wegen der Hitze langsamer bewege, dann bleibt sie auch sitzen. Wenn ich laufe, läuft sie vor mir her, und ihr Schwanz tanzt hin und her!

Manchmal fühle ich mich komisch. Ich weiß nicht, warum. Vielleicht will mein Geist von mir fortfliegen – zur Mesa hin und hoch zur Sonne! Die Sonne zieht dir den Schweiß aus den Poren und heizt dich auf. Dann bist du im Kopf ganz benommen, aber dein Geist ist bereit abzuheben! Aber dann guck' ich Blackie an. Sie liegt auf dem Boden und hat ihre Beine unter den Körper gezogen. Sie läßt kein Auge von mir. Ich weiß, was sie denkt! Ihre Augen sprechen mit mir und sagen: ›Natalie, beruhige dich! Bring' den Tag erst mal hinter dich! Denk' dran, die Stunden vergehen, und wenn es Abend ist, kannst du hingehen, wohin du willst! Es dauert nicht lang, und dieses Leben liegt hinter dir, und du bist mitten im nächsten! Also, hab' Geduld und sieh zu, daß du bis zum Ende Freude hast!‹ Dann sehe ich ihr in die Augen und sage ihr ›vielen Dank‹, und ihr Schwanz wedelt ein paarmal hin und her – und das ist ihr Dankeschön!

Einmal als ich mit Blackie spazierenging, habe ich Rauch am Himmel gesehen, eine Rauchspur. Ich merkte, daß es ein Flugzeug war. Ich überlegte, wer wohl in dem Flugzeug sitzen würde. Ich bin noch nie an einem Flughafen gewesen. In der Schule haben wir Bilder von einem gesehen. Ich stellte mir vor, daß Blackie und ich in dem Flugzeug wären; wir würden damit Kurs auf die Sonne nehmen und immer weiter fliegen! Ich weiß, daß das Flugzeug in der Hitze schmelzen würde; sie haben uns in der Schule gesagt, daß alles schmelzen würde, wenn es in die Nähe der Sonne kommt. Aber unseren Geist kann die Sonne nicht zum Schmelzen bringen! Wir würden der Sonne und den Sternen zuwinken! Sie senden uns das Licht, das soll ein Geschenk für uns sein, und sie haben es schon vor langer Zeit abgesandt, und jetzt ist es hier.

Das sind nur [Tag-]Träume, ich weiß! Ich träume davon, unsere Hopi-Ahnen zu sehen und mit ihnen zusammenzusitzen und über die kommende Zeit zu sprechen – die Zeit, wenn wir alle zusammen sind, und die Flüsse voll Wasser sind und die Sonne den kalten Teil der Welt erwärmt und dem ganz heißen Teil ein bißchen Erleichterung verschafft hat, und alle Menschen sitzen in einem riesigen Kreis und sind Brüder und Schwestern, *alle*! Dann fangen alle Geister an zu tanzen, und die Sterne und die Sonne und der Mond tanzen dann auch, und selbst die Vögel kommen runter und tanzen, und überall auf der Welt stehen die Menschen auf und tanzen, und dann setzen sie sich wieder hin, in einen großen Kreis, und der ist so riesig, daß man nicht sehen kann, wie weit er reicht, selbst wenn du oben auf der Mesa stehst und zum Horizont blickst, und alle sind glücklich. Es gibt keinen Streit mehr. Wenn Menschen miteinander kämpfen, dann ist das ein Zeichen, daß wir in die Irre gegangen sind und unsere Ahnen vergessen haben und in den größten Schwierigkeiten stecken. Wenn der Tag kommt, an dem wir alle im Kreis stehen und uns bei den Händen halten – nein, nicht nur wir Hopis, sondern alle –, dann weiß man endlich, was das Wort ›gut‹ wirklich bedeutet. Die Lehrerin wollte neulich, daß wir an einem Beispiel erklären, was gut ist. Blackie ist gut; sie wird niemals jemandem wehtun; und die ganze Welt wird gut sein, wenn wir alle in unserem riesig großen Kreis stehen. Wir gehen immer wieder von einem Ort zum anderen, bis wir alle dorthin kommen!«

Diese Endzeitvision einer kreisförmigen Harmonie – in der sich die Lehren der Stammesältesten und die von einem Kind daran geknüpften Ausschmückungen miteinander verbanden – stand mir von nun an immer vor Augen, wenn ich versuchte, die Spiritualität von Kindern zu erfassen. Die Hopis hatten Natalie gelehrt, daß ihr Volk eines Tages in einem großen Kreis der Freundschaft auf der Mesa, die sie als eine Art von Stammesheiligtum betrachteten, wieder vereint würde. Aber Natalie ging noch darüber hinaus, aus eigenem Antrieb und ohne irgendein genaues gedankliches Ziel zu verfolgen. Sie neigte nicht zum Predigen, und es ging ihr auch nicht darum, sich als eine Art Führer hinzustellen. Sie wanderte im Geiste durch das unwirtliche, innig geliebte Stammland ihres Volkes; aber sie sah sich auch in rasender Geschwindigkeit zwischen Wolken und Planeten hindurch auf dem Weg zur Sonne mit ihrer starken, lebensspendenden Hitze, ihrem Licht, das seit Jahrmillionen dahinfließt. In ihrer Vorstellungswelt hatten auch die Sterne ihren Platz. Ihr Anblick bezauberte sie – oft waren sie abends das letzte, was sie betrachtete, bevor sie einschlief. Ihre Mutter erzählte einmal: »Ich höre, wie Natalie abends Blackie gute Nacht sagt. Sie drückt sie an sich und streichelt und küßt sie. Dann sagt sie den Sternen gute Nacht. Und dann schläft sie ein. Die Sterne sind ihre Freunde.«

Sie wünschte sich, daß die Menschen untereinander und mit der gesamten Umwelt verbunden seien, und sie konstruierte auf eine visionäre Weise einen Kreis, der alles einschloß. Ihre Vision stand in scharfem Kontrast zu dem in den meisten Gesellschaftsordnungen vorherrschenden Prinzip der Konfrontation und Opposition, der Unterteilung in verschiedene Sippen und Stämme und

Länder, Klassen und Rassen, Wohnviertel, und auch Religionen. In Natalies Vision entstand aus Ecken und Kanten ein vollkommenes Rund, das uns am Ende alle festlich vereinen würde. Das ließ mich an die im Alten und Neuen Testament aufgezeichneten Prophezeiungen denken: »Denn ihr sollt in Freuden ausziehen und im Frieden geleitet werden. Berge und Hügel sollen vor euch her frohlocken mit Ruhm und alle Bäume auf dem Felde mit den Händen klatschen.« (Jesaja 55: 12).

Natalie schüttelte mit dem Kopf, als ich sie nach Gott fragte, wer Er sei und was das Wort bedeute. Sie und ihre Eltern fühlten sich mit dem Wort nicht wohl. Sie reagierte eher auf das Wort »Geist«, den kollektiven Geist ihrer Hopi-Ahnen, den speziellen Geist, wie sie selbst ihn hatte und sogar die Hündin Blackie.

Ich fragte sie: »Was ist das für ein ›Geist‹, den du so oft erwähnst?« Sie sah mich besorgt an. Ging es mir gut? Brauchte ich Wasser oder etwas zu essen? Ihr Schweigen zeigte mir, daß ich bei diesem Gespräch niemals zu meinen Bedingungen weiterkommen würde.

Aber schließlich sagte sie doch etwas – aber erst, nachdem sie sich durch einen Blick zu der allgegenwärtigen Blackie Rückhalt verschafft hatte. »Ich weiß nicht, was ich sagen soll«, fing sie an. Dann herrschte wieder Schweigen. Das hatte ich erwartet! Plötzlich stand sie auf. Blackie natürlich auch. Natalie entfernte sich ein paar Schritte von den Klappstühlen, auf denen wir gesessen hatten, in Richtung Mesa. Und nun? Sie blickte zum Himmel empor. Die Hündin wiederum sah zu ihr empor – für Blackie verkörperte sie den Himmel. Plötzlich hob Natalie ihren rechten Arm und beschrieb damit wirbelnd einen Kreis nach dem anderen – fast so, als wenn sich ein Diskuswerfer auf einen Wurf vorbereitet, dachte ich; und dann kommt es, die letzte große Anstrengung. Die Hündin wartete nicht. Blackie wußte, worum es ging. Mit einem Satz war sie auf und davon, rannte trotz der nachmittäglichen Hitze immer weiter und weiter weg. Wann würde das Tier anhalten? Erst bei der Mesa? Nein, wenn sie nicht langsamer würde, wäre sie schon lange vorher tot. Was sollte das Ganze überhaupt? Während ich mir diese Fragen stellte, stand Natalie still da und blickte Blackie nach, die eine Art Fata Morgana zu verfolgen schien. Erst nach etwa fünfzehn bis zwanzig Sekunden blieb Blackie stehen, drehte sich um, sah Natalie und lief wieder zu ihr zurück. Sie setzte sich ihr zu

Füßen, wurde zärtlich umarmt und bekam ein Dankeschön zu hören.

Was hatte dieses stumme Schauspiel mit dem vorangegangenen Versuch einer rationalen Diskussion (zumindestens hatte ich es dafür gehalten) zu tun? Sobald Natalie wieder bei ihrem Stuhl angelangt war, half sie mir auf die Sprünge: »Der ›Geist‹ – das ist, wenn man für jemanden losrennt. Oder wenn man versucht, jemandem ein Zeichen zu geben. Oder wenn man so sehr man selbst ist, wie man nur kann. Als Blackie eben gerannt ist, war ihr Geist zu sehen, für Sie und mich! Als ich das mit dem Arm gemacht habe, da sprach mein Geist mit ihrem Geist! Jedesmal, wenn ich ihr in die Augen sehe und an sie denke und an alles, was sie tut und was sie uns gegeben hat, dann versuche ich ihren Geist zu sehen, denke ich.«

Natalie lebte ihre Spiritualität im alltäglichen Tun, in den vielfältigen Handlungen, die unseren Weg durch die Zeit gestalten. Natalies Verständnis von »Geist« enthielt eine visionäre Bekräftigung: In ihrer Vorstellungswelt sah sie, wie sich alle Wesen in vorgeschriebenen Runden und Rhythmen bewegten, und sie sah sich selbst das gleiche tun. Der Tod bedeutete für Natalie einen Ortswechsel innerhalb des Universums – das Überwechseln des Geistes in eine neue Region. Kein Wunder, daß sie ironisch lächelte, als wir über die Macht der Amerikaner und die Macht der Navajos sprachen: »Wenn Leute sich in der Nähe ihrer eigenen Mesa nicht zu Hause fühlen, dann wollen sie alle Mesas der Welt haben! Und dann haben sie so viele, daß sie sich nicht entscheiden können, welche davon ihr Zuhause sein soll! Ihre Ahnen müssen von einer Mesa zur anderen wandern und weinen, weil sie nicht wissen, wo sie bleiben sollen und wo alle beieinander sein können. Und sie wissen nicht, ob sie jemals von den [lebenden] Angehörigen ihres Volks in Amerika oder im Navajoland besucht werden.« Das hieß: Ohne die dauerhafte Bindung an einen Ort, an eine Landschaft, wie sie Natalie und ihr Hopi-Volk noch besitzen, sind wir verloren. Darum ging und geht es den Hopis bei ihrem langen, zähen Kampf – es ist ein Kampf für eine spirituelle Heimat, und bis jetzt haben sie ihn erfolgreich durchgestanden.

*

Manchmal, wenn ich beobachtete, wie Natalie ihre Hündin führte und sich dann wieder von ihr führen ließ – was im Verständnis der

Hopis einer spirituellen Vermählung gleichkam –, mußte ich an South Boston zurückdenken, wo ich über eine längere Zeit hinweg Zeuge gewesen war, wie sich die Aufhebung der Rassentrennung an den Schulen aus der Sicht der weißen Kinder ausnahm.[1] Dort hörte ich oft: Warum trifft es gerade uns, warum dieses massive Eindringen der Macht der Bundesregierung in unser ureigenstes Gebiet, in unser Leben? Diese Kinder von Maschinenschlossern, Polizisten, Staatsbeamten und Büroangestellten hatten sich angewöhnt, zu denken und zu sprechen, als stünde der Weltuntergang bevor. Nur in einer einzigen Familie in South Boston war keinerlei Furcht vor den Schwarzen zu spüren. Der Vater, ein Polizeibeamter, war gläubiger Katholik; er hatte jahrelang im Schwarzenviertel Roxbury Dienst getan und kannte die schwarzen Gangs aus erster Hand, doch die weißen Gangs in South Boston kannte er ebenso gut. In beiden Stadtvierteln sah er wehrlose Familien, die unter der Last von Armut und Krankheit und all der Ängste litten, die zu einem Leben am Rande der Gesellschaft gehören. Seine Anständigkeit und seine Fähigkeit, sich in die Lage anderer zu versetzen, war keine abstrakte, intellektuelle Sache, sondern eher ein gelebtes Drama – ein täglich neues Bemühen, sich der weißen Kinder vom Andrew Square in South Boston wie der schwarzen Kinder von Grove Hall in Roxbury anzunehmen.

Dieser Polizist stützte sich in moralischer und psychischer Hinsicht stark auf seine Frau. Bei ihrer Heirat hatte sie zu ihm gesagt, daß sie sich so viele Kinder wünschte, wie der Herrgott ihnen schenken würde. Acht waren es geworden – fünf Mädchen, drei Jungen –, dazu zwei Kinder, die sie früh verloren hatten, eines war bei der Geburt gestorben, ein anderes im Alter von drei Monaten, ein Fall von »plötzlichem Kindstod«. Eileen und Jack Corrigan unterstützten tapfer die Entscheidung des Richters am Bundesgerichtshof: »Eines Tages werden wir auch in diesem Land darüber sprechen, wodurch die einfachen Menschen in Wirklichkeit gegeneinander aufgebracht werden«, sagte Jack immer wieder zu mir und dann folgte immer der gleiche Satz: »Zu einem großen Teil geht es dabei gar nicht um die verschiedenen Rassen, sondern um die Klassenzugehörigkeit.«

»Die Gesellschaftsschicht bestimmt dein Ansehen«, sagte er einmal, als wir zusammen mit einem seiner Kollegen in einer Bar saßen und überlegten, wann – wenn überhaupt – die Bostoner

Schulen »wieder normal werden« würden, eine Redewendung, die er oft gebrauchte und gelegentlich auch kritisierte, wie an jenem Nachmittag: »Ich glaube, wir werden nie wieder ›normale‹ Verhältnisse haben, wenn man unter ›normal‹ versteht, daß alles wieder so wird, wie es mal war – damals hieß es ›wir‹ hier und ›die‹ da drüben, und unsere Kinder begegneten sich weder in der Schule noch sonst irgendwo.« Er hielt inne und überdachte das noch einmal, um dann fortzufahren: »Wäre das nicht schön, wenn die Kinder, die in den reichen Vororten leben, auch einmal eine solche Probe zu bestehen hätten wie unsere Kinder hier?« Er meinte es nicht sarkastisch – ein Anflug von Ironie war zwar dabei, aber auch großer Ernst, als er sagte: »Die einzige Chance, daß unsere Nation zur Einheit findet, liegt darin, daß Kinder andere Kinder kennen- und verstehen lernen, und daß *alle* Kinder diese Chance haben.«

Noch am selben Nachmittag mußte seine Frau im Eiltempo ins St. Margaret's Hospital in Dorchester gefahren werden, wo sie ihre jüngste Tochter Meaghan zur Welt brachte. Das von katholischen Nonnen geleitete Krankenhaus befindet sich »an der Front«, wie manche Leute es ausdrücken, nämlich genau auf der Grenze zwischen einem weißen und einem schwarzen Wohnbezirk von Boston. Viele Jahre später, als Meaghan ein sehr starkes Interesse für die Rassenkonflikte in Boston zeigte, überlegte ihre Mutter, »ob sie deshalb solchen Anteil an den Problemen anderer Menschen nimmt, weil sie gerade dort geboren wurde«. Das war als Witz gemeint, aber in ihrer Bescheidenheit schrieb sie damit das große Herz ihrer Tochter nicht ihrer Erziehung, sondern dem Ort ihrer Geburt zu.

Inzwischen näherte sich Meaghan der Adoleszenz – ein lebhaftes, fleißiges Mädchen von zwölf Jahren, die von ihrer Mutter folgendermaßen charakterisiert wurde: »Wenn ihr die Jungs nicht so gut gefallen würden, könnte ich mir vorstellen, daß aus ihr mal eine Nonne wird!« Die Religion spielte eine große Rolle in Meaghans Leben. Sie ging mehrmals in der Woche zur Kirche, meistens in Begleitung ihrer Mutter. Aber das taten auch ihre älteren Schwestern; selbst ihre Brüder, robuste Sportlertypen, die manchmal auch lärmend und zynisch auftraten, waren fleißige Kirchgänger. »In diesem Haus ist die katholische Kirche noch nicht tot«, bemerkte Eileen bei Gelegenheit. An der einen Wand im Wohnzimmer hing ein Bild mit dem »blutenden Herz Jesu«, das mich daran erinnerte, welche Verwirrung und sogar Angst ähnliche Bilder bei mir ausgelöst hatten, die ich als Kind bei meinen Spielkameraden zu Hause gesehen hatte. Aber die Einfälle, die Meaghan mit Gott und Jesus, South Boston und Roxbury, mit reichen, keineswegs reichen und bitterarmen Menschen verknüpfte, gingen über die traditionellen Glaubenslehren hinaus, die sie und ihre Geschwister und Freunde fast jeden Tag zu hören bekamen, ganz zu schweigen vom sonntäglichen Gottesdienst. Als ich darüber nachdachte, wo der Ursprung ihrer prophetischen, wortgewandten und energischen Äußerungen zu suchen sei, fiel mir ihr Großvater, der Vater ihres Vaters, ein. Der ehemalige Polizist war mittlerweile pensioniert; auch er war ein Populist [Anhänger der »People's Party«, Anm.d.Ü.] und ein Mann des Wortes. *Sein* Vater wiederum war Dockarbeiter gewesen und Gewerkschaftsfunktionär, »kaum daß er das Schiff, das aus der alten Heimat kam, verlassen hatte«, und »ein großer Redner, der mit seiner Stimme die Vögel aus den Bäumen locken konnte, bis sie auf seinen Händen saßen«, wie Meaghan mir erzählte. Sie hatte einen Anflug seiner intensiven Überzeugungskraft, etwas von der Glaubwürdigkeit eines Menschen, dem man jedes Wort abnimmt. Auch sie hatte die Fähigkeit, laut zu träumen – und es waren nicht nur nächtliche Träumereien von der Vergangenheit, sondern auch Tagträume von der Zukunft, ihrer eigenen und der aller anderen Menschen, und in der schwungvollen Sprachmelodie und den typischen Redewendungen offenbarte sich eine nostalgische Sehnsucht nach der alten Heimat.

»Als ich neulich auf unserer Schaukel [auf der Veranda ihres Elternhauses] saß, habe ich darüber nachgedacht, ob Gott wohl an *uns* denkt« – mit diesen Worten reagierte sie, kurz vor ihrem zwölften Geburtstag, auf meine immer wieder gestellte Frage: »Denkst du oft an Gott?« (Manche Kinder haben darauf mit einem kargen Ja oder Nein geantwortet; manche haben gesagt, mal ganz viel und dann wieder weniger. Ein paar Kinder hatten die Stärke, oder vielleicht auch nur die Schlagfertigkeit, die Frage an mich zurückzugeben – sag' du erst was, dann sag' ich dir auch was! Nur sehr wenige Kinder haben jemals die Frage so flink wie Meaghan umgedreht, und keines hat sie so prompt als Ausgangspunkt für eine weitreichende spirituelle Erörterung benutzt.) »Als Jesus starb, hatte Er sehr große Schmerzen«, erzählte mir Meaghan, »und Er fragte sich, ob sich das ganze Leiden wirklich lohnte. Aber dann kam Er in den Himmel. Seit damals sollen wir immer daran denken, daß Er uns erlöst hat. Aber wir vergessen es immer wieder! Ich fragte unsere Nonne [in der Sonntagsschule], wie es sein kann, daß wir erlöst sind, obwohl wir jeden Tag etwas Schlechtes tun. Sie antwortete, daß ich gerade in diesem Augenblick besonders ungezogen und schlecht sei, weil ich nicht richtig aufgepaßt hätte, was sie gesagt hätte! Deshalb hat sie es uns dann noch mal erklärt: Wenn wir an Ihn glauben, dann werden wir erlöst und kommen in den Himmel. Aber solange wir auf der Erde sind, machen wir Fehler.«

Sie hielt inne. Als plötzlich die Sirene eines Unfallwagens ertönte, überlegten wir, wohin er wohl führe. Der Vater ihrer Freundin war schwerkrank, er hatte Lungenkrebs. Er wohnte in der Nähe. Möglicherweise kamen »sie«, um ihn wieder einmal ins Krankenhaus zu bringen. Sein Ende war nicht mehr fern, dabei war er erst 45. Die vermeintliche Ablenkung bot ihr die Gelegenheit, wieder mit voller Kraft voraus weiterzureden: »Er ist der netteste Mensch, den man sich vorstellen kann. Unser Priester sagt, er ist ein Heiliger! Er hilft jedem. Selbst jetzt noch ruft er Leute an, wenn sie in Schwierigkeiten sind, und er schenkt noch das letzte Hemd vom Leibe, sagt mein Dad. Und der stirbt jetzt! Wir können für ihn beten, aber trotzdem stirbt er bald! Mein Dad sagt, es sei einfach nicht gerecht – aber wissen Sie, es ist zwar wirklich nicht gerecht für uns, aber es könnte gerecht für ihn sein! Vielleicht geht's ihm woanders besser – ohne all die Probleme hier. Das Fahrrad von seinem Sohn wurde gestohlen, und ihm haben sie das Autoradio geklaut, und weil er einmal zu den Kindern sagte, daß sie aufhören sollten, die farbigen Kinder, die Schwarzen, anzupöbeln, hat man ihn bedroht: ein Typ hat ihn angerufen und gesagt, sie würden ihn kaltmachen. Meine Freundin [seine Tochter] sagte, er hätte in seinem ganzen Leben noch keine so schlimmen Worte gehört. Vielleicht hat Gott sie auch gehört! Vielleicht ist Er da oben und sitzt so da und sagt: Francis Boyle ist ein guter Mensch, und er hat genug gelitten, und deshalb rufe ich ihn jetzt zu mir. Bei mir kann er sich ganz lange ausruhen, und keiner beschimpft ihn mehr, und er hat keinen Krebs mehr, er hat nämlich große Schmerzen, und er hat genug gelitten.«

Dann überlegte sie laut, wie um alles in der Welt ein »Gott im

Himmel« genug Zeit haben könnte, jeden einzelnen Mr. Boyle in dieser Welt, »wo Milliarden von Menschen leben«, im Auge zu behalten. Zu meiner Überraschung drehte Meaghan plötzlich den Spieß um und fragte mich: »Ich verstehe das alles nicht. Wie erklären Sie es sich? Sagen Sie – beantworten Sie eine Frage: Woher nehmen Gott und Jesus die Zeit, sich um Mr. Boyle zu kümmern und um all die anderen kranken Leute in jeder Stadt und in jedem Land? Wie machen sie [Gott und Jesus] das?« Ohne nachzudenken sagte ich: »Ich weiß es nicht.«

Sie stellte aber gleich klar, daß sie nicht die Absicht hatte, eine Ausflucht zu akzeptieren. »Haben Sie sich das auch schon einmal gefragt?«

»Ja, oft.«

»Also, was meinen Sie?«

»Ich habe nie eine Antwort auf die Frage finden können. Ich weiß es wirklich nicht.«

»Aber es ist doch wirklich wichtig – denn Gott wartet da oben auf uns, und wir möchten doch, daß Er weiß, was hier mit uns geschieht. Deshalb muß es eine Möglichkeit geben, wie Er sich um jeden einzelnen kümmern kann.« Sie blickte nach oben in den bewölkten Himmel und fuhr dann fort: »Ich denke, Er ist nicht wie wir! Er *war* es mal, aber dann wurde Er wieder Gott. Ich denke, wenn du Gott bist, dann weißt du alles, aber du bist nicht wie wir, und deshalb ist die Art, wie du alles weißt, anders. In der Kirche heißt es immer, wir sollten oft beten, und ich versuche daran zu denken. Ich versuche oft, an Gott zu denken. Wenn ich das tue, schließe ich die Augen und versuche, an nichts zu denken außer an Ihn; so soll man das machen, sagen meine Eltern. Ich denke an Ihn und versuche mit Ihm zu reden. Ich stelle Ihm dieselben Fragen, zum Beispiel, wie Er es schafft, sich an alles zu erinnern. Wissen Sie, was Er sagt: ›Ich mache es eben!‹ Das ist einfach. Es ist oft schwer, Ihm das zu sagen, was ich sagen möchte! Ich komme einfach nicht auf die Worte. Ich stelle Ihn mir vor – Er sieht so aus wie auf den Fenstern in der Kirche – und möchte Ihm sagen, woran ich denke, aber da ist nichts, nur diese Gefühle.«

Meaghan überlegte: »Was meinen Sie – hat Gott einen Plan bei all Seinen Entscheidungen?« Ich schüttelte mit dem Kopf und zuckte mit den Schultern. Aus irgendeinem Grund wollte ich nichts sagen. Warum nur? Ihr schien es nichts auszumachen. Vielleicht merkte sie es gar nicht, weil sie nicht so befangen war wie ich. Welch ein Segen, dachte ich.

Plötzlich begann es zu regnen. Sie beobachtete gespannt, wie der Rasen die angenehme Erfrischung aufnahm. Sie lauschte dem Regen, der auf das Dach trommelte. »Es ist schon lange her, da haben sie uns mal [in der Sonntagsschule] erzählt, daß Jesus geweint hat, als Er auf der Erde lebte«, sagte sie. »Wenn es regnet, sagt meine Mom manchmal: Das könnte Jesus sein, der weint. Vielleicht weiß Er, daß Mr. Boyle bald sterben wird. Vielleicht macht Er sich auch Sorgen wegen der Schulen hier, wegen all der Probleme, die wir haben. Vielleicht weint Er wegen der Leute in Roxbury und wegen uns hier, denn Daddy sagt, wir kommen gerade eben mit dem Geld zurecht, mehr nicht, und es gibt hier eine Menge arme Familien. Er könnte weinen, weil Er sich wünscht, daß alles besser wäre – aber es ist nun mal nicht so.

Am letzten Wochenende hatten wir das schönste Wetter von der Welt. Ich bin mit meinem Dad zum ›Strand‹ gefahren [einem Teil von South Boston, der an den Hafen von Boston grenzt]. Ich konnte weit aufs Meer sehen. Ich habe den Wellen zugesehen – denen weiter draußen, nicht denen, die auf den Sand auslaufen. Soweit ich sehen konnte, war nichts als Wasser und sonst nur der Himmel. Ich hab' mir so sehr gewünscht, daß ich ein Gebet sprechen könnte, in dem ich all die Leute aufzähle [die es nötig haben, daß Gott eingreift], und Er würde von da oben herabkommen und sagen: ›Meaghan, ich werde ihnen helfen!‹ Er ist nicht gekommen und hat nicht mit mir gesprochen. Warum sollte Er auch? Aber ich war Ihm nahe, ich stand ganz still da und sah in die Ferne, soweit ich konnte, und ich dachte, ich könnte sein Gesicht sehen. Ich meine, ich hab' es *nicht* gesehen, aber irgendwie doch. Er hat gelächelt. Dann hab' ich gemerkt, daß *ich* gelächelt hab' – Er war es also nicht, sondern ich. Was würde aus uns, wenn Er nicht hier wäre, um uns zu helfen? Wenn meine Mom das sagt, dann weiß ich, daß Er ihr bereits geholfen hat! Meine Mom sagt kein Wort; sie schließt nur die Augen. Das ist ihre Art zu beten: ›Schließ die Augen und sei still, und hoffe darauf, daß dein Herz mit Seinem Herzen spricht.‹ Sie hat das von ihrer Mom gelernt. Ihre Mom ist gestorben, als sie ein Kind gekriegt hat, das war meine Tante.«

Sie schloß die Augen, um für die Seele ihrer Großmutter zu beten. Sie dachte noch einmal an den Strand. Sie erzählte mir, daß der Anblick des Meeres sie Gott näher bringe. Ich fragte, warum, und ihre Antwort erschien wunderbar phantasievoll: »Es ist keiner da, niemand, mit dem man sprechen kann, nur Er, ganz weit in der Ferne – und Sie wissen ja, damals ist Er auf dem Wasser gegangen! Vielleicht kommt Er eines Tages einfach so von Carson Beach oder City Point übers Wasser nach Southie [South Boston] gegangen!«

Sie verstummte, aber ihrem Schweigen war anzumerken, daß sie an Gott dachte und sich das Bild noch einmal vorstellte, das sie eben heraufbeschworen hatte. Sekundenlang schloß sie die Augen, dann nahm sie den Gesprächsfaden wieder auf: »Er *könnte* hierher kommen, wenn Er wieder auf die Erde käme, genau hierher! Hier ist es auch nicht schlechter als anderswo! Dad sagt das immer über Southie: ›Hier ist es nicht schlechter als anderswo – es gibt hier Schlimmes, aber auch Gutes. Nur tritt alles derzeit ein bißchen deutlicher zutage.‹ So sieht er das. Vielleicht kommt Jesus wirklich hierher, und dann würde Er alle Menschen gesund machen. Aber niemand kann wissen, was Er tun würde – das weiß ich wohl! Als ich diese großen Wellen sah, dachte ich: Er könnte einfach auftauchen, direkt aus dem Meer! Er könnte über das Wasser gehen. Er könnte bis zu uns nach Hause gehen. Vielleicht würden die Leute Ihn gar nicht bemerken! Er würde ihnen vielleicht nicht sagen, wer Er ist. Er würde sie vielleicht auf die Probe stellen. Ja, so könnte Er wiederkehren – und – mannomann, wären wir dumm dran, wenn wir Ihn nicht erkennen würden! Er könnte vorbeigehen, und die Leute würden sagen: ›Guckt euch den Penner an, der ist ja ganz naß; das ist sicher so ein obdachloser Taugenichts, der nicht hierhergehört.‹«

Dieses gefühlsbetonte, phantasievolle, begabte und einfühlsame Mädchen hatte nun alles gesagt, was es sagen wollte. Diesmal war ihrem Schweigen anzumerken, daß unser Gespräch über Gott für diesen Tag beendet war. Sie stand auf, um nachzusehen, ob alle Fenster geschlossen waren, weil ihre Mutter, die gerade dabei war, das Abendessen zu kochen, es vergessen haben könnte. Diese Rücksicht auf ihre müde, überlastete Mutter, die so warmherzig und anständig war, erschien mir als die rührende Epiphanie eines Kindes: Für dieses waren Gebet und Gottessuche nicht eine flüchtige Vision, die in keinem Zusammenhang mit dem Tagesgeschehen stand, sondern dienten dazu, eine Verbindung zu den ganz alltäglichen Augenblicken des Lebens herzustellen.

Immer wenn Meaghan auszudrücken versuchte, was in ihr vorging, um sich dann ohne eine Spur von Befangenheit oder Enttäuschung wieder in ihr Schweigen zurückzuziehen, verdeutlichte mir das den Wert einer Spiritualität, die sich visualisierte, in den verschiedenen Phantasievorstellungen von Gott und insbesondere von Jesus, und in der Freude, die sie erfüllte, wenn sie für die Sonntagsschullehrer oder für mich ein Bild von Jesus malte. Es war nicht so, daß sie sich nicht danach gesehnt hätte, Jesus mit Worten zu erreichen, die Ihn dazu gebracht hätten, ihr Beachtung zu schenken und ihr mit eigenen Worten zu antworten oder wenigstens mit einer Geste, die gezeigt hätte, daß Er sie gehört und sich tatsächlich angesprochen gefühlt hatte. Aber trotz ihrer zwölf Jahre war ihr Seine Unergründlichkeit bereits bewußt; sie hatte auch bereits verstanden, daß »Seine Wege nicht die unseren« sind. Obwohl dieses Wissen nicht klar formuliert in ihrem Bewußtsein gegenwärtig war, wirkte es sich auf ihr Seelenleben aus – und daher stammte wohl vor allem ihre gelassene Einsicht, daß Jesus sich nicht durch ein Ritual oder bestimmte Worte herbeizaubern läßt. Er lebe außerhalb der Reichweite von Augen und Ohren, erzählte sie mir, dort, wohin auch der menschliche Verstand nicht mehr reiche – und sie mühte sich ab, diese unendliche Entfernung mit ihren ausgedachten Szenen und ihren provokativen Fragen (die an den Rand des Glaubenszweifels und sogar darüber hinaus führten) zu überbrükken. Ihr Wunsch nach Seiner Wiederkehr, damit Er die Herrschaft über die leidende Welt übernähme und das Unrecht, dessen Existenz ihr wohlbekannt war, wiedergutmachte, ist bezeichnend für sie; zugleich aber war es ein Wunsch, den sie mit vielen anderen teilte, nämlich auf irgendeine Weise die Grenzen unserer körperlichen Existenz aufzuheben und sich emporzuschwingen, dorthin, wo Meer und Himmel ineinander übergehen, hin zu diesem Lichtflecken, diesem Punkt in der Unendlichkeit des Alls, wo Er durchaus sein könnte.

Als ich an jenem Tag von Meaghans Elternhaus heimwärts fuhr, blieb mir die ganze Zeit die intensive Sehnsucht des Kindes nach einer Berührung mit dem Ewigen im Sinn. Ich verglich Meaghan mit Natalie, die aus einer ganz anderen Welt stammte – und doch handelt es sich bei beiden um amerikanische Mädchen im gleichen Alter, die beide sicher einen Teil des nächsten Jahrhunderts verkörpern und beide sowohl zurück- wie vorausblicken, zurück in die

Zeit, wo Jesus durch Galiläa wanderte und sein beispielhaftes Leben lebte, oder zurück in die Zeit, als die Hopis in einer vielleicht nur fiktiven (so mein Verdacht) Freiheit und Spontaneität lebten – damals, »bevor die Anglos kamen, bevor es dieses Land gab«.

Beide Mädchen aber bemühen sich immer wieder darum, die Grenzen von Ich und Gesellschaft, von Zeit und Raum und selbst die des Glaubens zu überwinden; sie schauen in ihr Inneres, um die Kraft zu finden, aus ihrem Ich herauszutreten und einer Vision zu folgen – der der Mesa und der des auferstandenen Christus. Sie suchen in ihrem Innern nach den Worten (einer Art von Stärke, einer *menschlichen* Stärke), die dieser Vision Ausdruck geben können und die das Geschaute mit dem verbinden, was sich mit Hilfe der Sprache mitteilen läßt. Solche visionären Momente können natürlich auch still zu Papier gebracht werden – damit beschäftige ich mich im nächsten Kapitel. Doch Worte machen uns zu dem, was wir sind, und beschreiben unser endloses Ringen. Das wußte bereits Flaubert, an dessen Formulierung in *Madame Bovary* ich häufig denken mußte:»Die menschliche Sprache ist wie ein geborstener Kessel, auf den wir grobe Rhythmen hämmern, nach denen Bären tanzen können, während wir uns nach Melodien sehnen, die die Sterne zum Schmelzen bringen.« Wenn man, diese Worte im Sinn, Natalie oder Meaghan lauscht und dann beobachtet, wie sie auf Sprache verzichten, um sich statt dessen ihren häuslichen Pflichten zuzuwenden oder einem anderen Menschen einen Gefallen zu tun, dann kann man das Glück empfinden, mehrere Texte zur gleichen Zeit lesen zu können, die sich unterscheiden, die aber auch Ähnlichkeiten aufweisen – hier die Klage des großen Erzählers über die eigene Unzulänglichkeit, dort das Kind, das die gleichen Sterne sehnsuchtsvoll betrachtet und sein Unvermögen, ihren Sinn zu verstehen, (geschweige denn, sie zum Schmelzen zu bringen) ebenso offen zugibt. Dieser leidenschaftliche Wunsch, mit dem ganzen Universum in Kontakt zu treten und es zu beeinflussen, kommt in der Spiritualität junger Menschen ständig zum Ausdruck, beispielsweise, wenn Kinder sich danach sehnen, nur für einen Augenblick ein Glitzern oder Flackern des Wiedererkennens von einem einzigen kleinen Stern zu erhaschen. Darüber hinauszugehen dagegen bleibt anderen Menschen vorbehalten, erwachsen gewordenen und erleuchteten.

KAPITEL 6

Bildliche Darstellungen

Bei Kindern bedeutet ein kürzeres oder längeres Schweigen oft, daß sie einem etwas Wichtiges sagen wollen – ein Paradox, das ihnen auch durchaus bewußt ist. William Carlos Williams, nicht gerade ein Anfänger auf dem Gebiet der Sprache,[1] machte sich auch seine Gedanken über Situationen, die »sprachlos« ablaufen, insbesondere über ein länger anhaltendes Schweigen: »Wenn ich von einem Kind etwas wissen möchte, kann es passieren, daß es ganz plötzlich den Mund hält oder mich unbewegt anstarrt. Das macht mich ungeduldig oder wütend. Aber wenn ich einen guten Tag habe, dann erinnere ich mich an etwas, was ich an sich gar nicht hätte vergessen dürfen, etwas, das ich bei Hunderten und Aberhunderten von Hausbesuchen gelernt habe: Wenn ein Kind sich plötzlich ausschweigt, dann heißt es für mich: Augen auf!« In seiner knappen, sentenzhaften Weise hatte er damit einem jungen Medizinstudenten eine Erfahrung vermittelt, die er in seiner langjährigen Arbeit mit Kindern und Jugendlichen gewonnen hatte: Man soll darauf achten, was einem Kinder ohne Worte mitteilen, nur mit Hilfe ihres Gesichtsausdrucks, ihrer Arme und Beine oder – Entwicklungspsychologen wissen es – mittels eines Pinsels oder ein paar Buntstiften.

Auch wir Erwachsenen haben unsere spezielle Art, wortlose Mitteilungen zu machen – indem wir uns an unsere Träume erinnern. »Es kommt oft vor, daß mir ein Kind erzählt, es habe in der letzten Nacht einen Traum gehabt – und dann sagt es gar nichts mehr«, berichtete Anna Freud einmal. Dann machte sie eine Pause, deren Wirkung einer Einladung gleichkam, sich mit ihr gemeinsam an die Ratlosigkeit in solchen Situationen zu erinnern, wenn man begierig auf Informationen, auf ein paar Worte wartet und doch irgendwie das Gefühl hat, es sei das Beste, den Wunsch des Kindes zu respektieren und sein Stillschweigen hinzunehmen. Da ich weiter nichts dazu bemerkte, fuhr sie fort: »In solchen Fällen frage ich das Kind, was es letzte Nacht *gesehen* hat – und durch dieses Wort finden wir oft wieder aus der Sackgasse heraus.« Es folgte eine weitere Pause, und dann beschrieb sie die langanhaltenden Perioden beredter Stummheit, der sie so oft im Laufe ihrer psychoanalytischen Arbeit mit Kindern begegnet war. »Manche Kinder wissen dann sofort, was ich meine. Sie sagen zum Beispiel ›Nachts war da so ein Bild‹, was bedeuten soll, daß sie einen Traum hatten; oder sie erzählen, sie hätten einen Augenblick lang diesen oder jenen Menschen gesehen oder Soundso sei plötzlich aufgetaucht, und gleich darauf hätte es ›kein Bild mehr‹ gegeben. Es gibt aber auch Kinder, die ganz genaue Erklärungen von mir verlangen, wie von einem Lehrer – ursprünglich wollte ich übrigens Lehrerin werden, bevor ich mich für die Psychoanalyse entschieden habe! Ich sage dann so etwas wie: ›Wenn wir *träumen*, dann *sehen* wir etwas.‹ Ich habe Träume oft mit Stummfilmen verglichen – erst wenn wir aufgewacht sind, verbinden wir das Bild oder die Bilder, welche vor unserem inneren Auge erschienen sind, mit Worten.«

Es folgte eine weitere gedankenverlorene Pause; sie schien an Träume zurückzudenken, die ihr geschildert worden waren, an Begegnungen mit bestimmten Kindern. Gleich darauf aber waren wir in eine lebhafte Diskussion über die Rolle des Visuellen in der menschlichen Kommunikation verwickelt: z. B. in Träumen, aber auch durch unsere Mimik, durch Körpersprache, durch bestimmte Handlungen, in Zeichnungen und Tuschbildern, fertiggestellten wie unvollendet gebliebenen. Sie, deren Arbeit so sehr von dem abhing, was ihre Patienten in Worte faßten, gab bereitwillig zu, daß sie gelegentlich von Gesprochenem frustriert war: »Ich habe Augenblicke in meiner analytischen Arbeit mit Kindern erlebt, in denen ich dankbar war, daß Stille herrschte! Sie kennen das sicher auch – wie wir alle: Mit Worten dreht man sich nur zu leicht im Kreis! Bei einer Sitzung neulich teilte mir eine Zwölfjährige nach einer Viertelstunde mit, sie habe nichts weiter zu sagen. Ich habe das nicht kommentiert, und sie hat auch nicht mehr gesprochen, bis sie schließlich verkündete, daß sie ein Bild malen wolle. Ich hatte nichts zu sagen brauchen, und auch jetzt genügte es, daß ich sie anlächelte! Sie machte sich also ans Malen, und als sie fertig war, wußte ich viel mehr von ihr als ich je erfahren hätte, wenn ich sie zum Weiterreden gedrängt hätte!«

An dieses Gespräch mit Anna Freud mußte ich oft zurückdenken, wenn ich mich mit Kindern über ihren Glauben oder ihre spirituellen Interessen oder Nöte unterhielt, ebenso wie ich an die

Werke Shakespeares, Tschechows oder Becketts denken mußte, denen die Nutzlosigkeit und Unzulänglichkeit und die Pattsituationen, in die Sprecher wie Zuhörer durch den Gebrauch der Sprache gelangen können, wohlvertraut waren. Immer wieder habe ich erlebt, daß Kinder angestrengt und lange über Gott nachdachten, wer Er ist, wie Er sein könnte, und schließlich – nach all den Mühen, etwas auszudrücken, was für sie vielleicht gar nicht in Worte faßbar war – ihre Zuflucht im Schweigen suchten, in der Stille des Zimmers, in der Stille ihrer Köpfe und Seelen. Lassen wir unsere Finger an der Sache weiterarbeiten, mittels Buntstiften oder Pinseln oder einem Bleistift; lassen wir die Finger eine ganz anders geartete Realität herstellen, welche eindrucksvoll, ja geradezu überwältigend die vorher an den Tag gelegte Verwirrung und Unzulänglichkeit widerlegt, die Stille, die dem Ausweg des Malens vorausgeht.[2]

»Ich kann Ihnen nichts darüber sagen, wie es im Himmel ist, und auch nicht über die Hölle, wie die ist«, erklärte Martin, ein schwedischer Junge von zwölf, der anfangs gelangweilt, dann auf aggressive Weise desinteressiert, dann deutlich verärgert wirkte, je länger ihm Fragen nach seinem Glauben – oder Nichtglauben – gestellt wurden. Ja, seine Eltern seien der Bezeichnung nach Christen (lutherisch), aber dem Jungen war klar, daß sie für gewöhnlich keinen Gedanken an Religion verschwendeten und daß ihre Lebenseinstellung von einem kosmopolitischen Materialismus bestimmt war. Ja, er sei getauft und sogar zum Kindergottesdienst geschickt worden, aber das gelte auch für seine Eltern, und das sei auch schon alles – leere Rituale, eine bloße Verbeugung vor der Geschichte des Landes und der Familie. Gott? Wer könne schon irgend etwas über Ihn sagen? Martin jedenfalls wollte davon nichts wissen: »Ich kenne niemanden, der Ihn gesehen hat.« Die Bibel? Ein Buch, das öfter gelobt und zitiert als wirklich gelesen werde: »Ich sehe Bibeln bei Bekannten, aber da liegt eine dicke Staubschicht drauf«, sagte er voll Sarkasmus. »Ich habe Leute von Himmel und Hölle sprechen hören, aber mir hat noch keiner beschrieben, wie es da aussieht.«. Nach einem Augenblick fügte er eine interessante Einschränkung hinzu: »Ich meine, keiner, der selbst dort gewesen ist, im Himmel oder in der Hölle.« (So viel zu den vielen Beschreibungen, die die Menschheit hervorgebracht hat.)

Nachdem mehrere solcher kurzen, pointierten Wortwechsel stattgefunden hatten, beschlossen meine Familie und ich, uns nach anderen, gesprächsbereiteren Kindern umzusehen – aber im letzten Augenblick fielen mir noch all die Malstifte und Farben ein, die ich in meiner Mappe hatte. »Martin, hättest du Lust, ein Bild zu malen – irgend etwas?« Martin lächelte, und der Gast erwartete, daß eine Szene aus Stockholm oder Fußballspieler oder eine strahlende Sommersonne oder vielleicht sogar ein Selbstporträt entstehen würde. Er war schon bald eifrig am Werk und verwende dabei viele verschiedene Farben. Nach einiger Zeit war das Bild fertig. Die Stille einer Zeichenstunde wurde durch das abwartende Schweigen eines Jungen abgelöst, der seine Sache zu Ende gebracht hatte und nun sein Gegenüber nicht aus den Augen ließ, das wiederum seine Augen nicht von einer Zeichnung (Abb. 1) lösen konnte – zu der ihm überhaupt nichts einfiel.

»Das sind Himmel und Hölle.« Die Andeutung genügte noch nicht. »Im Himmel ist man jenseits von allem, was es gibt; man ist nicht mehr man selbst – man treibt dahin wie eine Wolke oder wie der Wind, der über eine Wiese streicht. In der Hölle ist alles grell. Man steckt fest und kommt nicht mehr los – von sich selber nicht und auch nicht von allem, was einen belastet im Leben –, es ist sehr hart!«

Nach diesem Kommentar betrachtete der Junge sein Bild noch einmal und beschloß, dem Betrachter auf die Sprünge zu helfen. Er nahm Lineal und Bleistift und zog eine Linie: der Himmel ist hier links, die Hölle ist da rechts. »Vielleicht habe ich eben einen Fehler gemacht.« Welchen denn? »Ich habe den Unterschied zu genau gemacht – zu klar!« Ursprünglich hatte er nämlich den »Himmel« ganz allmählich in die »Hölle« übergehen lassen, und nun hatte er die Linie wie ein Lehrer gezogen – belehrend. Er beschloß die Bleistiftlinie wieder auszuradieren, aber sogleich änderte er seine Meinung wieder: »Es ist ja sowieso nur geraten – da soll mich das nicht aufregen!«

Als wir danach über sein Bild sprachen, wählten wir Worte, die erst angesichts des fertigen, vor uns liegenden Bildes möglich waren, angesichts seiner greifbaren Wirklichkeit – es war zwar völlig abstrakt, aber zugleich anregend und suggestiv. Ein Junge, der wie ein Skeptiker geklungen hatte, der nur im Hier und Jetzt lebte, entwarf mit den Buntstiften eine Theologie, die er so subtil wie unprätentiös in Worte faßte: Himmel bedeutete für ihn, daß sich das Ich in einer unvorstellbaren Helligkeit verlor (die Stifte wurden nur zart über das Papier geführt), und Hölle war ein überwältigender Zustand des In-sich-eingeschlossen-Seins (das starke Aufdrücken der Farbstifte auf der rechten Seite des Blattes). So etwas wie Teufel oder Engel existierte für diesen Jungen nicht. Nach dem Tod gab es für ihn weder Jesus noch Satan, keinen wie auch immer gearteten Gott – ebensowenig wie die Menschen. Martin sagte nichts weiter, und mein Besuch schien beendet. Plötzlich wollte er jedoch noch etwas bildlich ausdrücken. Der Junge, der mit Worten bemerkenswert knapp umgegangen war, machte gar nicht erst den Versuch, etwas zu sagen; er fragte auch nicht erst um Erlaubnis – wie andere Kinder das taten –, ob er noch eine Zeichnung machen dürfe, sondern er riß ein Blatt Papier aus einem Zeichenblock, der vor ihm lag, und machte sich erneut an die Arbeit, wobei er diesmal keine Ölkreide, sondern Filzstifte nahm.

Als er fertig war, warf Martin mir einen Blick zu, dann nahm er einen braunen Filzstift und versah sein Bild (Abb. 2) mit einem Titel in schwedischer Sprache: »Religiöse und nichtreligiöse Leute«.

Martin hatte ein lebendiges Bild voller anschaulicher ethischer Elemente gemalt, die provokativ gezeichnet und einprägsam verteilt waren auf einem Blatt, das sich als eine Darlegung kindlicher Moral entpuppte; ein Bild, wo das Gute und Böse dieser Welt nüchtern aufgezeigt und derart einander gegenübergestellt wurden, daß Martins Zwiespalt deutlich zu spüren war. »Wir sind manchmal gut und manchmal schlecht. Die Menschen kämpfen miteinander – und mit ihren Freunden halten sie sich an den Händen. Wahrscheinlich zählt das, was man am *häufigsten* tut. Also, ob man für andere Leute sorgt oder ob man sie umbringt! Mein Onkel ist Arzt, und selbst wenn er einen Fehler macht – ich weiß, daß ihm das schon passiert ist, weil mein Vater es gesagt hat –, versucht er doch den Menschen zu helfen. Er hat oft schlechte Laune, aber er versucht den Menschen zu helfen. Wenn die Menschen miteinander kämpfen, fügen sie sich gegenseitig Schaden zu. Unter den Nazis haben so viele Menschen gelitten, daß man nicht genau weiß, wie viele – jedenfalls Millionen. Sie hatten Konzentrationslager. Sie haben die ganze Zeit Menschen umgebracht. Wenn man Menschen mag, dann tut man, was Jesus wollte. Wenn man kämpft und Menschen tötet, dann tut man das, was Jesus nicht wollte. Wir

Jungens spielen gern Räuber und Gendarm, und wir spielen Krieg, aber ich hoffe, wir machen nicht ernst damit und werden keine Verbrecher und Mörder! Es ist wichtig, daß man Respekt vor anderen hat und ihnen die Hand gibt und sich wie ein Gentleman benimmt! Wenn man daran denkt, was man von seinen Eltern und vom Pfarrer gelernt hat, dann versucht man, ein guter Mensch zu sein – außer wenn sie schlechte Menschen sind und einem was Schlechtes beibringen. Mein Vater sagt, als die Nazis in Deutschland an der Macht waren, gab es Pfarrer, die ihnen gehorchten und auf ihrer Seite standen, also kann man auch religiös und schlecht sein, und ein Arzt, der nicht in die Kirche geht, kann sehr wohl religiös sein, weil er nämlich das Richtige tut.«

Hier zeigte sich eine Moral, die sich auf unser alltägliches Tun gründete – das schlichte Händeschütteln zum Beispiel statt des sonntäglichen Kirchgangs. Martin, der zuvor offen, ja fast schonungslos seine Ablehnung aller, die »mit ihrem Christentum angeben«, verkündet hatte, hatte seine Ansichten klargestellt. Wir baten ihn dann: »Mal' uns doch bitte etwas zum Thema Religion, egal was. Zum Beispiel, was du glaubst und was du nicht glaubst, wie du dir Gott vorstellst und was du wirklich wichtig findest von allem, was du aus der Bibel gelernt hast oder über die Bibel gehört hast.« Es war eine völlig offengehaltene Aufforderung, und er hätte sich natürlich weigern können, wenn er gewollt hätte; oder er hätte nähere Erklärungen verlangen können, gefolgt von einer überaus kooperativen und folgsamen Reaktion seinerseits. (»Sagen Sie mir, was ich malen soll, und ich mach' das«, sagen manche Kinder eifrig.) Im Gegensatz dazu bezog Martin eine Position, die fest in der Geschichte und den Wertvorstellungen seiner Familie und in der Vergangenheit Europas verankert war: »Mein Großvater hat gegen die Nazis gekämpft. Er brauchte das nicht. Schweden war neutral. Aber er wollte es. Er war Wissenschaftler. Er ging nicht in die Kirche. Er hat zu meinem Vater gesagt: ›Jesus ist auch nicht in die Kirche gegangen – und wenn Er wieder auf die Erde käme und hörte, daß Leute damit prahlen, daß sie gute Menschen seien, weil sie zur Kirche gehen, dann würde Er gleich wieder fort wollen!‹ Mein Vater hat uns die Geschichte seines Vaters schon oft erzählt – wie er heimlich nach Norwegen ging und dort im Widerstand kämpfte und wie die Nazis ihn verhaftet haben und ihn töten wollten, aber sie wollten damals, daß Schweden ihnen bestimmte

Gefallen tat, und so wurde er zu einer Geisel. Er mußte in ein Konzentrationslager und wäre dort fast gestorben. Die Amerikaner sind aber gekommen und haben alle noch rechtzeitig gerettet. Die Nazis haben versucht, alle in dem Lager umzubringen. Sie haben auf meinen Großvater geschossen, aber er war nicht tot. Er hat sein rechtes Bein verloren. Ein [deutscher] Panzer überrollte die Menschen, und dann haben die Nazis auf sie geschossen, aber er hat es trotzdem überlebt. Er ging an Krücken. Er ist vor drei Jahren gestorben. Er hat zu mir gesagt: ›Gott wohnt in deinem Herzen und in deinem Gewissen und nicht in der Kirche.‹ Das hat er oft zu mir gesagt. Er sagte: ›Martin, du mußt Gott gehorchen, nicht der Kirche. Das ist vielleicht anstrengend, aber das macht den wahren Christen aus.‹ Ich hoffe, ich werde mich immer an seine Worte erinnern.«

Martin war um Würde und Selbstbeherrschung bemüht, ebenso wie um einen gewissen Stoizismus und eine Zurückhaltung, die er offensichtlich als mannhaft ansah. Mit seinen hellen Haaren, blauen Augen, der untersetzten Figur und dem runden Gesicht sah er aus, wie man sich den jungen Dietrich Bonhoeffer vorstellt. Er erzählte uns von seiner Familie und der Geschichte seines Landes und versuchte, sich darüber klarzuwerden, in welchem Zusammenhang formale Religionsausübung und moralische und spirituelle Wertvorstellungen stehen. Im Laufe unserer Unterhaltung passierte es mehrmals, daß er auf Fragen, die auf eine weitere Erörterung seiner religiösen Gewohnheiten und spirituellen Gedankengänge hinausliefen, nicht reagierte. Er schwieg, schien Einwände zu haben und blickte dann zu seiner Zeichnung, dieser visionären Darstellung eines irdischen Himmels menschlicher Verbundenheit und einer irdischen Hölle voller Gewalt und Tod – sein Bild war die einzige Stellungnahme, die er für nötig oder wünschenswert hielt.

*

Es gab in Schweden aber auch viele Jungen und Mädchen, die sich genausogern wie die amerikanischen unterhielten. Doch wir begegneten einem weiteren schwedischen Kind, das große Ähnlichkeit mit Martin aufwies, durch seine relativ wortkarge Art und seine Überzeugung, daß seine Zeichnungen doch eigentlich seine spirituellen Gedankengänge deutlich genug zeigten. Es war ein neunjähriges Mädchen namens Josephine. Eines Tages, wir kannten uns bereits sechs Wochen, fragten wir sie, welche biblische Geschichte ihr am meisten bedeutete. Ohne ein weiteres Wort nahm sie ein paar Farbstifte und legte los. Als sie fertig war, hielt sie uns mit einem ernsten, aber auch stolzen Blick ihr Blatt (Abb. 3) hin. Sie merkte schnell, daß ich nichts damit anfangen konnte und nannte mir deshalb als Erklärung den knappen Titel »Jesus hilft dem Aussätzigen«, was sie erst auf Schwedisch formulierte (»Jesus botar den spetelska de Manen«) und dann auf Englisch.[3]

Nachdem ich eine Weile über das Bild nachgedacht hatte, fragte ich Josephine, warum sie dies Ereignis ausgewählt hätte und was es für sie bedeutete. Zuerst war sie nicht sehr entgegenkommend. Genaugenommen schwieg sie. Sie hatte die Hände beiderseits ihres Bildes auf den Tisch gelegt. Erst betrachtete sie es noch einmal, dann blickte sie aus dem Fenster, in den Himmel. Auf meine erneute Frage nach ihrem Bild – sie möge mir doch bitte alles sagen, was ihr daran wichtig erschiene – fing sie an zu sprechen, wobei sie sich allerdings sehr kurz faßte: »Wenn man wirklich an Jesus denkt, dann fallen einem die Menschen ein, denen er helfen wollte.«

Wir wurden von der Schulklingel unterbrochen. Sogleich überreichte mir Josephine, die zum Unterricht mußte, ihr Werk (was nicht alle Kinder tun) und fügte hinzu: »Das können sie behalten.« Ich nahm die Zeichnung an mich, aber zwei Tage später hatte ich sie wieder dabei, als ich mich im selben Klassenzimmer noch einmal mit Josephine traf. Ich stellte ihr dieselben Fragen wie zuvor – es war ein Appell an dieses nachdenkliche, beherrschte, zur Selbstbeobachtung fähige Mädchen, mir doch mitzuteilen, was sie sich bei ihrem Kunstwerk gedacht habe. »Ich mag keine Heuchler«, verkündete sie unvermittelt. Ich fragte sie, ob sie denn viele kenne. »Massig«, antwortete sie. Darauf fragte ich sie, ob »die« sich vor allem in ihrer Wohngegend fänden oder in der Schule, wo wir gerade waren, oder auf Spielplätzen oder an anderen Orten, wo sie sich sonst noch häufig aufhielte. Sie reagierte nicht, dann fragte sie mich plötzlich: »Sie sind doch Arzt – haben Sie jemals einen Aussätzigen behandelt?«

»Nein.«

»Würden Sie es tun?«

»Ja.«

»Haben Sie schon mal jemanden behandelt, den Sie nicht leiden mochten?«

»Ja.«

»Hatten Sie den Wunsch, diesen Menschen zu behandeln?«

»Ich verstehe dich nicht ganz – meinst du, ob ich mir gewünscht hätte, diesen Menschen nicht behandeln zu müssen, weil ich ihn nicht leiden mochte?«

»Ja.«

»Ich habe mich bemüht, zwischen der Persönlichkeit, dem Charakter dieses Menschen und seiner Krankheit, seinem Leiden zu unterscheiden.«

»Und wenn es gar nicht stimmte, was Sie über ihn gedacht haben?«

Josephine wartete meine Antwort nicht ab: »Wenn wir Christen sein wollen, dann sollten wir uns bemühen, Aussätzige zu finden und mit ihnen zusammensein und ihnen helfen. Ich glaube, hier in Schweden gibt es aber keine Aussätzigen mehr, und in Ihrem Land auch nicht. Als Jesus lebte, gab es, glaube ich, noch ziemlich viele Aussätzige – und die Menschen wollten nichts mit ihnen zu tun haben, die ehrbaren Bürger. Meine Kusine [eine Studentin] sagt, man solle seine Phantasie gebrauchen, wenn man etwas liest, und das habe ich bei der Bibel versucht. Es gibt auch hier bei uns Aussätzige, aber sie sehen nicht so aus wie die Aussätzigen damals [als Jesus lebte]; ich meine, sie sind keine Aussätzigen, aber sie werden wie Aussätzige behandelt. Verstehen Sie, was ich sagen will?«

Ich nickte. Gleich darauf fuhr sie fort: »Jesus bekam eine Menge Ärger, als er zu einem Aussätzigen ging und ihn zu heilen versuchte. Die Leute sagten, Aussätzige seien keine Menschen! Das gibt es! Wenn du ein Christ bist, dann versuchst du zu sein wie Jesus. Es ist gut, wenn man zu Ihm betet, aber wenn man Ihm nicht nachfolgt, dann ist man kein Christ; man betet eben bloß und geht in die Kirche. Das ist ein Unterschied.«

Ich merkte, wie ich Josephine bereits vorschnell in eine Kategorie einreihte – noch so ein modernes schwedisches Kind mit einer deutlichen Abneigung gegen das übliche Zur-Kirche-Gehen und Mit-Gott-Sprechen-Wollen. Aber als ich noch einmal das Bild betrachtete, das Josephine gemalt hatte, sah ich, mit welcher Sorgfalt sie sowohl Jesus als auch den Aussätzigen dargestellt hatte – das Gewand des Heilers, die mit Wunden übersäte Haut des Mannes. Mir fielen die beiden Wolken über ihnen auf – sie waren eins geworden, und über ihnen leuchtete eine lachende Sonne. Ich betrachtete die braune Erde und den grasbedeckten Hügel daneben mit dem Haus und den Blumen. Schließlich blickte ich wieder Josephine an: Es lag ihr nicht daran, ihre weltlichen Zweifel am etablierten Christentum zur Schau zu stellen – es machte eher den Eindruck, als fühle sie sich durch ihr eigenes Bild aufgerüttelt und angerührt. Ich bat Josephine um Hilfe: »Könntest du mir erklären, was auf dem Bild passiert?«

»Oh, ja.« Sie zögerte – vielleicht um sich noch einmal klarzumachen, was sie hatte ausdrücken wollen. »Der Aussätzige war da, in der Wüste. Jesus war müde. Er trug eine Kerze. Er war die ganze Nacht unterwegs gewesen. Er hatte die Hoffnung, einen Platz zu finden, wo Er sich ausruhen könnte – aber dann sah Er den Aussätzigen und hatte Mitleid mit ihm, und Er blieb stehen und sprach mit dem Mann, und Er heilte ihn. Danach konnte Er weitergehen und ausruhen und vielleicht etwas zu essen bekommen. Wahrscheinlich ging es dem Aussätzigen schon viel besser. Vielleicht ging er mit Jesus mit und aß mit Ihm. Ich weiß es nicht. Aber Er hatte sicher keine Angst, mit dem Aussätzigen zu essen. Ich wette, eine Menge Leute hatten aber Angst, und wahrscheinlich haben sie schlecht über den Mann geredet, und wahrscheinlich haben sie gedacht, er würde bald sterben und in die Hölle kommen – *aber Jesus nicht.*«

Ich hebe die letzten drei Worte hervor, um die Betonung, die Josephine darauf legte, wiederzugeben. So wie Bilder ein eigenes, schweigendes Zeugnis vom Innenleben eines Kindes, von seiner spirituellen Wachheit, ablegen können, so bezeugen das auch seine wechselnden Gesichtsausdrücke und die Handbewegungen, die es beim Sprechen macht. Als Josephine diese letzten Worte sprach, schaute sie ihre Zeichnung genau an. Mit ihrer Linken klopfte sie leicht, aber doch vernehmlich auf den Tisch, als wolle sie sich und mich daran erinnern, welche einzigartige moralische Haltung Jesus während seiner heiltätigen Wanderschaft durch Galiläa bewies. Mit ihrer Rechten berührte sie kurz den von ihr geschaffenen Jesus, dann die Sonne. Einen Augenblick später lagen ihre beiden Arme wieder rechts und links an ihrem Körper, und sie sprach davon, daß sie gleich woanders hin müsse, zu einer wichtigen Verabredung. Als das zurückhaltende Mädchen mit der leisen Stimme nun aufstand, machte sie einen Knicks, bedankte sich bei mir und verabschiedete sich; danach blickte sie zum letzten Mal auf ihr Bild und winkte ihm zum Abschied zu – eine Geste, an die ich mich noch lange erinnerte. Sie war, fand ich, ein Kind, das nicht nur meinte, was es sagte, sondern auch, was es zeichnete.

*

Josephines Auffassung von Jesus als mutigem Heiler erinnerte mich an etwas, was ich sechs Monate zuvor bei meiner Arbeit in einem Bostoner Ghetto mit schwarzen Grundschülern erlebt hatte; besonders in Erinnerung blieb mir ein Mädchen namens Henrietta, die nur knapp drei Wochen älter als Josephine gewesen war. Bei sich zu Hause und in ihrer Wohngegend war Henrietta durchaus redegewandt, aber in der Schule sprach sie nur widerwillig. Als ich versucht hatte, dort mit ihr ins Gespräch zu kommen, jedoch trotz allem guten Zureden nur auf anhaltendes Schweigen gestoßen war oder bestenfalls einsilbige Antworten auf meine Fragen bekam, hatte sie es schließlich für nötig erachtet, mich ein für allemal aufzuklären: »Ich bin keine gute Schülerin, und deshalb halte ich hier in der Schule den Mund!«

Sie würde bald ganz mit der Schule aufhören, sagte sie, und mein spürbares Bedauern ließ sie kalt. Im Gegenteil, sie erteilte mir – wenn auch mit einem Lächeln – einen Verweis dafür, weil sie mir bereits mehrfach ernstlich klargemacht hatte, daß die Schule ein Gebiet sei, wo sie sich nun einmal nicht wohl fühle.

Während Henrietta auf meine Bitte hin ein Bild von ihrer Lieblingsgeschichte der Bibel zeichnete, saß ich schweigend daneben und las in den Notizen, die ich mir bei früheren Gesprächen mit ihr gemacht hatte. Sie gab sich große Mühe, wobei sie sich mehrfach unterbrach, die Augen schloß und den Kopf senkte, als ob sie betete. Irgendwann bemerkte sie meinen neugierigen Blick. Sie reagierte darauf mit einem verständnisvollen Lächeln, das auch Toleranz und Freundschaft (wie mir später klar wurde) ausdrückte, und beantwortete meine unausgesprochene Frage: »Ich habe nur versucht, mir Jesus vorzustellen und jemandem, dem er helfen wollte.«

Bald darauf lag das Resultat ihrer moralischen Vorstellungskraft vor mir (Abb. 4). Erst wußte ich nichts damit anzufangen. Das Mädchen, das von einer seiner Lehrerinnen immer wieder als »unhöflich« bezeichnet wurde, bemerkte meine Irritation, vielleicht

sogar Ignoranz, und kam mir sensibel und hilfreich entgegen:
»Wissen Sie noch, wie Jesus dem Blinden half?«
»Nein, ich glaube nicht.«
»Er hat es aber getan.«
»Oh ja, jetzt weiß ich es wieder; Er versuchte so vielen Leuten zu
helfen, ›den Krüppeln und den Lahmen und den Blinden‹, wie
meine Mutter zu sagen pflegte.«
»Da hatte sie recht.«
Ich wußte immer noch nicht genau, worauf Henrietta hinaus
wollte. Daraufhin ergriff sie auf eine anrührende, taktvolle Weise
meine rechte Hand und legte sie neben die Zeichnung und nahm
dann meinen rechten Zeigefinger und führte ihn zu dem oberen
Teil des linken Arms der Person, die links auf dem Bild stand, und
dann führte sie ihn den Arm entlang bis zu seinem Ende, das (wie
ich nun merkte) zugleich das Auge der zweiten Person, rechts auf
dem Bild, darstellte. Henrietta konnte an meinem Gesicht ablesen,
daß sie, indem sie mir gezeigt hatte, wie Jesus einen Blinden heilte,
auch mir dazu verholfen hatte, mehr zu sehen. Inzwischen kannte
sie mich schon so gut, daß sie, auch ohne ausdrücklich aufgefordert
zu werden, mit mir redete, und während ihrer folgenden Ausführungen zollte ich ihr innerlich Respekt für ihre treffende Ausdrucksweise:»Als Jesus unter den Menschen war, versuchte Er
ihnen Gutes zu tun. Er sorgte sich um sie. Er ging nicht einfach
irgendwo rein und erwartete, daß alle zu ihm hinliefen und Oh und
Ah schrien und ›Ist er nicht super?‹ und so. Auf manchen Bildern
wird Er mit so einem Kreis [Heiligenschein] um den Kopf dargestellt, aber meine Omi sagt, das ist nur ein Versuch von den
Kirchenleuten, Ihn zu etwas Besonderem zu machen und zu zeigen, daß Er Gott war. Aber als Er damals hier war und mit seinen
Freunden und all den anderen sprach, da hat Er nicht ausgesehen,
als sei Er geradewegs aus dem Himmel gefallen. Er war doch so ein
Typ, der Häuser baut – stimmt doch? Also ein Zimmermann –, und
Er trug dieses Geheimnis in sich, daß Gott Ihn auserwählt hatte –
aber vielleicht wußte Er [Jesus] nicht einmal selbst, daß Er auserwählt war. Ich meine, Gott hätte es doch auch vor Ihm geheimhal-
ten können, nicht wahr?«
Die Vorstellung, daß ein Jesus, dem Seine Bestimmung nicht
einmal bewußt war, Gottes Willen ausgeführt hatte, fand ich theologisch gesehen sehr ungewöhnlich und interessant. Henrietta fuhr

mit ihrer Erklärung fort: »Es muß damals eine Menge Leute gegeben haben, die dachten, daß Er blöd und dumm war. Meinen Sie nicht?« Sie unterbrach sich und blickte mich an.

Ich meinte: »Da bin ich mir nicht sicher. Ich weiß, daß Er bei einigen Menschen sehr unbeliebt war. Aber ich kann mich nicht daran erinnern, daß Er als blöd und dumm galt.«

»Naja, vielleicht haben sie's anders gesagt – aber Sie wissen schon, wie manche Leute über andere herziehen. Er seinerseits tat das nie. Jedenfalls waren die Leute froh, wenn Er wieder weiterzog und nicht bei ihnen in ihrem Dorf blieb. Er kam nur zu Besuch, und dann mußte Er woanders einen Besuch machen, denn Er wollte möglichst viele Menschen kennenlernen.« Kurze Pause, sie warf mir einen Blick zu und beschloß – weil ich dazu schwieg –, sich auf eine Autorität zu berufen: »Unser Pastor sagt, man solle sich Jesus als einen Meistergeher vorstellen! Er war den ganzen Tag auf den Beinen und wanderte von Ort zu Ort, und dann mußte Er sich ausruhen, aber nicht zu lange, weil Er noch mehr zu tun hatte, noch mehr Menschen sehen mußte. Er war nicht der Typ, um die Hände in den Schoß zu legen und stundenlang Mittagsschlaf zu halten, nein, Sir!«

Ich mußte lächeln, als ich mir einen energiegeladenen Jesus in sportlicher Hochform vorstellte, der dauernd auf Achse war. Aber nun hatte Henrietta den Wunsch, Gottes Sohn auf Seiner Bahn anzuhalten, und beschwor mit ihren Worten das Bild eines behutsamer vorgehenden Jesus: »Wenn Er jemanden sah, der in Schwierigkeiten war, dann ging ihm das zu Herzen. Es gibt eine Menge Menschen, die ein Herz aus Stein haben, sagt unser Pastor. Mami sagt, sie findet auch den Pastor ganz schön hart, und außerdem hat er eine Freundin, neben seiner Ehefrau, das weiß jeder. Jesus war nicht so ein Pastor, der auf die eine Art spricht und im wirklichen Leben dann ganz anders ist, nein, überhaupt nicht. Er hat sich mit allen möglichen Leuten abgegeben – wenn Er jemanden sah und der stolperte, vielleicht weil er blind war, dann konnte Jesus ganz genau nachfühlen, wie das ist, blind zu sein, und Er setzte sich sofort dafür ein, daß der Mann wieder sehen konnte.«

»Was glaubst du, wie Er das gemacht hat, daß der Mann ›wieder sehen konnte‹, Henrietta?«

»Ich weiß es nicht«, erwiderte sie, ohne zu zögern – und ich dachte: Was für eine Antwort habe ich eigentlich erwartet? Was für

Gedanken oder Worte kann man von Bibellesern überhaupt erwarten, wenn sie von den Wundern hören, die Jesus getan hat? Nun begann sie, eine nähere Erklärung abzugeben: »Ich denke, Er hat das Auge des Mannes berührt, und das machte schon viel aus. Er muß den Herrn in sich getragen haben. Dann kann alles mögliche geschehen – das hab' ich wenigstens gehört. Man betet, daß Gott einem beisteht; so heißt das in der Kirche. Ich weiß nicht, wie Er einem beisteht. Ich denke, es liegt einzig und allein bei Ihm, ob Er dich auswählt, um dir beizustehen! Ich weiß, Sie möchten, daß ich noch mehr dazu sage, aber ich glaube, weiter weiß ich nichts. Wenn wir eines Tages ›heimgehen‹, dann sehen wir Ihn, und dann wird Er uns alles erklären – vielleicht sehen wir Ihn auch nie, das könnte auch sein. Wenn du nach ›unten‹ kommst, dann ist dein Schicksal besiegelt, und du mußt außen vor bleiben. Es ist schlimm dort, in der Hölle. Manche sagen, es ist da so heiß, wie es nur geht, und andere sagen, es ist kalt, bitterkalt. Ich hoffe, das werde ich niemals erfahren! Ich hoffe, ich finde meinen Platz ›oben‹, wo Gott ist!«

Sie hatte mir klargemacht, daß sie alles nur bis zu einem bestimmten Grad verstehen und mit Worten ausdrücken konnte. Trotzdem wartete ich noch auf etwas, sah zu, wie sie ihre Zeichnung noch einmal betrachtete, stellte fest, daß ihr Gesicht und ihr Körper Zufriedenheit ausstrahlten.

Ganz plötzlich stand mir ihre Vision, die ich bisher nur teilweise verstanden hatte, deutlich vor Augen. Jetzt endlich erkannte ich die unbewußte Ausgewogenheit dieses Bildes, seine sanfte, subtile Beschwörung der intimen Nähe, seine natürliche, unaufdringliche Symmetrie und nicht zuletzt die Geschichte, die es ohne Worte erzählte – wobei ein wesentlicher Teil dieser Geschichte ironischerweise in den zwei Linien lag, die jeweils den Mund – und noch weit mehr – darstellen sollten: Jesus als Verkörperung von Zuversicht und Hoffnung (der nach oben zeigende Mundwinkel), der die Hand ausstreckt nach dem Blinden, der ernst, ja niedergeschlagen ist (der Mund ist nach unten gezogen).

Die beiden Linien, die beiden Personen – Jesus und der Blinde – werden eins, jeder mit seinem Stückchen Himmel, und hinter dem Blinden stehen all die anderen, all die Kinder, die auf Ihn warten, »alle Kinder Gottes«. Die zwei, ihre braune Haut, die braune Erde unter ihnen: da erhob ein schwarzes Kind seinen Anspruch auf

Teilhabe am Göttlichen. Als Henrietta merkte, daß ich die blaue Tür mit dem Fenster ganz links auf dem Bild ansah, sagte sie:»Das sind andere Leute, ich meine, das Haus gehört ihnen.« Es war die Welt, in der die Farbe Blau herrscht, die der blauen Augen, die Welt, die ihr und ihrem Volk so oft Grund gegeben hat, den »Blues« zu singen und zu fühlen, so wie Toni Morrison in »The Bluest Eye« es geschildert hat.

Ich bat Henrietta ein letztes Mal um einen Kommentar zu ihrem Bild: »Wird da auch geredet? Glaubst du, daß Jesus etwas zu dem Mann gesagt hat, als Er ihn heilte?«

Das Mädchen verstummte für einen Augenblick:»Vielleicht hat Er etwas gesagt.« Dann schwieg sie wieder. Während ich noch nach Worten suchte, starrte sie weiter auf ihr Bild, als könnte es ihr die Wahrheit sagen. Schließlich kam sie zu einem Schluß:»Ich glaube doch nicht, daß Er etwas gesagt hat, nein – Er hat ihn berührt, und das war alles, und da konnte der Mann sehen und erkennen, wer da war, Gott, und Er war für den Mann dann sein bester Freund von der ganzen Welt.«

Mein Blick fiel wieder auf das Bild, und ich betrachtete es lange – aber ich konnte spüren, daß sie mich weiter beharrlich ansah. Schließlich brach sie dann auch das Schweigen:»Vielleicht hat Jesus gesungen, während Er ihn heilte.« – »Was hat er denn für ein Lied gesungen?«

»Ich weiß nicht«, antwortete sie. Aber eine Sekunde später fiel ihr doch etwas ein. »Mein Vetter spielt Saxophon. Er spielt uns gern was vor. Er ist super. Vielleicht konnte Jesus solche Musik machen wie mein Vetter, auch wenn er kein Saxophon hatte.«

Ein bißchen später schob Henrietta mir langsam ihre Zeichnung hin, ließ sie im selben Moment los, als ich sie mit den Händen berührte. Ich sah sie an, und unsere Blicke trafen sich. Sie lächelte, und erst dann lächelte ich auch – als Bestätigung für ihr Geschenk. Ich merkte, daß ich mich einige Sekunden lang in meinen Gedanken verloren hatte, wobei mein Gesichtsausdruck ganz gewiß nichts Strahlendes gehabt hatte. Vielleicht hatte das Mädchen von meinem Gesicht abgelesen, wie sehr ich brauchte, was ihr Gesicht mir anbot, vielleicht hatte in meinen Augen gestanden, wie sehr ich brauchte, was mir ihre Hand bedächtig anbot – das Bild, ja natürlich, aber auch noch etwas anderes.

*

In einem anderen Stadtteil von Boston, der von weißen Arbeiterfamilien bewohnt wird, habe ich einmal erlebt, wie die Musik auf eine ganz andere Weise mit Gott und Seinem Leben in Zusammenhang gebracht wurden, und zwar von einem zehnjährigen Jungen namens Andy, der, halb irischer, halb litauischer Abstammung, bei vorangegangenen Gelegenheiten nie ein stärkeres religiöses Interesse, eine Vorliebe für spirituelle Innenschau gezeigt hatte: »Ich gehe manchmal zur [katholischen] Kirche. Meine Mutter ging früher gern hin, aber heute nicht mehr. Sie meint, eine Menge von den Priestern seien nicht ehrlich – sie sagen das eine und tun das andere, das sagt Dad. Mal findet er sie gut und geht sonntags zum Abendmahl, aber am nächsten Sonntag lacht er nur und sagt, lieber würde er verhungern! Wenn meine Oma zu Besuch kommt, dann gehen wir immer hin, denn sie findet das gut – sie sagt, es gibt den Himmel, aber wir können ihn nicht sehen, weil er so weit weg ist.«

Ich fragte Andy, ob er sich je den Himmel vorgestellt habe, und er antwortet: »Nein, nie.« Ich fragte ihn, ob er schon mal über Gott nachgedacht habe – was Er von uns wolle, wie Er aussehe, wo Er sich aufhalte. »Nein, nie«, antwortete er wieder. Ich sagte dann, daß ich mich freuen würde, wenn er mir ein Bild malen würde – irgendein Bild, durch das er mir zeigen könne, was für Vorstellungen er in religiöser und spiritueller Hinsicht habe. An jenem Nachmittag war Andy endlich bereit, auf meinen Vorschlag einzugehen. Während ich mich mit meinen Notizen und Tonbandmitschriften beschäftigte, war er fleißig bei der Arbeit. Zuerst zeichnete er einen Jungen mit blonden Haaren, wie er selbst sie hatte, der an einem Steuerrad saß, und dann ging er dazu über, ein großes Rechteck zu zeichnen, dessen Inneres er allmählich mit den verschiedensten Farben ausfüllte. Ich wußte nicht, was das sein sollte. Nachdem er lange mit roten, lila, orange, gelben, blauen, grünen und braunen Stiften gemalt hatte – das Resultat erinnerte an ein Osterei, das auf einem schwarzen Untergrund lag –, schien er schließlich fertig zu sein. Doch kurz bevor er sagte, es sei nun genug, legte Andy die Farbstifte beiseite, nahm seinen Bleistift und zeichnete damit einen kleinen Mann in einen, wie mir jetzt erst auffiel, absichtlich ausgesparten weißen Fleck. Dazu kam noch ein nach oben zeigender Pfeil und ein Plus-Zeichen in einem Kreis. Jetzt gehörte das Bild (Abb. 5) mir – er überreichte es mir mit einem breiten Lächeln.

Ich betrachtete es ganz genau, konnte mir aber immer noch keinen Vers darauf machen und sagte zu Andy: »Ich werde nicht richtig schlau aus dem, was du gezeichnet hast!«

»Oh, ich habe eine Reise gemacht!«

»Wirklich?«

»Klar.«

»Wohin ging's denn?«

»Nach oben in den Weltraum.«

»Was hast du denn da gesehen?«

»Also, erst mal habe ich lange nichts gesehen – bloß den Himmel, er ist riesig, Millionen Meilen groß! Zuerst kamen die Wolken und dann der Weltraum. Da kann man einschlafen, und wenn man wieder aufwacht, sieht es immer noch genauso aus. Aber nach einer ewig langen Zeit sieht man andere Planeten – und das [er zeigte auf sein Bild] ist so einer, nur ist er anders als die anderen.«

»Wieso?«

»Also, es ist ein Planet, aber es ist kein gewöhnlicher.«

»Welcher ist es denn?«

»Es ist der, wo Gott wohnt.«

»Oh!«

»Können Sie Ihn sehen?«

»Ja, ich glaube jetzt schon, nachdem du mir erklärt hast, was du gemacht hast.«

Wir schwiegen beide. Ich betrachtete die Zeichnung in allen Einzelheiten und wurde immer noch nicht richtig klug daraus. Sollte das Gebäude Gottes Haus sein? Was sollte das Schwarze rund um die vielfarbige Fläche? Das war wohl der kleinste Gott, dem ich je auf einer Zeichnung begegnet war! Währenddessen betrachtete auch Andy sein Bild. Er unterbrach das Schweigen mit einer Frage, die sich an mich richtete: »Können Sie mich erkennen?«

»Ja, ich denke schon – da, mit dem blonden Haar. Aber du hast doch nicht so einen dicken Bauch!«

»Das gehört zu dem Stuhl, auf dem ich sitze – ich bin in einem Raumschiff, das mich durch den Himmel fährt! Ich bin am Steuer. Wir steigen immer höher, und unser Ziel ist der Himmel. Wir hören Musik dabei – Billy Joel oder die Stones! Ich hab' auf ›Himmel‹ gedrückt; wenn ich auf ein ›Minus‹ gedrückt hätte, dann

würden wir direkt nach unten fahren, direkt durch die Erde! Dann
würden wir in die Hölle kommen!«
»Verstehe! Aber was passiert im Himmel?«
»Oh, da ist ein großes Pfefferkuchenhaus, und dahin kommen
die Menschen, wenn sie in den Himmel kommen; und Gott ist
draußen und entscheidet, wer reinkommt!«
»Verstehe!«
»Das Schwarze«, sagte er, gerade als ich mich danach erkundigen
wollte, »das ist der Weltraum rund um Gott und Sein Haus. Ich
habe im Fernsehen gehört, daß es da oben ganz dunkel ist. ›Der
Weltraum ist schwarz‹, hat unser Lehrer gesagt, deshalb sieht das so
aus.«
»Sind viele Leute in dem Haus?«
»Ja, ich glaube schon.«
»Was tun sie da?«
»Ich weiß nicht. Das erfährt man nur, wenn man dahin kommt,
und man weiß nicht, ob man hinkommt, bis man es tut!«
»Warum ist Gott so klein?«
»Oh, weil Er in Wirklichkeit unsichtbar ist!«
»Das verstehe ich nicht.«
»Ich meine, ich bin größer als Gott, weil ich lebendig bin. Gott ist
anders lebendig als wir. Stimmt's? Man kann Ihn nicht sehen, nicht
wahr? Ich meine, als Er Jesus war, haben Ihn die Menschen gesehen,
aber das war nur das eine Mal. Ich glaube, wenn ich das Bild richtig
malen würde, dann würde Gott gar nicht drauf sein; vielleicht
würde ich Ihnen dann nur sagen, Er sei in Seinem Haus!«
»Warum hast du so viele Farben genommen, Andy?«
»Also, da oben im Himmel ist es schön, glaube ich, und die
Menschen freuen sich.«
»Warum ist das ein Pfefferkuchenhaus?«
»Ich weiß nicht – vielleicht, weil es gut schmeckt. Wenn man im
Himmel ist, hat man lauter gute Dinge zu essen!«
»Hättest du Lust, jetzt noch ein Bild von der Hölle zu malen?«
»Nein!«
»Wie würde die Hölle denn aussehen?«
»Das wäre ein Raum, wo keine Fenster sind und keine Türen und
keine Musik, überhaupt kein Geräusch, und da drin würde ein
Feuer, ein riesiges Feuer brennen!« Mit einem Lächeln fügte er noch
hinzu: »Es ist sowieso nur ausgedacht.« Nun konnte ich mir auch

darüber noch Gedanken machen! Ich wagte Andy nicht zu fragen, was er mit »es« gemeint hatte.

*

Als ich an jenem Tag von Andys Zuhause fortging, fielen mir wieder die vielen Bilder ein, in denen Kinder Himmel und Hölle, Gottes Da-oben-Sein und die unterirdische Existenz des Teufels dargestellt hatten – diese geographischen Verhältnisse sind natürlich nicht verwunderlich, wenn man bedenkt, was sie im Religionsunterricht lernen, sei es in der jüdischen »Schul«, in der christlichen Sonntagsschule, im Gottesdienst oder in der Synagoge. Insbesondere erinnerte ich mich an den Vortrag, den mir ein schwedischer Junge gehalten hatte, über Himmel und Hölle, den Aufstieg und das Niederfahren: »Wenn du stirbst, dann gibt es zwei Richtungen, wo du hinkommen kannst: entweder gehst du ganz hoch nach oben oder tief, tief nach unten! Das entscheidet sich sofort. Wie sollte es auch anders sein? Man kann nicht erst nach oben kommen und dann nach unten gehen; und man kommt nicht nach unten und plötzlich wieder in die entgegengesetzte Richtung!«

Ich stellte mich dumm: »Warum nicht?«

Der Junge, er hieß Jon und war fast zehn Jahre alt, tat meine Frage mit einem einzigen Wort ab: »Darum.«

Ich wartete. Schließlich ließ er sich doch noch zu einer näheren Erklärung herbei: »Gott würde nicht zulassen, daß alles durcheinander geht. Er entscheidet; Er hat es zu sagen. Er wartet, bis du fast tot bist, und dann sagt er ›Nach oben‹ oder ›Nach unten‹. Das sagt der Herrgott ja schließlich schon vorher: ›Du kannst nach oben oder nach unten – also entscheide dich beizeiten, wohin du willst!‹«

Dann zeigte er mir, wo auf seiner Zeichnung (Abb. 6) Gott war und sagte, er glaube, Gott sehe wie die Sonne aus, allerdings habe Er auch Flügel und »vielleicht auch ein Gesicht«. Was den Teufel anging, so sei dieser schwarz (Gott war in Gelb gemalt) und trage einen Stock bei sich, und er versuche, die Menschen zur Hölle zu ziehen, aber das könne ihm nur gelingen, wenn Gott es zuließe: »Wenn Er jemanden ablehnt, dann holt ihn der Teufel. Wenn Er dich bei sich haben will, zieht Er dich hoch, und dann kommst du hin, ganz schnell.«

Mir fiel auf, daß er vor dem letzten Wort gezögert hatte und deshalb stellte ich ihm eine weitere Frage; schließlich wollte ich die

Kosmologie des Jungen in allen Einzelheiten kennenlernen: »Wie schnell?«

»Das geht im Handumdrehen.«

»Wessen Hand?«

»Die von Gott natürlich.« Nach dem letzten Wort sah mir Jon direkt in die Augen – vielleicht wollte er herausfinden, ob ich einfach nur ahnungslos war oder ihn provozieren wollte. Doch ich dankte ihm für seine Antwort; meiner leisen Stimme war anzumerken, daß ich mich ein bißchen schämte.

*

Auch auf einem anderen Bild spielt das Nach-oben- oder Nach-unten-Kommen eine wesentliche Rolle. Es ist eine Zeichnung, die ein zehnjähriger jüdischer Junge, der in Swampscott, nördlich von Boston, lebte, für mich anfertigte. Ich besuchte damals eine Hebräisch-Schule, um mit einer Gruppe von Kindern zu sprechen. Im Gespräch ging es um das Judentum und seine Lehren und Wertvorstellungen, doch Morton tat sich nicht besonders hervor. Vielmehr schien ihn der von mir mitgebrachte Stapel Buntstiftschachteln zu interessieren, und seine wiederholten Blicke veranlaßten mich, sie den acht vor mir sitzenden Kindern anzubieten. Ich schlug vor, daß sie eine Szene aus der Bibel zeichnen sollten, und schon bald war Morton damit beschäftigt, einen Himmel zu malen, und danach eine menschliche Figur, die auf der Spitze eines Berges stand und die vertrauten Tafeln mit den Zehn Geboten hielt (Abb. 7). Schließlich machte er noch etwas ganz Originelles, das meine Neugier weckte – er plazierte einige Menschen an den Fuß des Berges, deren Körper wie Davidsterne aussahen. Bei ihnen stand das goldene Kalb, das die Juden anbeteten – ein Symbol für ihren Rückfall in den Götzendienst –, während Moses und sein Gott miteinander sprachen. Die Zurückhaltung, die Morton vorher im Gespräch gezeigt hatte, schwand jetzt, weil er auf sein Kunstwerk stolz war: »Die Juden waren aus Ägypten geführt worden, aber dann vergaßen sie Gott. Moses stieg auf den Berg, auf die Bergspitze, und sprach mit Gott. Wissen Sie, meine Tante ist Psychologin, und sie hat gesagt, daß Moses Führer der Juden war und zugleich ein Freund von Gott und daß er Ihn beruhigt hat.«

Ich bat ihn um eine Erklärung: »Willst du damit sagen, daß du meinst, Moses beruhigte Gott?«

»Oh, ja. Gott hat sich über die Juden sehr aufgeregt. Wir sind doch Sein Volk, und dann haben wir dieses Kalb hergestellt und es angebetet! Gott wurde sehr zornig, aber Moses hat auf Ihn eingeredet; er wollte nicht, daß Gott so zornig wurde, daß Er das jüdische Volk bestrafte und es womöglich ganz vernichtete – das kann Er nämlich! Moses hat Gott beschwichtigt; er hat zu Ihm gesagt, daß die Juden einen Fehler gemacht haben, aber er würde jetzt zu ihnen gehen und mit ihnen sprechen, und das tat er dann auch; er stieg wieder vom Berg hinab, die Zehn Gebote hatte er bei sich, und dann hat er ihnen alles erklärt, und sie haben sich besonnen! Sie wurden wieder Juden! Man kann seine Religion leicht verlieren – das ist immer die Gefahr.«

Morton wandte sich nun wieder seiner Zeichnung zu. Er beschloß, in die obere rechte Ecke des Zeichenblatts eine Hand zu zeichnen – eine regelrechte Pranke, Gottes Faust! Als er damit fertig war, wandte er seine Aufmerksamkeit den beiden Tafeln und deren Empfänger zu. Er nahm Rot, um Striche auf die blauen Tafeln zu malen, benutzte dieselbe Farbe auch für den Kopf des Moses und dazu, die Hand Gottes mit den Worten, die Er Seinem auserwählten Volk gegeben hatte, zu verbinden. Aus Moses dem Therapeuten wurde Moses der Bote, hoch oben im Himmel. Der blaue Himmel berührte die blauen Gesetzestafeln, die von der gelben Sonne angestrahlt wurden; einige der Sonnenstrahlen schienen auch von der Hand Gottes auszugehen.

Ich wollte von Morton noch mehr über sein Bild hören: »Morton, das Rote auf dem Kopf von Moses . . .« Ich brauchte nicht weiterzureden. »Er ist ein frommer Mann und steht vor Gott – vielleicht hätte ich es [das Käppchen] schwarz machen müssen!«

Der Junge machte ein nachdenkliches Gesicht, schwieg, betrachtete sein Bild und sagte dann: »Ich hätte die Hand da nicht malen sollen. Wir dürfen nicht so an Gott denken!«

Ich beeilte mich, vielleicht voreilig, das Kind zu beruhigen. Ich erzählte ihm, daß bereits eine ganze Reihe von jüdischen Kindern während einer derartigen Malstunde mit mir in Versuchung gewesen waren, Gott in menschlicher Gestalt darzustellen, also einen Arm, ein Gesicht oder sogar einen Teil des Körpers zu zeichnen. Ich erzählte ihm auch von dem gelegentlichen Wunsch einiger islamischer Kinder, sich ein Bild von Gott zu machen.

Er unterbrach mich: »Haben Sie sie daran gehindert, es zu tun?«

»Nein. Einer hat von sich aus damit aufgehört; ein anderer, der ein Bild von einer Moschee malte, zeichnete auch ein Gesicht, einen Hals, Schultern und zwei Arme, aber dann hat er aufgehört und zu mir gesagt, das Bild könne ›vielleicht Mohammed oder ganz vielleicht Allah‹ darstellen, aber es sei ›unrecht‹, sich vorzustellen, wie sie aussehen.«

»Haben Sie das Bild noch?«

»Nein. Der Junge hat gesagt, er wolle es zerreißen. Ich muß zugeben – ich habe nichts dazu gesagt, aber es tat mir leid.«

Wir schwiegen beide. Plötzlich hatte ich das Gefühl, daß diesen Malstunden etwas Sündiges anhaftete – wenn da beispielsweise ein in London lebender pakistanischer Junge, der tagtäglich die Lehren des Islams empfing, einen Moment lang versucht war, eine große Sünde zu begehen. Morton konnte offensichtlich meine Gedanken lesen: »Wenn es Ihnen leid getan hat, dann ist es schon in Ordnung. Wenn ich bete, dann sehe ich Gott auch vor mir, ich stelle Ihn mir als einen alten Mann vor – ein bißchen so wie mein Großvater! Er [Gott] sieht aber niemandem ähnlich, denke ich mir!«

Morton wurde wieder sehr nachdenklich und blickte auf das Ergebnis seiner Malkunst herab. Mit seinem rechten Zeigefinger fuhr er langsam auf dem Papier auf der Leiter nach oben, und als sein Finger bei Moses und den Gesetzestafeln, der Hand Gottes, Himmel und Sonne angelangt war, sagte der Junge: »Ich möchte wohl wissen, ob Gott selbst geschrieben hat, was er uns verkündet hat [die Gebote]. Hat Er die Worte eingemeißelt? Hat Er Hebräisch mit Moses gesprochen? Moses muß jedenfalls Hebräisch gesprochen haben, als er etwas zu Ihm sagte!«

Nun saßen wir beide still da und sannen über das einzigartige und unerforschliche Mysterium nach – auf welche Weise Moses und Gott sich miteinander verständigt hatten. Mortons Bild wurde diesem Geheimnis eher gerecht als es tausend Worte oder selbst eine tiefgründige theologische Diskussion gekonnt hätten. Mit seinem roten Buntstift hatte er den Kopf von Moses mit den Worten der Gebote und der Hand Gottes verbunden – und dies alles inmitten von Sonnenstrahlen, von leuchtendem, durchdringendem Licht, das Gott und Mensch und die Worte, die ein Volk lenken, lehren und inspirieren würden, vereinte. Das Gelb der irdischen Missetat wird von der Sonne am Himmel aufgewogen;

das Gelb eines goldenen Kalbes verwandelt sich in das Gelb eines spirituellen Austauschs. Kein Wunder, daß der schwarze Pfeil, der auf Moses' Namen hinweist, auch die Form eines himmelwärts ziehenden Vogelschwarms erhalten hat, so daß die Flügel des Glaubens den Menschen unten auf der Erde die Richtung weisen.

»Morton, mir fällt auf, daß du den Juden da [am Fuß des Berges] Körper gegeben hast, die ein bißchen an den Davidstern erinnern – nicht wahr? –, aber bei Moses hast du das nicht so gemacht.«

Der Junge musterte die Juden unten und den einzelnen hoch oben, mit der rechten Hand mitten im strahlenden Glanz, eindringlich und sagte dann: »Also, ich glaube, Moses war anders als die anderen.« Nach ein paar Sekunden fügte er noch etwas hinzu: »Heute gelten die Zehn Gebote für alle, nicht nur für uns.«

Danach erklärte mir Morton, daß Moses zweimal auf den Berg stieg, weil er die Gesetzestafeln, die er mit heruntergebracht hatte, zornig zerschmettert hatte, als er das goldene Kalb sah, und daß er wieder hinaufstieg, um mit Gott zu sprechen – und daß Er ihm gesagt hatte, daß er Sein Gesicht nicht sehen würde. Morton zeigte auch noch auf das Dreieck auf der Spitze des Berges, denn er hatte gemerkt, daß ich es nicht erwähnt hatte, obwohl ich sonst fast alles auf dem Blatt beachtet hatte. Er erklärte: »Gott machte einen Platz, wo Moses stehen konnte und sie sich unterhalten konnten. Ich glaube, erst hat Moses Gott besänftigt, und dann hat Gott Moses besänftigt, denn der war wirklich außer sich, wegen der Sache, die sein Volk getan hatte [der Tanz um das Goldene Kalb].«

Hier vergaß ich Swampscott in Massachusetts und mußte an Freud denken, der in seinem letzten Lebensjahr in London das Manuskript seines Buchs über Moses überarbeitete, das ursprünglich den Titel »Der Mann Moses. Ein Roman« trug und dann zu einem langen psychoanalytischen Essay mit dem Titel *Der Mann Moses und die monotheistische Religion* wurde. Ich erinnere mich noch, wie ich das Buch las und wie ich später Erik H. Erikson darüber reden hörte. Freud wollte unbedingt herausfinden, wer Moses war (ein Ägypter?) und was für eine Art von Führer und welche psychologische Bedeutung seine Führerschaft im Laufe der Jahrhunderte gehabt hatte. Welche Ironie, daß der Begründer der Psychoanalyse sich weniger dafür interessiert hatte, was zwischen Moses und Gott vorging – die Wirkung, die sie wechselseitig aufeinander ausgeübt hatten, die Stimmungsumschwünge und

Veränderungen in der Einstellung, die sie jeweils beim anderen hervorgerufen hatten – als dieser Junge, der kaum zehn Jahre alt war und nach seinem eigenen Bekunden später in die Firma seines Vaters eintreten und durchaus kein Psychologe werden wollte. Morton unterbrach meine Gedanken:»Herr Doktor, ich habe mich gefragt, ob Gott – wenn Er wieder zu uns [den Juden] kommt –, ob Er dann Hebräisch spricht oder was sonst.«

»Ich weiß es nicht.«

»Das weiß bestimmt keiner. Woher auch?«

»Eben!«

Zwei Monate später fügte Morton bei einem weiteren Gespräch hinzu:»Moses hat wirklich gelitten, als er vom Berg herabkam und sah, wie sein Volk um das Goldene Kalb herumtanzte. Er war zornig, aber wahrscheinlich hat er auch geweint. Und dann hat Gott ihn geheilt, denke ich mir.« Dieses Kind stellte sich die prophetische Gestalt als jemanden vor, in dem charismatische Macht und ungewöhnliche Verletzlichkeit in außergewöhnlicher Weise ausbalanciert waren. Ich hatte nie zuvor daran gedacht, daß Moses geweint haben könnte – eher hatte ich immer an seine gewaltige moralische Empörung gedacht, die er angesichts der fürchterlichen Enttäuschung und des Verrats durch sein eigenes Volk empfand.

Bei einer Gelegenheit fiel mir, einige Monate später, Mortons Vorstellung, daß Moses sowohl geweint als auch vor Empörung und Zorn außer sich gewesen sei, wieder ein. Das war, als ich eine Zeichnung (Abb. 8) betrachtete, die ein elfjähriges katholisches Mädchen in Ungarn, dessen Mutter vor kurzem an Krebs gestorben war, für meinen Sohn Bob gemalt hatte. Vielleicht stellte ich eine Verbindung zwischen diesen beiden Kindern auf Grund einer Äußerung von Anna, dem Mädchen aus Budapest, her, die sie meinem Sohn gegenüber gemacht hatte, nachdem sie ihre Kreuzigungsszene fertig hatte:»Karfreitag ist ein trauriger Tag. Jesus war da [am Kreuz], und Er muß geweint haben. Ich habe meine Mutter gefragt [im Jahr davor], ob Er geweint hat, und sie hat gesagt, sie weiß es nicht, aber sie glaubte, daß Er tapfer war und nicht weinte. Er habe nur immer weiter an Gott gedacht und daß Er im Himmel auf ihn wartete. Aber ich glaube, Er weinte *doch* – jedenfalls vielleicht.«

Dann fragte sie Bob, was *er* denn meine. Bob zitierte den berühmten Satz aus der Bibel »Jesus weinte« und erklärte, daß er sich einen weinenden Jesus vorstellen könne – Er habe ja furchtbare Schmerzen gehabt und sich verlassen gefühlt (was er ja auch in Worten ausdrückte). Die kleine Anna stimmte ihm zu, und dann beschäftigten sie sich wieder mit ihrem Bild, das sie mit Farbstiften und einem Bleistift gemalt hatte. Oberhalb eines grünen Hügels hängt Jesus am Kreuz. Vier Blumen mit hängenden Köpfen wachsen links und rechts am Hang, womit ausgedrückt wird, daß auch die Natur trauert – die Landschaft als Pieta. Oben ist es ziemlich dunkel; es sind dunkle Zeiten. Und doch gibt es auch Licht, ungehindert herabströmendes Licht; Licht, das von hoch oben kommt, Licht, das sich seinen Weg durch den Himmel bahnt, durch das Blau, die (Be-)Trübnis der schwankenden Welt. Dieses Licht ist jedoch eingegrenzt. Anna hat alles Gelb mit ihrem schwarzen Bleistift sorgsam umrandet: Das vermittelt eine düstere Atmosphäre, aber es eröffnet auch Möglichkeiten – es ist ein dramatischer, elektrisch aufgeladener Moment in der Geschichte der Welt. Der Jesus-Figur strömt Blut aus beiden Füßen und Händen. Sein Herz ist zu sehen, es scheint auch zu bluten, wie Sein Mund. Die Künstlerin hat mit ihrem Bleistift auch Tränen gezeichnet, die aber nur aus der Nähe gut zu erkennen sind. »Er ist gleich tot«, verkündete Anna, als sie mit ihrer Zeichung von Jesus fertig war, die ihn wohl in dem Augenblick zeigen soll, als Er laut aufschrie und starb.

Im weiteren Gespräch mit Bob erzählte Anna, daß sie schon öfter überlegt habe, was Jesus dachte, als Er am Kreuz hing. Als Bob sie fragte, was Er *ihrer* Meinung nach wohl gedacht habe, kam eine prompte Antwort: »Er muß ganz durcheinander gewesen sein, daß Er nun sterben sollte. Daß Er zu Gott sagte, daß Er ›verlassen‹ sei, das beweist es. Er muß die schlimmsten Schmerzen gehabt haben, und einen Arzt, der Ihm hätte helfen können, gab es nicht, und es gab auch noch keine modernen Schmerzmittel, wie wir sie heute haben. Vielleicht hat Er gestöhnt, und ich würde gern wissen, was wohl die Leute, die in der Nähe waren, dachten, falls sie es gehört haben. Damals war eine Kreuzigung noch eine normale Strafe, und die Leute scheinen sich keine Gedanken darüber gemacht zu haben, daß der Betreffende sehr leiden mußte. Sicherlich wollte Jesus den schlechten Menschen, die da in der Nähe waren, vergeben, aber bestimmt hätte Er sie am liebsten auch gehauen, und zwar tüchtig, um sich an ihnen zu rächen.«

Sie hielt inne, holte tief Lust und trank einen Schluck Wasser, dann fuhr sie ohne weitere Aufforderung fort. »Glauben Sie, daß Gott auch weinte?« Sie wartete Bobs Antwort nicht ab. »Es kann doch gar nicht anders sein. Sein Sohn war am Sterben! Der Priester hat gesagt, daß Gott schon vorher [vor der Kreuzigung] wußte, daß es dazu kommen würde. Er konnte in die Zukunft sehen. Aber selbst wenn Er wußte, was Ostern passieren würde, muß Er geweint haben, wegen der Art und Weise, auf die Sein Sohn sterben mußte. Es war eine Art Folter – das hat der Priester gesagt. Die ganze Erde hat gebebt, glaube ich, als Jesus am Kreuz hing. Seine Mutter muß geweint haben, bis sie keine Tränen mehr hatte. Ich glaube, die Sonne hörte auch eine Zeitlang auf zu scheinen. Alle waren traurig, außer den Menschen, die wollten, daß Jesus starb.«

Im weiteren Verlauf des Gesprächs wandten Anna und Bob sich von der Betrachtung des Todes Jesu ab und Seinem Leben zu. Anna zeigte, was sie alles über die Wunderkräfte ihres Heilands wußte und wen er geheilt hatte. Dann erwähnte sie, daß Er es sogar mit dem Tod aufnehmen konnte – sie meinte damit die Auferweckung des Lazarus. Sie schlug von sich aus vor, diese Szene zu illustrieren, und machte sich dann sogleich mit großem Eifer und Fleiß daran, wobei sie das Wunder vor der Kulisse einer modernen Straße spielen ließ, wo sich Häuser in den verschiedensten Farben aneinander drängten (Abb. 9). »Ich wüßte gern, was Er zu Lazarus gesagt hat«, meinte Anna, während sie letzte Hand an die Figuren von Jesus und Lazarus legte. »Ich weiß, daß Er ihn beim Namen rief und er aufwachte, aber Er muß Lazarus doch auch erklärt haben, was passiert ist. Unser Priester hat gesagt, daß die Bibel nicht alles berichtet – also nicht jedes einzelne Wort! Als Lazarus auferstanden ist, da waren sicher alle überzeugt! Die Leute müssen sich sehr gefreut haben, aber vielleicht haben sie auch Angst gehabt. Selbst Euer ›Superman‹ macht ja so etwas nicht!«

Bob mußte lachen, und Annas Gesicht demonstrierte Befriedigung: Sie hatte dem jungen Mann aus Amerika gezeigt, daß sie etwas über sein Land wußte, und irgendwie hatte sie die biblische Vergangenheit mit dem zwanzigsten Jahrhundert auf eine Weise in Zusammenhang gebracht, die beiden Spaß machte. Nach Annas Anspielung auf »Superman« fiel Bob das schwarze Cape auf, mit dem sie Jesus bekleidet hatte, sowie seine ausgebreiteten Arme. Etwas später erwähnte Anna den Tod ihrer Lieblingstante – nicht den ihrer Mutter – und fügte hinzu, daß sie damals bei deren Begräbnis überlegt habe, ob sie Jesus bitten solle, daß Er in die Kirche komme, den Sargdeckel öffne und ihre Tante wieder ins Leben zurückrufe, die erst fünfundvierzig war, als sie starb: »Ich dachte, Er würde das können, wenn Er wirklich zu uns käme. Es heißt doch, daß Er eines Tages wiederkehrt. Wir wissen nur nicht, wann. Meine Mutter hat gesagt, daß man nicht um ein Wunder beten kann; sie geschehen einfach so. Sie hat gesagt, daß ihr nie eins geschehen ist, aber daß es Leute gibt, die welche erlebt haben. Meine Tante hätte ein Wunder verdient gehabt. Sie war der netteste Mensch auf der Welt. Der Priester kam zu uns und sagte, daß Jesus um sie weinen würde. Ich wollte ihn schon fragen, ob wir alle zu Ihm beten sollten, damit Er kommt und sie wieder lebendig macht, aber meine Mutter sagte: Nein, nein, es wäre schrecklich, darum zu beten. Was in der Bibel erzählt wird, das war früher, nicht heute – das hat meine Mutter zu mir gesagt. [Bob hatte sie nach der Reaktion ihrer Mutter auf die Idee, Gott um ein Wunder zu bitten, gefragt]. Sie hat mir gesagt, wir würden Jesus beleidigen, weil Er uns schließlich ruft, wenn Er es will – und wir sollten nicht zu Ihm sagen, daß Er einen Fehler gemacht hat! Aber wir waren alle sehr traurig!«

Zweifellos hatte Annas Interesse für die Geschichte von Lazarus seinen Ursprung in ihrer Liebe zu ihrer Tante, vom kürzlichen Tod ihrer Mutter einmal abgesehen. Anna war generell von Geschichten von Wundern und übernatürlichen Ereignissen fasziniert; sie war nicht nur von »Superman« begeistert, sondern auch von den Weltallexpeditionen in der Star-Trek-Fernsehserie, die ihren Weg auch nach Ungarn gefunden hatte. Kinder hängen meistens sehr an diesem Aspekt des Lebens Jesu – Seine von Seinen Jüngern bezeugte Fähigkeit, Wunder zu vollbringen. Immer wieder, gleich in welchem Land, habe ich Mädchen und Jungen getroffen, die sich genau wie Anna für die Wunder interessierten und ebenso wie sie gern gewußt hätten, warum wir heute keine mehr erleben. Wie auch immer Eltern oder Geistliche sich dazu äußern, die Kinder überlegen stets aufs neue, ob solche Wunder sich nicht heute wiederholen könnten, wenn jemand sich nur darum bemühte. »Als meine Tante gestorben war, habe ich dauernd in den Himmel geguckt«, sagte Anna. »Ich habe gedacht, wenn ich mich nur richtig auf Jesus konzentriere – also viele Gebete zu Ihm schicke und Ihn anflehe, mir zuzuhören –, dann müßte Er doch von uns hier Notiz nehmen und vielleicht beschließen, uns zu helfen. Neulich habe ich eine Wolke gesehen, die sah so aus wie Er – wie Sein Gesicht! Ich bin still gestanden und habe sie beobachtet, aber die Wolke war schnell wieder weg. Ich weiß: eine Wolke ist nur eine Wolke. Ich wünschte nur, es gäbe eine Möglichkeit, daß Jesus zu uns kommen könnte, so wie Er das vor langer Zeit bei den Menschen damals gemacht hat. Die haben einfach Glück gehabt, und wir haben nicht soviel Glück!«

Annas Sehnsucht nach einer Wiederkehr Jesu entstand nicht aus reiner Selbstlosigkeit. Ihr Gesicht war von Windpockennarben übersät. Ganz im geheimen wünschte sie sich manchmal eine schönere Haut und betete um eine Verwandlung, auch wenn sie wußte, daß diese wohl kaum eintreten würde. Eine ganze Reihe von amerikanischen Kindern bekannten sich zu ähnlichen sehnsuchtsvollen Wünschen, sobald wir über das Leben Jesu sprachen. Einige dieser Kinder hatten natürlich auch von späteren Wundern gehört, von der langen Liste, die darüber im Vatikan geführt wird. Dennoch sprechen die Geschichten, wie Jesus die Toten erweckte, die Lahmen heilte, die Blinden sehend machte, alle Kinder zutiefst an, die noch nicht den Alltagsrealismus ihrer Eltern übernommen haben.

*

Solange aber keine Wunder mehr geschehen, träumen viele Kinder von einer Zeit, wo sich das Beten erübrigt – von der Wiederkehr Christi. Egal ob in den Vereinigten Staaten oder in anderen Ländern, sobald Kindern die Gelegenheit geboten wurde, zu einem religiösen oder spirituellen Thema zu malen, was sie nur wollten, beschäftigte sie der in der Bibel verheißene festliche Moment, wo Gott sich zeigt und die Toten erwachen.[4] So wie Anna sich mit aller Energie auf die weit in der Vergangenheit liegende Auferweckung des Lazarus konzentriert hatte, wollten zwei andere ungarische Mädchen, Sophia und Vera (die meinem Sohn Bob von demselben Priester vorgestellt wurden), gern darstellen, was noch in weiter Ferne lag, nämlich die Ereignisse am Tag des Jüngsten Gerichts. Als die beiden zehnjährigen Mädchen ihr Werk beendet hatte, lachten und scherzten sie mit dem Gast aus Übersee, insbesondere Vera: »Vielleicht erleben wir die Wie-

derkehr Christi noch! Ich kann mich leider nicht an meine Großmutter erinnern, und deshalb würde ich mich sehr freuen, wenn
ich sie kennenlernen würde, wenn die Toten lebendig werden.
Vielleicht passiert das ja bald, dann brauche ich nicht vorher zu
sterben und darauf zu warten.«

Sie hielt inne und dachte über das, was sie da eben gesagt hatte,
nach. »Ich stelle mir vor, es wird einfach passieren – Gott wird
kommen und alle aufwecken, auf allen Friedhöfen. Die Musik wird
spielen – Trompeten, glaube ich –, und die Menschen werden
singen. Ich wollte immer den Priester fragen, wie das alles vor sich
geht. Was wird mit den Menschen, die eingeäschert worden sind –
werden sie auch geweckt werden? Mein Vater hat gesagt, ich soll es
[die Auferstehung der Toten] nicht zu erklären versuchen. Er hat
gesagt, es passiert einfach. Die Seelen werden sich zu Gott aufma-
chen – ausgenommen die der schlechten Menschen: Sie werden
von den anderen getrennt und kommen nicht in den Himmel. Gott
wird die guten Menschen mit Seiner Trompete rufen, und die
Schlechten wird er mit Seiner Sichel dahinraffen. Ich möchte nicht
da wohnen, wo es so schlimm war – in dieser Stadt, Babylon heißt
sie, glaube ich –, oder sonstwo, wo viele Leute leben, die Unrecht
tun und denen alles egal ist, die immer nur weitermachen mit dem
Bösen.«

Vera hatte in ihrer Zeichnung (Abb. 10) eine klare Trennung
zwischen der Welt der Geretteten und der der Verdammten vollzo-
gen – sie hatte eine dicke schwarze Mauer zwischen beiden gemalt.
Als sie aufgefordert wurde, etwas mehr über die Menschen zu
erzählen, die in der verworfenen Stadt wohnten, in den einzelnen
Häusern, die sie gezeichnet hatte, war Vera anfangs ratlos. Sie
wiederholte sich, sprach von »schlechten Leuten«, »schlimmen
Orten«. Als sie noch einmal gefragt wurde, was denn das »Schlechte«
sei, was in den »schlimmen Orten« vor sich ginge, zuckte sie mit
den Schultern und bestritt, irgend etwas Genaues darüber zu wissen. Auf eine neuerliche, anders formulierte Nachfrage (»Wie unterscheiden sich die Menschen auf dem Friedhof und links darüber
von denen in den Häusern?«) reagierte sie mit einigen Sekunden
Nachdenken, wiederholte dann ihre Deutung noch einmal, wobei
sie allerdings doch ausführlich wurde: »Die guten Menschen werden nach oben gehen, zu Gott; die Schlechten werden gar nicht erst
in Seine Nähe kommen. Die schlechten Menschen fluchen und

sind gemein, sie lügen und stehlen und denken an niemanden außer sich selbst. Vielleicht betrügen sie ihre Frauen. Vielleicht befolgen sie die Gesetze nicht. Vielleicht gehen sie nicht in die Kirche und beten nicht. Gott weiß, wer sie sind. Wir können die Menschen täuschen, Menschen können Menschen täuschen; aber Gott, den kann niemand reinlegen.«

Vera hatte den Priester von der Wiederkehr Christi sprechen hören und erinnerte sich daran, daß er aus der Offenbarung des Johannes vorgelesen hatte, wenn auch nicht mehr an eine bestimmte Stelle. Wie Vera stattete auch Sophia den Herrn außer mit einer Trompete auch mit einer Sichel aus (Abb. 11), aber vor allem das Instrument faszinierte sie. Sie war musikalisch – sie spielte Klavier –, und es interessierte sie, was der Herr wohl auf der Trompete spielen würde. Wie Vera wollte sie dem Betrachter die allgemeine Aufwärtsbewegung (für die Erlösten) begreiflich machen. Beide Mädchen benutzten Pfeile, um allen Betrachtern, denen die Tragweite des Augenblicks noch nicht klar geworden war, auf die Sprünge zu helfen, vielleicht aber auch, um sich selbst zu helfen, denn sie kamen noch mehrmals auf das Geheimnis der verheißenen Auferstehung zurück. Sophia, im allgemeinen ein optimistisches, zufriedenes Kind, geriet ins Zweifeln: »Wenn wir zu Staub werden – ich glaube, so heißt es doch in der Bibel –, dann weiß ich nicht, wie wir danach wieder lebendig werden können! Es steht in Gottes Macht, das weiß ich. Meine Mutter sagt, man soll niemals versuchen, die Werke Gottes mit dem Verstand zu verstehen, weil man das nicht kann. Er ist ein Zauberer! Er ist nicht wie die Zauberer, die auf einer Geburtstagsfeier auftreten; Er ist der beste Zauberer, den es je gegeben hat! Jemand, den ich kenne, hat mal unseren Priester gefragt, ob er uns nicht erklären könne, wie Jesus Seine Wunder tat und wie Gott Seine tun wird, wenn Er zu uns kommt und die Menschen in den Himmel oder in die Hölle schickt, auch die Toten, es geht ja in beide Richtungen, nicht nur die Lebenden. Der Priester hat gelacht und gesagt, es sei töricht, wenn wir versuchten Gottes Donner zu stehlen! ›Wenn Ihr das versucht, dann kommt Ihr in große Schwierigkeiten. Man soll überhaupt nicht zu neugierig sein! Man sollte tun, was richtig ist, und dann geschieht alles, wie es geschehen soll.‹ «

Vera hörte gespannt zu, und Bob merkte, daß sie sich gern an dem Gespräch beteiligen wollte. Als Sophia mit ihrer kleinen

Moralpredigt fertig war – ihr Bekenntnis zum Glauben, durchsetzt mit der Warnung vor den Gefahren bestimmter Arten von Neugier – stimmte Vera schnell mit ein: »Wer Ärger haben will, der kriegt auch Ärger! Sie wissen doch, was Lots Weib passiert ist!«

Bob wußte es, aber er wollte es von Vera selber hören, und deshalb fragte er sie, was Lots Weib denn im einzelnen passiert sei. Vera sagte: »Sie wollte nicht aus dieser schlimmen Stadt [Sodom] fortgehen; sie hat immer wieder zurückgeblickt und wurde von Gott in eine Salzsäule verwandelt.« Das Mädchen fragte dann, ob Bob wolle, daß sie ein Bild von Lots Frau male. Ja, natürlich. Aber dann überlegte sie es sich noch einmal: »Ich weiß gar nicht, wie ich die malen soll. Sollte sie wie ein Mensch aussehen oder wie eine Säule aus Salz?« Bob meinte, sie könne das halten wie sie wolle – aber nein, Vera schüttelte sich bei dem Gedanken: »Es muß furchtbar gewesen sein! Ich würde lieber sterben als zu solchem Salz werden, wie man es im Laden sieht.« Sie wollten schon weitermachen und über eine ihrer anderen Zeichnungen sprechen, als Vera sozusagen selbst zurückblickte und Bob aufforderte, ebenfalls zurückzublicken: »Hat schon einmal jemand Lots Weib für Sie gemalt?«

»Ja.«

»Waren es viele?«

»Nein.«

»Wie viele?«

»Ich weiß nicht genau, ein oder zwei – an eine Zeichnung kann ich mich jedenfalls genau erinnern.«

»Wer hat die gemacht?«

»Ein Mädchen in Amerika, ungefähr vor einem Jahr.«

»Oh. Wie sah das Bild aus?«

»Lots Weib steht auf einem Grasplatz, sie hat die Arme ausgestreckt und ist schon dabei, zu Salz zu werden – ich meine, ihr Gesicht ist ein Kreis voller Salzkörner und ihr Körper ist noch nicht ganz zu Salz geworden, und wenn man genau hinguckt, dann sehen der Körper und das Gesicht zusammen wie ein Salzfaß aus, an das man Arme und Beine gemacht hat, und das Salzfaß (also, Lots Weib) ruft: ›Hilfe!‹ « (Abb. 12).

Vera verstand das noch nicht ganz, so daß Bob aus der Erinnerung auf einem Blatt Papier skizzierte, was ein zehnjähriges Mädchen gemalt hatte, die in East Tennessee als Tochter von Protestan-

ten fundamentalistischer Prägung lebte. Vera fand die Zeichnung so interessant, daß sie zu spekulieren anfing:»Ich stelle mir vor, daß die Arme und Beine auch bald zu Salz geworden sind, oder?«
»Ja, das denke ich auch.«
»Dann konnte sie aber nicht ›Hilfe‹ sagen! Das stimmt doch?«
»Ja.«
»Danach war sie nicht mehr Lots Weib?«
»Ja.«
»Sie war niemand mehr – bloß Salz!«
»Ja.«
»Wie hieß sie – ich meine, bevor sie zu Salz wurde?«
»Ich weiß es nicht.«
»Wurde sie nur immer ›Lots Weib‹ genannt?«
»Ja, ich meine ja.«
»Das ist aber schade.«
Dann herrschte Schweigen. Bob beschrieb es mir später:»Sie saß ganz still da, wie ich es nie zuvor bei ihr beobachtet hatte und blickte zu Boden. Ich sah mir meine Zeichnung noch einmal an, also meine Version von der, die Joy Marie aus Tennessee gemacht hatte. Ich dachte darüber nach, was Vera indirekt gesagt hatte – daß Lots Weib schon in Gefahr war, bevor sie sich umblickte, denn sie war nur ›Lots Weib‹ und nicht sie selbst, jemand mit einem eigenen Namen, jemand, der sich selbst gehört. Aber bald darauf hatte sich Vera besonnen und fing an über die Ballettstunden zu reden, die sie in der Schule bekamen – wie toll sie es fände, tanzen zu lernen, zu lernen, wie man seinen Körper beherrscht.«

*

Kinder, die ja oft bestrebt sind, selbst über ihr Leben bestimmen zu können, haben keine Hemmungen, offen Betrachtungen darüber anzustellen, wie Gott, selbst wenn Er allmächtig und allwissend ist, es schaffen kann, über jedes einzelne Leben zu verfügen – in dem Sinne, daß Er die Wahl treffen muß, wer nach dem Tod wohin gehen soll. Als mein Sohn Bob eine Schulklasse in Kasserine in Tunesien besuchte, sprachen die in frommen Moslemfamilien aufgewachsenen Jungen und Mädchen immer wieder davon, wieviel Sorgen sie sich wegen der Hölle machten; sie war für diese Kinder sehr real, und sie hatten große Angst davor. Sie glaubten, daß die Unglücklichen und Missetäter, kurz, alle, die sich nicht an die

Gesetze, Prinzipien und Wertvorstellungen des Islams hielten, dem Feuer nicht entrinnen könnten. Ein zwölfjähriger Junge namens Habib stellte das grimmige Schicksal, das alle erwartet, die im Leben versagen, dar – er zeichnete ein nicht näher definiertes Untier, daß ewiges Feuer spuckt und eine dicht gedrängte Masse von Sündern, die dazu verdammt sind, auf endlose Zeit in den verzehrenden Flammen zu verharren (Abb. 13). »Man wäre froh, wenn man in der Hölle sterben würde«, erklärte der Junge, »aber es geht nicht.« Die Aussicht auf ewiges Leid weckte in ihm den inbrünstigen Wunsch, ein guter Moslem zu sein, ein gehorsamer, treuer Sohn, ein gewissenhafter Schüler. Er sprach von seinem »Willen«, ein gutes Leben zu führen, die Schule zu beenden, sich vor seiner Familie, seinen Lehrern und Allah »zu beweisen«.

Einmal malte er das Wort »Allah« und rundherum das Wort »der Höchste« (Abb. 14). Am unteren Rand des Blatts fügte er eine Ansammlung von sechs verschiedenen Figuren hinzu, die in spiegelbildlicher Form das Wort »der Höchste« abwandelten. (Die Figur ganz links wählte er auch für das kreisförmige Band rund um Allahs Namen.) Eben dieser Junge, der seine Worte so sorgfältig wählte, so bemüht war, korrekt und höflich zu sein, erzählte Bob eines Tages, nachdem sie sich schon seit einem Monat kannten, von den »Gefahren« der Welt: »Ich bete sehr viel. Ich hoffe, ich werde erhört. Allah hört uns, das weiß ich – aber manchmal mache ich mir doch Sorgen, daß Er meine Stimme nicht mitbekommt, weil es so viele gibt, die lauter sind! Mein Vater sagt, die leiseste Stimme ist die lauteste, aber ich höre sogar Stimmen, bei denen ich mein eigenes Wort nicht mehr verstehen kann! Was macht Allah [wenn Er es mit solchen Stimmen zu tun hat]? Ich weiß es nicht! Wir können Ihn uns nicht vorstellen [wie Er aussieht, wie Er Seine Entscheidungen trifft]; wir können nur Seine Diener sein! Er wird mit uns sein, wenn wir mit Ihm sind.« Und trotzdem hatte Habib versucht, »Ihn sich vorzustellen«, hatte es zugelassen, daß sein Verstand sich eine konkretere Vorstellung von Allah gemacht hatte als es die Formel »Allah der Höchste« erlaubt: »Wenn der Wind braust, dann denke ich, Allah ist in der Nähe. Der Wind weht quer durch unser Haus, und dann denke ich an Ihn. Wenn der Himmel rot wird [bei Sonnenauf- oder -untergang], denke ich an Ihn – daß Er aufwacht oder sich schlafen legt und die ganze Welt davon Zeugnis ablegt!«

Während der Junge um sein Seelenheil bangte, damit er nicht in die Hölle käme, öffnete er zugleich auch seine Seele den Mysterien der Religion. Wüstenwind und Wüstenlicht berührten ihn im Innersten und ließen ihn über das Wesen und die Absichten Allahs nachsinnen. Der Islam war eine das Gewissen fordernde Religion für ihn, und seine moralische Vorstellungskraft versuchte mit den Gefährdungen Schritt zu halten, die möglicherweise auf ihn lauerten, nicht nur in Gestalt des ewigen Höllenfeuers, sondern in den alltäglichen Fallstricken und Fußangeln: »Vom Augenblick, wo die Sonne aufgeht, bis sie uns wieder verläßt, darf ich keine krummen Sachen machen. Wir beten viele Male am Tag, und immer um dasselbe – Allah zu gehorchen und zu tun, was Er will, sauber zu bleiben, das Richtige zu essen, Mutter und Vater Respekt zu erweisen und auch meinen Großeltern, meinen Onkeln und Tanten und meinen Lehrern, allen, die älter sind als ich.« Und auf die naive Frage eines Amerikaners, warum es jeden Tag so viele Gebete sein müßten: »Verstehen Sie nicht – wir könnten es vergessen!« Dann setzte er noch einen wichtigen Gedanken hinzu: »Wir lieben Allah und Mohammed, Seinen Propheten; wir beten aus Liebe. Es ist eine Chance, unsere Liebe zu zeigen!«

Das Gebet bietet Kindern auf der ganzen Welt eine Gelegenheit, Liebe und Furcht Ausdruck zu verleihen – ob es sich nun um Moslems oder Kinder anderer Glaubensbekenntnisse handelt oder um Kinder, die keiner Religionsgemeinschaft angehören, die aber deshalb nicht weniger darauf aus sind, die Natur der Dinge zu verstehen und über Gut und Böse zu spekulieren oder darüber, was die Zukunft uns bringen wird, oder ob es sie überhaupt geben wird. Habib war sehr zurückhaltend bei der Abbildung religiöser Themen, abgesehen von dem für Allah sowieso geltenden Bilderverbot. Eine der Zeichnungen des Jungen zeigte eine große Moschee und Krieger, die in den Schlachten zwischen den Legionen der Guten und den Legionen der Bösen aufeinandertrafen: Er war ein Kind, das sich darum bemühte, einen ehrenhaften, gesetzestreuen Weg für sich zu finden. Bei einer anderen Zeichnung (Abb. 15) hatte der Junge seiner Phantasie freien Lauf gelassen und wie in einer Utopie das Leben und Treiben in einer lebendigen, produktiven Stadt mit vielen Einzelheiten dargestellt. Es war eine Gemeinschaft, die im Frieden mit sich selbst lebte, in der die Menschen ihren verschiedenen Tätigkeiten nachgingen und wo die grüne

Moschee (Grün ist im Islam die Farbe des Paradieses) in diese Aktivitäten eingebettet ist und sie nicht dominiert. (Der Junge kannte die Hauptstadt Tunis.) Habib war jedoch am freiesten, wenn er seine religiösen Leidenschaften mit der Wüstenwelt von Kasserine in Verbindung brachte. Dann erinnerten seine Bilder an die der Hopi-Kinder; sie zeigten eine Naturreligion, die Himmel und Erde umschloß und deren Weite eine Metapher für die Ewigkeit wird, für die unerforschlichen Mysterien des Universums, für den Herrn, für Allah.

Selbst in London, wo die islamischen Kinder keine die Phantasie beflügelnde Wüste in der Nähe haben und wo es kaum möglich ist, den Himmel in seiner ganzen Weite zu sehen, gaben sich die Jungen und Mädchen, die wir trafen, große Mühe, ihre eigene Art von bildlicher und meditativer Freiheit zu finden. Sie zeichneten gewaltige Sonnen mit riesigen Gesichtern und Himmel, die mit Sternen übersät waren, die so angeordnet waren, das der Betrachter menschliche Umrisse erkannte. Auch sie schienen daran interessiert zu sein, die Außenwelt für die Stimmen der Innenwelt zu benutzen, wie es sich in den folgenden Beobachtungen von Habib ausdrückt, nachdem er den Namen Allahs mit größter Akribie geschrieben und dann einen Sonnenaufgang über seinem Dorf skizziert hatte: »Irgendwo wacht Allah auf und reckt sich. Man kann nur sehr früh morgens und spät abends direkt in die Sonne gucken. Wenn ich sie sehe, denke ich – da ist Er! Es ist aber falsch zu glauben, daß du Allah sehen kannst. Das tut niemand hier [unter den Lebenden]. Niemals. Da ist die Sonne, sagt mein Vater – und nichts weiter. Aber vielleicht ist Allah dort [in der Sonne]. In der Schule haben wir gelernt: Wenn die Sonne stirbt, dann stirbt auch die Erde – alles, was hier lebt. Allah schenkt uns das Leben; es ist Seine Sonne.«

Es war nicht schwer, der Logik des Jungen zu folgen, seinem lebhaften Interesse an der Frage, wie seine Umwelt funktioniert, ein Interesse, das durch die Lehrer gefördert wurde und durch die Sehnsucht, das Schulwissen mit der Leidenschaft seiner Eltern für eine verborgene, furchteinflößende Gottheit, den Höchsten, zu verbinden, den Höchsten, der sich einer bildlichen Definition entzieht, aber täglich morgens, mittags, nachmittags, abends angerufen wird. »Sobald ich den Ruf zum Gebet höre«, sagte der Junge, »unterbreche ich alles, was ich gerade tue. Bevor ich bete, sage ich

zu Allah, ›Ich bin nur ein einzelner Junge, aber ich glaube an Dich‹.
Manchmal ist der Wind sehr stark, und ich glaube beinahe, daß ich
von ihm gleich hochgehoben und weggetragen werde! Er [Allah]
hört unsere Gebete, und Er antwortet [durch den Wind].« Wenn
man erlebt, wie Kinder wie dieser Junge durch die Stimme des
Muezzin, der die Menschen zum Gebet ruft, zum Innehalten gebracht werden, dann ist es, als würde eine Stummfilmsequenz
plötzlich angehalten, als entstünde ein Abbild kindlicher Spiritualität. »Ich versuche so still wie möglich zu stehen, wenn ich den Ruf
höre; dann gehe ich hin.« In diesem intimen Augenblick äußerster
Körperbeherrschung, bei dem das Herz sicherlich schneller schlägt
und die Gedanken stocken und zugleich in rasender Schnelle
vorauseilen – in diesem Augenblick wird der tiefe Seelenreichtum
der Kinder ganz ohne Worte oder Ritual bestätigt, in ihrer bloßen
Erwartung von Worten und Ritual.

*

Ich beschließe das Kapitel mit dem Bild eines schwarzen Mädchens. Sie gab ihm den Titel »Beten« (Abb. 16). Als sie es malte, war
sie zwölf. Sie war die Tochter eines der schwarzen Kinder, die
meine Frau Jane und ich in den sechziger Jahren im Bundesstaat
Georgia kennengelernt hatten, als wir mit Menschen sprachen, die
am Kampf um die Aufhebung der Rassentrennung an den Schulen
beteiligt waren. Leola, so hieß das Mädchen, war nach einem
Autounfall, bei dem ihr Vater umgekommen war, beidseitig gelähmt. Sie ist kein besonders begabtes Kind; die in der Schule
durchgeführten Tests sprachen von einer »Borderline-Intelligenz«.
Sie hat sehr viel Zeit bei ihrer Großmutter verbracht und darum
gekämpft, »in Bewegung zu bleiben«, wie sie es nannte, nämlich
»von meinem Lieblingsstuhl zu meinem Bett und wieder zurück«.
Kriechen ist für sie das Schönste. »Ich fühle mich wieder wie ein
Baby«, hat sie einmal ausgerufen – und sie genießt es, wenn kleine
Kinder aus ihrer Verwandtschaft hereinschauen oder Babys und
Kleinkinder sie besuchen, mit denen sie stundenlang auf dem
Boden herumkriecht. Sie betet sehr oft und gern: »Ich bete im
Sitzen [auf dem Stuhl], und ich bete im Liegen [im Bett], aber am
meisten bete ich auf dem Fußboden. Dann halte ich mich am Bett
fest und meine armen Beine tun ihr Bestes, damit ich knien kann.«
Es ist für sie sehr anstrengend, diese Haltung einzunehmen, über

die die meisten von uns überhaupt nicht nachdenken: Wir können jederzeit unsere Knie beugen und unsere Arme ausbreiten. Leolas Oberkörper und ihre Arme sind sehr stark; die kräftigen Muskeln und der Wunsch zu beten machen es möglich, daß sie sich von ihrem Stuhl zu ihrem Bett fortbewegt und dort ihre Gliedmaßen solange arrangiert, bis sie auf den Knien liegt. Sie muß sich dabei am Bett festhalten und sich minutenlang abmühen, bis sie es geschafft hat. In dieser Anstrengung spiegelt sich die Leidenschaft, mit der sie ihr Ziel verfolgt, ihr Pilgertum. Ist sie fertig, gibt sie sich einem tiefen Gebet hin, das langsam beginnt und groß endet, das erst leise glüht und immer ekstatischer wird. »Erst summe ich, und dann singe ich für den Herrn. Manchmal erzähle ich ihm von meinem ›Down-and-out-Blues‹ – Oma hat mir das beigebracht. Ich versuche, dankbar dafür zu sein, daß Er mich hierher geschickt hat, und wenn Er mal sieht, daß Leola Ihm nur etwas vormacht, dann vergibt Er ihr, denn wenn du dich anstrengst, gut zu sein und es trotzdem nicht schaffst, jedenfalls nicht ganz, dann macht dich das doch zu einem von Seinen Leuten. Er kann schließlich nicht mehr von dir erwarten als Er dir gegeben hat. Das weiß Er inzwischen nur zu gut, schließlich hat Er eine Menge von uns allen ertragen müssen!«

»Manchmal kommt es vor, daß ich ehrlich nicht mehr weiß, was passiert: Das Beten steigt mir zu Kopf, als ob ich mich verirrt habe, stelle ich mir vor – es ist, als ob Er kommt und mich mit sich nimmt und ich nicht mehr denken und sprechen kann. Ich bin einfach irgendwo anders, wo, weiß ich nicht. Ich kann von da sogar auf mich heruntergucken, und dann sehe ich mich armes Ding, Leola und ihr Bett, und ihren Stuhl auch. Und dann komme ich wieder zu mir und versuche ein Lied für Ihn zu singen, und ich merke, wie meine Hände [das Bett] loslassen, und dann bin ich soweit, wieder dieses Kriechtier auf dem Boden zu sein – und ganz zum Schluß ziehe ich mich wieder hoch auf meinen Stuhl, und wenn ich dann endlich dasitze, bin wieder ich selbst, und könnte mir nicht jemand ›Cheerios‹ mitbringen, die mag ich am liebsten.«

Ich sehe Leola vor mir, mit ihrer pinkfarbenen Überdecke, die ihre Großmutter gestrickt hatte, mit ihrem rotgelben Kissen auf ihrem Lieblingsstuhl, in ihrem kahlen Zimmer in einem baufälligen Haus. »Hier geht alles abwärts«, sagte ihre Mutter, wobei sie das ganze Wohnviertel meinte, dessen Bewohner zumeist niedrige

Arbeit für wenig Geld verrichten. In diesem Viertel sind die Aussichten düster – für Leolas Geist, Schulbildung, Beruf! Und welche Kämpfe hat sie mit ihrem Körper zu bestehen! »Oh, ich spreche mit meinen Beinen, ich sage, es tur mir leid für sie, was ihnen passiert ist, wirklich sehr leid! Ich sage, daß ich sie nie vergessen werde! Ich sage ihnen, daß wir schon auf sie aufpassen – meine Arme und alles, was ich noch so von der Taille aufwärts schaffen kann! Ich bete für sie! Wenn ich dabeigewesen wäre, als Jesus bei uns Menschen auf der Erde war, dann hätte Er mich vielleicht gesehen und mich wieder in Ordnung gebracht, richtig in Ordnung. Aber wenigstens guckt Er mir zu, und ich warte und hoffe, daß ich Ihn eines Tages mal eine Sekunde für mich allein habe und Er dann vielleicht meine Beine berührt, na, vielleicht tut Er es ja auch nicht; mir ist das egal, weil es die Seele ist, die wirklich zählt, das weiß ich wohl! Manchmal vergesse ich das – aber meistens weiß ich es, wirklich! Wenn ich bete, dann weiß ich es, in dem Augenblick immer. Beten, das ist so, als ginge ich so wie ich früher gegangen bin – um Ihn zu treffen!«

Dann betrachtete sie, was sie gezeichnet hatte – Farben, Farbstifte, ihre Hautfarbe, ihren Körper, der in der Mitte durchgeteilt und doch eine vollkommene Einheit zu sein schien in seiner konzentrierten, hingebungsvollen Haltung, in der Mischung aus Selbstbewußtsein und Selbstverleugnung, mit seinem Weiß und Schwarz und Braun, der abgewandte Rücken wie ein Abschied vom Ich und eine Hinwendung zu dem Anderen, der über allen Himmeln und Wolken, sogar über allen Sonnen und Monden und Sternen ist – der die große Leere des Unendlichen ist, der Empfänger eines Andachtsbildes eines einzelnen Kindes: eine Darstellung der kargen Einsamkeit, die einen umgibt auf dem Weg zu Gott, die Entrücktheit des Betens, der Ruf in die Welt hinter den Welten, der Name hinter den Namen.

KAPITEL 7

Christliche Erlösung

Jedesmal wenn ich mit Kindern über ihre religiösen Ansichten und Erfahrungen sprach oder darüber, wie sich der Besuch des Gottesdienstes oder der Sonntagsschule auf ihr Leben auswirkte, fragte ich sie irgendwann einmal: »Könnt ihr mir sagen, worin der Kern eures Glaubens besteht, welches für euch und für die anderen Menschen die wichtigste Aussage daran ist?« Die meisten merkten schnell, worauf meine Fragen abzielten. Manche Kinder wiederholten erst meine Frage in ihren eigenen Worten – als wollten sie mir zu verstehen geben, daß ich mich klar genug ausgedrückt hatte, vielleicht klarer als ich dachte.

Mary zum Beispiel war ein neunjähriges Mädchen, der die irischkatholische Herkunft ins Gesicht geschrieben stand – sie hatte die klassischen Sommersprossen, hellblaue Augen und aschblondes Haar. Allerdings war sie gar nicht stolz auf ihr bezauberndes Aussehen. Sie hätte viel lieber wie ihre Kusine Theresa ausgesehen, ein Mädchen vom »schwarzen irischen Typ« (dunkles Haar, braune Augen, ein kräftiges Kinn und eine auffällige Nase), die damit in ihren Augen sicher eines Tages mehr Erfolg bei den Jungen haben würde. Die beiden Mädchen waren eng befreundet und gingen oft gemeinsam zur Kirche und in die Sonntagsschule und sprachen auch häufig über ihren Glauben. Ich interviewte sie zusammen, weil sie so konzentrierter bei der Sache waren und das Gespräch lebhafter wurde. Die folgende Antwort gab Mary auf meine Frage nach der wichtigsten Aussage ihrer Religion: »Sie meinen, warum Jesus auf die Erde kam und warum Er gestorben ist?« Sie hielt inne, damit ich darüber nachdenken konnte. Ich nickte und lächelte, um ihr zu verstehen zu geben, daß ich von ihrer knappen, aber aufschlußreichen Zusammenfassung beeindruckt und dankbar dafür war. Sie fuhr fort: »Sehen Sie, es war vorbestimmt, daß Er auf die Erde kommen sollte, und dann kam Er auch wirklich. Es steht in der Bibel, daß Er kommen würde, im Alten Testament. Er kam also, und Er strengte sich an, ein guter Lehrer zu sein, und ein Arzt war Er auch noch – Er heilte Leute. Aber dann wurde Er umgebracht. Er war ›zu gut für diese Welt‹, sagte die Nonne, das sollten wir uns merken. Aber das Sterben machte Ihm nichts aus. Er war zwar traurig darüber, aber Er wußte, daß Er ewig leben würde, und ›weil Er gestorben ist, haben wir das ewige Leben‹, sagt die Nonne. Das sagt auch unsere Kirche; es ist genau das, was Jesus für uns getan hat.«

Es war eine richtige Rede gewesen. Die ganze Zeit beobachtete Theresa sie genau und hörte ihr mit offensichtlichem Interesse zu. Ein- oder zweimal blickte sie zu mir herüber, um zu sehen, wie ich Marys selbstsicher vorgetragene Äußerungen aufnahm. Dann sprach sie kurz, aber mit großem Ernst: »Jesus hatte Mitleid mit uns. Er wußte, daß wir in großen Schwierigkeiten steckten. Deshalb kam Er auf die Erde, um uns zu erlösen, und das hat Er dann auch getan.«

»Ich denke oft über Jesus nach – ich meine darüber, wie Er wirklich war«, bemerkte Mary. »Ich auch«, fiel Theresa ein. Mary erklärte weiter: »Wenn ich zu Ihm bete, danke ich Ihm dafür, daß Er auf die Erde gekommen ist, und sage Ihm, daß ich mich schon sehr darauf freue, Ihn zu sehen, wenn es soweit ist.« Theresa nahm den Gedankengang auf: »Ich wüßte zu gern, was Er dann zu uns sagt! Sagt Er dann nur ›Willkommen‹ oder spricht Er richtig mit uns? Man kann sich eigentlich nicht vorstellen, was Er sagen würde. Aber ich denke, auf jeden Fall lächelt Er. Meine Mom sagt, man soll sich Jesus als seinen besten Freund vorstellen, und daß Er damals auf die Erde gekommen ist, damit wir Ihn wirklich kennen. Er wird sich freuen, wenn Er uns sieht, und wir freuen uns sicher auch, wenn wir Ihn sehen.«

Diese Vorstellung einer Art »Willkommen-daheim-Empfang« faszinierte mich; es war noch am Anfang meiner Studien, und ich hatte bisher noch keine derartige Beschreibung des Beginns unseres Lebens nach dem Tode gehört. Die Mädchen sahen, wie interessiert ich zuhörte und gingen gern darauf ein, als ich sie nach weiteren Einzelheiten fragte. So wollte ich wissen, ob sie sich vorstellten, daß Jesus sitzen oder stehen würde, wenn sie Ihn zum ersten Mal erblickten. Theresa antwortete ohne zu zögern: »Darüber habe ich auch schon nachgedacht – und ich wollte die Schwester schon fragen, aber dann habe ich es lieber gelassen. Ich habe meinen großen Bruder gefragt, und er sagte, das weiß niemand. Ich habe meinen Dad gefragt, und er hat das gleiche gesagt, daß man es nämlich erst herausfindet, wenn man es erlebt! Also wird es wohl so sein.« Mary hatte eine eigene Meinung: »Ich glaube, Er sitzt vielleicht auf einem Stuhl – auf einem Thron. Heißt es nicht, daß Gott auf einem Thron sitzt? Ich glaube schon! Ich habe das mal gehört – wo, weiß ich nicht mehr. Jedenfalls muß Gott sich doch ausruhen, genau wie wir, meinen Sie nicht?« Theresa fand das nicht: »Er ist nicht wie wir, das ist doch der Unterschied. Er ist doch Gott. Wir sind bloß wir! Wir würden sterben und niemals in den Himmel kommen, wenn Jesus nicht auf die Erde gekommen wäre – wenn Gott Ihn nicht gesandt hätte.«

Jetzt schwiegen beide, und ich kam ins Träumen. Ich stellte mir vor, daß Gott Sich von Sich Selbst distanzierte, indem Er uns Jesus sandte; und zugleich dachte ich an Jesus, erst stehend, dann sitzend – während Mary und Theresa und ich mit vielen anderen darauf warteten, Ihn zu sehen. Theresas Gedanken müssen einen ähnlichen Weg genommen haben, denn sie rüttelte mich mit folgenden Worten auf: »Ich kann nicht verstehen, wie Gott Gott sein kann, und dann ist Er Jesus. Ich weiß, Er wollte auf die Erde kommen, und Er wollte uns zeigen, daß man erlöst werden kann, wenn man Ihm nachfolgt. Aber dann wurde Er wieder Gott, und ich weiß nicht, wie das ging. Die Schwester hat gesagt, man kann es sich nicht vorstellen; es sei einfach geschehen. Das wird wohl die Antwort sein. Wahrscheinlich braucht Er nicht wie wir zu essen und zu schlafen. Er braucht vielleicht auch keinen Stuhl. Atmet Er überhaupt? Wie soll man das wissen.«

Sie machte einen ratlosen Eindruck. Auch Mary schien sich damit abzumühen, etwas zu verstehen, was schließlich und endlich nicht mit dem Verstand zu erfassen ist. Sie blickte zu Boden, genau wie Theresa. Schließlich brach Mary das Schweigen: »Man muß bei seinem Glauben an Ihn bleiben. Er sagt uns, was kommen wird, wenn Er es will – es ist eben so, wie es meine Mom sagt: ›Und keinen Tag eher!‹«

Nach diesem letzten Zitat mit seinem eher irdischen Humor löste sich die Spannung wieder. Mary und nach ihr Theresa gaben mir zu verstehen, daß das Mysterium ein wesentlicher Bestandteil des Katholizismus ist. Mary drückte es so aus: »Du mußt beten und darfst nicht mit einer Antwort rechnen, bevor du tot bist und vor Ihn trittst. Aber du darfst nicht vergessen, Er war bei uns und ist der beste Freund, den es gibt.« Theresa bot ihre eigene Beruhigungsversion an: »Er wird dort sein und auf uns warten. Er wird aufpassen, daß wir nicht in Schwierigkeiten geraten.«

In der nächsten halben Stunde drehte sich das Gespräch immer weiter um die gleichen Fragen, und beide Mädchen betonten immer wieder, daß Jesus freiwillig auf die Erde gekommen sei. »Er brauchte nicht hierher zu kommen, verstehen Sie?« sagten sie beide. Mary bekreuzigte sich; Theresa senkte ihren Kopf und bekreuzigte sich auch. Ich saß da, ohne eine solche rituelle Handlung ausführen zu können und schwenkte zwischen Bewunderung für ihre leidenschaftliche Ehrlichkeit und meiner anhaltenden Skepsis. Wieviel von dem, was ich gehört hatte, glaubten diese braven katholischen Mädchen von sich aus und wieviel davon entsprang dem Gehorsam gegenüber »der Nonne«, »der Schwester«? Natürlich sprechen alle Kinder das nach, was ihnen die Eltern vorbeten, oder wiederholen die frommen Grundsätze, die in der Schule gelehrt werden, und das gleiche gilt für viele von uns Erwachsenen, die wir uns einbilden, daß wir ganz allein zu unseren Überzeugungen gefunden hätten. Trotzdem, Mary und Theresa waren mir ein bißchen zu selbstsicher in bezug auf das, was geschehen würde.

Sie müssen meine Zurückhaltung, vielleicht auch einen skeptischen Ausdruck auf meinem Gesicht bemerkt haben. Theresa ergriff die Initiative und erkundigte sich: »Glauben Sie an den Himmel – und daß Jesus da ist?« Schneller als beabsichtigt gab ich zurück: »Ich würde es gern tun.« Diesen frommen Wunsch erkannten sie schnell als das, was er war. Mary fragte: »Aber *glauben* Sie es?« Als ich zögerte, antwortete Theresa für mich: »Er ist sich nicht sicher.« Ich nickte. Jetzt zeigte Mary eine Seite von sich, von der ich bisher angenommen hatte, daß sie gar nicht darüber verfügte: »Ich weiß, daß man sich kaum vorstellen kann, was passiert, wenn man tot ist. Ich möchte wohl wissen, wie man dort hinkommt, in den Himmel. Und auch, wo er ist. Mein Dad hat gesagt [auf ihre Frage hin], daß man den Himmel nicht sehen kann; es ist nicht der Himmel da oben – das stellen wir uns nur vor. Niemand kann das genau wissen. Meine Eltern sagen, das einzige, was wir *wirklich* wissen, ist, daß Jesus hier gewesen ist und daß Er sein Bestes für uns getan hat und daß Er getötet wurde und daß man Ihn gesehen hat. Er ist den Menschen erschienen – und deshalb erlöst Er uns, irgendwie. Aber die Sache ist nicht so, daß man sich einfach hinsetzen kann und sagt: So und so wird Er das machen!«

Sie geriet mehrmals ins Stocken, während sie mir diesen Vortrag hielt. Theresa hatte die ganze Zeit zustimmend genickt, und das schien Mary viel zu bedeuten. Ich war gerührt, daß Mary zugab, es sei unmöglich, jemals endgültig zu wissen, was sie sicher gern gewußt hätte – die praktischen Details der Erlösung, sozusagen. Aber obwohl sie mit dem Verstand nicht weiterkam, beeinträchtigte das weder ihren Glauben noch hinderte es sie, an weiteren Spekulationen und schlecht verhüllten Ansätzen zu zweifeln: »Du mußt glauben, daß Jesus da sein wird, wenn du stirbst. Wenn du es nicht tust, dann wird überhaupt keiner da sein. Ich habe meinen Daddy gefragt, was passieren würde, wenn Jesus nicht auf die Erde gekommen wäre. Er sagte, Gott würde zwar immer da oben sein, aber es wäre jetzt doch anders, weil Jesus uns nun kennt. Er hat doch hier gelebt, bis sie Ihn gekreuzigt haben. Er hat die ganze Zeit, wo Er am Kreuz war, für uns gebetet. Ich glaube, das beweist, daß Er Gott war. Ein Mensch – also, man würde nur versuchen, am Leben zu bleiben, und bestimmt nicht noch an andere denken.«

Theresa hatte ihre eigene Auffassung bezüglich dieser Vorstellungen. Ihr war eine Lektion aus der Sonntagsschule wieder eingefallen, und sie wandte ein: »Ja, aber Er hat sich *doch* aufgeregt! Ich weiß noch, daß wir gelernt haben, daß Er sehr traurig war und meinte, Er sei ganz schlecht dran, weil Gott Ihn vergessen hatte – etwas in der Art, oder?« – »Stimmt«, sagte Mary, »aber das dauerte nur einen kurzen Augenblick. Dann wußte Er wieder, daß Gott über Ihn wacht.« Beide blickten mich an, und ich stimmte ihnen mit einem Kopfnicken zu: ja, das hatte ich auch in der Bibel gelesen. Daraufhin fragte Theresa mich, ob ich »oft über Jesus« nachdachte. Ich antwortete: »Ich denke durchaus über Jesus nach – und zwar immer mehr, je öfter ich mit euch beiden und den anderen spreche.« Sie lächelten erfreut, und bald darauf beendeten wir unser Zusammensein.

In unseren Gesprächen, die fast ein Jahr lang jede Woche und dann noch ein Jahr lang einmal im Monat stattfanden, wurde mir langsam klar, wie sehr das Kreuz im Mittelpunkt ihrer Auffassung des Christentums stand. Sie waren aber durchaus keine trübsinnigen oder traurigen Mädchen. Beide stammten aus Familien mit einem starken Zusammengehörigkeitsgefühl, und über ihre spätere Entwicklung weiß ich, daß sie heute noch gute Schülerinnen sind, und dazu noch gute Sportlerinnen. Sie sind bei ihren Mitschülern beliebt. Sie haben vor, gute Colleges in ihrem Heimatstaat New England zu besuchen. Der Katholizismus spielt in ihrem Leben immer noch eine große Rolle, und sie befassen sich immer noch mit der Frage, warum Jesus auf die Erde kam und was sein »Besuch« bedeutete. Dieses Wort wirkte höchst unpassend – wir benutzen es doch meistens, um das unverbindliche Hereinschauen bei Bekannten oder Familienmitgliedern zu bezeichnen und nicht im religiösen Kontext. Bei der Lektüre theologischer Bücher ist es mir bisher jedenfalls nicht aufgefallen, daß von einem »Besuch« die Rede ist, wenn es darum geht, das Erdendasein Jesu, die »Ankunft« des Herrn, Sein kurzes, dramatisches und denkwürdiges Leben zu beschreiben. Und trotzdem habe ich immer wieder christliche Kinder von Seinem »Besuch« reden hören. Ich fragte Mary und Theresa, ob die Nonnen von einem »Besuch« sprachen, wenn sie Jesu Zeit auf der Erde beschrieben, und sie verneinten es. Oder vielleicht ihre Eltern? Nein. Ich erklärte ihnen, daß ich – jedenfalls bisher – das Wort nicht oft in Verbindung mit dem Leben Jesu gehört hatte. Sie wunderten sich darüber. Schließlich, wie könne man diese 33 Jahre besser beschreiben? Ich stimmte ihnen zu.

*

Nicht nur in der moralischen und religiösen Vorstellung dieser beiden eifrigen Gesprächspartnerinnen, sondern auch in der vieler anderer Kinder hat jener »Besuch« eine zentrale Bedeutung in ihren Überlegungen, »was Kirche eigentlich soll«. Wenn christliche Kinder[1] über das zentrale Anliegen ihres Glaubens nachdenken, taucht meistens auch das Wort »Versprechen« auf. Er kam her, um uns zu besuchen, wurde mir von diesen Kindern immer wieder erzählt, und sein Besuch sollte ein »Versprechen« sein – uns zu erlösen, nichts weniger. Sie betonen dabei immer wieder, wie wichtig jener »Besuch« war und daß er von der Vorsehung bestimmt war.

»Das war kein Picknick, Sein Besuch hier«, sagte Theresa bei einem unserer späteren Treffen. Ich spitzte immer die Ohren, wenn ein Kind sich auf ungewöhnliche Weise ausdrückte, wie hier, wo es die Alltagsfloskel vom »Picknick« [im Deutschen entspricht dem die Redewendung »es war kein Honiglecken«, Anm. d. Ü.] auf das Leben Jesu anwendete. Daran zeigte sich meist, daß das Kind sich seine eigenen Gedanken zu den überlieferten Grundsätzen seines Glaubens machte. Natürlich hatte Theresa wieder einmal betonen wollen, wie sehr Jesus gelitten hatte, wie mühselig Sein kurzer Aufenthalt bei uns gewesen war. Aber im Gebrauch des Wortes »Picknick« war auch eine Anspielung enthalten: »Er hat auch schöne Zeiten gehabt. Er hat mit seinen Freunden zusammen gegessen, und alle hatten sich lieb. Sie haben Wein getrunken.« Welch ein Picknick – Brot, Wein und Liebe! Andererseits, es war »kein Picknick«, wenn man an all die »schweren Zeiten« dachte – das Verratenwerden, die Einsamkeit und die Verdammung durch die anderen und, was jedesmal erwähnt wurde, die letzten Stunden am Kreuz und das dann folgende Ende des »Besuchs«. Aber wenn es auch ein Besuch war, der als Tragödie endete, so war es doch auch ein Besuch, durch den die Welt eine »Belohnung« erhielt – noch so ein Wort, das immer wieder vorkam, wenn die Kinder versuchten, zentrale religiöse und spirituelle Elemente in ihrem Leben zu beschreiben. Im zweiten Jahr unserer Gespräche erzählte mir Theresa, die sich inzwischen der Adoleszenz näherte: »Er hat uns diese Belohnung gegeben, und wenn wir sie haben möchten, können wir sie haben, aber man muß darum bitten. Man soll zur Kirche gehen – aber einfach dazusitzen genügt nicht. Man muß mit Ihm sprechen, dann hört Er einem auch zu. Er hat uns viel zu geben! Wir können in den Himmel kommen. Aber wir müssen immer daran denken, was Er alles durchgemacht hat, um uns zu helfen.«

Nicht nur für Theresa, sondern auch für andere katholische und protestantische Kinder ist das Christentum eine »besondere Religion«, wie es ein zwölfjähriger ungarischer Junge meinem Sohn gegenüber ausdrückte, denn »sie ist die einzige, die von Gott selbst ausgewählt wurde«. Um eine nähere Erklärung gebeten, gab er gern Auskunft: »Über andere Religionen weiß ich nichts. Ich kenne nur unsere [den Katholizismus]. Aber Jesus ist auf die Erde gekommen, und ich glaube, daß Gott in den anderen Religionen nicht herabgekommen ist und hier gelebt hat – aber Er war hier, und deshalb kennt Er uns und erwartet uns, wenn wir die Erde verlassen.«

Ich staunte über diesen Anspruch auf Einzigartigkeit. In der Folgezeit bat ich deshalb Kinder in den Vereinigten Staaten, ihren Glauben mit anderen Religionen zu vergleichen. Viele sagten, daß sie wenig über andere Religionen wüßten, aber sowohl jüdische als auch christliche Kinder erwähnten die zentrale Stellung, die die Menschwerdung Jesu im Christentum einnimmt. Diese spezielle Ausprägung des Göttlichen hinterläßt einen bleibenden Eindruck bei Kindern, insbesondere weil es in den Kirchen so viele Darstellungen von Jesus als Kind gibt; einem Kind, das lange Zeit so aufwuchs wie andere Kinder auch – im Schoße einer Familie und in relativ bescheidenen Verhältnissen. Und dann war Er ein Kind, das in seinem späteren Leben eine wichtige Mission zu erfüllen hatte – das macht Sein Leben für viele Kinder, die bereits mit acht oder zehn Jahren schon gespannt darauf sind, wie ihre Zukunft sich gestalten wird, zu einem konkreten Vorbild. Kein Wunder also, daß dieses Gesandtwerden – daß Gott als ein Kind zur Erde kam – besonders innig als rettende Erlösung betrachtet wird. Immer wenn Kinder psychisch und moralisch ein bißchen ins Schwimmen kommen, dann wird Jesus für sie zu einem persönlichen Führer: Er hat hier gestanden, wo ich heute stehe, und deshalb weiß Er, wie es ist, und wird mich deshalb in diesem Leben – und im nächsten – zu einem »guten« Ende führen, und ich brauche keine Angst davor zu haben. Eltern wissen, daß Kinder, wie alle anderen Menschen auch, »gute« Träume, aber auch Alpträume haben und sich oft ängstlich fragen, was ihnen noch alles bevorsteht. Für viele christliche Kinder stellt sich Jesus weniger als eine Gestalt der Verehrung und Inspiration oder als der Sohn Gottes mit seiner unermeßlichen Machtfülle und Weisheit dar, sondern als ihr Retter: einer, der die Kindheit und späteres Leid überlebt hat und noch immer spürbar gegenwärtig ist.

Ich verdanke diese Erkenntnis insbesondere einem zehnjährigen Jungen namens Charlie, mit dem ich mich 1986 in Sudbury im Staat Massachusetts unterhielt; dadurch wurde es für mich einfacher, die Gedankengänge anderer Kinder, mit denen ich später sprach, zu verstehen. »Mein Dad ist Rechtsanwalt«, begann Charlie etwas unvermittelt seine Ausführungen, die ich im folgenden zusammenfasse: »Die Leute vergessen immer, daß Jesus nicht nur eine Mutter, sondern auch einen Vater hatte, und der war Zimmermann. Als ich zu meinem Freund Gerry sagte, daß Jesus' Dad Zimmermann war, sagte er: Nein, Gott ist der Vater von Jesus. Wir haben uns darüber gestritten. Unser Pastor [ein Episkopale] hat dann gesagt, wir hätten beide Recht. Jesus hatte zwei Väter, einen im Himmel und einen hier! Das ist nicht schlecht! Ich kenne eine Menge Kinder, die haben überhaupt keinen – ich meine, ihre Eltern haben sich getrennt. ›Das ist kein Leben‹, sagt ein Freund von mir immer.«

»Ich stelle mir Jesus als Sohn eines Zimmermanns vor, weil [ich hatte ihn nach einer Begründung gefragt] ich darüber nachgedacht habe, warum Gott ausgerechnet so eine Familie für Ihn ausgesucht hat. Er muß doch einen Grund dafür gehabt haben. Schließlich tut Er doch nichts ohne einen Grund, stimmt's? So sehe ich das jedenfalls. Er muß gedacht haben: Also, ich will, daß mein Sohn auf der Erde mit ganz einfachen Leuten zusammen ist, nichts Hochgestochenes. Wenn Jesus ein verwöhntes Bürschchen aus einem stinkvornehmen Haus gewesen wäre – das ist die große Gefahr in unserem Wohnviertel, sagen meine Eltern immer! –, dann wäre Er anders gewesen. Stimmt doch, oder?«

Der Junge betonte immer wieder, daß Jesus der Sohn schlichter Leute gewesen sei und daß Er uns »erlösen« wolle, weil Er die Höhen und Tiefen des Lebens, wie wir es kennen, am eigenen Leibe erfahren habe – eine Theologie, die, wie man sagen könnte, stark auf das Greifbare, Alltäglich abhebt. »Wie Er in meinem Alter war, mit elf, davon spricht niemand [in der Kirche und in der Sonntagsschule]. Das war im Jahr elf, nicht wahr? Wahrscheinlich ging Er zur Schule, und ich weiß es zwar nicht, aber Er könnte da doch auch Schwierigkeiten gehabt haben. Ich habe unseren Lehrer [in der Sonntagsschule] gefragt [ein Anwalt in einer Bostoner Kanzlei, wie sein Vater], wie Er war, als Er in meinem Alter war, und der hat gelacht und gesagt: ›Verflixt noch mal, Charlie, das ist eine komische Frage!‹ Er hat sie aber nicht beantwortet, und wir haben weiter in dem Religionsbuch gelesen, das die Bibel erläutert. Aber wissen Sie, hinterher haben wir uns noch mal darüber unterhalten, meine [vier] Freunde und ich, als wir Lacrosse spielten. Wir waren alle derselben Meinung: Wenn Er ein Mensch wie wir war, dann muß Er zur Schule gegangen sein, und dann muß Er auch manche Fächer lieber gemocht haben als andere. Selbst die Besten in der Schule mögen nicht alle Fächer!«

»Angenommen, Jesus hatte in der Schule mit irgend etwas Schwierigkeiten und die anderen haben angefangen, Ihn auszulachen? Und angenommen, ein Lehrer konnte Ihn wirklich nicht leiden und ließ ihn richtig links liegen und machte solche oberschlauen Bemerkungen über Ihn, wie das in der Schule manchmal passiert, Sie wissen schon? Er muß sich scheußlich gefühlt haben! Und das noch lange, bevor es Ihm *wirklich* scheußlich ging, ich meine, als Er am Kreuz hing. Heute gibt's das nicht mehr [Kreuzigungen], aber in der Schule kannst du dir ganz schön verlassen vorkommen. Da gibt es Kinder, die werden wirklich mies behandelt, das kann jeder sehen; manchmal liegt das am Lehrer, es kann aber auch an uns liegen, wenn Kinder gemein zu anderen Kindern sind.«

Und dann war es Charlie und einmal nicht ich, der uns im Eiltempo zu einer eher abstrakten These führen wollte: »Unser Pastor hat einmal [in einer Predigt] davon gesprochen, daß Jesus wußte, was es heißt, mies behandelt zu werden, und als er das sagte, fiel mir die Schule ein – wie es einem da gehen kann, wenn man ganz allein dasteht und es allen scheißegal ist, wie es einem geht (solche Worte benutzt mein Vater immer). Als Er gestorben ist, da wußte Er, wie das hier unten läuft, und auch wenn Er jetzt im Himmel ist, weiß Er sicher noch, wie Er sich damals gefühlt hat. Ich wollte schon sagen ›oben im Himmel‹, aber in der Sonntagsschule haben wir gelernt, daß wir nicht ›oben‹ sagen sollen, denn der Himmel ist nicht da oben. Na schön, aber dann wollten wir wissen, wo sonst. Die Lehrerin hat gesagt: ›Weit weg von hier!‹ Wir haben immer wieder gefragt: ›Wo denn? Wo denn?‹ und sie hat gesagt: ›Weit, weit weg!‹ Schließlich ist sie sauer geworden, und wir haben aufgehört. Ist mir doch egal, wo Er sich aufhält; ich glaube jedenfalls, Er kann sich noch erinnern.«

»Er kann sicher die Art, wie Er gestorben ist, keinesfalls vergessen. Er weiß bestimmt noch, wie Ihn die Menschen behandelt haben. Man vergißt nicht so leicht, wie es ist, wenn man ganz allein ist. Ich weiß noch, wie wir umgezogen sind und ich in die neue Schule kam, wo ich niemanden kannte. Jesus damals, den kannte jeder – aber sie mochten Ihn nicht, sie glaubten nicht an Ihn, und das ist noch schlimmer [als das, was Charlie zeitweilig erlebt hatte]. Also, das kann Er nicht vergessen haben. Meine Mom hat mir mal erzählt, daß Jesus einfach alles weiß, weil Er Gott ist. Ich sollte an meinem Geburtstag zu Ihm beten! Das ist besser, als sich Geschenke zu wünschen, hat sie gesagt. Also, dann muß Er sich auch noch daran erinnern, was mit Ihm passiert ist, wenn Er all unsere Geburtstage weiß (doch, meine Mutter sagt, das tut Er)!«

Er machte den Zusatz über seine Mutter als Reaktion auf meinen ungläubigen Gesichtsausdruck, als ich hörte, daß der Herr »all unsere Geburtstage weiß«. Charlie ergriff wieder das Wort und verkündete: »Ich glaube, erst wenn wir Ihn von Angesicht zu Angesicht sehen, werden wir mehr wissen.« Ich mußte lächeln und nickte zustimmend. Dann erzählte ich von meinen eigenen Erinnerungen, die Charlies nicht unähnlich waren, daß nämlich meine eigene Mutter einerseits Gott als allwissend und allmächtig, als einen, dem einfach nichts verborgen blieb, hingestellt hatte, während sie sich zugleich, angestachelt durch ihren Mann, der Ingenieur war, durch intensive Lektüre auf naturwissenschaftlichem Gebiet weiterbildete. Er signalisierte mir Übereinstimmung mit einer humorvollen Bemerkung: »Vielleicht erinnert sich Gott ja später daran, wie wir heute versucht haben, aus Ihm schlau zu werden und es nicht geschafft haben!«

Vielleicht liegt es bei Kindern, die christlich erzogen werden, besonders nahe, in Jesus vor allem den Retter zu sehen, weil sie sich ihrer eigenen Verletzlichkeit als Kinder so sehr bewußt sind. Ihre Eltern betonten mir gegenüber die unterschiedlichsten Aspekte des Christentums – Christus als Lehrer, als moralischer und spiritueller Führer, als Heiler, als der, mit dessen Hilfe wir uns von den verschiedensten Dämonen befreien können. Des weiteren hoben viele auch Seine Seligpreisungen, Seine Sprüche, Seine Kämpfe mit den irdischen Machthabern hervor. Für die Eltern war Karfreitag eine Tragödie und Ostern ein Triumph, aber sie setzten den österlichen Sieg nicht auf so direkte und persönliche Weise um wie ihre Kinder. Oder, um mit Charlies Mutter zu sprechen: »Mein Sohn spricht manchmal über Jesus, als ob Er Tag und Nacht dabei sei, Menschen zu retten!«

*

Im Staat Tennessee saßen mein Sohn Bob und ich einmal mit drei zwölfjährigen protestantischen Jungen zusammen, die ihre »Beziehung« zu Jesus diskutierten. Ich fühlte mich unwohl angesichts des ständigen Gebrauchs, den sie von diesem Wort machten – ein Wort, das oft von Leuten benutzt wird, die in Psychologie und Psychotherapie ihre weltliche Religion sehen. Die Jungen waren besonders daran interessiert, wie Jesus »dein Denken beeinflußt«.

»Jerry, könntest du meinem Dad erzählen, wovon du letzte Woche mit mir gesprochen hast – wie dein Jesus sich von dem deiner Eltern unterscheidet?«

»Ja, Bob, okay.«

Jerry sah Matt und Junior an, die schweigsamer waren als er: Würden sie auch etwas dazu sagen? Irgendwie verstanden sie seine Frage und reagierten mit einem kaum wahrnehmbaren Nicken.

Jerry fing an: »Meine Mutter und mein Vater denken, es ist alles schon gelaufen, und wir können eine Party feiern! Ich denke, ihr Glaube ist stärker als meiner! Aber dann warnen sie uns dauernd, daß wir ja in der Bibel lesen und an Jesus denken sollen, sonst wären wir ›verloren‹ – und der Teufel sei am Ende der Gewinner. Das glaube ich ihnen gern! Ich sehe ja selbst, wie der Teufel am Werk ist. Meine Oma sagt: ›Der Teufel hat schlüpfrige Schuh!‹, und da hat sie recht. Wir haben ›schlechte Anlagen‹ in uns, sagt sie, und lassen unsere Gemeinheit an anderen Leuten aus. Aber hier kann uns Jesus helfen; Er will an unserem Leben teilhaben. Er braucht uns – Er will eine Beziehung zu uns. Er will uns retten. Aber wir dürfen nicht erwarten, daß Er bloß mit den Fingern schnippt, und schon sind wir gerettet! Man hört ja oft Leute sagen ›Jesus ist gestorben, um dich zu retten‹, aber ich glaube nicht, daß Er das gut findet, wenn so über Ihn geredet wird.«

»Wenn du über dein Leben nachdenken willst, nicht bloß über das Heute, sondern über das, was noch vor dir liegt, dann solltest du an Jesus ebensooft denken wie an deine Freunde. Wenn du eine gute Beziehung zu Ihm hast, dann wird Er für dich dasein, wenn es soweit ist, wenn der große Tag da ist, dann ist Er auf deiner Seite, und das ist alles, was du brauchst. Aber wenn Er nicht auf deiner Seite ist – na, dann kannst du es vergessen! Unser Pastor hat gesagt: Die Menschen legen Sparbücher an, kaufen Grundstücke und schließen Versicherungen ab und glauben dann, so seien sie geschützt. Das Schlimme ist: Wenn du stirbst und darauf wartest, wie der Herrgott entscheidet, dann geht es nicht darum, was du alles hast, sondern wie du gewesen bist: Ich meine, ob du Jesus erkannt hast, nur das zählt. Deshalb soll man bedenken, ob man gerettet werden will. Wenn du nicht gerettet wirst, dann heißt es lange in der Hölle schmoren, das sagt mein Großvater immer. Er wird wohl nicht mehr lange leben; er hat die Hoffnung, daß Jesus auf seiner Seite sein wird – aber trotzdem, jeder muß sich Sorgen machen. Man kann nicht einfach sagen: ›Alles in Ordnung, Er ist auf meiner Seite.‹ Du mußt daran arbeiten, wie du mit Ihm zurechtkommst, das sagt unser Trainer immer [der zugleich in der Sonntagsschule unterrichtete].«

Nun schaltete sich Matt ein. Bevor er auf das Thema Religion zu sprechen kam, stellte er erst einmal einschränkend fest, daß er kein »großer Denker« sei. Mein Sohn kommentierte: »Große Denker können genauso verlogen sein wie alle anderen! Die haben dieselben Chancen in der Hölle zu landen wir wir!« Die drei Jungen fanden sichtlich Gefallen an diesem kurzen populistischen Ausbruch anti-intellektueller Gleichmacherei. Sie grinsten – vielleicht auch ein »Abwehrmechanismus«. Matt fuhr fort: »Du mußt dem Herrn vertrauen. Er ist alles, was du hast; das denke ich jedenfalls. Zum Beispiel, wenn ich mit meinem Katapult herumschieße und dabei zuweit gehe – also, ich hab' zwar meinen Spaß, aber so ein armes Eichhörnchen muß dran glauben, und dann fühle ich die Hand, Seine Hand, auf meiner: Matt, du mußt rücksichtsvoller sein. Meine Mama und mein Daddy sagen immer, ich soll ›rücksichtsvoller‹ sein, und ich gebe mir ja auch Mühe. Aber wenn der Herr mit dir spricht, dann ist es besser, Ihm zu folgen. Klar, es ist okay, mit einem Katapult zu spielen [ich hatte ihn unterbrochen, um ihn danach zu fragen], aber du kannst es leicht übertreiben, und plötzlich steckst du in Schwierigkeiten und kriegst echten Ärger – weil Er dich nämlich beobachtet (das tut Er!) und alles registriert. Wir wissen, daß es so ist – aber wir würden es am liebsten vergessen! So seh' ich das. Wenn du willst, daß Er für dich da ist, um dir ›die Gabe der Erlösung‹ zu schenken – so heißt das doch in der Kirche –, dann liegt es an dir, daß du so ein Geschenk verdienst. Er wirft nicht einfach Bonbons vom Himmel! Er will gerecht sein, damit die richtigen Leute das ewige Leben in Seinem Königreich gewinnen, und das muß schwer sein, selbst für Ihn. Ich glaube, das kann ich wohl so sagen! Ich hoffe, ich gehe nicht zu weit! Unser Trainer hat zu uns gesagt: ›Verhaltet euch immer so, als ob der Herr euch zusieht. Er will euch lieben und beschützen, aber Er will nichts mit euren ›miesen kleinen Machenschaften‹ zu tun haben! Also gebt gut acht, denn was ihr heute tut, kann ein Schritt zur Ewigkeit sein, und das ist das Ziel, das Supertor, das ihr schießen wollt!‹ «

Matts Mienenspiel war lebhaft, er blickte von einem zum anderen, und seine Direktheit beeindruckte meinen Sohn wie mich und seine beiden Freunde. Dieser zwölfjährige Junge aus einem kleinen Örtchen im östlichen Tennessee hatte sich einer Selbstkritik unterzogen, die nicht zu dem oberflächlichen, frömmelnden Gerede paßte, das ich bisher gehört hatte. Matt bemühte sich wirklich darum, uns zu vermitteln, daß er sich moralisch gefährdet fühlte, eine Gefahr, die sowohl sein Gewissen als auch seinen vom gesunden Menschenverstand gespeisten Überlebenswillen anstachelte.

In dieser Lage war er auf guten Rat angewiesen, und deshalb rief er immer wieder das Vorbild aller Vorbilder an, suchte Hilfe bei Seinem exemplarischen Lebenslauf. Dieses jugendliche Bemühen um völlige psychische und moralische Versenkung war deutlich ablesbar an seinem Gesichtsausdruck, am Klang seiner Stimme, an seiner aufmerksamen Haltung.

Als Matt geendet hatte, öffnete Jerry den Mund, um etwas zu sagen, doch dann schloß er ihn gleich wieder. Der Zungenfertigste von den Dreien war zum Schweigen gebracht worden. Ich blickte zu Junior hinüber, der am verschlossensten war, und hatte den Eindruck, daß er ebenso bewegt war wie wir anderen. Plötzlich signalisierte uns Junior jedoch, daß nun er unsere Aufmerksamkeit für sich beanspruchte.

»Ich weiß nicht, was mit mir wird.« Nach diesen Worten, die aber nicht mit der Hoffnungslosigkeit des Melancholikers oder der Zerrissenheit des agnostischen Existentialisten geäußert wurden, unterbrach er sich sogleich wieder. Er lächelte, und dann begann er aufs neue, diesmal mit einer rhetorischen Frage: »Kann man das überhaupt wissen [was mit einem wird], bevor man tot ist?« In Fahrt gekommen, beantwortete er die Frage selbstbewußt und ohne anzuhalten mit einem kurzen, aber eindringlichen »Eben nicht«. Bescheiden setzte er hinzu: »Unser Pastor sagt, es geht nicht, und ich glaube ihm.« Die letzten drei Worte, mit großem Ernst gesprochen, klangen überzeugend.

Plötzlich fiel mir auf, daß seine Augen zu glänzen schienen – ein tiefes Blau, das an zwei Teiche erinnerte. Standen ihm Tränen in den Augen? Junior erklärte mit leiser Stimme, warum seine Augen feucht geworden waren: »Ich mußte eben an meine Schwester denken, daran, wie sie gestorben ist. Sie war die älteste von uns. Sie war erst dreizehn – es war vor zwei Jahren. Sie ging die Straße entlang, auf dem Weg nach Hause. Sie war einkaufen gewesen, Brot und Stärkemehl für Mama und auch Zucker, eine kleine Tüte. Sie hat aufgepaßt, so wie man es machen soll. Sie ging nicht auf der Fahrbahn. Und da kommt ein Auto um die Kurve, und der Mann will danach auch wieder geradeaus fahren, aber er schafft es nicht – das haben sie uns hinterher erzählt –, und statt dessen raste er direkt auf unsere Sally zu und überfuhr sie.«

Eine Weile war es still. Der Junge senkte den Kopf. Seine Lippen bewegten sich in einem stummen Gebet. Auch seine Freunde senkten den Kopf. In dieser Stille tauschten mein Sohn und ich einen Blick. Er sah jeden einzelnen Jungen an, dann senkte auch er seinen Kopf. Seine Lippen bewegten sich nicht, aber er wollte sich den Kindern nahe fühlen. Ich blieb so sitzen, wie ich war, aber auch ich blickte zu Boden. Ich merkte, daß Juniors Lippen sich nicht mehr bewegten. Seine Augen wurden plötzlich wieder lebendig. Sein Blick wanderte von Freund zu Freund und traf sich schließlich mit meinem, dem eines Mannes, der in doppelter Hinsicht ein Außenseiter war, als Fremder, der aus einem anderen Teil des Landes stammte, und als Angehöriger einer anderen Generation. Ich versuchte, seinen Blick zu erwidern. Aber aus irgendeinem Grund konnte ich es nicht. Ich überlegte, warum er mich »an-stierte« und warum ich seinem Blick nicht standhalten konnte. Aber diese flüchtigen Überlegungen wurden durch die Realität seiner Stimme beendet: »Wir beten jeden Tag für Sally, am Abend. Sie ist beim Herrn. Er muß sie wohl unbedingt bei sich haben wollen, denke ich mir. Er hat es wohl einfach nicht abwarten können. Daddy gerät selbst heute noch aus der Fassung: Er sagt, dem Herrn fallen wohl öfter die Augen zu, und deshalb wäre unsere Sally überfahren worden und mußte sterben. Mom kann es nicht vertragen, wenn er so daherredet. Sie sagt, das bedeutet, daß man an Ihm zweifelt. Neulich, als er gar nicht damit aufhören wollte, schlimme Sachen über den Herrgott zu sagen, hat sie angefangen zu weinen. Als er ihre Tränen sah, hat er damit Schluß gemacht. Aber ich hab' gemerkt, er ist kein frommer Mann, so wie meine Mom eine fromme Frau ist! Wissen Sie, was er sagt? Er sagt: ›Die [die Pastoren] sollen mal ein richtiges ehrliches Tagewerk leisten! Es ist höchste Zeit, daß die aufhören, auf unsere Kosten zu leben!‹ «

»Als Sally gestorben ist, hat Daddy seinen Glauben verloren. Ich glaube, er geht nur mit in die Kirche, um Mom einen Gefallen zu tun. Er möchte, daß sie glücklich ist, deshalb läßt er sie im Glauben, daß Sally bei Gott ist. Wo Sally ist? [Ich hatte ihn gefragt, wo sie seiner Meinung nach sei.] Na, da bei Gott, denk ich mir. Ich meine, vielleicht hat Er sie an dem Tag wirklich eine Zeitlang aus den Augen verloren; vielleicht ist das der Grund, warum sie gestorben ist. Aber Er muß Seine Leute zu sich nehmen, wenn sie so gestor-ben sind wie Sally. Er kann sie nicht einfach dort bleiben lassen [im Grab], und das war's dann.«

Fast eine Stunde lang sprachen wir intensiv über Glauben und Zweifel, die Gefahren des Lebens und deren Sinn – die Frage Hiobs und die möglichen Antworten darauf. Zweimal betonte Junior, daß das Christentum für ihn nicht ein bloßes Wochenend-Ritual sei, was man befolge (oder erdulde), weil die Eltern es von einem verlangten. »Wenn Jesus nicht wäre, würden wir uns bis zu unserem Ende wegen Sally grämen«, sagte Junior. Er erläuterte das: »Sie fehlt uns noch immer. Aber wir wissen, daß sie gestorben ist, um bei Ihm [Jesus] zu sein, und daß wir dorthin kommen, hoffen wir doch alle. Er war bei uns auf der Erde und ging wieder zurück – Er ist auch gestorben, genau wie Sally. Früher oder später ist es soweit – wir sterben. Man kann nicht dauernd wegen ihr weinen. Man muß daran denken, was nach dem Unfall kam – daß sie zum Herrn eingegangen ist! Das ist das Gute daran; das Schlechte ist, daß sie nicht mehr bei uns ist. Mom vergißt das manchmal und deckt auch für sie einen Teller auf, selbst heute noch, und dann fällt es ihr wieder ein, und sie trägt ihn raus, und dann weint sie jedesmal. Aber Sally ist dort, im Himmel, und das wünscht man sich ja schließlich für die eigene Schwester, wenn sie schon nicht bei einem sein kann! Nur Jesus kann dich retten, jedenfalls wenn du es verdient hast. Dazu werden wir geboren – um geprüft zu werden, ob wir in den Himmel kommen und mit Gott und Jesus und Seinen Jüngern zusammensein werden; oder ob wir in die Hölle kommen, zum Teufel und all denen, die ihm Gesellschaft leisten! Ich habe mich mal erkundigt, wie viele Menschen in den Himmel kommen und wie viele in die Hölle, und der Pastor hat gesagt, man kann keine Zahl nennen, und wenn es doch eine gibt, dann kennt sie nur Gott. Wenn du nicht gerettet wirst, dann hast du selbst Schuld. Sally hat sich immer bemüht, gut zu sein, sie hat immer ihr Gebet gesprochen, und sie muß einfach bei Ihm sein. Ich glaube es ganz fest! Das hat uns Gott schließlich gelehrt, daß Er für uns sorgen wird, und Er ist ein Lehrer, auf dessen Wort man sich verlassen kann!«

Zum ersten Mal hörte ich ein Kind über Gottes Fähigkeiten als Lehrer sprechen. Bisher hatten die meisten christlichen Kinder, mit denen ich mich unterhalten hatte, nicht so sehr Jesus als Lehrer im Vordergrund gesehen, sondern Jesus als mächtigen Gottessohn, Jesus als Heiler, Jesus als eine Art Torwache, die die einen willkommen heißt und die anderen abweist. Ich fragte Junior, was für eine

Art von Lehrer Jesus gewesen sei. »Man kann sich auf sein Wort verlassen, wie ich bereits gesagt habe – daran erkennt man die besten Lehrer, und Jesus war der allerbeste.« Ich wollte noch mehr über Jesu Leben als Lehrer hören: »Wie hat Jesus gelebt? Habt Ihr in der Sonntagsschule über seine Lehren gesprochen – was Er gelehrt hat?«

Junior zögerte einige Sekunden mit seiner Antwort. Er blickte zur Zimmerdecke, wie es viele Kinder tun, wenn sie im Augenblick nicht wissen, was sie sagen sollen, und dann sah er zu Boden. »Er hat die Menschen die Liebe gelehrt. Er versuchte, die Menschen zu lieben; und manche von ihnen waren froh darüber und haben sich Ihm angeschlossen. Aber andere haben Ihm nicht über den Weg getraut und waren von Anfang an gegen Ihn und haben nie aufgehört, gegen Ihn zu sein. Er hat versucht, zu jedem freundlich zu sein – zu den meisten, glaube ich, außer den richtig Schlechten –, aber eine Menge Leute wollten Ihm nicht glauben. Und deshalb war Er am Ende seines Lebens ganz allein.

Ich glaube nicht, daß Er ein Lehrer in einer Schule war. Er hat im Freien gelehrt; auf einem Berg. Sehr viele Leute hörten zu. Eine Zeitlang hatte Er die Menschen hinter sich. Aber dann gab es Ärger, und schließlich griff die Regierung ein. Als Er seine Lehren verbreitete, muß Er bewirkt haben, daß alle an Ihn glaubten; damals müssen sie echt auf Seiner Seite gewesen sein. Daß Er Ärger bekam, das war erst später.«

Während Junior sprach, stellte ich mir vor, wie Jesus in Galiläa herumzog und alles, was Er tat und sagte, von dichtgedrängten Menschenmengen beachtet wurde; und vor allem stellte ich mir vor, wie Er die Seligpreisungen der Bergpredigt sprach. Der Junge vor mir konnte das fünfte Kapitel Matthäus auswendig hersagen – ein »Selig sind, die da . . .« nach dem anderen. Er hatte sich sogar über Jahrhunderte hinweg in die damalige Zeit zurückversetzt und sich vorgestellt, wie es gewesen wäre, hätte er selbst im alten Galiläa gelebt: »Ich hätte vielleicht in einem Zelt gewohnt und wäre ein Fischer oder Bauer gewesen, denk' ich mir. Und Er wäre dort gewesen, und ich hätte Ihm zugehört! Er muß ein großartiger Lehrer gewesen sein. Die Leute standen im Kreis um Ihn herum und müssen jedem Seiner Worte gelauscht haben und sich jedes Wort eingeprägt haben. Vielleicht gab es auch welche, die nicht zugehört haben [ich hatte ihn danach gefragt], aber so einer würde ich keinesfalls sein wollen. Er war damals sehr beliebt – bevor Er all den Ärger hatte. Viele kamen zu Ihm, und Er war ein Lehrer, den die Menschen liebten. Sie müssen gewußt haben, daß Er sie erretten würde; sie müssen gewußt haben, daß Er etwas Besonderes war. Er sah wahrscheinlich auch besonders aus – nein, nicht Sein Zeug. Sein Gesicht war es sicher und was Er sagte und wie das auf einen wirkte.«

Der Junge wirkte geradezu aufgekratzt. Während er selbst uns belehrte, kam ich ins Träumen. Juniors Beispiel folgend, versuchte ich mir vor meinem inneren Auge vorzustellen, wie es wohl gewesen sein mochte, als Jesus vor bald zweitausend Jahren in Palästina herumzog, hier und dort anhielt, um die Menschen zu ermahnen, zu segnen und zu heilen, ihnen die Wahrheit zu verkünden und sie zum Nachdenken darüber zu bringen, was das Wichtigste im Leben war und aus welchen Gründen. Aber meine Gedanken wanderten nicht nur ostwärts, zu den Dörfern in der Wüste nahe dem Mittelmeer, sondern westwärts nach Kalifornien, zu einem dramatischen, beherrschenden Wandgemälde, das Jesus zeigte, als Er einer andächtig lauschenden Menge Seine Lehren vortrug – es war die Szene, die auf dem oberen Teil der Eingangsmauer zur Memorial Church an der Stanford University dargestellt ist. Während Junior sprach, war mir wieder eingefallen, wie ich, etwa in Juniors Alter, mit meinen Eltern vor dieser Kirche und diesem Bild stand und verlangte, daß sie mir das, was wir – und außer uns noch viele andere Besucher dieser großen kalifornischen Universität – sahen, erklärten. Warum dieses Erlebnis, das sich vor so vielen Jahren ereignet hatte, mir gerade jetzt wieder in den Sinn kam, dämmerte mir, als ich noch einmal Juniors letzte Worte »und wie das auf einen wirkte« in meinem Kopf nachklingen hörte.

Ich erzählte Junior von dem großen Wandbild. Er schien auf Anhieb zu verstehen, warum ich es noch immer so deutlich vor mir sah. »Jesus wußte, wie man unterrichtet – das merkt man, wenn man die Bibel liest. Die Leute wußten, daß Er etwas Besonderes war, und warteten darauf, daß Er ihnen etwas sagte. Wenn ein Lehrer nicht interessant ist, dann ist es ganz egal, ob er eine gute Idee hat oder nicht! Es hört eh keiner zu. Jesus kommt selbst heute noch an, und dabei ist Er schon so lange tot. Man kann Ihn förmlich reden hören. Man kann Ihn vor sich sehen. Wenn Er dich ansieht, wünschst du dir, daß Er nie wieder fortgeht. Er ist dein Retter. So ein Lehrer ist Er!

Von Ihm haben wir alle gelernt! Wenn du ein Christ bist, heißt das, daß du in Seine Klasse aufgenommen worden bist, und wenn du tust, was der Lehrer sagt, dann bestehst du die Abschlußprüfung!« Der Junge unterbrach sich, um mir zu sagen, daß er diese Bilder von jemand anderem geborgt hatte, nämlich von seinem Onkel, der Beratungslehrer an einer High-School war. »Er hat uns mit in die Kirche genommen, als wir ihn besucht haben. Er sagte, daß wir immer daran denken sollen, daß Jesus der wichtigste Lehrer ist, den wir haben, und daß Er es ist, mit dem wir gut durchs Leben kommen. Wenn wir aber nicht auf Seiner Seite sind, dann ist Er es, der sagt: Nein, du bestehst die Prüfung nicht. Als er das zu uns gesagt hat, habe ich mir vorgestellt, wie Jesus bei uns Zeugnisse verteilt! Meine Mom hat gesagt, es ist albern, sich das so vorzustellen – aber sie hat gesagt, es stimmt. Er paßt genau auf, was du tust, denn das muß Er, das ist ja Sein Job. Meine Kusine [die Tochter des eben erwähnten Onkels] sagt, Er hat den größten Computer im ganzen Universum, und da kann Ihm niemand durch die Lappen gehen!

Jeannie [die fünfzehnjährige Kusine] sagt, viele Pastoren haben Angst vor den Naturwissenschaften, und das sei schade. Sie sagt, wenn Jesus wiederkäme, würde er einen Computer kaufen und damit arbeiten! Er würde mit einem Düsenflugzeug fliegen und mit dem Auto fahren, damit Er weit herumkäme! Wenn Er nur zu Fuß gehen würde, könnte Er nicht so viele Menschen sehen. Er hat doch die Hoffnung, so viele wie möglich zu retten – also, warum sollte Er nicht versuchen, möglichst viele Leute zu sehen? Wenn Er einen Computer hätte, würde Er mehr wissen. Er hätte alles gespeichert – alle Seine Reden und die Namen der Leute, die Ihm geschrieben haben! Ich kann schon verstehen, warum Daddy sich aufregt, wenn Jeannie so etwas sagt – aber andererseits ist es doch wirklich nicht gut möglich, daß Gott Seinen Sohn heute zu uns schicken würde und von Ihm erwartete, daß Er mit so einem Handicap fertig werden muß, oder was meinen Sie? Das sagte Jeannie jedenfalls zu meinem Vater, und ich kann ihren Standpunkt gut verstehen!«

Einige Wochen später unterhielt ich mich mit ihm und seiner Kusine, die gerade zu Besuch gekommen war. Jeannie, ein fröhliches, lebhaftes Mädchen, sah nicht viel älter als Junior aus. Sie hielt einige längere Monologe darüber, daß sie beide sich nicht nur

1 Himmel und Hölle

RELIGIÖSA OCH ICKERELIGIÖSA

2 Religiöse und nicht-religiöse Leute

3 Jesus hilft dem Lepra-Kranken

4 Jesus hilft dem Blinden

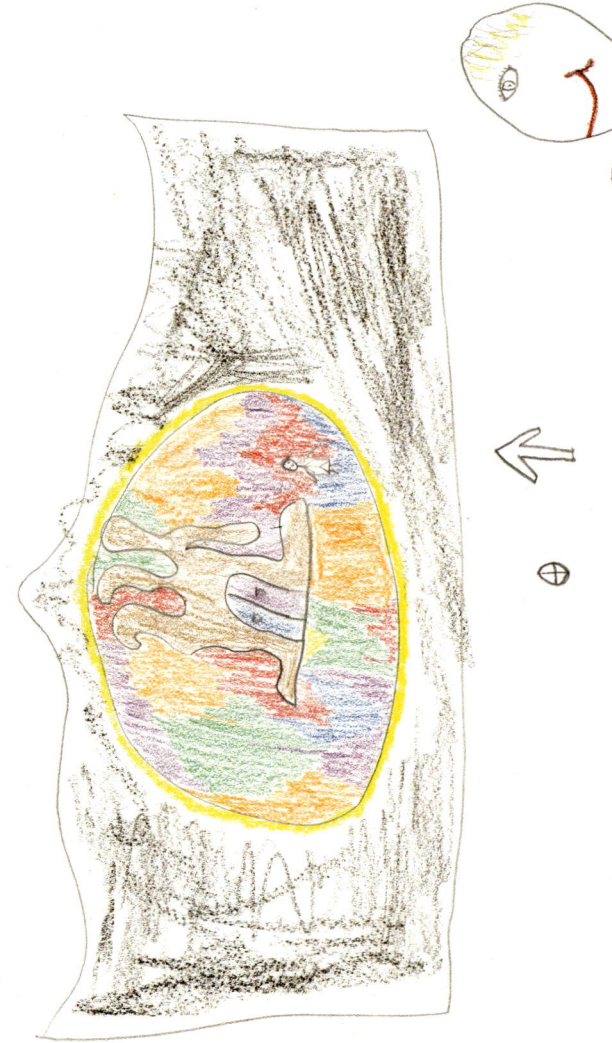

5 Der Stern, auf dem Gott lebt

1. God

2. und

6 Gott ist gelb, der Teufel schwarz

moses →

7 Moses und die Gesetzestafeln; Gottes Faust

9 Christus erweckt Lazarus von den Toten

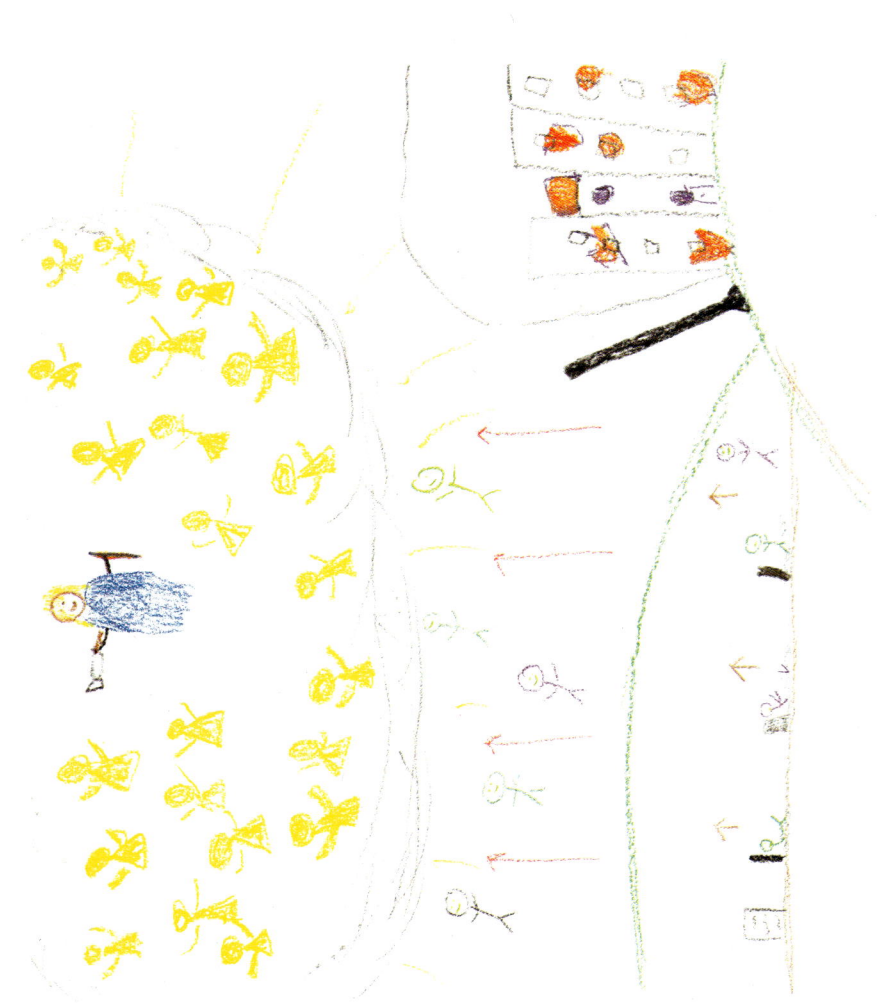

11 *Die Auferstehung*

12 Lots Weib

13 Hölle

14 Allah der Größte

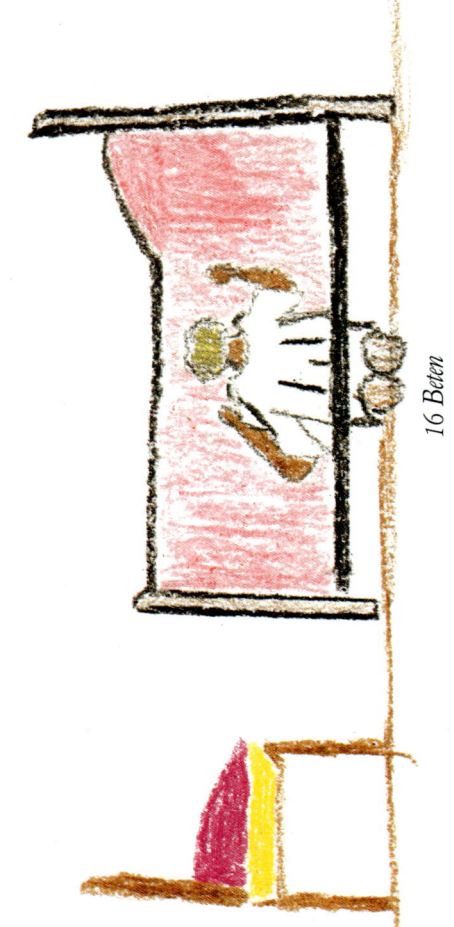

16 Beten

äußerlich ähnelten, sondern auch in ihren Ansichten und Idealen übereinstimmten, wobei Junior meistens zustimmend nickte und ich sie nur gelegentlich mit einer Frage unterbrach. Dann kam sie auf ihre bereits von Junior erwähnte Computertheorie zu sprechen: »Wenn man über das Schicksal von Millionen von Menschen zu bestimmen hätte, so wie Gott das muß, dann würde man sich doch einen Computer als Hilfe wünschen, oder?«

Sie schien meine Zustimmung vorauszusetzen, aber mein Unbehagen über die Wendung, die das Gespräch nahm, führte dazu, daß ich einwarf: »Wie könnte ein Computer denn dabei helfen?« Jeannie steigerte sich weiter in ihre kühne Phantasievorstellung von Jesus hinein: »Ich kann Ihn richtig vor mir sehen, wie er da oben auf der Tastatur herumklopft! Er muß Tausende von Räumen mit Computerausdrucken haben! Er hat sicher Leute, die Ihm dabei helfen, meinen Sie nicht? [Ich schwieg.] Vielleicht machen das Seine Jünger – sie helfen Ihm dabei, all die Computerseiten zu lesen!«

Jeannie war in Fahrt geraten, wurde jedoch von Junior unterbrochen, der einige kritische Einwände erhob. »Jeannie, glaubst du wirklich, daß die Jesus helfen? Ich weiß nicht, ob Er wirklich da oben einen Riesencomputer hat. Wo ist denn ›da oben‹? In der Sonntagsschule haben wir gelernt, daß wir uns keinen bestimmten Ort, also kein Zimmer oder Haus oder so was, vorstellen sollen, wenn wir an den Himmel denken. Ich meine, wir sollten uns den Himmel nicht als Computer vorstellen. Also, wir können uns schon so was ausdenken, aber wir werden es nie wirklich wissen, oder? Und außerdem, wie hat Er denn früher seine Entscheidungen gefällt, als es noch keine Computer gab? Daddy hat gesagt, als er in meinem Alter war, gab es die noch nicht. Aber Gott hat Sein Leben lang die Menschen ausgewählt – also schon immer.«

Von Jeannie kam kein Widerspruch, im Gegenteil, mit einem knappen »Stimmt!« gab sie ihrem Vetter recht. Sie wechselte übergangslos auf eine andere Schiene: »Erst wenn wir sterben, erfahren wir, was ›da draußen‹ ist, und keinen Moment früher! Das weiß jeder, aber die Leute geben es nicht gern zu!«

Sie hielt inne und blickte aus dem Fenster. Sie saß ganz still, nur ihr rechtes Bein, das sie über das linke geschlagen hatte, wippte unruhig auf und ab und verriet ihre Erregung. Nach vier oder fünf Sekunden wandte sie sich vom Fenster ab und blickte erst zu Junior, darauf zu mir und dann wieder zu ihm hin. »Und was ist, wenn es Gott überhaupt nicht wirklich gibt? Und auch keinen Himmel und keine Hölle? Niemand hat einen Beweis dafür, wie Er ist. Unser Pastor hat gesagt, man muß sich an den Glauben halten, denn Gott wohnt nicht gleich nebenan, und man kann Ihn nicht einfach besuchen oder bei Ihm anrufen und Seine Stimme am Telefon hören!«

Sie wollte weiterreden, aber Junior war bei ihrem ersten fragenden Ausruf stehengeblieben. Er warf den rechten Arm in die Höhe – das nahm sich sehr dramatisch aus – und wartete, bis er sich unserer Aufmerksamkeit sicher war. »Und was ist, wenn es Gott überhaupt nicht wirklich gibt?« Er wiederholte ihre Frage, wobei er das »wirklich« besonders betonte. Ich erwartete, daß er Einspruch gegen den offenen Zweifel erheben würde, der sich in diesen Worten spiegelte. Doch er beließ es bei der Wiederholung von Jeannies Ausspruch; dann senkte er den Kopf, als wolle er die Frage noch einmal auf seine eigene Weise, in seinem eigenen Tempo durchdenken. So machten wir alle es, jeder auf seine Weise: Auch in meinem Kopf überschlugen sich die Gedanken, Vorstellungen von Gott als einer Person – die christliche Sicht – oder Gott als der nicht faßbare »Geist«, von dem viele indische Kinder gesprochen hatten; oder schließlich die Vorstellung von Gott als einer »Idee«, eine Behauptung, der ich in meinem ersten Collegejahr begegnete. Junior fuhr fort: »Wenn es Gott nicht gibt, dann gibt es uns vielleicht auch nicht. Bei der Beerdigung von meiner Großtante sagte der Pastor ›Asche zu Asche‹, und ich bekam es mit der Angst zu tun. Aber wenn es keinen Gott gibt, dann ist das alles, was es gibt – Asche. Weder Himmel noch Hölle. Aber wenn Gott da ist, dann sind wir auch da. Er macht uns zu etwas, jedenfalls, wenn wir mitmachen. Ich hoffe, Er tut es – dafür betet man ja: daß Er etwas für einen ist, sofern man Ihm eine Chance gegeben hat, indem man die meiste Zeit ein guter Mensch war. Total gut kann ja keiner sein, das weiß ich.«

Auf diese letzte Bemerkung antwortete Jeannie mit einem »Amen«, und bevor ich mich versah, hatte ich ihr laut zugestimmt. Junior ergriff noch einmal das Wort: »Wissen Sie, ich denke mir, daß der Herr und wir, also, wir hängen alle zusammen da drin: Wir, weil wir hoffen, daß wir gerettet werden, und Er, weil Er sich wünscht, daß Er uns retten kann« – die Bemerkung kam ganz locker, während wir uns gemeinsam auf die Tür zu bewegten. *Worin* hingen wir alle? Noch viele Wochen später kam mir Juniors nachdenkliche Analyse immer wieder in den Sinn. Welch komplexes Stück christlicher Theologie in was für entwaffnend simple und umgangssprachliche Worte gefaßt! Da stand wirklich ein Kind vor mir, das nicht nur seine eigenen Wünsche, sondern auch die seines Herrn verstand.

Als ich nach jenem intensiven Gespräch im Auto davonfuhr, mußte ich an ein Seminar von Paul Tillich denken, das er 1957 gehalten hatte. Ich war damals Assistenzarzt in der Psychiatrie, aber ich interessierte mich immer noch sehr für religiöse Themen. Tillich hatte sich bemüht, uns Karl Barths Theologie mit ihrer Betonung von *Gottes* Suche zu vermitteln. Er, der von uns verehrte Lehrer, berief sich auf einen Kollegen, um uns zum Einhalten zu bringen und dazu, von uns selbst abzusehen und weit über uns hinaus zu schauen: zu der Verwicklung eines Anderen in dieses große Rätsel, dessen Konturen ein Junge eben noch einmal heraufbeschworen hatte mit seinem »wir, weil wir hoffen . . . Er, weil Er sich wünscht . . .« Dies war Juniors Beitrag zu meinem Lernprozeß gewesen, und es kam dem sehr nahe, was auch viele andere Kinder, die auf verschiedene Weisen und in unterschiedlichem Maß vom Christentum durchdrungen waren, auszudrücken versuchten, als sie den Botschaften, die sie in ihrem Inneren zu tragen gelernt hatten, ihre Stimme liehen oder sie im Bild darstellten.

KAPITEL 8

Islamische Gottesgefolgschaft

Asif – ein Junge pakistanischer Abstammung von fast zwölf Jahren – erzählte mir in London, daß er davon träume, Pilot zu werden.[1] Auf diese Weise würde er die Welt sehen und sein Leben nicht auf ein paar Stadtstraßen beschränkt bleiben. Er sagte, er habe schon oft landende oder startende Flugzeuge gehört und auch gesehen, und jedesmal müsse er stehenbleiben und ihnen nachblicken, und wenn sie fort wären, geriete er ins Träumen: »Ich würde so gern ein Flugzeug fliegen und eines Tages eine Medaille dafür erhalten, daß ich jahrelang viele Flugzeuge unfallfrei geflogen habe.«

Der Junge hatte seine Eltern von der pakistanischen Fluglinie und von Pakistans starker Luftwaffe reden hören, und sie hatten von ihrem Flug von Pakistan nach England nach dem Zweiten Weltkrieg gesprochen und über ihren Wunsch, eines Tages wieder nach Pakistan zurückzukehren – aber auch über ihren Wunsch, in England zu bleiben, wo der Lebensstandard zweifellos so viel höher ist. Wir sprachen weiter über Flugzeuge, und er erzählte, daß er am Londoner Flughafen Heathrow gewesen sei und viele Flugzeuge gesehen habe, und später habe er davon geträumt, sie zu fliegen. Er fragte mich, ob ich jemals Pilot habe werden wollen. Ich verneinte. Er erinnerte mich daran, daß ich häufig per Flugzeug reise: »Haben Sie sich nie Sorgen wegen der Piloten gemacht – ob die auch gut sind?« Natürlich, antwortete ich, aber deshalb wollte ich noch lange nicht selbst Pilot sein. Der Junge darauf: »Ich mag mich niemand anderem ausliefern – nur Gott.«

Ich war betroffen. Endlich brachte ich hervor: »Aber, Asif, wir können nicht alles allein machen – jeden Tag verlassen wir uns darauf, daß andere die Dinge tun, von denen wir nichts verstehen.«

Er hörte aufmerksam zu und begriff schnell, was ich meinte: »Ja, aber oben im Himmel ist Allah und bei Ihm Mohammed, Sein Prophet, den Er zu uns gesandt hat, und denen will ich gehorchen; und wäre ich in einem Flugzeug, würde ich all meine Aufmerksamkeit auf den Piloten richten. Schade – ich würde lieber selbst der Pilot sein und an Allah denken, während ich das Flugzeug fliege.«

Ich kannte Asif seit einigen Wochen, und Danny, einer meiner Söhne, hatte ihn schon ein Jahr früher kennengelernt und sich mit seinen religiösen Überzeugungen beschäftigt. Jetzt näherten wir uns der Vorstellung, die der Junge sich von Allah machte, auf einem ungewöhnlichen und unerwarteten Weg. »In Ordnung, stell' dir vor, du bist der Pilot – welche Gedanken an Allah würdest du haben?«

Asif sollte mir erklären, wie er die Phantasien von seiner beruflichen Zukunft mit den religiösen und spirituellen Werten, wie er sie zur gleichen Zeit lernte, verbinden wollte. Er sagte: »Ich würde wissen, daß ich Allah beim Fliegen näher bin als sonst! Ich würde in den Himmel schauen und nachts die Sterne sehen. Ich würde an Ihn denken. Sicher wandert Er von Stern zu Stern. Wir sehen Ihn nicht. Es ist verboten, sich vorzustellen, wie Er aussieht. Aber Er ist oben im Himmel, und in einem Flugzeug bist du Ihm näher. Ich weiß nicht, ob es richtig ist – aber ich würde meine Gebete im Flugzeug sprechen, und Er könnte sie besser hören dort oben. Es muß schwierig für Ihn sein, wenn wir alle gleichzeitig zu Ihm beten [in der Moschee]. Ich habe meinen Vater danach gefragt, und er sagte, ich solle mir keine Sorgen machen, Allah höre jedes Wort. Aber es könnte doch helfen, wenn ich näher bei Ihm wäre, weiter oben, dort, wo Er ist.«

Ich dachte, dies sei der Augenblick, den Jungen nach der Geographie des Himmels zu fragen, also, wo er als moslemisches Kind sich diesen »Ort« vorstellte. Aber Asif ließ sich die Gesprächsführung nicht aus der Hand nehmen und redete weiter: »Er gibt uns Kraft. Ein Pilot muß sich lange Zeit wach halten, wenn er von Pakistan nach England oder von England nach Pakistan fliegt. Man muß wissen, wie man das Flugzeug auf Kurs hält, aber man kann es auf ›hold‹ stellen, wenn alles in Ordnung ist. Ich habe mal einen Film im Fernsehen gesehen, wo das erklärt wurde. Ich habe nicht alles verstanden, aber das mit dem ›Autopiloten‹ weiß ich noch – das Flugzeug bleibt auf Kurs, während der Pilot sich ausruhen kann. Ich würde beten – wenn ich mich ausruhen könnte, würde ich beten. Ich würde meinen Vater fragen und andere [aus des Vaters Generation], ob ich die *Salat* [das fünfmal täglich zu verrichtende Gebet des Mohammedaners] im Flugzeug sprechen dürfte. Ich würde Zeugnis ablegen. Ich würde hoch oben sein und sagen: ›Ich bezeuge, daß kein Gott ist außer GOTT‹, und ›Ich bezeuge, daß

Mohammed der Abgesandte Gottes ist.‹ Ich könnte vielleicht auch sagen ›Gott ist der Größte‹, das könnte ich sagen; Gott würde es hören, hoffe ich.«

Sein Gesicht gab der Hoffnung Ausdruck, über die er gerade gesprochen hatte. Er hatte schon ein Bild der Hölle für mich gemalt: ein Flammenmeer und einige skelettartige Körper, die in der Hitze des Feuers verkohlt waren. Jetzt erinnerte er sich an dieses Bild und suchte danach in dem Stapel von Zeichnungen, auf den ich seine Arbeit gelegt hatte. Als er das Bild fand, zog er es heraus, legte es mir vor und zeigte darauf: »Ein Flugzeug würde in diesem Feuer zerschmelzen. In der Hölle ist es so heiß, daß alles schmelzen könnte – sogar Steine, hat mein Vater gesagt. Wenn du zu Gott betest, könntest du Ihn an deiner Seite haben, wenn du Ihn brauchst. Er könnte bewirken, daß alles wieder gut wird.«

Wie würde das im einzelnen aussehen, wenn Gott »bewirkt, daß alles [im Flugzeug] wieder gut wird?« Ich wollte gegenüber diesem frommen mohammedanischen Kind nicht allzu skeptisch klingen und gab mir Mühe, den Ton meiner Stimme zu kontrollieren, als ich ihm diese Frage stellte – um so ein ernsthaftes Interesse zu bekunden und nicht den ungeduldigen Skeptizismus eines Menschen aus dem Westen. Asif antwortete sofort: »Unser Gott will von uns, daß wir Seinen Gesetzen gehorchen, und wenn ein Pilot zu Ihm betet, dann ist das Flugzeug sicherer. Gott weiß, wer in die Hölle kommt. Er könnte uns gleich dorthin schicken, oder später. Wenn du zu Ihm betest, wirst du stärker und auch reiner und auch ein besserer Pilot. Wenn du nicht an Ihn denkst und nicht betest, wirst du schwach sein und vielleicht Fehler machen. Ohne Gott, sagt mein Vater, bist du bereits in Schwierigkeiten, selbst wenn das Flugzeug in Ordnung ist. Kein Flugzeug fliegt gut, wenn der Pilot vergißt, was er zu tun hat. Piloten können nur einen Fehler machen, und zwar genau diesen! Das Flugzeug stürzt ab. Verstehen Sie nicht – ein Pilot, den Gott nicht beschützt, der gerät in Schwierigkeiten, weil er an sich denkt und nicht an Gott und deshalb allein auf sich gestellt ist, wenn eine Störung auftritt. Ein Pilot, der an Gott glaubt und zu Ihm betet, wird alle Flugzeuginsassen auffordern zu beten, genauso wie er es tut, und Gott wird das hören müssen. Er wird auf unsere Gebete antworten.«

Ich war nicht überzeugt, wie Asif von meinem Gesicht ablesen konnte. Er holte nun weiter aus und klärte mich auf: »Gott bedient keine Maschinen: Er ist kein Pilot! Aber ich habe einmal in einem Fernsehprogramm gehört, daß das Vertrauen des Piloten ebenso wichtig ist wie sein Wissen. Ich habe mir das gemerkt. Ich glaube es. Mein Vater sagt, das gelte nicht nur für Piloten. Wenn du deine Gebete gesprochen hast – und Gott angerufen hast –, wird Er da sein. Er wird dir antworten. Er wird zu dir kommen. Er wird dir das Vertrauen geben, das du brauchst; es ist Sein Geist, der über dich kommt!«

Ich wies darauf hin, daß viele Piloten ausgezeichnete Arbeit leisteten ohne die Hilfe irgendeines Gottes, gleich welcher Religion. Der junge Möchtegern-Pilot des einundzwanzigsten Jahrhunderts hörte mir höflich und aufmerksam zu und überlegte. Schließlich, gut vorbereitet auf eine gründliche Erklärung, sagte er: »Ich weiß, es ist wahr, daß viele Piloten nicht zu Allah beten, ja, zu niemandem. Im Fernsehen habe ich Piloten gesehen, und sie waren wie die Lehrer in der Schule oder die Ärzte und Schwestern in der Klinik. Ich weiß nicht, ob Allah uns hilft, wenn eine Maschine nicht funktioniert – wahrscheinlich nicht. Aber Er könnte uns helfen, sie zu reparieren. Er könnte uns stark machen, so daß wir unser Bestes geben könnten. Darüber hinaus – ich weiß nicht. Ich bin sicher, Er könnte uns bestrafen, sogar, wenn das Flugzeug in Ordnung ist – wenn es keine Probleme mit den Motoren hat. Er könnte uns schwach werden lassen.«

»Wie könnte Allah jemanden – einen Piloten – schwächen?«

»Wenn du Allah mißachtest oder Seinen Geboten nicht gehorchst, wirst du deine Kraft verlieren. Du wirst Sein Feind werden. Er wird dich angreifen. Nein [ich hatte danach gefragt], Er wird dich nicht schlagen, das meine ich nicht. Mein Vater sagt: ›Wenn du Allah nicht gehorchst, verlierst du Seinen Geist; wenn du aber gehorchst, dann ist Sein Geist in dir, in deinem Inneren, und du wirst dein Allerbestes geben. Er will, daß wir Ihm folgen, und wenn wir es tun, hilft Er uns.‹ «

Ich fragte ihn, welche Art »Hilfe« Allah geben könne. Asif führte aus: »Er kann dir Seine Kraft einhauchen. Er kann dir das Gefühl geben, daß die Welt auf dich hören und dir gehorchen wird. Manchmal hat man ja das Gefühl, daß nichts geht. Meine Mutter erzählte uns einmal von jemandem, der einen Wagen hatte, und nichts funktionierte [in dem Wagen], bis der Mann seine Gebete sagte und auch nicht damit aufhörte, als er wieder aufstand und zu dem Wagen ging, und da klappte es auf einmal, er konnte fahren, er konnte den Wagen auslachen und ihn herausfordern, ruhig noch mehr Ärger zu machen – aber es passierte nichts mehr!«

Asif bemerkte, daß mein Gesicht unbewegt war. Erfreut, daß ich relativ gelassen zu sein schien, malte er mir ein sehr schroffes Bild von Allahs Eigensinn aus. »Wenn Allah dich nicht mag, wird Er dich bestrafen. Er wird dich in die Hölle schicken. Es ist dort heißer als in jedem Feuer, heißer als eine Atombombe – ich habe meinen Vater gefragt. [Ich hatte laut überlegt, wie ›wir‹ das wissen könnten, deshalb die Erklärung.] Es sind viele Leute in der Hölle. Sie gehören dorthin, weil sie Allah nicht gefolgt sind, Ihm nicht gehorcht haben. Wenn du Ihm nicht gehorchst, wird Er es dir heimzahlen. Er kann nicht zulassen, daß man Ihn vergißt.«

Noch bevor ich wußte, was ich eigentlich wissen wollte, fragte ich: »Warum?« Asifs Stimme klang etwas schärfer. Vielleicht verlor er allmählich die Geduld mit meinen skeptischen Einwürfen. »Wenn du der Herr und Meister bist, erwartest du, daß die Leute zugeben, daß du es bist. Wenn du zuläßt, daß die Leute es vergessen, würdest du aufhören, ihr Meister zu sein. Allah ist unser Meister, und wir müssen Ihn achten und tun, was Er will. Er hat uns im Koran gesagt, was wir tun sollen. Er sprach zu uns durch Mohammed. Wenn wir nicht zuhören, wird Er es sich merken. Er wird uns fallenlassen.«

So ganz sicher war er sich dieser Vorgänge aber offenbar nicht: »Ich weiß nicht, wie Allah auf uns alle achtgibt! Ich habe meinen Onkel gefragt; er ist sehr fromm. Er sagte: ›Er tut es!‹ Ich mochte ihm keine weiteren Fragen stellen. Mein Vater sagte uns, als wir klein waren, daß man keine Fragen über Allah stellt; man lernt Seine Gebote und gehorcht ihnen. Wenn du Fragen stellst, bist du Seiner nicht sicher. Sei stets Seiner sicher!«

Asif schwieg, und ich fragte mich, ob er zufrieden war mit dem, was er gesagt hatte – oder ob in einem Winkel seines Kopfes eine Stimme Fragen stellte. Ich beschloß, direkter für mich selbst zu sprechen, statt nur auf ihn zu reagieren: »Asif, ich glaube nicht, daß irgend jemand herausgefunden hat, wie Gott – oder Allah – uns ständig auf der Spur bleibt, jedem einzelnen der vier oder fünf Milliarden Menschen auf diesem Planeten. Aber wir alle machen uns Gedanken über so etwas. Vielleicht sollte ich nicht sagen ›wir alle‹; vielleicht sollte ich sagen: viele von uns.«

»Es stimmt, man wird nie wissen, wieso Allah alles weiß, aber Er weiß es. Er würde nicht Allah sein, wenn Er nicht alles wüßte! Als ich klein war, erzählte mir meine Mutter, daß Allah alles weiß. Sie sagte, Er könne auch alles tun. Ich erinnere mich, daß ich sie fragte: Kann Er von hier nach dort springen? und dabei zeigte ich auf die Sonne. Selbstverständlich, sagte Mama. Ich glaubte ihr, und ich tue es noch immer, aber ich weiß nicht, wie Er das macht. Man muß verstehen, daß Allah nicht ist wie wir; Er ist anders, vollkommen anders.«

Ich stimmte ihm zu. Ich war mir nicht sicher, ob noch irgend etwas zu sagen blieb; und da es spät war, machte ich Anstalten, unser Zusammensein zu beenden. Aber Asif hatte noch mehr zu sagen: »Glauben Sie, daß Allah eines Tages herkommen wird und uns besucht?« Die Frage überraschte mich. Ich sagte, was ich dachte. »Asif, die Christen glauben, daß Gott die Erde schon einmal besucht hat.«

Er war überhaupt nicht überrascht. »Ich weiß. Wir im Islam haben die größte Achtung vor Jesus. Aber Er war nicht Allah – nicht Gott; Er war einer, den Gott zu uns sandte, um uns zu besuchen. Wenn Gott, wenn Allah gekommen wäre, dann wäre es nicht zu all dem Unglück und Leid gekommen – dem Tod am Kreuz. Jesus war nicht Gott, man könnte Gott nicht töten. Allah würde seine rechte Hand erheben, und alle, die Ihn töten wollten, würden sterben! Er würde bewirken, daß jeder an Ihn glaubte, und wer sich weigerte, würde sterben – so würde das aussehen, wenn Allah auf die Erde käme.«

Ich hatte nicht vor, ihn zu bitten, Gottes äußere Erscheinung zu beschreiben. Ich wußte, daß mohammedanische Kinder gelehrt werden, Allah nicht bildlich darzustellen, weder in ihren Gedanken, noch in ihren Zeichnungen oder Malereien. Aber Asif fügte etwas sehr Interessantes hinzu: »Allah würde weiße Gewänder tragen, und Er würde den Ozean mit ein paar Schritten überqueren. Er würde fordern, daß die Menschen auf Ihn hörten, und wenn sie es nicht täten, würde es ihnen sehr schlecht ergehen.«

Ich beschloß, nicht auf seine Darstellung Allahs einzugehen; ich wollte auch nicht mit ihm über die große Macht streiten, die er Ihm zugestand. Statt dessen griff ich einen anderen Aspekt auf. »Asif, sag mir, was glaubst du würden die Leute, die du eben erwähnt hast, hören, die da irgendwo sitzen oder stehen würden und sich bemühten, auf Gott zu hören?«

»Ich weiß nicht genau«, antwortete er. Doch seine Vermutungen gingen immerhin so weit: »Allah würde der Welt, würde jederman sagen: Gott ist groß, sehr groß. Er würde das richtig laut sagen, und wenn du Ihn auf deiner Seite haben willst, wirst du es auch sagen – sonst wird Er dich dazu bringen, es zu sagen, oder Er wird dich ins Feuer [die Hölle] schicken – Er braucht nur mit den Fingern zu schnippen. Wenn du gegen Ihn ankämpfst, wirst du verlieren. Wenn du dich Ihm unterwirfst, wirst du gewinnen.«

Dem Jungen war ein fast aphoristisch zu nennender Abschluß gelungen, und ich konnte ihm ansehen, daß auch er zum Aufbruch bereit war. Asifs Worte riefen mir meine eigene Begegnung mit der Bibel, als ich noch ein Kind war, wieder ins Bewußtsein – mit Jesaja, Amos, Jeremia und schließlich mit Jesus von Nazareth. Ich dachte an ihre Herausforderung der herrschenden Mächte, ihr Beharren auf einem Umdenken in den Fragen eingefahrener Frömmigkeitsregeln. Bei unserer Verabschiedung wiederholte ich, was mir von seinen Worten besonders im Sinn geblieben war, nämlich die Idee, daß es wünschenswert sei, sich Gott – Allah – zu ergeben. Seine Augen strahlten: »Ja, genau das glauben wir im Islam: sich Allah zu ergeben! Wenn Sie mit uns in unsere Moschee kommen, werden Sie sehen, daß wir alle versuchen, uns Ihm zu unterwerfen.«

*

Rita, zehn Jahre alt, war in London geboren, aber wie Asif pakistanischer Herkunft. Die Eltern der beiden kannten sich gut, und alle gingen zum Gebet in dieselbe Moschee. Ich hatte die Absicht, Rita zeichnen und malen zu lassen, aber mir ging immer noch meine vorausgegangene Zusammenkunft mit Asif durch den Kopf, als sie und ich miteinander zu reden anfingen, und ich erzählte ihr davon. Als ich am Ende war, lachte sie und erklärte mir, was ich Asif sagen solle, wenn ich ihn das nächste Mal sähe: »Sagen Sie ihm doch, daß Sie unsere Religion nicht begreifen! Aber, wissen Sie, es ist ganz einfach – wir unterwerfen uns Allah. Wir versuchen, Ihm zu folgen, wie Mohammed es uns gesagt hat. Fordern die anderen Religionen das nicht auch?«

»Doch, schon«, sagte ich, »obwohl ich Wörter wie Unterwerfung und Gehorsam von jüdischen und christlichen Kindern nicht so oft höre, wie von dir und Asif und anderen hier in England.«

»Oh, ja«, antwortete Rita sofort – aber dann wurde sie still. Nach ein paar Sekunden belehrte sie mich: »Wir gehen in unsere Moschee, um Gott zu sagen, daß wir Ihm gehören. Wer das nicht glaubt, gehört nicht zu Ihm. Mein Vater sagt, zu Gott beten heißt Ihm sagen: ›Ich bin dein Diener, sage mir, was ich tun soll.‹ Gott hat uns gemacht, und Er hat zu entscheiden, wohin wir gehen. Himmel oder Hölle – Er entscheidet. Er trifft die Wahl. Aber auch wir hier entscheiden uns. ›Du hast die Wahl‹, sagt meine Mutter immer wieder. ›Du entscheidest, was du tust, und Allah merkt es sich.‹ Ich hoffe, ich werde Gott sehen, aber das kann man niemals genau wissen. Du mußt abwarten, bis du stirbst. Er kann dich vor der Hölle bewahren, wann immer Er will, und Er kann dich in den Himmel holen, wann immer Er will. Es hängt alles von dir ab, und alles hängt auch von Gott ab. Hoffentlich verstehen Sie, was ich meine. Ich denke sehr oft über Mohammed und Allah nach – und ich wünsche mir, ich könnte immer auf Ihrer Seite stehen. Aber manchmal vergesse ich Sie total. Das bedeutet, daß ich nicht wirklich gut genug bin. Wenn ich es wäre, würde ich ständig zu Ihnen beten und alles tun, was Gott von mir verlangt, egal was es ist.«

Sie hatte zwar nicht, wie Asif, das Wort »unterwerfen« benutzt, aber es war klar, daß sie trotz ihres jugendlichen Alters so etwas im Sinn hatte – ein Sich-Ergeben in den Gott, den sie als allmächtig und wichtig anzuerkennen gelernt hatte, wichtiger als jeder Mensch und jeder weltliche Besitz. Die ausgeglichene und beherrschte Rita wurde ängstlich und unsicher beim Gedanken an die Allmacht des islamischen Gottes – Seine Fähigkeit zu äußerster Ablehnung einerseits und zu ewiger Umarmung auf der anderen Seite.

Nicht, daß der Islam, wie Rita ihn erlebt, sich so sehr von der jüdisch-christlichen Gedankenwelt unterscheidet, die andere Kinder ihres Alters kennengelernt haben. Die Überzeugung von Gottes großer Macht ist Teil des mystischen Wissens von Tausenden und Abertausenden von Kindern, für die der Islam kaum oder gar keine Bedeutung hat. Aber solche Kinder wie Asif und Rita und andere, mit denen ich in London, in Tunesien, im Westjordanland gesprochen hatte, hielten stets daran fest, daß in der Beziehung zu jener unermeßlichen Macht äußerste Selbstverleugnung geboten sei. Später an diesem Tag wiederholte Rita mehrfach den Befehl, den sie häufig auf sich bezogen hatte: »Wenn etwas Schlimmes passiert, mußt du es als eine Botschaft Gottes akzeptieren. Er will uns nicht weh tun, aber manchmal muß Er uns bestrafen. Wir können nicht einfach unseren eigenen Weg gehen! Wenn du Ihm nicht folgen kannst und Ihm nicht sagst, daß du Ihn als deinen Gebieter akzeptierst, dann wirst du Ihn nicht im Himmel besuchen. Mein Vater sagt jeden Tag zu uns – mag sein, jeden zweiten –, daß verwöhnte Kinder nicht in den Himmel kommen. Wer zu Ihm kommt? [Ich hatte sie danach gefragt.] Der Himmel ist der Ort, wo Gott Seinen Anhängern zu leben erlaubt, nachdem sie gestorben sind. Du fängst ein neues Leben an, und Gott wird auf ewig dein Freund sein, aber nur, wenn du hier auf Erden zuerst Sein Freund gewesen bist.«

Ich bat Rita, mir zu erklären, welcher Art diese Freundschaft sei. Sie gestand mir, daß sie wahrscheinlich einen Fehler gemacht habe. »Ich hätte nicht sagen sollen, daß wir zu Gottes Freunden zählen, das war vielleicht falsch. Ich meine – Gott kann dich auserwählen. Er kann sagen: ›Du bist mir treu gewesen und hast die Gebote des Islams befolgt, und deshalb will ich, daß du hier heraufkommst, um bei mir zu sein.‹ Das hätte ich sagen sollen! Du bist nur du, aber Er beherrscht die ganze Erde – deshalb ist es keine Freundschaft. Ich glaube, Freunde sind einem meistens gleichwertig. Aber niemand kommt Gott gleich! Wie sollte das auch sein?«

Gegen Ende unserer Zusammenkunft begann Rita über den Propheten Mohammed zu sprechen. Sie hatte »keine Ahnung«, wie er aussah. Allerdings gab sie zu, daß sie ihn sich vorstellte, wie er in flatternden weißen Gewändern auf einem Pferd daherritt. »Wahrscheinlich« kenne er sich am besten in der Wüste aus und würde »sich sehr wundern«, falls er das London des ausgehenden zwanzigsten Jahrhunderts besuchen sollte und die Moscheen sähe, Stätten, die ihm als Allahs großem Vermittler und Deuter geweiht waren. Doch nachdem sie noch einmal darüber nachgedacht hatte, meinte sie, daß Mohammed doch nicht überrascht sein würde: »Er muß immer an Gottes Seite sein. *Sie* sind Freunde! Das meine ich jedenfalls. Gott muß wie ein Vater zu Mohammed sein. Manchmal kann ein Vater auch ein Freund sein! Unser Gott – Er weiß alles und erzählt es Mohammed. Da sie Freunde sind, unterhalten sie sich viel und erzählen sich ihre Geheimnisse, genau wir wir! Im Himmel sind die Menschen gut, und sie können kriegen, was sie wollen, jedenfalls meistens. Was? Alles Mögliche: Essen, vermute ich, schöne Plätze zum Ausruhen.« Sie war nicht die einzige unter den

Kindern, die mir, ungeachtet ihrer Religion, den Himmel als eine Stätte der Behaglichkeit, der Zufriedenheit und des Glücks beschrieben, obwohl die meisten von ihnen nicht gerade gutes Essen als himmlische Gabe erwähnt hatten. »Du kommst nicht in den Himmel, bloß weil du davon träumst! Du kommst nur in den Himmel, wenn du Allah bewiesen hast, daß du dort hingehörst. Es ist schwer dort hinzukommen, weil Er dich nicht hereinläßt, wenn Er nicht ganz sicher weiß, daß du gut bist und an das glaubst, was Er will, und dich Ihm unterwirfst, und wenn Er dir etwas zu tun befiehlt, daß du es tust, ohne dich zu beklagen.«

Sie mochte keine Leute, die jammerten und sich beklagten, dieses schwer arbeitende Mädchen, das seiner Mutter, einer Näherin, dabei half, für ihre drei jüngeren Schwestern und einen Bruder zu sorgen. »Wenn man flucht, darf man nicht in den Himmel«, ließ sie mich mehrere Male wissen, als wir uns über die Zukunft der Menschen nach dem Tod unterhielten. »Wer flucht, kommt in die Hölle und muß dort bleiben«, erklärte sie.

Zu der Zeit kannte ich sie bereits gut, und ich getraute mich zu sagen: »Rita, wenn das wahr ist, werde ich nicht in den Himmel kommen, sondern in die Hölle.«

Sie sah ziemlich ernst aus, als sie über meine Behauptung nachdachte. Dann wandte sie sich der Frage meines Seelenheils zu: »Wenn Sie viel geflucht haben, müßten Sie in ziemlichen Schwierigkeiten mit Allah stecken. Aber ich habe Sie noch nie fluchen hören, also können Sie nicht allzuviel fluchen. Wenn Sie nur hin und wieder einmal einen Fehltritt begehen, können Sie noch in den Himmel kommen – und wenn Sie Allah bitten, Sie freundlich anzusehen, und versprechen, alles, was Er will, zu tun, dann können Sie Ihre Chance, daß Er Sie zu sich [in den Himmel] nimmt, verbessern. Doch es ist Seine Sache. Er mag keine Leute, die aufmüpfig sind. Er mag sie wirklich nicht.«

Ich fragte Rita, was genau »Aufmüpfigsein gegen Allah« bedeute, womit man Seine Abneigung erregen könne? Sie war ergreifend demütig. »Ich wage nicht, Ihnen meine Meinung dazu zu sagen. Das ist allein Gott überlassen. Er kann manche Fehler übersehen, aber bestimmte nicht. Er kennt die guten Menschen, die Reinen. Er kennt die schlechten Menschen. Man kann Ihn nicht austricksen. Einige meinen, sie können es. Wenn sie sterben, werden sie schon sehen, daß es ihnen nicht gelungen ist!«

Ich wollte die Frage noch nicht abhaken: »Ja, Rita, das ist der Augenblick, in welchem, eine große Aufteilung stattfindet – Himmel oder Hölle. Hast du darüber nachgedacht, welche Sorte von Menschen in den Himmel kommen wird und welche in die Hölle?« Sie sagte zwar prompt ja, aber dann schwieg sie für einige Sekunden. »Ich glaube, ich sollte über all das noch nachdenken.«

Dann, nach einer längeren Pause: »Vielleicht könnte ich so viel sagen: Allah liebt Menschen, die rein sind, die nach der Vorschrift zu Ihm beten und Seine Befehle befolgen. Wenn du Allah vergißt und nicht zu Ihm betest, wird Er dich vergessen. Wenn du Schlechtes tust, wirst du den schlechtesten Stand haben, und du wirst niemals davon wegkommen, weil Er dich nicht läßt. Keiner kann mit Ihm streiten!«

Ich widersprach ihr vorsichtig: »Nun, Rita, ich denke, daß einige Leute doch mit Ihm streiten. Sie beherzigen die Lehren nicht, die sie gelernt haben.«

»Das ist wahr. Aber sie werden dafür bestraft werden.«

»Welche Lehren hältst du für die wichtigsten?«

»Alle – daß du Gott gehorchst, Allah gehorchst, immerzu, daß du tust, was Er will, immerzu. Wir sind Seine Diener – mein Onkel und mein Vater sagen uns das oft. Du darfst nicht zu Ihm in Widerspruch stehen. Du mußt rein sein, eine reine Sprache sprechen, und du mußt zu Allah sagen: ›Ich werde Dich fragen, was richtig und gut ist, und gib mir, bitte, die Antworten.‹ «

Ich hatte ihr Gesicht und ihren Körper beobachtet, als sie sprach. Ihre Augen waren nicht auf mich gerichtet, sondern auf die Zimmerdecke. Ihre Oberarme hingen herab, die Ellbogen waren leicht angewinkelt, und sie hielt Ihre Hände mit den Innenflächen nach oben vor sich hin – es war eine Art von demütig bittender Gebärde. Sie hatte aufgehört zu sprechen, aber ihr Mund blieb leicht geöffnet. Ich fühlte, daß sie an Allah dachte und fragte: »Beendest du ein kurzes Gebet?«

»Nein, kein Gebet. Ich versuchte mich daran zu erinnern, was mein Großvater über Allah zu sagen pflegte – über seine Wünsche. Ich erinnere nicht viel. Er starb vor fünf Jahren, und ich war damals noch klein. Aber ich weiß, er wollte, daß jeder wirklich rein sei, bevor wir beteten; wir sollten *immer* rein sein, und das ist schwer, das ist unmöglich für uns [Kinder]. Er sagte uns, wenn wir rein zu Allah kämen und Ihm sagten, Er sei unser Herrscher und wir

206

würden niemals gegen Ihn kämpfen, dann werde Er wissen, daß wir treu sind und an Ihn glauben. Manche wollen an Ihn glauben, aber können es nicht, weil sie Gefangene sind. Der Teufel und seine bösen Geister halten sie gefangen. Es kann zu Kriegen kommen – und Allah gewinnt, wenn wir es wollen und wir ›Sein Begehren verdient‹ haben. Meine Mutter sagt: ›Ihr müßt euch Allahs Begehren verdienen, sonst wird euch der Teufel holen, und Allah wird sagen: Ich werde nicht für sie kämpfen, ich will es nicht.‹ Warum sollte Er für jemanden kämpfen, der nicht einer von Seinem Volk sein will und nicht alles tun will, was Er uns befohlen hat?«

Wieder lag die Betonung auf Reinheit und Gehorsam bis hin zu völliger Unterwerfung. Wieder hörte ich Anklänge an geradezu kriegerische Auseinandersetzungen zwischen Allah auf der einen Seite und dem Teufel mit seiner vielfältigen Gefolgschaft auf der anderen. Ich begriff auch, daß eine ziemlich subtile psychologische Strategie bemüht wurde – Ritas Leben wurde als potentiell unwürdig eines derartigen Eingreifens durch Allah hingestellt. Es war, als ob Er in einem bestimmten Augenblick den Maßstab an dein Leben legen und dann entscheiden würde, ob Er ein Bündnis mit dir schließen oder weggehen und dich der Macht des Teufels überlassen solle. Ich drückte diesen Gedanken gegenüber Rita aus, und sie schien geradezu erleichtert – endlich hatte ich begriffen, was sie mir hatte erklären wollen. Ich erkannte jetzt, daß bereits andere mohammedanische Kinder das gleiche versucht hatten.

Etwas später faßte Rita ihre Grundgedanken noch einmal zusammen: »Du kannst nicht einfach so in den Himmel kommen! Allah muß dich dort haben wollen. Er erwählt dich. Aber Er erwählt dich nur, wenn du Ihn gewählt hast. Verstehen Sie? [Ich nickte.] Wenn du betest und Er sieht, daß du einer Seiner Diener bist und Ihm dein Leben geben willst, dann wird Er auf deiner Seite sein. Dann werden der Teufel und seine Soldaten dich nicht gefangennehmen. Aber wenn man sagt, man sei ein Moslem, und dabei geht man nur ab und zu in die Moschee, und wenn man den Leuten erzählt, daß man an Allah glaubt, aber nicht rein ist, sondern Wein trinkt oder anderen Alkohol und das falsche Essen ißt und nicht wirklich meint, was man in seinen Gebeten sagt, dann wird Allah nicht mit einem sein. Der Teufel wird einen aufspüren, und es wird nicht lange dauern, bis er einen kriegt. Allah wird nicht für dich kämpfen, wenn du Ihn brauchst, wenn du nicht den ganzen Weg an Seiner

Seite gegangen bist. Ob man vollkommen sein muß? Nein. Niemand ist es außer Allah, nehme ich an. Aber du mußt dich darum bemühen, immer besser und immer reiner zu werden, damit Er denkt: Ich will dich, und ich werde für dich kämpfen. Wenn du dich Allah ergibst, dann wird Er dafür sorgen, daß der Teufel sich dir ergibt!« Nach dieser Rede setzte sie sich aufrecht hin und schaute mir gerade in die Augen. Sie hatte, wie ich daraus schloß, etwas aus ihren eigenen Worten gelernt, genauso wie ich, der ihr Ringen um eine Form für ihre religiösen und spirituellen Vorstellungen mit ihr durchgestanden hatte, viel gelernt hatte.

Was sie gesagt hatte, erinnerte mich an eine Reihe von Gesprächen zwischen meinem Sohn und zwei Kindern in Tunesien. Ramses war neun, Karim dreizehn, beide Söhne frommer Moslems. Die Jungen erzählten meinem Sohn immer wieder, daß ein guter Mensch »höflich und rein« und »freundlich zu den Menschen« sein und »eine gute Sprache« pflegen und nicht fluchen solle, daß er regelmäßig seine Gebete sprechen und »nach dem Koran und den Worten des Propheten leben« solle. Aber auch sie betonten, daß ein guter Mensch »nicht nur zu Allah betet, sondern sich vor Ihm niederwirft; dann weiß Er, daß du willens bist, alles zu tun, was Er von dir verlangt«. Sie wurden gefragt, ob sie darüber nachgedacht hätten, was Allah denn von ihnen verlangen würde. Karim machte deutlich, daß es sich eher um die innere Einstellung handele als um eine Liste von Beteuerungen, Ritualen oder sogar Taten: »Allah will, daß wir bereit sind, für Ihn unser Leben zu geben. Er will, daß wir an Ihn glauben. Dann wird Er uns erretten, wenn der Teufel versucht, uns zu holen. Entweder du stehst zu Allah oder du tust es nicht.«

Auch sie benutzten das Wort »Unterwerfung« an einer bestimmten Stelle dieser langen und ganz freimütigen Diskussion. »Allah verlangt von uns, daß wir Ihm wirklich gehorchen; wenn wir nur so tun als ob, wird Er uns durchschauen – er kennt unsere Tricks! Aber wenn wir uns Ihm unterwerfen, wird Er unser Beschützer sein: Er wird über uns wachen und jeden besiegen, der versuchen könnte, uns von Ihm wegzuziehen, wie zum Beispiel mitten in der Nacht.«

Bob bat die beiden Jungen, ihm zu erklären, was dies »mitten in der Nacht« bedeuten sollte. »Wenn du dich schlafen legst«, führte Karim aus, »kann Allah zu dir kommen; Er kann dich grüßen oder warnen! Wenn du in einem Traum glücklich bist, hat Er dir etwas

Gutes erzählt; wenn du beunruhigt bist und dich fürchtest und schreist, dann ist der Teufel irgendwo in der Nähe, und vielleicht will Allah dich warnen oder du hast selbst herausgefunden, daß ein Unglück droht. Allah kann dich retten, oder du kannst gefangen genommen werden, und Allah ist nicht mehr dein Freund und Gebieter. Und dann stehst du allein deinem Feind gegenüber.«

Als Antwort auf weitere Fragen über ihre Träume unterstrich Ramses Allahs Fähigkeit, Träume zu beeinflussen. »Er spricht zu uns. Er sagt uns, was wir tun sollen. Wenn du aufwachst und dich an einen Traum erinnerst, könnte es eine Botschaft von Allah sein. Er könnte dir etwas sagen wollen. Am Tag bist du dauernd beschäftigt, und viele Leute sprechen mit dir. Wenn du schläfst, spricht niemand mit dir. Aber Allah wacht, und Er könnte dir etwas Wichtiges mitteilen, und wenn du die Augen wieder aufmachst, hast du etwas, worüber du nachdenken kannst.«

Karim erklärte dazu noch: »Allah wacht über uns, und Er ist immer da, auch in der Nacht. Wenn du aufwachst und an Ihn denken mußt, hat Er dich heimgesucht und dir etwas mitgeteilt.«

Unter den zehn mohammedanischen Kindern in London, die ich näher kennenlernte, waren vier, die mehrfach ausdrücklich auf ihre Träume hinwiesen, als wir über die Augenblicke redeten, in denen sie in Kontakt mit Allah gestanden hatten. Drei weitere erwähnten Allah im Zusammenhang mit Träumen, die sie gehabt hatten, wenn auch seltener. Diese Reaktion mohammedanischer Kinder im Zusammenhang mit dem Thema Träume war nach meiner bisherigen Erfahrung neu und überraschend. Die christlichen und jüdischen Kinder, mit denen ich zusammengekommen war, sprachen sehr viel seltener über ihre Träume als die mohammedanischen Jungen und Mädchen, die ich in Israel und England interviewt hatte, oder die, mit denen mein Sohn in Tunesien zusammengetroffen war.

Ich erinnerte mich an die Belehrung, die mir von einem Jungen namens Sajid in London zuteil wurde, dem dreizehnjährigen Sohn eines Bäckers aus Pakistan. Auch Sajids Mutter stammte aus Pakistan, sie sprach recht gut Englisch und hatte eine bessere Schulbildung genossen, bevor sie Asien verließ. Sajid, das älteste von vier Kindern, hatte den sehnlichen Wunsch, später zu studieren und vielleicht Rechtsanwalt oder Geschäftsmann zu werden. Die Art, wie er über seine Zukunft sprach, weckte mein Interesse, weil sie

Einblick in seine persönlichen moralischen Grundsätze gab. »Ich würde gern ein erfolgreicher Mann sein, damit wir von hier wegziehen könnten. Dann hätte ich das Geld, um ein Haus für mich und noch eines für meine Eltern zu kaufen. Ich hätte Geld für Kleidung und das beste Essen. Aber ich müßte vorsichtig sein. Ich würde die Hälfte meines Geldes für karitative Zwecke spenden müssen (vielleicht weniger als die Hälfte, aber eine große Summe). Wenn ich es nicht täte, würde mir Allah niemals erlauben, in den Himmel zu kommen. Ich würde in ein großes Feuer geworfen werden, in einen Feuerofen, der nie erlischt – in die Hölle. Wenn man den Armen, unseren Nächsten, nichts gibt, riskiert man, in eine schlimme Lage zu geraten, wenn man stirbt.

Auch schon bevor man tot ist, das stimmt. Letzte Woche, in der Schule, hatte ich die richtige Lösung für eine Rechenaufgabe herausgefunden, und ich freute mich sehr darüber. Der Lehrer erlaubte mir daraufhin, rauszugehen und Fußball zu spielen, weil ich der Beste in der Klasse war. Später, nach dem Fußball, kamen ein paar meiner Freunde zu mir und sagten, daß sie Schwierigkeiten mit den Hausaufgaben hätten, ob ich ihnen helfen würde? Ich sagte nein, sie sollten allein lernen, ohne Hilfe. Sie sagten, ich sei selbstsüchtig. Ich war der Meinung, daß ich nur versuchte, bei der Wahrheit zu bleiben; und daß sie vielleicht immer besser würden und ich nicht der einzige bliebe, der für ein Fußballspiel vom Unterricht befreit würde. Dann würden sie auch noch beim Fußball besser sein. Aber vielleicht war ich wirklich selbstsüchtig! Ich erzählte meinem Vater davon, und er sagte, ich solle schon versuchen, sehr gut in der Schule zu sein und bei allem, was ich sonst tue, aber ich sollte auch meinen Freunden helfen. Man soll großzügig sein; man soll den anderen helfen.

Am nächsten Tag bot ich meinen Freunden an, ihnen zu helfen. Sie freuten sich. Sie wurden besser in der Schule. Sie dankten mir. Aber in dieser Nacht hatte ich einen Traum, in dem sie mir nicht dankten! Der Lehrer sagte mir, daß ich nicht in den Himmel käme – Allah würde mich nicht einlassen. Dann sagte ein Mann, der die Straße entlang ging, ich solle im Koran lesen und daran denken, was der Prophet Mohammed gesagt hat: Ich solle den Menschen geben, die etwas von mir brauchen. Dann kam ein Feuerwehrauto, und eine Sirene heulte, und die roten Lichter blinkten dauernd. Das Feuerwehrauto hielt neben mir, ein Feuerwehrmann stieg aus und sagte mir, ich müßte mit ihnen fahren, weil dort, wo ich wohne, ein Feuer ausgebrochen sei. Ich wollte nicht mit auf den Wagen. Ich hatte Angst. Die Polizei kam, und ein Bobby zog mich zu dem Wagen, und die Feuerwehrleute holten mich herauf. Der Wagen sauste los, unheimlich schnell. Ich hatte Angst, wir würden einen Unfall bauen. Als wir in der Straße ankamen, in der wir wohnen, sah ich das Feuer: Es war in unserem Haus und im Haus nebenan. Mein Vater stand draußen auf der Straße und rief meinen Namen, aber ich war nicht da. Ich war im Wagen, und wir kamen nicht näher an ihn heran, weil die Straße blockiert war von Unmengen von Autos, Feuerwehrautos und Polizeiwagen. Ich wollte zu meinem Vater laufen, aber es ging nicht. Das Feuer brannte weiter, unser Wagen war heiß – das Feuer heizte die ganze Straße auf. Da wachte ich auf, mir war heiß, und ich dachte an Allah. Ich fragte mich, ob ich ihn jemals sehen würde: Du mußt sehr gut sein, oder Er will dich nicht in Seinem Haus im Himmel haben!«

Als Sajid mich fragte, ob ich ähnliche Träume habe, sagte ich nein, keinen wie diesen. Seine prompte Reaktion war: »Wahrscheinlich, weil Sie kein Moslem sind.« Ich schwieg. Daraufhin fragte er mich, ob er seinen Traum »verstehen« könne. Ich sagte ihm, daß Träume nicht nur eine einzige Bedeutung hätten – es liege an uns, den Träumenden, herauszufinden, was wir mitten in der Nacht zu »sagen« versuchen, wenn einem auch manchmal jemand, dem man davon erzählt, mit dem einen oder anderen Vorschlag weiterhelfen könne. Sajid hatte inzwischen richtig gemutmaßt, daß ich nicht bereit war, ihm zu helfen. Er bot mir seine eigene Deutung an: »Ich denke, daß Allah mich warnen wollte, daß ich in Gefahr bin.« Ich fragte ihn warum. Er gab keine weitere Antwort. Sajid hatte alles gesagt, was er sagen wollte, und je länger ich darüber nachdachte, desto mehr bewunderte ich seine kurze Analyse dieses mit Sicherheit ziemlich beunruhigenden Alptraums.

Wenn wir auch nie wieder auf diesen speziellen Traum zu sprechen kamen, so redeten wir doch noch einmal, einige Wochen später, über Träume im allgemeinen. Sajid erzählte von seinen Zukunftsplänen und erwähnte wieder den Anwaltsberuf, aber er dachte auch über sein zukünftiges Leben als Moslem nach: »Ich hoffe, ich werde von jedermann geachtet werden und als Imam in der Moschee predigen. Ein Imam ist jemand, zu dem wir aufschauen. Ich hoffe, ich werde eine gute Familie gründen und daß wir alle Allah willkommen sind, wenn es soweit ist. Und ich hoffe, daß ich keine schlimmen Träume haben werde.«

Ich fragte: »Was meinst du mit schlimmen Träumen?«

Er antwortete: »Man hat schlimme Träume, wenn Allah einen nicht haben will. Er versetzt dich in Angst und Schrecken. Wenn Er dich gern hat, erschreckt Er dich nicht.«

»Hat Allah dich jemals erschreckt?«

»Ja. Er warnt einen. Wenn man Ihn vergißt, kann Er in der Nacht kommen und einen erschrecken.«

»Passiert das oft?«

»Mir nicht, bis jetzt. Ich versuche, Ihm zu gehorchen. Ich versuche alles zu tun, was ich soll. Der Imam hat zu mir gesagt: Wenn du dich Allah unterwirfst, wird Er dich schlafen lassen, und du wirst gute Träume haben. Wenn du es nicht tust, könntest du einen langen Alptraum haben, mit Tieren, die dich beißen, oder du träumst von einem schlimmen Unfall, und das geschieht, weil Allah nicht überzeugt ist, daß du ein guter Moslem bist.«

Träume waren also, nach Sajids Auffassung, ein Maßstab für religiöse Reinheit oder Frömmigkeit. In gewissem Sinne erklärte er seinen Alptraum als ein Mittel göttlicher Führung. Erfreuliche Träume, glaubte er, seien ein Beweis, daß man sich den Grundsätzen des Islam unterworfen habe – was von Allah selbst korrekt vermerkt würde. Allah fordere immer und sei stets wachsam; wer Seine Gunst gewinnen wolle, müsse Prüfungen um Mitternacht wie um zwölf Uhr mittags ertragen. Sajid und die anderen islamische Kinder, die mit mir über ihre Träume gesprochen haben, gingen nicht soweit, aus Allah sozusagen einen »Himmelhund« zu machen, der sie ständig durch ihre Träume verfolgt. Wesentlich ist eher die kindliche Vorstellung von der totalen Unterwerfung, bei Mondschein wie bei Tageslicht. Sajids Traum sagte ihm – der in einem Milieu aufgewachsen war, in dem so etwas wie Selbsterfahrung im psychologischen Sinne äußerst selten war –, daß Allah in Seinen Forderungen unnachgiebig ist, daß diese rund um die Uhr gelten und ebenso eindringlich auf der Gefühlsebene wie präzis auf der des Verstandes sind. Ein Junge, der gelernt hat, kein Schweinefleisch zu essen, der gelernt hat, das Fasten im Monat Ramadan einzuhalten, der gelernt hat, daß »Mekka das Haus Gottes ist«, daß »ein Moslem ein Ziel haben sollte, wenn er das Haus verläßt«, und der eine Mahlzeit immer mit »im Namen Allahs« einleitet und mit

»Allah sei Dank« beendet, ist auch beim Aufwachen überzeugt, daß Allah einen Grund gehabt hat, ihn nachts zu besuchen, ihn zu schelten oder ihm ein Zeichen über den letztendlichen Ausgang seines Lebens zu geben.

Diese nächtliche, unbewußte Intimität mit Gott ist der Beweis für eine Hingabe, die das, was in Bekenntnisse oder sogar komplexe Rituale hineingelegt wird, weit übersteigt. Kein Wunder, daß Sajid eines Tages sagte, daß er sich Allah am nächsten fühle, wenn er morgens die Augen aufschlüge: »Ich wache auf und fühle, daß Allah mir nahe gewesen ist, sehr nahe. Am liebsten würde ich wieder einschlafen, damit ich Ihm noch einmal näher kommen kann. Aber ich darf nicht unverschämt sein! Vater sagt, wir sollen immer anderen etwas abgeben; wir sollen teilen, was wir haben. So ist es auch mit Allah: Ich kann Seine Aufmerksamkeit nicht für mich allein beanspruchen, wenn es andere gibt, die sie auch brauchen. Sobald ich einmal aus dem Bett heraus bin, kümmere ich mich um all meine Pflichten, und Allah besucht die anderen, die noch schlafen.« Derselbe Junge hatte auch seine Eltern einmal gefragt, ob »der Himmel wie der Schlaf« sei, und gefragt, was er damit meine, hatte er erklärt: »Du bist immer bei Allah, wenn du schläfst. Du läßt dein Leben hinter dir, und Er hält dich in Seinen Armen während all der Stunden, die du im Bett liegst.«

Sich in der Nacht Allahs Armen zu überlassen, sich freiwillig und hingebungsvoll in Gefangenschaft zu begeben, widerfuhr nicht Sajid allein, wie er mich mehrere Male wissen ließ, auch seine Freunde machten diese Erfahrung. »Wenn du zu Allah betest, wird Er dir antworten. Wenn ich höre, daß der Muezzin uns zum Gebet ruft, höre ich Allah sagen, wir möchten kommen und bei Ihm sein. Mein Vater sagt: Wir gehen in die Moschee, damit wir ganz nah bei Allah sind; auch sonst sprechen wir unsere Gebete, aber nicht gemeinsam. Wenn wir alle zusammen sind und auf den Knien liegen und beten, weiß Er, daß wir nach Ihm rufen, geradeso wie der Muezzin ruft, und dann ist Er glücklich. Ich kenne die Christen [die Kinder in der Schule] nicht gut genug, um sie zu fragen, ob sie meinen, daß ihr Gott so scharf auf sie aufpaßt wie unserer. Ich sollte sie mal danach fragen! Meine Freunde sagen, daß die Religionen ganz unterschiedlich sind. Deshalb weiß man nicht genau, wie die anderen Religionen sind, und du kannst dich nur mit aller Kraft bemühen, als Moslem dein Bestes zu tun.«

Mir wurde klar, daß er und seine Freunde genau das taten. Ich denke dabei an den Nachdruck, mit dem sie beteten, die Moschee freitags und sonnabends besuchten und sich anstrengten, die Regeln, die Rituale und die Kette von Warnungen und Ermahnungen, die von Generation zu Generation weitergereicht worden waren, nicht zu vergessen. Ich erinnere mich auch an das, was sie mir erzählten über Allah, über Mohammed, über Mekka und über ihr eigenes Leben als Moslems in einem vorwiegend von Christen bewohnten England – ein kollektives Zeugnis für ihr Bestreben, Mitglieder der weltweiten, spirituellen islamischen Nation zu werden.

»Sajid, du hast einmal gesagt, daß du und andere hier in England versuchen, Allah ›wohlgefällig‹ zu sein, und ich wüßte gern, wie ihr das macht.«

»Wenn man Allah wohlgefällig sein will, muß man sehr viel an Ihn denken! Hier, in diesem Land, gibt es noch viel mehr, an das man denken muß, und das macht einen großen Unterschied gegenüber Pakistan aus. Mein Großvater und dessen Großvater dachten immerzu an Allah und an Mohammed, Seinen Propheten, und sie beteten und beteten, und ihr ganzes Leben bereiteten sie sich darauf vor, vor Allah und Mohammed zu treten und auch die Engel zu sehen, die ja bekanntlich bei ihnen im Himmel sind. Mein Vater hat mir das hundertmal, ja tausendmal gesagt. Dann zeigt er mit seinem Finger auf sich selbst und auf mich. ›Schau uns an‹, sagt er. Ich kann die Rede auswendig. ›Schau uns an‹, sagt er, und er sagt es solange, bis er merkt, daß ich ihn und mich selbst wirklich anschaue und genau weiß, was ich sehe. ›Gut gefüllte Bäuche, eine schöne, warme Wohnung mit einem Dach, das nicht leckt, Ärzte in den Krankenhäusern. Aber wo ist Allah, *wo*?‹ Und Vater gibt sich dann gleich selbst die Antwort: ›Wenn wir Glück haben, denken wir an Allah, wenn wir im Bus sind, der uns nach Hause bringt.‹

Es kann Ihm, Allah, nicht gefallen, daß wir nicht mehr in der Art an Ihn denken, wie sie es früher in Pakistan getan haben. Mohammed muß von uns enttäuscht sein, glaubt mein Vater, und Allah auch. Das ist sehr schade für uns, und auch für sie, ja – weil Mohammed versucht hat, uns zu sagen, was wir tun und was wir glauben sollen. Und Allah will, daß wir uns an alle Worte Mohammeds erinnern, und wenn wir hier sind, haben wir nicht die Zeit, das ist das Problem. Ich bin mir sicher, daß es Allah nicht gefällt –

daß wir nicht die Zeit für Ihn haben, die wir hätten, wenn wir woanders lebten: zu Hause in Pakistan oder an anderen Orten, wo die Leute Zeit dafür haben.«

Stille trat ein. Wir hörten beide auf die Geräusche der Großstadt, die von außen hereindrangen. Ich sagte mir, daß ich den nächsten Schritt tun mußte, aber ich hatte keine Ahnung, was ich fragen oder sagen könnte, bis ich mich halb zu mir selber sprechen hörte: »Könntest du dir vorstellen, Sajid, daß euer Gott die Unterschiede zwischen dem Leben eurer Vorfahren in Pakistan und dem Leben der Menschen hier in England durchaus verstehen könnte – und sich deshalb nicht allzusehr aufregt, wenn ihr eure Religion anders praktiziert?«

Er verstand sofort, was ich damit sagen wollte. Genau solche Formulierungen machten für einen Mohammedaner aus Pakistan einen Teil des westlichen Großstadtlärms aus – das begriff ich aber erst, als ich sein Gesicht sah, auf dem sich die schwache Andeutung eines Lächelns abzeichnete, während seine großen schwarzen Augen alles in sich aufnahmen: mich mit meiner betont ernsten Art und meinen vorsichtig modifizierten Vorschlägen, die sich als beiläufige Fragen tarnten. Er ließ sich Zeit mit der Antwort. Schließlich ließ er mich sein Urteil wissen: »Ich kann es nicht sagen. Es ist Allah überlassen. Mag sein, Sie haben Recht. Aber Er würde uns verlieren, nicht wahr, wenn Er zuließe, daß wir es uns in London allzu gemütlich machen. Ich denke nicht, daß das in Seiner Absicht liegt; ich meine, daß Er an uns festhalten will: Er will, daß wir bei Ihm sind und nicht bloß gelegentlich an Ihn denken. Meiner Meinung nach ist Er so – daß Er nicht glücklich sein würde, wenn wir uns davonmachen und Ihm kaum noch Beachtung schenken. Er will unsere Aufmerksamkeit – damit Er uns kennenlernen kann, bevor Er über uns entscheiden muß, wenn wir sterben.«

Er sprach ruhig, ohne besonderen Nachdruck und keinesfalls »defensiv«. Sein Schlußsatz war für mich sehr anrührend – eine Mahnung, daß es auf dieser Erde noch immer Menschen gibt, die mit großer Angst und Sehnsucht auf die endgültige Entscheidung warten, die Gott im Hinblick auf sie treffen wird. Es ist diese Überzeugung von Gottes elementarer Macht über sie bis in alle Ewigkeit, die Jungen wie Sajid dazu bringt, sich auf ein solches Gericht vorzubereiten und den wohlmeinenden Versicherungen von Leuten wie mir zu widerstehen. Allah ist in Seinem Himmel und wartet ab, bis der rechte Augenblick gekommen ist, aber Er wartet nicht unbegrenzt.

Hier war ich dem beharrlichen, durch nichts zu erschütternden Glauben eines Kindes begegnet, das seinen Gott als notwendigen, bezwingenden Beschützer und Führer ansieht, als einen Herrscher und Gebieter. Ein Herrscher macht seine Autorität geltend – und wie mir die mohammedanischen Kinder immer wieder auf viele verschiedene Weisen gesagt haben, es gibt keinen Zweifel daran, daß Allah das muß und auch tut.[2] Für sie befinden sich Allah, der Herrscher, und Mohammed Sein Prophet (beileibe kein zaudernder, rückgratloser Gesandter) sowohl hier auf der Erde als auch im Himmel. Sajid sorgte sich nicht nur um seine Zukunft, sondern auch um die Zukunft des Islams insgesamt: »Ich hoffe, Allah läßt uns nicht gehen; Er könnte es, wenn wir Ihn gehen ließen.« Es stimmt zwar, daß er eine Bemerkung dieser Art von dem engsten Freund seines Vaters gehört hatte, als sie einige Monate zuvor gemeinsam die Moschee verließen. Aber der Junge plapperte das jetzt nicht einfach nach, sondern sah diese spezielle (und gefürchtete) Möglichkeit tatsächlich vor sich. Mir fiel der Ausdruck »gehen lassen« auf – er erinnerte mich an den Ruf »Let my people go« (Laß mein Volk gehen), den archetypischen Aufschrei des amerikanischen Sklaven, die Forderung unter der die Schwarzen noch in den sechziger Jahren im amerikanischen Süden um ihre Freiheit kämpften. Im Gegensatz dazu stand hier ein Junge vor mir, der sich damit quälte, daß man ihn und die anderen »gehen lassen« könne, was furchtbare Folgen nach sich ziehen würde – für alle Ewigkeit. Dieser Junge wollte fest an seinen Gebieter gebunden sein, so wie Er sich in Moscheen und in Wohnungen, auf den nahe gelegenen Straßen wie auf Pilgerfahrten in die Ferne offenbart – sein Ziel war die islamische Ergebung, die Unterwerfung unter denjenigen, dessen abschließendes Urteil für den Gläubigen schwerer wiegt als alles andere.

KAPITEL 9

Jüdische Gesetzestreue

An ihrem zehnten Geburtstag hörte ich, wie Elaine – im Geist des orthodoxen Judentums erzogen – ihren älteren Bruder Joseph fragte, ob er tatsächlich beabsichtige, seine Bar-Mizwa [den Akt der Einführung jüdischer Jungen von dreizehn Jahren in die jüdische Glaubensgemeinschaft, Anm.d.Ü.] zu feiern. Ich saß mit den Geschwistern in ihrem Zuhause in Brookline, Massachusetts, zusammen. Joseph dachte wohl, sie wolle einen Scherz machen. Selbstverständlich würde er an seiner Bar-Mizwa teilnehmen, sagte er zu Elaine – was für eine »blöde Frage«. Aber Elaine scherzte nicht, sie war todernst. »In der Synagoge müssen wir [Mädchen] getrennt von euch sitzen, und in unserer Religion zählen nur die Jungen.« Sie entschuldigte sich gleich darauf für ihre Bemerkung – es täte ihr leid, so wenig »Respekt« gezeigt zu haben. Das war ein Wort, das ihr Vater ihr seit Jahren aufgezwungen hatte.

Joseph schien ihr innerlich Recht zu geben, denn er sagte zu ihr: »Ich habe die Vorschriften nicht gemacht.« Aber weiter kam nichts von ihm, obwohl er wußte, daß Elaine wollte, daß er einen eigenen Standpunkt vertrat. Während er schweigend dasaß, starrte Elaine ihn mit gerunzelter Stirn unverwandt, sogar wütend an. Endlich sagte er doch noch etwas: »Hey, ich sage es noch einmal: Ich habe die Vorschriften nicht gemacht! Nur weil wir in Amerika im Jahre 1986 leben, bedeutet das noch nicht, daß wir unsere Geschichte vergessen sollen. Wenn du jüdisch bist, dann bist du jüdisch, und die Vorschriften sind die Vorschriften. Sie wurden vor Urzeiten festgelegt.«

Elaine schaute nicht mehr ganz so grimmig drein, aber sie heftete weiter ihre Augen auf ihn, und obwohl er sich nichts anmerken ließ, war deutlich, daß er ihren Blick spürte, sich aber hütete, ihn zu erwidern. Ja, er schaute weg und zum Fenster hin, als hoffe er, daß die Pattsituation sich schon irgendwie auflösen würde. Schließlich zuckte Joseph die Schultern, erhob sich aus seinem Stuhl und warf mir einen Blick tiefster Hoffnungslosigkeit zu. Beim Aufstehen sagte er: »Elaine, du hast recht, aber ich kann nichts daran ändern.«

Das war eine Herausforderung für Elaine. Sie stand ebenfalls auf und ging zur Tür, als wollte sie verhindern, daß wir beiden männlichen Wesen einen schnellen Abgang machten. Dann sagte sie Joseph die Meinung: »Ich weiß, du bist kein Rabbiner, und du hast noch nicht einmal Bar-Mizwa gefeiert! Aber selbst wenn du ein Rabbiner wärest, würdest du dasselbe sagen; und auch *nach* der Bar-Mizwa sagst du sicher dasselbe.«

Elaine schaltete plötzlich einen Gang höher: »Joseph, wenn du die Rede bei deiner Bar-Mizwa hältst, könntest du doch allen sagen, was du denkst – du, Joseph, als mein Bruder und nicht als der Junge, der eh nur sagt, was man von ihm erwartet.« Joseph hatte aufmerksam zugehört, ohne erkennbare Reaktion, bis er das Wort »man« hörte. »Wer ist ›man‹, Elaine? Bestimmt nicht unsere Eltern! Du bist ihre Tochter, und ich bin ihr Sohn. Sie würden nichts gegen deine Meinung einwenden, nicht wahr, sondern dir zustimmen. Sie würden sagen, ja, Elaine. Ich habe sie schon oft ja sagen hören, wenn du sagst, dies und das und jenes ist falsch. Aber was können sie tun? Ich meine, Mutter und Dad. Sind sie die richtige Adresse? Dad ist nur ein Rechtsanwalt, Mom unterrichtet in der Schule. Was sollen sie tun?«

Ihre Mutter hatte ihnen erzählt, daß das Judentum aus vielen Elementen bestehe – eine traditonsgebundene Religion, die aber auch ihre Anhänger ermutigte, zu neuen Ufern aufzubrechen und frei herauszusprechen, wann immer sich eine Ungerechtigkeit unter dem Mäntelchen der Konvention verbarg.[1] Ihre Mutter hatte auch die prophetische Seite des Judentums betont, die Stimmen von Jeremia und Jesaja und Amos, die sich mit solcher Entschiedenheit außerhalb der Gemeinschaft gestellt und alle verurteilt hatten, die ihre Privilegien auf Kosten anderer erworben hatten. Die beiden Kinder schienen bereit zu sein, das Kriegsbeil zu begraben und einander auf dem gemeinsamen Boden jüdischen Gerechtigkeitssinns zu begegnen. Joseph signalisierte sein Entgegenkommen: »Ich werde versuchen, etwas zu sagen [bei seiner Bar-Mizwa], ganz bestimmt! Aber ich will niemanden verstimmen. Großvater ist herzkrank und könnte einen Anfall bekommen, wenn er das hört. Was wäre, wenn ich mir richtig toll vorkäme und er plötzlich weiß wird und direkt vor meinen Augen zusammenbricht! Ich würde mich schrecklich finden. Und du dich auch.«

Elaine unterbrach ihn: »Ja, das würde ich, allerdings.« Ich dachte, sie würde nun einen noch weitergehenden Vorschlag machen, aber sie sagte weiter nichts.

Joseph resümierte:»Großvater hat uns immer gesagt, daß wir unserem Volk treu sein müssen. Vielleicht haben die Juden vor langer Zeit Fehler gemacht. Mag sein, sie behandelten die Frauen anders als die Männer. Ich stimme dir zu: Wir sollten alle zusammensitzen. Aber wenn wir zur Synagoge gehen, kehren wir zu unserem Volk zurück, das sagt Großvater, ›wir kehren zurück zu unseren Vorvätern‹. Im Hebräisch-Unterricht sagen sie dasselbe – wir müssen unseren Vorfahren gehorchen; sonst sind sie vergessen!«

Er war nicht völlig überzeugt, trotz der Überzeugung, die aus seiner Stimme sprach, und schlug abrupt einen anderen Kurs ein: »Aber unsere Propheten hatten recht – wir sollten unsere Fäuste schütteln, und zwar oft. Unser Rabbiner sagte uns einmal: ›Lernt, eure Fäuste zu schütteln!‹ Erst wußte ich überhaupt nicht, was er damit meinte. Verrückt, dachte ich.« Er sprach meistens zu mir gewendet. Elaine lächelte; sie hatte die Geschichte schon früher gehört. Joseph fuhr fort:»Wann sollten wir die Fäuste schütteln? Und gegen wen? Das wollten wir wissen. Der Rabbiner wiederholte aber nur immer wieder: ›Lernt, die Fäuste zu schütteln‹ – wie eine kaputte Schallplatte, dachte ich, was hat er bloß? Und statt es uns zu erklären, fragte er *uns* nach unserer Meinung. Er fragte uns, wann wir die Fäuste schütteln sollten. Keiner antwortete, also tat er es. Ich weiß noch, wie er darüber redete – er sagte uns, Jude zu sein, heiße, fair und ehrlich zu sein und auch an die anderen zu denken, nicht nur an sich selbst. Jude sein heiße, allen Menschen zur Seite zu stehen, die Kummer und Sorgen haben. Die Juden haben es sehr schwer gehabt, und die Juden wollen anderen, die in Not sind, helfen, so gut es geht. Ja, so hat er es ausgedrückt.«

Diese Botschaft sei nicht gerade neu, fuhr Joseph fort. Hier schaltete sich seine Schwester ein und erzählte mir von der Anteilnahme ihrer Eltern an den Hungernden, den Armen und Leidenden auf der ganzen Welt, die »wir alle« (womit sie die Juden meinte) ständig im Sinn haben müßten – im Geiste des Passahfestes, von Generation zu Generation weitergegeben. Elaines Darstellungsweise war sehr direkt und eindringlich, und falls irgendwo Zweifel auftauchten, fügte ihr Bruder Beispiele hinzu und bestätigte ihre Behauptungen. Während ich ihnen zuhörte, mußte ich mir selbst ins Gedächtnis zurückrufen, daß dies zwei *Kinder* waren, er noch zwölf, sie zehn Jahre alt. Sie redeten, als seien ihre Eltern und ihr Rabbiner von Moses persönlich unterrichtet worden (»Liebt den Fremden wie euch selbst, denn auch ihr wart Fremde im Lande Ägypten.«).

Ich hatte zu dieser Zeit schon mit vielen jüdischen Kindern gesprochen. Nicht alle bewiesen einen solch ausgeprägten Gerechtigkeitssinn und gedankliche Tiefe. Elaines und Josephs Innerlichkeit war etwas ganz Besonderes. Doch ihr Wunsch, auch heutzutage noch in enger Verbundenheit mit der Vergangenheit ihres Volkes zu leben, sowie ihre Anteilnahme am Schicksal anderer, die es nicht so gut hatten wie sie, fanden ihre Entsprechung auch bei anderen jüdischen Kindern, die geistig-seelisch ähnlich gelagert waren. Joseph wies mich einmal selbst darauf hin: »Wir sind das Volk, das der Welt die zehn Gebote gab; das dürfen wir nie vergessen und müssen uns dessen immer bewußt sein.« Es waren Sätze, die er im Hebräisch-Unterricht auswendig gelernt hatte, aber er lächelte voller Stolz, als er sie sagte, und war offensichtlich glücklich, diese Verantwortung auf sich zu nehmen.

Joseph verbreitete sich ziemlich lange über sein Judentum, das er als »meinen Judaismus« bezeichnete. »Daß ich Jude bin, hat man mir gesagt, als ich noch sehr klein war. Ich weiß nicht, wie alt ich war, nein [ich hatte danach gefragt]. Ich glaube, es ist meine früheste Erinnerung: Mein Vater sitzt am Küchentisch. Er trägt sein Käppchen. Er redet mit mir. Ich glaube, ich hatte irgend etwas Böses getan. Ja, ich hatte unseren Hund getreten. Ich erinnere mich nicht mehr daran, aber meine Mom und mein Dad haben es mir erzählt. Deshalb setzte mein Vater mich auf den Stuhl und hielt mir seinen ›großen Vortrag‹. Auch jetzt noch nimmt er uns manchmal, einen nach dem anderen, mit in sein Arbeitszimmer und hält uns einen seiner ›großen Vorträge‹. Früher habe ich sie gefürchtet, aber jetzt mag ich sie. Damals beim erstenmal – ich höre die Worte noch wie heute: ›Joseph, du darfst anderen nicht wehtun – unseren Hund eingeschlossen. Wir sind Juden, und wir wissen, was es heißt, von anderen gestoßen und getreten zu werden. Wir versuchen, anderen zu helfen, und tun ihnen nicht weh.‹ Dann wiederholte er immer wieder: ›Helfen, nicht wehtun.‹ Die Worte habe ich ständig im Ohr. Wann? Immerzu. Wenn ich wütend werde und gerade etwas Häßliches zu jemandem sagen will, dann höre ich Dads Stimme, genau diese Worte! Ja, manchmal vergesse ich sie. Aber meistens denke ich: ›Joe, du bist ein Jude, und das bedeutet, daß du deinen Nachbarn nicht trittst, sondern ihn so behandelst, wie du behandelt werden möchtest.‹ Das sind meines Vaters Worte, und ein guter Jude sollte das jeden Tag zu sich selbst sagen.«

Als er diese Abhandlung beendet hatte, hielt er mir einen Vortrag über die Mitzwa, die gute Tat, die jeder Jude heute, morgen und immer anstreben sollte, als eine lebenslange Verpflichtung. »Es braucht nicht irgend etwas Großartiges zu sein. Das Beste ist, wenn du es im Stillen tust – und nicht, um damit zu prahlen! Dad sagt immer: ›Hier wird nicht geprahlt.‹ Mom sagt, eine Mitzwa sollte eine Sache zwischen dir und Gott bleiben. Manchmal wünschte ich, ich könnte ihre Worte vergessen. Ich möchte ihr erzählen, was ich getan habe – irgendeine gute Tat, meine Mitzwa –, aber ich tue es nicht. Sie würde sich darüber freuen – sie würde mir keinen Vortrag halten. Aber ich halte mir meinen Vortrag schon selber.«

Joseph benutzte das Wort »Vortrag« häufig und ungezwungen. »Sie sehen, wir haben ›das Buch‹, unsere Bibel; sie sagt uns, was wir glauben und wie wir leben sollen. ›Ich will kein leeres Wissen‹, sagt Dad immer. Sein Großvater war Rabbiner, und er sagte zu Dad: ›Ein Jude lebt das Gesetz.‹ Dad hat mir mal gesagt: ›Lerne nichts auswendig. Erinnere dich an das, was du Gutes getan hast, und mach so weiter!‹ Aber ich muß auch Sachen auswendig lernen, und das habe ich ihm gesagt. Klar, hat er geantwortet, aber ich weiß, worauf er hinauswollte. Sie wissen ja, er ist Rechtsanwalt! Den Studenten an der Uni hält er Vorträge und uns hält er auch seine belehrenden Vorträge! Sein Großvater nahm ihn immer auf den Schoß und erzählte ihm von den ›Vorschriften‹ und dem ›Gesetz‹ – Thora und Talmud. Ich kann nicht alles davon; Dad auch nicht, aber er sagt, alles liefe darauf hinaus, ›ein Jude in den Augen Gottes zu sein‹, und das heißt, den ganzen Tag lang ein guter Mensch zu sein, jeden einzelnen Tag – jedenfalls meistens (niemand kann vollkommen sein)!«

Im Alter von zwölf Jahren wußte Joseph schon, daß »Entschuldigungen nicht gut sind« und daß man ein Ideal, selbst wenn man es nicht erreichen kann, doch als Forderung ständig im Gedächtnis behalten muß. Das Vollkommenheitsstreben dieses Jungen war hochentwickelt, doch wurde es durch seine bodenständige Mentalität gemildert. »Entschuldigungen sind nicht gut«, wiederholte er und fügte dann hinzu: »Aber ohne Entschuldigungen wären wir verloren – wir hätten nichts, woran wir beim nächstenmal denken könnten.«

Ich verknüpfe solche Bemerkungen speziell mit dem Judentum, weil ich aus dem Mund jüdischer Kinder sehr oft vergleichbare Kommentare gehört habe. Es ist nicht etwa so, daß andere, nichtjüdische Kinder nicht auch ähnliche Dinge von ihren Eltern gesagt bekämen. Aber Joseph hatte ein sensibles Ohr für solche Aussprüche, er merkte sie sich und holte sie für andere wieder hervor – ein zugleich religiöses und kulturelles Erbe, das angenommen und weitergereicht wurde. Wenn ein zwölfjähriger Junge Jesaja in sein Herz geschlossen hat, ermutigt durch seine Eltern und seine Lehrer im Hebräisch-Unterricht, und einem Mädchen von zehn die Geschichte des Bundes gelehrt wurde und die der Propheten mit ihrem bemerkenswerten Drang nach spiritueller Konfrontation, dann braucht ein Außenstehender über den folgenden Dialog kaum erstaunt zu sein.

»Vielleicht«, sagte Joseph, »solltest du froh sein, daß du in der Synagoge nicht in meiner Nähe bist; vielleicht solltest du für eure Sitze oben dankbar sein!

»Was meinst du damit?« fragte Elaine.

»Ich meine: dich und unseren Jesaja! Er würde draußen vor der Synagoge sein und uns alles erzählen, was wir sonst vergessen würden!«

»Du bist also ein Oberschlauer! Aber es gefällt mir, daß Jesaja dich zurechtweisen wird. Denkst du, er wird da sein bei der Bar-Mizwa? Hoffentlich!«

»Er wird da sein. Er wird dort sein müssen, weil ich glaube, daß Daddy zu ihm betet – nicht betet, aber er erwähnt Jesaja so oft wie niemanden sonst und mehr als irgend jemanden außer Gott! Das muß Jesaja ja hören, und deshalb wird er schon auftauchen.«

»Sprich nicht so, Joseph.«

»Warum nicht?«

»Du solltest zu Jesaja beten, damit er dir einen Rat gibt, was du schreiben sollst [für seine Bar-Mizwa-Rede].«

»Nein, nur zu Gott.«

»Ich denke, Er hört alles, deshalb wird Er entscheiden, ob du ein Schlaukopf bist oder nicht.«

.

»Er wird sich mein Zeugnis ansehen.«

»Gut, wenn Er etwas übersieht, werde ich es Ihm schon erzählen!«

»Hör' auf, so zu reden.«

»Du tust es doch auch die ganze Zeit.«

»Mag sein. Wir sollten dieses Thema beenden.«

»Ganz meine Meinung.«

*

Die Vorstellung von Gott als moralischem Führer und – genauso wichtig – forderndem Richter wird von vielen jüdischen Kindern geteilt. In Brookline, Massachusetts, saß ich mit zwei Jungen und zwei Mädchen zusammen, die Jungen beide gerade elf, eines der Mädchen elf und das andere zwölf. Tony und Al, die beiden Jungen, waren im Geiste des Reformjudentums erzogen, wie auch Ilona, das jüngere Mädchen; Tamars Eltern gehörten der konservativen Richtung des Judentums an. Es war im Sommer des Jahres 1987. Ich kannte diese Kinder seit drei Jahren. Als sie noch jünger waren, hatten sie Bilder für mich gemalt, Illustrationen zu verschiedenen biblischen Geschichten, mit deren Hilfe ich herausfand, wie sie die Ideale der jüdischen Religion mit ihrem Alltagsleben in Einklang brachten. Nun waren sie ein bißchen älter, und wir konnten alle zusammen über ein gemeinsames Thema sprechen – und zwar, in Ilonas Worten, »was es heißt, ein Jude zu sein und gerade jetzt zu leben und nicht damals« [in biblischen Zeiten]. Ilona berichtete von ihren eigenen Kämpfen: »Mein Dad fliegt viel; er ist Rechtsanwalt und reist durch die ganze Welt. Er hat mich schon auf kürzeren Reisen mitgenommen, und vom Flugzeug aus zeigt er mir die Städte und die Flüsse, die Farmen und die Berge. Wenn du mit einem Flugzeug fliegst, bist du Gott näher – weil du viel von der Welt sehen kannst, mehr als wenn du am Boden bist, und du bekommst einen Eindruck davon, wie groß das ganze Universum ist, und die Menschen kann man gar nicht mehr erkennen. Man sieht zwar die Autos und weiß, daß Leute darin sind und fahren, aber man kann sie nicht sehen.

Deshalb mußt du – wenigstens ab und zu – anhalten und dich fragen: Denkst du auch an Gott und hast die Welt als Ganzes vor Augen, so wie Er, oder sitzt du bloß in einem Auto und all dein Denken dreht sich nur darum, wohin du fahren willst? Wenn du wirklich zur Besinnung kommst, dann mußt du sicher an das denken, was Gott uns durch Moses hat sagen lassen und später durch seine weisen Männer, Jeremia und all die anderen: daß du besser sein sollst als du oft Lust hast, weil nur der Überblick über das große Ganze zählt, und wenn du das vergißt, kannst du zugrundegehen, wenn du nur von einem Ort zum anderen läufst und nicht daran denkst, was du für Gott tun solltest, so wie Er es sieht und wie Er es will.«

Sie hatte sich mit einem Bild abgemüht, mit einer Metapher, die ihren Ursprung in den Flugreisen ihres Vaters hatte – und hatte sich bemüht, das Auftauchen der moralischen und philosophischen Betrachtungen, das sie beim Fliegen erfahren hatte, mit dem alltäglichen Leben in Verbindung zu bringen, in das sie normalerweise eingebettet war. Die anderen wurden ungeduldig. »Ilona, du kannst aber nicht das Leben so betrachten, als säßest du immer in einem Flugzeug und das Leben fände irgendwo da unten statt«, sagte ihre Freundin Tamar.

Ilona war sichtlich getroffen: »Was meinst du mit ›Du *kannst* nicht‹?«

Tamar zögerte angesichts von Ilonas Frage und dem darin enthaltenen Beharren auf einem anderen moralischen oder religiösen Standpunkt. Dann folgte eine entschiedene Aussage: »Wenn du dich zu sehr vom Leben zurückziehst, dann bist du nicht mehr mittendrin, und das ist gar kein Leben mehr. Du bist dann nur ein Zuschauer, der zusieht, wie die anderen Leute leben.«

Nach ein oder zwei Sekunden Stille versuchte Tony zu vermitteln: »Also, man kann doch beides machen. Du kannst weiter tun, was du tun mußt – Schule, Sport und Ferien und noch mehr Schule! –, und du kannst zugleich versuchen, dich etwas aus dem ›Rattenrennen‹ [dem allseitigen Kampf um Geld, Ämter und Erfolg] zurückzuziehen und dich davor bewahren, ein ›total programmiertes Tier‹ zu sein. Mein Vater sagt, das kann aus einem werden, wenn man nicht aufpaßt. Du läßt dir von allen anderen Befehle erteilen und tust immer nur, was die anderen tun, und dann bist du nicht mehr du selbst – du bist, wie die anderen dich haben wollen. Deshalb mußt du gelegentlich anhalten und nachdenken, und genau das hat Gott dem jüdischen Volk gesagt, daß wir nicht einfach so sein sollen wie alle anderen, wie die Ratten, die um die Wette laufen. Wir sollten anders sein; wir sollten an Ihn denken.

Wir sollten uns die Frage stellen, was die richtige Art zu leben ist, und wir sollten versuchen, so zu leben, und wir sollten zu Ihm beten, um Seine Hilfe zu erlangen, sonst landen wir nur beim ›Rattenrennen‹.«

Nun hatten die Kinder die Möglichkeit, vom Fliegen wegzukommen und über eine andere Metapher nachzudenken, nämlich über konditionierte Ratten, die in einem Labyrinth herumrasen. Und sie waren eifrig dabei. Al meldete sich zu Wort, wobei er alles bisher Gesagte in Frage stellte: »Ich frage mich, ob wir so reden sollten. Meine Mom sagt, ein guter Jude steigt nicht auf eine Leiter und posaunt in die Welt hinaus, daß er ein guter Jude ist! Wenn du wirklich ein guter Mensch werden willst, dann denkst du an alles, was du zu Hause und in der Hebräisch-Schule und in der Synagoge gelernt hast. Du versuchst, deine ›tägliche gute Tat‹ zu tun. Das sagt meine Mom – versuche jeden Tag einmal, jemandem zu helfen. Aber ich kann nicht glauben, daß Gott mitzählt. Er will auch nicht, daß wir dauernd nachzählen. Du tust es einfach! Je mehr man redet – man kann Tag und Nacht reden –, um so weniger Zeit bleibt dafür, etwas zu tun.«

»Tun? Aber *was?*« Ilona »feuerte« diese Frage ab, mit starkem Nachdruck auf dem letzten Wort. Tony nickte. Tamar schaute Ilona an und schien wenigstens teilweise ihrer Meinung zu sein.

Al's Blicke richteten sich auf seine Freunde, wanderten von einem zum anderen und blieben dann bei seiner »Gegnerin« Ilona hängen, an die er eine eigene Frage richtete: »Was meinst du denn, was wir tun sollten?«

Er hatte Ilona in einer raffiniert andeutenden Weise geantwortet, die eines geübten Teilnehmers an philosophischen Diskussionen würdig gewesen wäre. Die Kinder blieben still, bis Ilona einen Ausweg aus der Sackgasse fand, indem sie eine Frage an mich richtete: »Was denken Sie?«

Ich überlegte, wie ich die Argumente von Ilona und Tony und den Standpunkt von Tamar und Al zusammenfassen könnte, aber aus irgendeinem Grund sagte ich dann doch nichts.

Ilonas Reaktion auf meine ausbleibende Antwort war eine Mischung aus Entschuldigung und Streitlust: »Entschuldigen Sie, das war nicht fair. Von Ihnen wird ja schließlich erwartet, daß Sie uns fragen! Also, ich sage euch, was ich denke: Ich denke, daß wir häufig unsere Zeit damit vergeuden, Dinge zu tun, die uns keinen

Spaß machen – Befehle ausführen. Ich weiß, ich weiß, ihr werdet alle sagen, daß man Befehle ausführen muß und daß es eine Menge Dinge gibt, die wir eben tun müssen, ob wir wollen oder nicht, und daß es nun einmal so ist. C'est la vie, sagt meine ältere Schwester immer. Aber deshalb muß man nicht zum *Sklaven* werden! Ihr könnt dem Leben die Stirn bieten! Das sagte unser Rabbiner letzte Woche zu uns, und ich habe es seitdem zehnmal zu mir selbst gesagt: Hey, Ilona, jetzt mußt du dem Leben die Stirn bieten!«

»Wie hat er das gemeint? Was meinst du damit?« Tamar hatte kaum ihre Fragen gestellt, als sie sie bereits selber beantwortete: »Es gibt so vieles, durch das du halt durch mußt. Wenn du in der Schule so reden würdest, würden dich die Lehrer bald wissen lassen, was sie denken – denkste! Sie würden sagen, was meine Eltern sagen, wenn ich die Dinge auf die leichte Schulter nehmen will, und sie wollen, daß ich meine Pflichten erledige: ›Du mußt dich ins Zeug legen und mithelfen. Wir sind alle eine Familie! Wir müssen alle unsere Arbeit tun!‹ Es ist dasselbe, wenn du aus dem Haus gehst, es muß überall viel getan werden. Sicher, wenn du eine Menge Geld hast, also richtig viel Geld, dann kannst du dir Zeit lassen oder einfach herumgammeln, nehme ich an. Aber die meisten Menschen haben diese Möglichkeit nicht. Mein Vater sagt immer: ›Überlegt euch eure Entscheidungen gut, denn so viele Möglichkeiten gibt es nicht im Leben.‹ « Sie machte eine kurze Pause und stellte dann eine rhetorische Frage: »Stimmt das etwa nicht?« Niemand widersprach ihr; und so fuhr sie fort: »Ich wünsche mir, ich könnte den ganzen Sommer im Swimmingpool von unseren Nachbarn schwimmen und im Winter Ski fahren, und außerdem nur fernsehen und meine Lieblingsspeisen essen, Spaghetti, Eis mit Schokoladenstückchen. Das wäre großartig. Aber es geht nicht, und so erledige ich eben meine Pflichten und lerne für die Schule.«

Sie schien uns noch mehr in dieser Art sagen zu wollen, doch ein erschöpfter Tony unterbrach sie: »Hey, Tamar, was soll das Ganze? Was willst du damit sagen, und was ist daran neu?«

Sie wollte antworten, aber er ließ sie nicht, und sie starrten einander wie erklärte Feinde an. Tony sagte: »Hey, jeder hat irgendwelche Sachen zu tun. Ich höre das die ganze Zeit: Tony, mach deine Sachen, Tony, du mußt noch deine Sachen erledigen. Selbst die Haushilfe sagt so was zu mir. Meine Mutter arbeitet außer Haus, und sie bezahlt diese Frau dafür, daß sie sich um das Haus kümmert und auf uns achtet. Sie redet dauernd von dieser ›Liste‹, die Mutter ihr gegeben hat – mit den Sachen, die wir tun sollen. Aber, das ist nicht die ganze Geschichte. Nein. Ich habe auch Zeit genug, anzuhalten und über mich nachzudenken, über mich, mich, mich, und auch um jemand anderem zu helfen – sogar dieser Frau.«

Die Spannung im Zimmer ließ nach. Die Kinder begannen wieder zueinanderzufinden bei der interessanten Frage nach den Verpflichtungen und Verantwortlichkeiten ihrer Eltern. Tony hatte es meisterhaft verstanden, die Sache eines wohlüberlegten Altruismus zu verteidigen, und zwar auf eine Weise, daß die Zweifler, Tamar und Al, jetzt amüsiert waren bei dem Gedanken, er könne seinen eigenen Egoismus aufgeben und der Haushälterin helfen, die angestellt worden war, um sich um das Haus zu kümmern und ein Auge auf seine drei jungen Bewohner zu haben, so daß Tonys idealistisch gesinnte Mutter wiederum sich ihrem Engagement in einer jüdischen Wohlfahrtseinrichtung widmen konnte.

Unerwartet kam der Krieg zwischen den Generationen ins Spiel. Die von den vier Kindern geführte Diskussion über den rechten Lebenswandel entwickelte sich zu einer Art gemeinsamer Selbstgerechtigkeit, der sich gegen »die« wendete, nämlich die erwachsenen Autoritäten, die sich zum Thema Rechtschaffenheit äußerten. Tamar und Ilona kannten einen Rabbiner, dessen Predigten ebenso eindringlich in ihrer moralischen Intensität waren, wie sie im Gegensatz zu den Geschichten standen, die sie über sein Privatleben gehört hatten. Ich mußte an Salingers Holden Caulfield denken, als Ilona und Tamar ihre »verlogenen Typen« auf die Anklagebank stellten und Tony und Al die aufzählten, die sie kannten. Ich war ein bißchen bestürzt angesichts des Gebrauchs der Wörter »verlogene Typen«, bis ich nach weiterem Zuhören begriff, daß sich die Eltern, wenn sie ihr Pochen auf Redlichkeit in den Dienst moralischer Empörung stellten, eines speziellen Vokabulars bedienten, das ihre Kinder bestens kannten und mit Vergnügen anwendeten.

Al zum Beispiel sagte: »Mein Dad nimmt die Dinge meistens leicht, aber manchmal explodiert er. Wenn er sich aufregt, läßt er an kaum jemandem noch ein gutes Haar. Ich weiß noch, wie er vor einigen Wochen beim Frühstück damit rauskam, daß die ganze Welt voll sei von Betrügern, erbärmlichen Heuchlern und verlogenen Schlitzohren, und dann sagte er noch, Gott ist vollkommen, aber wir [die Menschen] sind nicht vollkommen, das ist einmal sicher, und eine Menge sind Halunken. Aber oft sagt er auch: ›Al, wirf dein Gewicht auf Seiten des Guten in die Waagschale!‹ Das ist sein Slogan. Das glaubt er – man versucht Gutes zu tun, wo man kann. Gott hat uns hierhin gestellt, damit wir Gutes tun.«

Ilona stimmte sofort zu: »Gott will von uns, daß wir alles tun, was wir können, um die Welt ein bißchen besser zu machen, solange wir hier sind.« Tamar nickte und sagte, »Genau, das will Er.« Tony machte den jüdischen Imperativ noch deutlicher: »Wenn du ein Jude bist, bist du hier, um Gottes Werk zu tun. Meine Eltern sagen immer, daß ein Jude jemand ist, den Gott dafür auserwählt hat, Ihn hier auf der Erde zu vertreten und zu versuchen, Seine Welt besser zu machen. Wenn du Gutes tust, wird die Welt besser – wenn auch nur ein bißchen besser – und das ist Gottes Wunsch, meine ich jedenfalls.«

Die letzten drei, nach kurzem Zögern hinzugesetzten Wörter waren nicht als Ausdruck religiösen Zweifels gemeint, eher drückte sich ein Hauch von Demut darin aus; sie sollten auf bescheidene, ungekünstelte Weise die Grenzen unseres Wissens hinsichtlich Gottes Absichten dokumentieren. Während meiner jahrelangen Arbeit mit jüdischen Kindern ist mir Ähnliches immer wieder begegnet, so daß ich glaube, daß diese Überlegungen zu der Redlichkeit dazugehören, für die diese Kinder eintreten, die sie beschreiben und zu der sie sich gegenseitig anhalten. In ihrer besten Ausprägung ist dies eine Art von Rechtschaffenheit, die die fatale Entartung in Selbstgerechtigkeit vermeidet, gerade weil sie nicht begleitet ist von einer dünkelhaften Gewißheit, so in der Art: Ich weiß genau, was der Herr will und warum Er es will, und jeder, der in meine Nähe kommt, sollte sich lieber in acht nehmen. Im Gegenteil, diese vier Kinder riefen uns immer wieder eins in Erinnerung: »Gott verrät nicht all Seine Absichten, aber Er möchte, daß wir Ihm unser Vertrauen beweisen, und das geht am besten, indem wir etwas Gutes tun, solange wir hier sind.«

Dieser Kommentar Ilonas kam eine halbe Stunde nach Tonys »Meine ich jedenfalls«, welches die kleine Kinderschar in die Richtung gelenkt hatte, nach der es ein Ausdruck von Religiosität sein kann, zuzugeben, daß es keine endgültige Gewißheit gibt. Ich war beeindruckt von der Energie dieser jungen Menschen. Sie nahmen Gottes Geheimnisse als selbstverständlich hin und stellten sein den Menschen verborgenes Tun sogar als ein wesentliches Element jüdischer Rechtschaffenheit hin; sie sprachen davon, daß man gute Taten freudig tun solle, ohne die Gewißheit darüber, was der Herr mit einem selbst oder mit der Welt insgesamt im Sinne hat. Ja, Ilonas Worte lassen an die biblischen Gestalten wie Abraham und Isaak denken, in denen sich das Bemühen verkörpert, einen Gott zu erkennen, der nicht erkannt werden will, während Er zugleich eine unermeßliche Macht über diejenigen ausübt, die danach trachten, Seinen Willen zu erfüllen.

Als Ilona von Gottes »Absichten« sprach, erinnerte Tamar sie sofort daran, daß einige seiner Pläne sehr wohl bekannt seien. »Es stimmt zwar, daß wir nicht alles wissen, was Er vorhat, aber Er hat den Juden schon vor Urzeiten verkündet, was Er für das Wichtigste hält. Er gab uns die Gebote. Und damit hat Er uns Seine Absichten wissen lassen. Unser Rabbiner sagt, daß Gott die Juden auserwählte als diejenigen, mit denen Er sprechen würde, und das hat Er getan. Er sprach mit ihnen [so steht es in der Bibel] und nach einiger Zeit wußten sie, was Er dachte. Vielleicht kannten sie nicht alle Seine Gedanken. Wahrscheinlich gibt es viele Gedanken, von denen wir nichts wissen – sehr viele. Aber Er hat uns schon reichlich Stoff zum Nachdenken gegeben – und wißt ihr, Er könnte sich auch überlegt haben, daß es keinen Sinn hat, es zu übertreiben; also, daß es das Beste sei, erst mal mit den wichtigsten Dingen anzufangen und abzuwarten, ob sie [die jüdischen Menschen] damit umgehen können, und wenn ja, könnte Er uns noch mehr sagen oder einen neuen Moses finden, dem Er ein paar neue Gebote für uns geben würde. Aber laßt uns erst einmal beweisen, daß wir die Gebote, die Er uns schon gegeben hat, befolgen können, schließlich haben wir bisher darin noch kein Einser-Zeugnis bekommen – warum sollte Er uns also weitere Hausaufgaben geben, wenn die alten noch nicht gemacht sind.«

Mit dieser Überlegung hatte sie die Debatte neu entfacht. Zu welchem Zeitpunkt der Geschichte – wenn überhaupt – werden die Juden (oder irgendein anderes Volk) sich als würdig erweisen für weitere Offenbarungen Gottes? Hier saßen zwei Jungen und zwei Mädchen, Juden und Amerikaner zugleich, zusammen und unterhielten sich laut und unbefangen über Gottes grundsätzliche Beziehung zu ihnen. »Er wird kommen«, sagte Tony – aber weder in einem predigenden Tonfall noch mit messianischem Eifer. Diese natürliche, sachliche Behauptung machte Eindruck auf die anderen, und sie folgten seinem Beispiel. »Ich glaube, das stimmt«, sagte Tamar. Aber Ilona fragte hintersinnig: »Warum, *warum* sollte Er sich mit uns noch mehr abgeben, als Er es bereits getan hat? Er hat uns doch den Weg gewiesen! Es ist unsere Schuld, wenn wir immer noch Probleme haben!«

Darauf folgte wieder eine lange Pause, aber während dieser brachen die beiden bisherigen Koalitionen auseinander. Tony lag bald im Streit mit Ilona: »Jeder hat Schuld, gewiß – aber du könntest auch Gott mit einbeziehen: Er hat uns schließlich gemacht.« Ilona war überrascht, sowohl durch das Argument selbst als auch durch Tonys Abfall: »Schön, Tony, ich stimme dir zu, aber du kannst nicht Gott die Schuld geben (für das Böse in der Welt). Das ist fürchterlich! Was, denkst du, würde der Rabbiner dazu sagen?«

»Ich weiß es nicht«, antwortete Tony. Das schien fürs erste alles zu sein. Tony sah sich seine Freunde an und begann, sie ziemlich bissig und mit erhobener Stimme anzureden: »Ich weiß, was der Rabbiner sagen *sollte*; er sollte sagen, daß wir alle gemeinsam in dieser Lage sind – weder ist Gott darauf bedacht, uns die Schuld zu geben und zu beschämen, noch sollten wir uns in Selbstmitleid ergehen und Ihm die Schuld an allem geben. Wir sollten lieber aufhören, alles herausfinden zu wollen und lieber einfach gut sein! Taten sagen mehr als Worte; das erzählen mir meine beiden Großmütter mindestens einmal im Monat!«

Al, der neben ihm saß, schien genauso durch diese prinzipielle Erklärung bewegt zu sein wie die anderen, jedoch mit einem Vorbehalt. »Als du eben gesagt hast, der Rabbiner ›sollte‹ sagen, was du sagtest – ist das wirklich das Richtige [für einen Rabbiner]? Wir sind gerade umgezogen und gehen jetzt in eine andere Synagoge. Die Rabbiner, der alte und der neue, sind grundverschieden. Wie Tag und Nacht, heißt es bei uns zu Hause. Der, zu dem wir früher gingen, sagte immer, daß Gott uns satt haben müsse wegen all der Kriege und der Armut und weil wir die Atombombe gebaut haben. Der andere, zu dem wir jetzt gehen, meint, alles werde besser, und wir sollten weiterhin versuchen, die Welt zu ändern, denn wenn man sich mit aller Kraft bemüht, hat man schließlich Erfolg. ›Es steht alles in der Bibel‹, sagt mein Dad – wenn du ein Optimist bist, findest du was Passendes dazu in der Bibel, und wenn du ein Pessimist bist, auch und deshalb ist es nicht richtig, wenn der Rabbiner sagt, du ›solltest‹ etwas tun.«

»Hey, dazu sind die Rabbiner doch da, zu sagen, was man sollte«, schoß Tony zurück. Dann zögerte er sekundenlang, warf einen Blick in die Runde und ließ eine sorgfältig durchdachte Erklärung folgen: »Wenn niemand da ist, der sagt, was du tun sollst, dann gibt es keine jüdische Religion. Überhaupt *keine* Religion, würde ich sagen. Geht es nicht genau darum in der Religion – dir zu sagen, wie du dich verhalten sollst? Gott hat einen Bund mit unserem Volk geschlossen, so haben wir es im Hebräisch-Unterricht gelernt. Moses erhielt die zehn Gebote, und das ist das Größte, was in unserer Geschichte passiert ist. Auch wenn wir nicht überall ›Einser‹ erzielen und nicht absolut perfekt sind, heißt das noch lange nicht, daß wir es nicht weiter versuchen sollten.«

Der nochmalige Gebrauch von »sollte nicht« stieß auf sensible Ohren. Jetzt war Tamar an der Reihe: »Sollte nicht, sollte nicht. Du hast Recht. Ein Jude gehorcht den Gesetzen, den Geboten, das erzählt mir meine Großmutter zweimal in der Stunde! Aber meine Schwester hat Religion [als Kurs an der High-School], und sie sagt, daß du fromm sein und doch mit zwei Zungen reden kannst. Sie sagt, Juden, sogar die frommsten, können genauso eine Ansammlung von Heuchlern sein wie alle anderen. Deshalb brauchen wir unsere Rabbiner, um so anständig zu sein wie wir können.«

»Aber sicher doch«, bestätigte Tony, aber auf seinem Gesicht spielte ein sardonischer Zug. Dann wurde er wieder ernst: »Ich gehe gern zum Hebräisch-Unterricht, aber ich will nicht, daß mir dauernd ein Rabbiner im Nacken sitzt. Ein guter Rabbiner ist – genau wie andere Leute auch – ein Mann, der dir nicht nachspioniert und hinterherhechelt. Er läßt dich in Ruhe. Er betet für dich, aber er hält dir nicht ständig vor, was du richtig und was du falsch gemacht hast. Okay, okay, er ist ein *Rabbiner*, aber nur, wenn er auch im Leben einer ist, können wir uns nach ihm richten.«

Seine etwas zynische Umgangssprache konnte seine Ernsthaftigkeit, seine moralische Leidenschaft nicht verbergen. Sein leicht gerötetes Gesicht verlor langsam wieder seine Farbe, während er sich gerade hinsetzte, die Beine nebeneinanderstellte und die Arme voneinander löste. Die anderen taten, jeder auf seine Weise, das, was er mit Bezug auf die richtige Art von Rabbiner gesagt hatte: Sie richteten sich nach ihm – sie setzten sich auf, streckten sich, lösten übergeschlagene Beine und verschränkte Arme. Als Ilona nach ihrer bisher unbeachtet dastehenden Schultasche griff, begannen auch die anderen auf dem Boden nach ihren Habseligkeiten zu suchen. Beim Verlassen des Raumes lächelte Ilona und sagte: »Schwierig«. Ich spürte in ihrem Ton eine gewisse Erschöpfung, aber auch ein wenig Stolz auf die eindringliche Selbstprüfung, die hinter dem Quartett lag. Ein Nicken und Ächzen von zweien und ein Ja bildeten den Chor zu jenem »schwierig«. Kurze Zeit darauf ging jeder seines Weges.

*

Im Sommer 1987 saß ich mit meinem Sohn Bob und einem meiner früheren Studenten und jetzigem Kollegen, Bruce Diker, in Jerusalem mit den drei Kindern einer Familie zusammen, die früher Amerikaner gewesen waren, jetzt aber glühende, patriotische Israelis. Joshua, ein Junge von dreizehn, der erst vor einigen Wochen seine Bar-Mizwa gehabt hatte, gab uns einen kurzen Bericht, während seine beiden jüngeren Brüder, Isaac, elf, und Aaron, neun, aufmerksam zuhörten. »Unsere Eltern nahmen teil an der Alijah [Immigration nach Israel], als ich zwei Jahre alt war. Ich habe keine Erinnerung an die Staaten. (Ich bin in Albany im Staate New York geboren.) Ich habe zwei Onkel und eine Tante von meines Vaters Seite und eine Tante mütterlicherseits, und zwei Großväter, die noch leben; meine beiden Großmütter sind gestorben. Bisher hat uns nur meine Tante mütterlicherseits hier besucht. Unsere amerikanischen Verwandten meinen, daß wir einen Fehler gemacht haben. Unsere Eltern stammten nicht aus religiösen Familien. Unsere Eltern waren ›Hippies‹, als sie jünger waren. Sie haben nicht wie Juden gelebt – sie waren nicht in unserer Religion erzogen worden. Mein Vater hatte nicht einmal seine Bar-Mizwa gehabt, als er in meinem Alter war. Er war Atheist! Er nahm an allen politischen Bewegungen teil – gegen den Krieg [in Vietnam] und gegen die Rassentrennung in den Südstaaten. Er war ein Idealist, aber er war kein Jude. Sein Vater ist in Litauen geboren, glaube ich, oder in Polen – ich bin mir nicht sicher. Er [der Großvater] ist als Kind nach Amerika gekommen. Anfangs lebte er als frommer Jude, aber dann gab er die Religion auf und wurde Mitglied der demokratischen Partei. Bei seiner Mutter war es das gleiche; ich weiß, daß sie aus Rußland stammt. Sie war für den Sozialismus, sagt mein Vater. Was die Familie meiner Mutter betrifft, so war sie der meines Vaters ziemlich ähnlich. Sie kamen alle aus Rußland, aber meine Mutter wurde in Brooklyn geboren – das liegt auch im Staat New York, genau wie Albany.

Meine Eltern« – er unterbrach sich, sah seine jüngeren Brüder an und änderte, ein bißchen verlegen, das Pronomen und betonte es: »*Unsere* Eltern haben sich kennengelernt, als sie beide ein College in Schenectady besuchten. Dann heirateten sie, und ich wurde geboren; bald danach freundeten sie sich mit Leuten an, die Zionisten waren und gleichzeitig auch Juden.« Er merkte, daß mir diese betonte Unterscheidung auffiel und ich ein paar Worte auf einen Schreibblock notierte. Er hatte bereits in belehrendem Ton und in einem etwas förmlichen Englisch (seine »zweite Sprache« nach dem Hebräischen) gesprochen, und daraufhin wurde seine Sprechweise noch förmlicher. Nun bekam ich einen langen Vortrag zu hören über die Geschichte des Zionismus – ich unterbrach ihn hin und wieder –, der teilweise die politischen und religiösen Spannungen betonte, die mich, wie er wußte, besonders interessierten. »Viele von den Zionisten waren keine Juden; ich meine, sie glaubten nicht an den Judaismus. Sie waren Juden, die ein eigenes Land, eine eigene Nation wollten. Mein Dad sagt, er wäre niemals hierher gekommen, nur um ein Israeli zu sein. Er kam, weil er Jude geworden war, ein richtiger Jude. Meine Mutter war sich nicht so sicher, aber sie ging mit ihm. Jetzt ist sie sogar stärker engagiert als er. Sie sagen, sie wollen die Uhr nicht zurückstellen; sie wollen die Vereinigten Staaten nicht wiedersehen. Wenn die Verwandten hierherkommen wollen, ist es gut; aber wenn sie es nicht wollen, dann haben sie eben Pech gehabt.«

Ich vermute, er bemerkte einen Schimmer von Betrübtheit, sogar Ärger in meinen Augen wegen seiner scheinbaren Gleichgültigkeit seinen Blutsverwandten gegenüber. Er nahm sich wieder etwas mehr zusammen – wohl weil auch ich Amerikaner war. »Wir stehen hier vor großen Problemen, und wir müssen immer im Auge behalten, warum wir hier sind«, fuhr er fort. »Wir sprechen viermal täglich unsere Gebete. Wir beten zu dem Gott, der Seinen Bund mit uns besiegelte. Wir sind hier, weil dies der Ort ist, an dem Er zu uns kam und Moses Seine Gebote gab. Er will, daß wir hier sind. Darum können wir nicht ständig hin und her ziehen in andere Länder, in die USA; wir sind hier, um Gott nahe und Teil seines Volkes zu sein.«

Bei einer unserer Zusammenkünfte setzte sich Joshua nach hinten ins Zimmer, während seine jüngeren Brüder mit mir sprachen. Isaac erzählte mir, er wolle »eines Tages« ein Rabbiner sein. Aaron wollte Lehrer werden, aber er wußte nicht, was für einer oder wo. Wir sprachen über diese beiden Berufe und über die Arbeit, die die Menschen im Laufe ihres Lebens leisten. Gegen Ende erzählte Isaac mir folgendes: »Wenn ich Rabbiner werde, werde ich die Thora lesen, bis ich sie auswendig kann. Ich werde ›gelehrt in der Wahrheit Gottes‹ werden, das sagt mein Vater immer. [Ich hatte nach dem Ursprung dieses Wortes gefragt.] Ich werde versuchen, ein heiliges Leben zu führen; ich werde den Gesetzen unserer Religion gehorchen, und ich werde versuchen, andere Menschen dahinzuführen, daß sie es auch tun.

In der Schule sprechen wir über die Zukunft. Wenn nur Israel das Land Moses' würde, ja, und das der Propheten! Sie sind wichtig, da stimme ich zu [ich hatte das indirekt gesagt]. Aber zuerst kam der Bund; die Propheten kamen später, um unser Volk zu belehren, wenn es von der Wahrheit abfiel. Sie sehen, die Juden haben von Gott die Wahrheit erhalten. Er wählte uns aus, zum Lehren; wir sind Seine Schüler. Wir haben manchmal versagt. Unser Rabbiner sagt: ›Wir alle versagen einmal, doch am nächsten Tag müssen wir einen neuen Anfang machen und Gott bitten, uns weiter zu inspirieren, damit wir immer besser wissen, was Er von uns will.‹

Er hat uns so viel zu erzählen. Wir könnten jahrhundertelang jeden Tag damit verbringen, von Ihm zu lernen, ohne Seine ganze Weisheit zu erkennen. Wir sind von Ihm hierher gesandt worden, um zu beweisen, daß wir Sein Wissen erlernen können – was richtig ist und was die Wahrheit ist und was Er von uns erwartet und was alles falsch ist. Ein Rabbiner versucht, von Gott zu lernen, so daß er andere dahinführen kann, daß sie es auch lernen; und das Beste, das du tun kannst, ist, Gott zuzuhören, den Talmud zu lesen und darüber nachzudenken.«

Sein Bruder Aaron hatte ein anderes Ziel im Auge: »Ich würde gern Lehrer werden, wie mein liebster Lehrer, Mr. Benethon. Er wollte Rabbiner werden, aber statt dessen wurde er Lehrer. Er liest uns aus der Bibel vor [Moses, David, Jesaja]. Er erzählt uns Geschichten von unseren Vorfahren. Er sagt uns, wir sollten so stark sein wie sie – und das geht nur, wenn wir daran glauben, daß Gott will, daß wir von Ihm lernen. Wenn du das tust, dann wirst du ein wirklich gutes Leben führen, und du wirst klug sein – das bedeutet, daß du wissen wirst, was Er meint und was Er zu uns gesagt hat. [Ich hatte um eine Erläuterung des Wortes ›klug‹ gebeten.] Wenn du nicht aufhörst, an Gott zu denken, wirst du zu Seiner Wahrheit geführt werden. Mr. Benethon hat uns gesagt, daß wir sogar dann, wenn wir uns mit Rechnen oder Rechtschreibung beschäftigen, von Gott lernen. Er [Gott] will, daß wir soviel wie nur möglich wissen. Warum? [meine Frage, von ihm wiederholt.] So können wir Ihm zeigen, daß wir wirklich auf Seine Worte achtgeben. Sehen Sie, die Welt ist Sein Geschenk an uns, so sollen wir das sehen, sagt Mr. Benethon. Sie ist ein Ort, den wir erforschen sollen, und wir sollen erforschen, was Er uns gesagt hat – als Moses Ihn hörte und die anderen.

Kennst du erst einmal deine Religion, dann weißt du auch, wie du leben solltest, und du wirst ein guter Mensch sein. Du wirst nach den Vorschriften leben; und dann werden die anderen dich achten und zu dir aufsehen. Das ist wichtig – daß andere dich achten. Mr. Benethon sagt, wenn deine Nachbarn ›dich schätzen als weise und gut‹, dann bist du der Erfolgreichste von der Welt. Mein Vater ist der gleichen Meinung. Er sagt, es kommt nicht darauf an, was du besitzt, sondern darauf, wer du bist; und wer du bist, hängt davon ab, was du gelernt und ob du alles behalten hast. Wenn du etwas vergißt, dann hast du es nicht wirklich gelernt. Du mußt auch wissen, was wichtig ist. Nicht jedes Thema ist gleich wichtig. Du mußt gut in Rechtschreibung werden, aber die jüdische Religion ist das wichtigste Fach. Ich glaube nicht, daß ich klug genug bin, um Religionslehrer zu werden. Aber ich könnte vielleicht Hebräisch unterrichten; ich bin gut in den Sprachen. Man kann nicht von Gott lernen, ohne Hebräisch zu können – es ist der beste Weg, um zu verstehen, was unsere Religion uns lehrt. [Ich hatte ihn gefragt, warum man es nicht ohne Hebräisch kann.] Es stimmt schon, daß es andere Dinge zu tun gibt, wenn man älter wird; aber wenn du älter wirst und Gott und dein Volk vergißt und nicht bist, wie du sein solltest, wie Gott es von dir erwartet, dann sitzt du ganz schön in der Patsche, sagt Daddy immer.«

Ich war fasziniert von Aarons Satz »wie du sein solltest«, den er wegen meiner drängenden Fragen noch erweiterte zu »wie Gott es von dir erwartet«. Aaron war mit seinen neun Jahren bereits ein sehr kenntnisreiches Kind und offensichtlich ein Liebling seines Grundschullehrers Mr. Benethon. Je mehr wir miteinander sprachen, desto besser begriff ich, mit welcher Tiefe und Intensität Aaron sich nach einem Leben sehnte, das ihm gestattete, mit Gott verbunden zu bleiben, so wie ein Schüler mit seinem Lehrer verbunden ist. Als er auf die Frage nach seinem späteren Beruf den Lehrerberuf genannt hatte, »war dies der Grund: um ein guter Jude zu sein«. Ich konnte seine Logik nicht so recht erfassen und sagte ihm das. Mit einer treffenden Wendung erläuterte er mir: »Wenn ein Jude aufhört, zu fragen, was ein guter Jude ist, wird er nicht mehr allzu lange ein guter Jude sein!« Noch überrascht von der präzisen Eleganz seiner Formulierung, fragte ich ihn, ob er diese Bemerkung von jemand anderem gehört habe oder ob das seine eigenen Gedanken seien. »Ja, es sind meine, aber ich habe meinen Vater so ziemlich dasselbe sagen hören, und auch Mr. Benethon.« Mir gefiel es, wie er meiner Frage auswich – und die entwaffnende Art, mit der er versuchte, mich etwas zu lehren: daß man etwas von anderen lernen und dabei seine Originalität wahren kann, mit einem Verstand, der alles begierig in sich aufnimmt und seine Erfahrungen berechtigterweise für sich selbst in Anspruch nimmt.

Während ich mich mit Aaron unterhielt, wurde mir allmählich deutlich, daß man die Ernsthaftigkeit des traditionellen jüdischen Bibelstudiums nicht mit der Arbeit an einem akademischen Forschungsprojekt verwechseln darf, auch dann nicht, wenn letztere mit besonderer Zielstrebigkeit und Hingabe verfolgt wird. Für Aaron ist ein Jude, der sich mit dem Talmud beschäftigt, ein Jude, der im Einverständnis mit Gottes Wünschen lebt – folglich ein rechtschaffener Jude. Kein Wunder, daß Aaron eines Tages, als wir im Wohnzimmer seiner Familie saßen, fragte: »Wie würde ich sein, wenn ich in den Staaten lebte?« Als ich ihn bat, seine Frage selbst zu beantworten, machte er deutlich, daß es ihm um etwas anderes ging, als ich vermutet hatte: »Ich würde versuchen, einen guten Job in einer Firma zu bekommen. Ich würde versuchen, Präsident der Vereinigten Staaten zu werden!« Ich lachte, und dann fragte ich ihn, ob er irgendwelche moralischen Bedenken im Hinblick auf seine israelischen Mitbürger hege, die erfolgreiche Geschäftsleute oder sogar Premierminister ihres Staates werden wollten. Seine Antwort war aufschlußreich und traf im Hinblick auf sein Familienleben genau ins Schwarze: »Nein, ich möchte niemandem sagen, was er tun sollte, nicht einmal meinem eigenen Bruder – nur mir selbst.« Dem war nichts hinzuzufügen. Ich empfand einigen Respekt vor einem Kind, dessen ethische Überzeugungen es ihm ermöglichten, diese Bemerkung zu machen. Ich sagte »Danke«, und Aaron antwortete mit einem Nicken. Es herrschte Stille.

Ich machte mich bereit zum Gehen – ich steckte seine Zeichnungen unter den Klipp meines Klippboards, nachdem ich jede auf der Rückseite mit dem Datum versehen hatte, und packte dann den Ordner in meinen roten Rucksack. Wir standen beide auf, erst er, dann ich. Als ich Auf Wiedersehen sagte, sah Aaron mich an und sagte: »Ich hoffe, ich werde die Halacha lernen und behalten.« Dieser Abschied, bei dem er die Wichtigkeit des jüdischen Gesetzes für sein weiteres Leben bestätigte, beeindruckte mich, und am liebsten hätte ich vorgeschlagen, daß wir uns wieder hinsetzten und uns weiter unterhielten. Aber er wie ich hatten keine Zeit mehr dazu.

Einige Augenblicke später verließ ich das Haus. Aarons sich selbst bescheidenden Worte klangen noch in meinem Kopf wieder. Welch eine außergewöhnliche Gesetzestreue, mußte ich immer wieder denken, eine Rechtschaffenheit, die nach innen gerichtet ist, und der die Lust an der Eroberung oder der Stolz auf Bekanntmachung nicht zugestanden wird. Ein Junge, dessen Eltern in Amerika hätten bleiben können und dort die weltlichen Glaubensgrundsätze einer säkularisierten Welt vertreten hätten, war jetzt mit aller Kraft dabei, zu lernen, wie er nach den Idealen einer bestimmten Religion leben sollte, und dabei hütete er sich selbst vor der Versuchung, anderen zu raten, was wichtig sei und was nicht.

Als ich nach Massachusetts zurückgekehrt war, begegnete ich einer Gruppe jüdischer Kinder, die vor kurzem mit ihren Eltern – Konservativen und Reform-Juden – Israel besucht hatten. Ich beschrieb ihnen Aaron und vor allem den Augenblick, als er auf das Recht verzichtete, sich moralisch auf andere zu stützen, und statt dessen eine aufrichtige, sogar kritische Selbsteinschätzung vorzog. Diese Gruppe von acht Kindern, alle ungefähr in Aarons Alter, waren durch einen Rabbiner, mit dem ich befreundet war, zusammengebracht worden. Ich war den drei Jungen und fünf Mädchen nie zuvor begegnet und hatte Mühe, die Namen auf der Liste, die man mir gegeben hatte, den dazugehörigen Personen zuzuordnen. Wie dem auch sei, Namen schienen keine Rolle zu spielen an diesem frühen Septembertag 1987. Wir hatten Israel im Sinn und auch das Judentum und seine wichtigsten Grundsätze. Es wurde viel über den Staat, den wir gerade besucht hatten, gesprochen – viel Zuneigung, einige Zweifel, aber auch scharfe Kritik wurde laut. Ich hörte, wie die »jüdischen Werte« – so nannte sie ein elfjähriges Mädchen – gepriesen wurden. Zu meiner Überraschung vernahm ich, wie ein zehnjähriger Junge sich nicht nur gegen Israels arabische Nachbarn wandte, sondern auch gegen die gesamte christliche Welt: »Man kommt nach Israel und erfährt, daß die Juden sich jeden Morgen, wenn sie aufwachen, fragen müssen: Wer will uns heute an den Kragen? Es ist schrecklich, und es zeigt, daß die Juden immer in Gefahr sind. Die Araber wollen Israel loswerden, und viele Christen aus aller Welt kümmern sich nicht darum.«

Ein anderer Junge reagierte sofort: »Du bist nicht fair. Die arabischen Länder sind wirklich Israels Feinde; da stimme ich dir zu. Aber warum bringst du auch die Christen ins Spiel? Die Juden haben viele Freunde. Dieses Land [USA] ist Israels Freund!«

»Na schön, manchmal«, sagte der erste Junge.

»Meistens«, entgegnete der zweite Junge. »Du bist unfair gegenüber Amerika«, fügte er hinzu.

»Nur durch Stärke kann Israel überleben«, erwiderte der erste Junge. Dann, offensichtlich im Bewußtsein der Tatsache, daß er der Kontroverse ausgewichen war, fügte er hinzu: »Wie auch immer, die Leute mögen die Juden nicht.«

»Was meinst du, was sagst du da?« Der zweite Junge sprach damit offensichtlich für jeden der Anwesenden. Seine Frage stieß auf Nicken und zustimmendes Gemurmel.

»Sie mögen sie nicht!« wiederholte der Junge trotzig. Dann hob er zu einer Erklärung an: »Seht mal, die Juden verkündeten der Welt, daß es nur Einen Gott gibt, denn Er hat zu uns gesprochen und uns das gesagt. Denkt ihr, daß all die anderen Völker hören wollten, was die Juden sagten – damals, vor Urzeiten? Dann kam Jesus, und Er war auch ein Jude, und Er sagte, Er sei gekommen, um eine Botschaft von Gott zu überbringen – so ungefähr jedenfalls. Bald darauf gab's die christliche Religion; sie basiert auf dem, was ein Jude vor langer Zeit gesagt hat. Wenn du Christ bist, betest du also einen Juden an. Jesus sagte den Menschen, sie sollten gut sein –

genau dasselbe, was unsere jüdischen Führer [Führer in Fragen der Moral] getan hatten, Jesaja und die anderen. Aber hörten die Menschen, die große Masse darauf? Ihr braucht nur in eure Geschichtsbücher zu sehen! Sie beten zu Jesus, aber sie folgen Seinen Ideen nicht! Also müssen sie wütend auf Ihn sein – meint ihr nicht auch? Darum sage ich: die Juden machen jeden nervös, und die Leute mögen uns nicht, weil wir diejenigen sind, die Gott auserwählt hat, damit Er zu uns sprechen kann, und weil Er uns sagte, wie wir leben sollen.«

Er hielt inne, weil die anderen darauf brannten, ihm zu widersprechen, etwas zu klären oder hinzuzufügen und im Falle eines Mädchens enthusiastisch zu applaudieren. Die Lebhaftigkeit der Diskussion überraschte mich. Nicht alle Kinder kannten einander, doch sie waren ganz offen, und die Worte sprudelten nur so heraus – vielleicht, weil sie eine wichtige Erfahrung miteinander teilten: ihre erste Israelreise. Sie reagierten angeregt, aber auch mit einer nicht geringen Besorgnis auf die Beschreibung, die der erste Junge von den Juden (und von Jesus, als einem von ihnen) gemacht hatte, als geistige Vermittler, mit denen Gott in einzigartiger Weise verkehrte. »Lächerlich«, erwiderte ein Mädchen. »Die Juden sind nicht das einzige Volk, das der Welt etwas gegeben hat. Man kann sich so sehr um sich selber drehen, daß man vergißt, daß es noch mehr Menschen auf der Welt gibt!« Ein anderes Mädchen stimmte einerseits zu, aber andererseits auch nicht. »Gewiß, es gibt Menschen in Afrika und Asien, die den Juden oder Christen nichts schulden, absolut nichts; sie haben ihre eigenen Religionen. Aber er [der erste Junge] sprach über Amerika und Europa, wo Christen und Juden leben, und vielleicht auch Araber. Er sagte nur, daß von den drei Religionen wir die ersten waren, und Gott sprach zu uns und sagte, wie man sich verhalten sollte, und dann kamen die anderen beiden Religionen, die es uns verübelt haben, daß wir die Religion der Gebote sind. Man möchte immer den Leuten am Zeug flicken, die einem sagen, was man tun soll.«

Allgemeine Erheiterung, aber auch Furcht begrüßte die Feststellung, die – recht vergnügt – von dem dritten Jungen im Zimmer kam, der bis zu diesem Augenblick nichts gesagt hatte: »Eltern, gebt acht!« Es wurde viel gelacht, und die Beine zappelten mehr als sonst, als die Kinder diese ziemlich geladene Bemerkung in sich aufnahmen. Es folgten weitere Gespräche über die religiöse Bestimmung der Juden und die damit verbundene Verwundbarkeit. Während sie sich unterhielten, dachte ich an Israel zurück – erinnerte mich, so wie diese Kinder, an die Sehenswürdigkeiten eines Landes, dessen Geschichte so eng mit dem ethischen, spirituellen und intellektuellen Leben vieler Millionen Menschen verbunden ist. Auf einmal bat der Junge, der uns zu den vielen Wortwechseln, die bereits über eine Stunde gedauert hatten, animiert hatte, um ein Ende. »Wir werden niemals zu einer Lösung all dieser Fragen kommen. Vielleicht ist es das Beste, wenn man sich nur um seine eigenen Angelegenheiten kümmert und die anderen kümmern sich um ihre. Wenn doch die Leute Israel bloß in Ruhe ließen!« Die anderen stimmten ihm mehr oder weniger zu. Ein Mädchen wies darauf hin, daß Isreal nicht einfach »in Ruhe gelassen werden« könne – so etwas könne kein Land erwarten. Ein anderes Mädchen unterstützte die »Eigene Angelegenheiten«-Theorie und sagte, daß »wir zu häufig mit dem Finger auf die anderen zeigen und dabei selber Mist machen«. Damit hatte sie den Nagel auf den Kopf getroffen. Alle sagten ja oder drückten ihre Zustimmung durch ein Lächeln oder Nicken aus.

Da kam mir Aaron in den Sinn, stark und lebendig. Seine bemerkenswerten Worte klangen weiter in meinem Kopf nach, und zugleich sah ich ihn vor mir.

In einer Redepause gab ich Aarons Botschaft wieder, die er nicht an mich, einen Zuhörer, gerichtet hatte, sondern an sich selbst: »Ich möchte niemandem sagen, was er tun sollte, nicht einmal meinem eigenen Bruder – nur mir selbst.«

Die Kinder saßen still, sagten nichts. Aarons Worte hinterließen Eindruck, bis ein Mädchen, das den ganzen Nachmittag sehr wenig gesagt hatte, Widerspruch anmeldete: »Aber man muß doch andere wissen lassen, was zu tun ist, allein schon, weil sie sehen, was du tust. Auch wenn du nichts *sagst*, sehen sie es, und wenn es nicht ihrer Meinung entspricht, dann mögen sie dich nicht!« Eine Pause entstand, bis ich mich äußerte: »Das ist wahr, aber es macht doch einen Unterschied, ob man sich vorbildlich *verhält* oder anderen *sagt*, was sie tun sollen.« Ich hielt Aarons Demut für bewundernswert, doch auch das psychologische Wissen des Mädchens schien mir – als ich es für sich betrachtete und nicht mehr als Widerlegung von Aarons Worten – wertvoll.

Trotz des sehr unterschiedlichen – allerdings in beiden Fällen jüdischen – Milieus hatten die beiden Kinder etwas gemeinsam, nämlich ihr intensives Streben nach Rechtschaffenheit. Später am Tage, als die Zusammenkunft vorüber war, und ich mich mit meinen Notizen, Bändern und Erinnerungen beschäftigte, dachte ich über ihren Eifer nach. Eine vorgelebte Rechtschaffenheit macht sicherlich auf andere Menschen Eindruck, doch hat sie auch gefährliche Nebeneffekte: Neid, Scham, Schuld und Wut bei vielen, Bewunderung und Zustimmung bei einigen wenigen. Gesetzestreue kann allerdings leicht ausufern und damit eine erhebliche Gefahr bilden, ganz gleich, ob uns gesagt worden ist, daß wir einen besonderen Schatz an Wahrheit hüten sollen, oder ob wir einfach unseren eigenen moralischen Mitteln überlassen wurden.

Es war tatsächlich ein wichtiger Bestandteil von Aarons Judentums, der an jenem Tag in Jerusalem aus ihm sprach; seine Bemerkungen, ähnlich den »Sprüchen Salomos, des Königs in Israel, des Sohnes Davids« oder den »Worten des Predigers, des Sohnes Davids, König zu Jerusalem«, öffneten gefährlichen Versuchungen Tür und Tor: der Eitelkeit und der Wichtigtuerei und der Selbstverherrlichung, die so oft die Rechtschaffenheit begleiten.

Gewöhnlich macht man sich keine Selbstvorwürfe im Hinblick auf eine Gefahr, die einen nicht wirklich bedroht – das wußte Aaron sicher instinktiv, als er nach seinem eigenen Standort innerhalb einer starken Tradition religiös sanktionierter Rechtschaffenheit suchte, während er die Gefahren dieser Tradition für das Individuum beklagte. So geht es auch den anderen Kindern, deren jüdischer Glaube sie dazu gebracht hat, das Rechte und Lohnende vom Falschen und Unechten und dem von Grund auf Schlechten oder Bösen zu trennen: auch sie haben es nicht immer vermieden, »mit dem Finger zu zeigen«, wenn sie auch nicht aufgehört haben sich zu fragen, was fair und was boshaft ist. Während ich ihnen zuhörte, habe ich manchmal bemerkt, wie sich ein biblischer Tonfall mit dem amerikanischen oder jüdischen Straßenjargon des ausgehenden zwanzigsten Jahrhunderts mischte, ein Beweis für die Kontinuität dieser Rechtschaffenheit, die, Tausende von Jahren alt, ohne Unterlaß in einer Familie nach der anderen, in Synagoge auf Synagoge gepflegt wurde: Ein dem Bund verpflichtetes und prophetisches Judentum wird zur ethischen Aussteuer der Generationen.

*

Manchmal jedoch hatte ich das Gefühl, daß derartige Gespräche zu abstrakt wurden. Wie lebhaft auch argumentiert wurde, die Kinder schienen sich doch in eigenartiger Weise vom innersten Wesen des Judentums entfernt zu haben, das nämlich nicht nur moralische Darlegung und Analyse betont, sondern auch das Sakrament des gelebten Lebens der Familie, eines Lebens, in dem Metaphern nicht nur gesagt, sondern mit dem tagtäglichen Rhythmus des Lebens verbunden werden, wie bei Hiob, wie in den Psalmen und Sprüchen, im Prediger und dem Hohelied Salomos, den Klageliedern und bei Habakuk. Immer wieder einmal, wenn einige Kinder aus meinem Bekanntenkreis mit mir und untereinander diskutierten, sah ich, daß das Judentum, nicht weniger als das Christentum, zu einem bloßen »Diskussionsthema« werden konnte, das man mit anderen »Themen«, mit diesem oder jenem Standpunkt, verbinden konnte, um sich darüber zu streiten und es für sich zu beanspruchen. In solchen Augenblicken habe ich oft an Leah denken müssen, die zehn Jahre alt war, als ich ihr in der Anfangsphase dieser Untersuchung begegnete, und die gegen Ende des Sommers 1986 im Kinderkrankenhaus von Boston an akuter Leukämie starb. Leah war ein stilles Mädchen, als ich sie kennenlernte, groß für ihr Alter, mit hellem Teint und schönem kastanienbraunem Haar. Es passierte immer wieder einmal, daß sie mitten in einer intensiven Diskussion über Religion mit weit offenem Mund gähnte und sich hinterher entschuldigte. Das war ihre Art, auszudrücken, daß wir vor lauter Gerede nicht mehr wußten, was Sache war. An einem Frühlingstag während des Passahfests schlug sie vor, wir sollten alle endlich den Mund halten und »Cokes, Pepsis, Ginger Ale« und Matzen holen und »einfach Juden *sein*«. Sie traf ins Schwarze, aber sie wurde überstimmt, und so setzen wir unsere endlose Diskussion über den Unterschied zwischen dem konservativen und dem Reform-Judentum fort.

Ein Jahr darauf wurde Leah krank. Sie schien eine Grippe zu haben. Sie war schwach, chronisch müde und kurzatmig. Ihr wurde schwindelig bei der kleinsten Anstrengung. Ein Besuch beim Arzt brachte keine Klärung. Er wollte immer noch einen weiteren Test machen, und es dauerte nicht lange, da schlug er die Einweisung in ein Krankenhaus vor und zog verschiedene Fachärzte hinzu, die ihm bei der Diagnose helfen sollten. Von einer ihrer Schulfreundinnen erfuhr ich die schreckliche Diagnose: akute Leukämie, von

einer Art, die nicht so gut auf Chemotherapie anspricht wie andere
Formen der Leukämie bei Kindern. Das Mädchen, das mir die
Nachricht überbrachte, weinte dabei, und als ich mich zu der
Gruppe von fünf Kindern (in Brookline, Massachusetts) gesellte,
mit denen Leah und ich unsere Gespräche geführt hatten, war
unsere Betroffenheit offenkundig. Bei dieser Gelegenheit hörte ich,
wie Gott in einer Weise in Frage gestellt wurde, wie ich es nie zuvor
bei Kindern erlebt hatte, die aus betont frommen Familien stammten, religiös erzogen waren und sich bisher immer zu ihrem Glauben bekannt hatten. »Wie kann Gott zulassen, daß so etwas passiert?« – »Warum, warum nur erlaubt Er das?« – »Was hat sie getan,
um so etwas zu verdienen?« – »Wo ist Er, wo ist Gott?« – »Wenn du
siehst, wie ein Mädchen wie sie so krank wird, möchtest du am
liebsten nur noch schreien und schreien, weil es nicht sein kann,
daß Gott es weiß. Wenn Er es wüßte, würde Er nicht einfach die
Hände in den Schoß legen und nichts tun!«
   Ich erwartete, daß sie auf das Alte Testament zurückgreifen
würden, jene Geschichten von unerklärlichen Qualen, Leiden und
Nöten, voll von Anfechtungen im Glauben und all den Fragen, die
Männer und Frauen je an Gott gerichtet haben. Aber diese sittsa-
men und rücksichtsvollen Kinder wandten sich zunächst nicht der
Bibel zu, weder um Trost darin zu finden noch aus Empörung.
Nachdem sie ihren noch unkontrollierten Gefühlen Ausdruck verliehen hatten, löcherten sie mich mit medizinischen Fragen, die ich
nicht beantworten konnte. Ich versprach weitere Informationen zu
einem späteren Zeitpunkt, woraufhin ein Mitglied der Gruppe,
eine Freundin Leahs, sich an deren noch kürzlich blendende Gesundheit erinnerte und diese Erinnerung mit Hiob verband: »Ich
hörte, wie unser Rabbiner uns einmal aus dem Buch Hiob vorlas –
als er sich noch gesund wähnte, ehe er krank wurde.« Aber gleich
darauf wollte sie wissen, ob es nicht ein Medikament gebe, daß
»dieser ganzen Leukämie den Garaus machen könne«. Vielleicht,
sagte ich schließlich.
   Ich besuchte Leah im Kinderkrankenhaus. Ich hatte dort einen
Teil meiner Ausbildung gemacht und kannte ihre Ärzte und Schwestern gut. Sie hatten sie und ihre Eltern gern, kein seltenes Ereignis
in Krankenhäusern, aber auch kein alltägliches. Sie erzählten mir
von ihrem »bemerkenswerten Glauben«, von dem religiösen Leben, das sich täglich in Leahs Krankenzimmer entfaltete. Ihre

Mutter brachte die Bibel und las daraus vor – vor allem die Psalmen, einen nach dem anderen. Leah fand es besonders schön, wenn ihre Mutter und ihr Vater und ihre ältere Schwester die Psalmen lasen; sie las sie ihrer Familie auch selbst gern laut vor; sie liebte einen »Psalter«, ein Buch mit Psalmen, das sie geschenkt bekommen hatte und das immer bei ihrem Bett liegen mußte, und sie liebte die Matzen, die ihre Mutter mitbrachte, den Geschmack des Weins, den ihr Vater ihr anbot. Ja, Leah liebte vor allem den 23. Psalm, aber auch andere – den 40., den 42., den 92., den 96. Es schien, als wolle sie Gott einen emphatischen Gruß entbieten, keine Fragen stellen und nichts fordern. Sie wollte, daß Er mit Ehrerbietung, Zuneigung und Vertrauen angesprochen würde und nicht wie von einem schwachen oder wütenden Bettler. Sie neigte eher dazu, Gott Gerechtigkeit zuzuschreiben, als sie für sich selbst zu fordern. Die fehlende Frömmigkeit bei Hiob war nicht ihre Sache – nicht einmal seine Sehnsucht nach den guten alten Zeiten: »O daß ich wäre wie in den vorigen Monden, in den Tagen, da mich Gott behütete, da seine Leuchte über meinem Haupte schien, und ich bei seinem Licht in der Finsternis ging.«

Während eines Besuches erzählte mir Leah einmal: »Wir [das jüdische Volk] haben harte Zeiten erlebt; wir hatten viele Sorgen und Nöte. Doch wir werden nicht aufgeben, und wir werden an Gott denken, und wir werden all die Nöte nicht vergessen und nicht vergessen, daß Gottes Augen auf uns ruhen und Er uns zuhört; und wenn wir die Bibel lesen, ist Er da und spricht zu uns, und wie mein Daddy und meine Mom sagen, ›Seine Berührung ist voller Macht.‹ «

Trotz der Entstellung und der Schmerzen, die durch die Chemotherapie verursacht wurden, zitierte Leah Sätze aus den alten Psalmen, sprach ihre Gebete zu Gott, lauschte aufmerksam ihren Eltern, wie sie Seinen Namen hochhielten, Seine ewige Güte. Sie sahen, wie ihr Kind ungeachtet der medizinischen Fortschritte langsam starb und führten trotzdem ihre standhaften, von Gebeten erfüllten Wachen fort. Diese Familie brachte eine lebendige, rituelle jüdische Tradition an das Krankenhausbett. Sie sprachen von der einzigen Hoffnung, die sie hatten – Gottes letzte Weisheit. Leahs Familie dachte nicht nur an die besseren Tage zurück, die sie selbst erlebt hatten, sondern auch an die ihres Volkes – Gottes Ruf nach ihnen, Seine innige Bindung an sie, ihre Rettung durch Gott. »Leah ist ein Teil Israels«, sagte ihr Vater einmal. Er muß den traurigen Zweifel in meinen Augen gelesen haben – daraufhin schloß er die seinigen und sprach ein Gebet auf Hebräisch. Später erfuhr ich von Leahs Schwester, daß sein Gebet die historische Verwundbarkeit und das Leid des jüdischen Volkes durch Gottes Hand pries – Teil der jüdischen Bestimmung, aber auch ein wesentlicher Grund für seine seit alters her bestehende Sorge um die Armen, um jene, die leiden.

Ich denke an meinen letzten Besuch bei Leah. Sie war nicht mehr weit vom Tode entfernt. Ihr Körper war verwelkt; sie war gelbsüchtig, ausgetrocknet, verschwitzt, fiebrig. Neben ihrem Bett lag die Bibel ihres Vaters. Daneben saß ihre Mutter und nähte und sang dabei ein Lied, das die Großmutter des Mädchens, die bereits verstorben war, geliebt und Leah in früheren Jahren gelehrt hatte: »Es ist drei Uhr morgens; wir haben die ganze Nacht durchtanzt.« Es war eine romantische Ballade aus den zwanziger Jahren, die Leah viel bedeutete, für die die Uhr auch drei zeigte, eine pechschwarze, melancholische Nacht, und der nur noch eine Handvoll Sonnenaufgänge blieben. Doch ihre Augen glänzten, und sie hörte genau zu, Kopf und Herz tapfer dabei. Ich sah in Leah ein Kind, das mit dem religiösen und spirituellen Leben seiner Familie innig verbunden war, mit ihren Gebeten, den besonderen Speisen und den Zeremonien, ihrer mit Worten beteuerten Anerkenung des Herrn, ihrer Erinnerung an Seine Worte und an alles, was Er und Sein Volk in der Vergangenheit gemeinsam erleben mußten und auch heute noch, in unserer Zeit und in jenem Krankenhauszimmer zusammen durchmachten. »Ich möchte zu dem ›hohen Felsen‹ gehen«, sagte Leah zu ihrem Vater, kurz bevor sie in ein letztes Koma fiel – und von da an bis zu ihrem Tode konnten Schwestern und Ärzte, Pfleger, Besucher und Familienmitglieder hören, wie ihr Vater, gebrochenen Herzens, aber stolz und stark, auf Hebräisch den 61. Psalm sprach: »Höre, Gott, mein Schreien und merke auf mein Gebet. Hienieden auf Erden rufe ich zu dir, wenn mein Herz in Angst ist, du wollest mich führen auf einen hohen Felsen.«

Den Felsen für Leah, für ihre Familie bildete ein Judentum, das nicht zerbrach und nicht nachgab, auch nicht beim Tod eines Kindes.

KAPITEL 10

Der innere Dialog: das Seelenleben nicht-religiös erzogener Kinder

Als Medizinstudent hörte ich einst eine eindrucksvolle Predigt des amerikanischen evangelischen Theologen Reinhold Niebuhr (1892–1971) über »moralische Reflexion«. Niebuhr war nach Harvard, einem der Zentren des Unitarismus Bostoner Prägung, gekommen, um bestimmte Konventionen und unantastbare Dogmen des amerikanischen aufgeklärten Bürgertums der Jahrhundertmitte zu attackieren – beispielsweise den mit Überheblichkeit und Sendungsbewußtsein vertretenen Glauben, daß Psychologie und politische Reformen die Wegbereiter eines künftigen Utopia seien. Mit meisterhafter Ironie vollführte Niebuhr während seiner wohl halbstündigen Predigt in der »Memorial Church« in Harvard einen rhetorischen Balanceakt. Zu jener Zeit genoß er bereits die Wertschätzung aller, die zwar gewisse Zweifel an Christen- wie Judentum hegten, aber durchaus noch bereit waren, einen Seelsorger zu bewundern, der über »Intellekt« verfügte. In dieser Predigt jedoch erinnerte er daran, daß Jesus seine Zeit durchaus nicht damit verbracht hatte, Theologie zu studieren oder sich als theoretischer Vordenker hervorzutun, sondern daß er vielmehr ein Moralist, Wanderprediger und Geschichtenerzähler gewesen war, so wie sich auch die Propheten Israels gründlich und mit rechtschaffener Empörung von den etablierten Institutionen ihrer Zeit distanziert hatten. Hier, in einer einflußreichen geistigen Institution seiner eigenen Zeit, stellte Niebuhr uns vor die Frage, wann es nötig sei, daß auch wir uns abseits der Herrschenden stellen müssen, um »draußen vor den Toren der Stadt« (wie er es ausdrückte) zu leben.[1]

Er versuchte sich mit seinen Thesen auch von der Autorität, mit der ihn seine Zuhörer befrachtet hatten, zu befreien – zugleich aber ihnen Respekt für seine gewagte Botschaft abzunötigen. Er war zweifellos ein großartiger Redner. Seine Ausstrahlung zog uns in ihren Bann, sein Charisma war unwiderstehlich. Er verunsicherte gleichermaßen Gläubige wie Skeptiker unter seinen Zuhörern, indem er die Frage in den Raum stellte, aus welch verborgenen

Quellen des Stolzes und der Götzenanbetung sich wohl die Ideen der liberalen agnostischen Intellektuellen speisten. Es war auch nicht so, daß er es – sei es in dieser Predigt oder an anderer Stelle – entschieden mit all jenen gehalten hätte, die sich zu den etablierten Konfessionen bekannten. Er hatte ein waches Auge und Ohr für religiöse Heuchelei und Selbstgefälligkeit, und manche seiner verbalen Ausfälle ließen an H. L. Mencken oder den Sinclair Lewis, der »Elmer Gentry« geschrieben hat, denken. Er hatte nicht nur leichte Ziele wie die Fundamentalisten der ländlichen Regionen und Kleinstädte im Fadenkreuz, sondern attackierte auch die selbstzufriedenen Kader, die ihrer religiösen Doktrin und Praxis einen »modernen« Anstrich gaben. Wenn er über solche Männer und Frauen sprach, bediente er sich des feurigen Radikalismus und der beharrlichen Exzentrizität der Propheten Israels und des Jesus von Nazareth – Gestalten, die heute große Wertschätzung genießen, die aber zu ihrer Zeit von den religiösen Autoritäten als Außenseiter, Irrgeleitete und Gesetzesübertreter gebrandmarkt und durchaus nicht als Hüter der überlieferten religiösen Traditionen angesehen wurden.

All dies war aber, wie wir allmählich merkten, nur als ein Vorspiel zu dem gedacht, was sein Hauptanliegen war – den Unterschied zwischen Religiosität und Spiritualität zu bezeichnen. Die traditionelle Religiosität, daran erinnerte er uns, kann die wertvolle und anregende spirituelle Selbstbefragung weitgehend im Keim ersticken. Er stellte sich damit – indem er zwischen dem Buchstaben und dem Geist unterschied – natürlich in die Tradition von Paulus. In der Überlieferung des Judentums hat es schon immer jede Menge von Mystikern gegeben, die sich zu einer ganz eigenen und innerlichen Art des Glaubens bekannt haben statt bei der konventionellen und rituellen Spielart zu verharren. Aber Niebuhr trieb seine Argumentation auf die Spitze, indem er sich hier öffentlich fragte, ob Spiritualität sich nicht am gelungensten auf ganz überraschende Weise erneuere, nämlich durch solche Menschen, die möglicherweise gar keinen Anspruch darauf erheben, sich für religiöse oder spirituelle Fragen zu interessieren.

An diese Predigt habe ich später oft denken müssen, als ich mich mit Kindern beschäftigte, die selten oder nie zur Kirche oder Synagoge gehen und sich selbst vielleicht als überhaupt nicht religiös einstufen, ja, die es sogar für undenkbar halten, dieses Wort mit ihrer eigenen Person in Verbindung zu bringen – und die doch die verschiedenartigsten beunruhigenden, wenn nicht sogar aufwühlenden Fragen über das Leben stellen. Sie zerbrechen sich den Kopf über Fragen, die vom Wesen her eindeutig spirituell sind – sie grübeln über den Sinn des Lebens und bringen deutlich zum Ausdruck, was sie selbst für wirklich wesentlich halten. In den meisten Fällen bin ich durch Zufall auf diese Kinder gestoßen. Ursprünglich hatte ich ja nicht die Absicht gehabt, mich mit Jungen und Mädchen zu beschäftigen, deren Eltern sich als Agnostiker oder Atheisten bezeichneten oder die selber angaben, kein Interesse an Glaubensfragen zu haben. Doch je länger ich mit Schulkindern in allen Teilen unseres Landes wie auch im Ausland meine Gespräche führte, desto mehr wurde mir bewußt, daß sogar viele der strenggläubig aufgewachsenen Kinder großen Respekt vor der Spiritualität bestimmter Klassenkameraden hatten, die sich zu keinem bestimmten Glauben bekannten.[2]

*

In einer Privatschule in der Nähe von Boston, die von weißen und schwarzen, katholischen und protestantischen sowie einer Reihe von jüdischen Schülern besucht wurde, führte ich ein Gespräch mit Gary, der gerade dreizehn geworden war. Sein Vater, ein Geschäftsmann, gehörte der Episkopalkirche an und war regelmäßiger Kirchgänger, seine Mutter war Collegeprofessorin und katholisch. Er sprach über seinen Glauben und die Religionszugehörigkeit seiner Mitschüler: »Meine Eltern haben für mich das gemeinsame Sorgerecht! In der einen Woche gehe ich mit meiner Mutter in ihre Kirche, in der nächsten gehe ich mit meinem Dad in seine. Ich glaube, ich bin katholisch, aber mir gefällt auch unsere Episkopalkirche. Meine Eltern besuchen ihre Kirchen auch gegenseitig! Wir schaffen das! Viele Kinder in der Schule haben nicht solche Probleme wie ich – die haben gar nicht erst einen Glauben, über den sie sich Gedanken machen müssen. Manchmal wäre ich ganz gern so wie die. Meistens vertragen wir uns alle in unserer Familie, aber es gibt auch schlechte Zeiten, und ›wenn man sich streiten will‹, sagt Dad, ›dann findet sich immer ein Anlaß‹ – und dann kann das auch mal die Religion sein, und dann sage ich immer: ›Das ist ja nicht auszuhalten! Denkt doch mal daran, was Jesus über die Liebe gesagt hat, und hört auf, euch darüber zu streiten, wessen Kirche besser ist!‹

Sehen Sie sich mal die Kinder an, deren Eltern mit Religion nichts am Hut haben; bei uns in der Schule gibt's die in Mengen, und sie sind auch nicht anders als die anderen, und wenn wir unter uns darüber reden, woran sie denn glauben – dann sind manche wirklich super, denn sie stellen viele Fragen über das Leben, und sie geben sich wirklich Mühe und reden über diese Sachen, also, was richtig und was falsch ist und woran man glauben soll, und hinterher sag' ich mir: Also wirklich, wenn man keine bestimmte Religion hat, wird man am Ende vielleicht noch religiöser als die anderen. Verstehen Sie, was ich meine?«

Eine Ironie, die Niebuhr gefallen hätte, dachte ich und nickte bestätigend, weil ich an verschiedene Äußerungen dachte, die mehrere andere Kinder aus dieser achten Klasse gemacht hatten. Gary hatte zwei jüngere Schwestern und mußte oft für sie den »Babysitter« spielen, wenn seine Eltern ausgingen. Manchmal sprach er mit seinen Schwestern dann über »ernste Sachen«. »Carrie [neun] und Molly [elf] haben nicht gerade die tiefschürfendsten Gedanken, aber sie haben Freunde, bei denen sie etwas mitkriegen, und sie sprechen auch viel miteinander. Carrie sagt, ihr hängt es zum Hals raus, immer zwischen diesen beiden Kirchen hin und her zu laufen, nur um Mom und Dad einen Gefallen zu tun. Molly sagt, daß sie sich manchmal wünscht, daß ›die Religion nicht erfunden worden wäre‹, damit Mom und Dad sich nicht auch darüber noch streiten könnten! Mollys beste Freundin glaubt an gar nichts, sagt Molly – kein Gott, gar nix! Sie [die Freundin] glaubt, daß die Welt einfach so zustandegekommen ist und daß sie eines Tages auch wieder untergeht, wenn die Sonne verlöscht, und das sei's dann gewesen. Ich glaube, unser Biologielehrer meint das auch! Er sagt das nicht ausdrücklich – aber *beinahe!* Also, er berichtet uns, welche ›Theorien‹ es gibt. Als einer von den Schülern sagte, daß seine Eltern das glauben, hat der Lehrer gegrinst. Und da hat Eric [ein Freund von Gary] sich gemeldet und gesagt, okay, Wissenschaft sei Wissenschaft, aber wie passe Gott ins Bild, und der Lehrer hat gesagt, daß bleibe jedem einzelnen überlassen, und woran man glaube, sei kein ›Unterrichtsfach‹ in der Schule. Aber was *er* glaubt, hat er uns gesagt!

Manchmal spreche ich mit Carrie und Molly über Gott und über das, was der Biologielehrer sagt, und sie sprechen auch mit ihren Freunden und manche sagen sogar, daß es eine Erleichterung wäre, wenn man in einer Familie aufwächst, wo man keine Gebete spricht und nicht wie wir von der einen Kirche in die andere läuft. Wie einer von meinen Freunden, der Eric, schon sagt: In unserer Familie sind alle ›verkirchlicht‹! Wenn ich mich mit meinen Schwestern unterhalte, dann macht es uns am meisten Spaß, uns vorzustellen, daß wir groß sind und nur noch wir selbst und weder *Katholiken* noch *Protestanten!* Manche Kinder sagen: ›Ich denke meine *eigenen* Gedanken. Ich denke über Gott und all das nach, richtig komplizierte Sachen, und keiner kann über mich bestimmen, kein Priester, kein Pastor und kein Rabbiner. Es gibt nur mich selbst und was ich denke.‹ Das finde ich toll!«

Später schlug Gary vor, daß ich mich doch einmal mit seinem Freund Eric unterhalten sollte. Eric war groß und schlaksig für seine zwölf Jahre. Er machte einen intelligenten, offenen Eindruck und konnte sich gut ausdrücken. Er fand es »amüsant«, daß Gary uns ins Gespräch bringen wollte. »Religion gibt mir nichts, aber für Gary ist es ganz wichtig. Das liegt daran, daß seine Eltern dauernd in die Kirche gehen und dazu noch in verschiedene. Wenn man bei ihnen zu Hause ist, dann beten sie vor dem Essen, und ich weiß nie, was ich tun soll. Manchmal liest der Vater sogar aus der Bibel vor ... meistens am Sonntag, vor dem Abendessen. So sind meine Eltern jedenfalls nicht! Die denken selbständig, und sie wollen auch, daß wir Kinder selbständig denken! Mein Dad [ein Ingenieur] muß immer lachen, wenn es um Religion geht. Er sagt: ›Millionen von Menschen haben Millionen von Menschen im Namen ihrer Religion umgebracht!‹ Wenn man es bedenkt, dann hat er recht! Wir lernen das ja auch in der Schule, in Geschichte. Die Menschen sollten darüber mal nachdenken – was all diese Kirchen in der Vergangenheit angerichtet haben. Dabei kann man etwas über die Natur des Menschen lernen, sagt mein Vater.

Meine Mom ist Lehrerin, sie unterrichtet Mathe. Sie liest sehr viel – Geschichte und Biographien. Sie sagt, daß die Leute sich der Religion zuwenden, weil sie nach einer Antwort suchen, und das ist auch in Ordnung, aber dann gehen sie noch einen Schritt weiter: Sie bestehen darauf, daß auch alle anderen an ›unser aller‹ Antworten glauben sollen, oder es setzt was! Und darum dreht es sich bei allen Religionen, das können Ihnen meine Eltern beweisen, aus ihren Büchern: Jede Religion behauptet, sie sei die einzig wahre und alle anderen irrten sich, und damit noch nicht genug: Sie verfolgen die übrigen Religionen, und es dauert nicht lange, und sie fangen an zu kämpfen, und eine Menge Leute sterben, und das soll dann auch noch was Gutes sein, weil die eine Religion ›gewonnen‹ hat, und jeder jetzt daran glaubt! Nein, nicht mit mir, sage ich!«

Ohne daß es ihm bewußt geworden war, hatte er sich immer stärker erregt, doch jetzt hörte er auf zu reden und bemühte sich darum, wieder so »cool« zu wirken, wie es bei ihm und seinen Altersgenossen gefragt war. Er starrte auf den Boden, dann kratzte er sich am Kopf. Das schien ihn wieder zu beflügeln. Er fragte: »Und was meinen Sie?«

Ich nickte mit dem Kopf und sagte dann zu ihm, daß mein Nicken auch wirklich ernstgemeint war: »Eric, es wäre für jeden sehr schwierig, etwas dagegen zu sagen – und ich tue das bestimmt nicht.« Ich hielt inne. Ich hätte seine These wiederholen können, aber er hatte sie überzeugend und knapp dargestellt. Erics Worte erinnerten mich an Dinge, die mein Vater oft gesagt hatte, als ich ein Junge war. Er hatte meine Mutter geängstigt, und seine Ausführungen hatten ihr überhaupt nicht gefallen (sie war strenggläubig und lebte nun in glücklicher Ehe mit einem skeptischen Naturwissenschaftler, der die beunruhigenden Lektionen der Geschichte nur zu gut kannte.). Wie ich so mit Eric dasaß, fühlte ich plötzlich, wie sich in mir etwas von der knappen Sachlichkeit meines Vaters regte, und zugleich konnte ich die Beklommenheit und Scham meiner Mutter spüren, die oft von einer plötzlichen (und beängstigenden) Melancholie verdeckt wurde. »Wie ist das alles traurig«, pflegte sie zu sagen – und wer hätte daran ernsthaft zweifeln können? Später wurde mir klar, daß sie uns auf diese Weise wieder alle zusammenbrachte! Und deshalb hörte ich mich plötzlich, viele Jahrzehnte später, in diesem »Konferenzraum« der Schule die altvertraute Bemerkung wiederholen: »Es ist wirklich sehr traurig, nicht wahr?«

Doch Eric stimmte mir nicht so einfach zu. Er sagte zwar ja, aber dann nahm er die Bemerkung doch schnell noch genauer unter die Lupe: »Ja, es ist schon traurig, aber dabei kann man es doch nicht belassen. Man darf nicht vergessen, daß dieselben schrecklichen Sachen immer noch weitergehen, jetzt in diesem Augenblick. Deshalb habe ich so meine Zweifel an den bekannten Glaubensbekenntnissen. Ich rede jetzt nicht davon, ob es wahr oder unwahr ist, was die Religionen behaupten. Darüber könnte man diskutieren – mein Dad würde sagen: ›Das ist eine Frage für sich.‹ Ich rede davon, was passiert, wenn diese Religionen zu so einer ›bedeutenden Sache‹ werden. Dann gibt es Fanatiker, und zwar massenhaft. Dann gibt es Leute, die sich nicht mehr grüßen, wenn du nicht derselben Meinung bist wie sie und das Ganze von A bis Z schluckst. Vielleicht ist es etwas zu hart, alle über einen Kamm zu scheren! Ich kenne eine Menge Leute, die zur Kirche gehen und die sehr nette Menschen sind, und sie versuchen durchaus nicht, alle anderen zu ihren Ansichten zu bekehren. Ich kenne einen Pastor, mit dessen Sohn ich befreundet bin – und das ist ein wirklich guter Typ!« Ich hatte diesmal nicht das Gefühl, daß er einen Kommentar von mir erwartete. Eher schien es so, als müsse er innehalten und sich noch einmal innerlich Rechenschaft ablegen. Schließlich fuhr er fort: »Jetzt habe ich mich doch fast so aufgeführt wie die Leute, die ich auf dem Kieker hatte!« Er schwieg wieder, mit gutem Grund, denn er wollte sich seine Worte einprägen, dauerhaft – egal, was ich dächte.

Jetzt fühlte ich mich zum Sprechen gedrängt. »Eric, du berührst da einen Punkt, mit dem wir alle zu kämpfen haben – wie man andere kritisiert und sich dabei selbst von der Kritik ausnimmt. Du hast ganz sicher recht, was die Religionen angeht – daß sie zu Krieg und Verfolgung und Massakern geführt haben. Aber die Menschen finden auch noch ganz andere Gründe, warum sie über andere Menschen herfallen – zum Beispiel wegen deren Ansichten oder Aussehen oder womit sie ihr Geld verdienen oder weil sie in einer bestimmten Gegend wohnen; das geschieht ständig und nimmt kein Ende.«

Ich merkte, daß ich drauf und dran war, eine Rede zu halten. Aber ich hatte schon genug gesagt und hörte auf. Erics Reaktion bestand nur aus einem einzigen Wort: »Stimmt!« Er lächelte dabei, wie ich auch – was nicht nur Zustimmung ausdrückte, sondern einem gemeinsamen Geständnis gleichkam. Ich beschloß, einen Themawechsel zu versuchen.

Doch der Junge brauchte meinen Anstoß nicht. »Religion bedeutet mir nicht viel – ich meine, zur Kirche gehen. Aber ich denke trotzdem viel über alles nach.«

»Worüber?«

Eric antwortete mir ohne Scheu. »Na, man guckt in den Himmel und fragt sich, was da oben eigentlich ist, außer dem, was wir sehen können, Sonne, Mond und Sterne. Aber sonst noch etwas? Wer weiß das schon? Ich nicht! Meistens lebe ich nur von Augenblick zu Augenblick – ich hab' so viele Pflichten zu erledigen, und dazu noch all die Sachen, an denen mir selbst gelegen ist. Aber immer wenn etwas Unerwartetes geschieht, dann lasse ich alles liegen und denke darüber nach, was eigentlich los ist: warum das alles?«

»Hast du dabei schon irgendwelche Antworten gefunden?«

»Nein, nicht wirklich. Nur noch mehr Fragen!«

»Könntest du mir ein Beispiel nennen?«

»Natürlich. Ich überlege dann immer, was die Ursache für dies oder das ist – wie im Physikunterricht, wenn wir uns mit der Schwerkraft oder den Atomen und Molekülen und Kernspaltung und Verschmelzung und so etwas beschäftigen. Dann frage ich mich, wie das alles angefangen hat. Gibt es einen Gott? Hat Er das alles in Gang gebracht? Gibt es im Universum irgendwo noch andere Menschen? Ich glaube, über so etwas kann man nur spekulieren – und meistens höre ich dann auf und ›halte mich an die Tatsachen‹, wie mein Vater immer sagt, und überlasse das ›Träumen‹ anderen. Aber als bei uns um die Ecke dieser Unfall passiert ist, wo die Fahrerin ums Leben kam, und wir zusahen, wie sie aus dem Auto herausgeholt wurde – sie mußten sie rausschweißen, weil sie ›festgeklebt‹ war, wie der eine Polizist sagte –, da mußte man einfach fragen, warum ihr das passiert ist. Es war nämlich nicht ihre Schuld. Ein Betrunkener war über den Mittelstreifen gefahren und in sie reingekracht, einfach *so*!«

Eric schnippte mit den Fingern, um seine Worte zu verdeutlichen und um uns beide daran zu erinnern, wie unberechenbar das Leben ist. »Sie hätten unsere Nachbarin hören sollen; dauernd sagte sie zu meiner Mutter, daß es ›Gottes Wille‹ gewesen sei, dieser Unfall. Sie sagte immer: ›Gott wird sie [das Opfer] zu sich in den Himmel holen.‹ Können Sie das glauben? Eine Menge Leute würden das auch sagen – Millionen, sagen meine Eltern. Irre! Wie können Leute nur so etwas denken? Hat Gott dem Fahrer [der den Unfall verschuldet hatte] befohlen, das zu tun? Hat Gott jemanden bestrafen wollen? Also, das kann mir niemand weismachen!«

Er hielt inne – aus einem interessanten Grund, wie ich bald darauf merkte. Er hatte seinen Tonfall wahrgenommen und gemerkt, daß er so gar nicht »cool« war, und das hatte ihn an die gerade vorhergegangene Situation in unserem Gespräch erinnert. Wir schwiegen beide. Der Anflug eines Lächelns auf seinem Gesicht sagte mir genug, und mein eigenes leises Lächeln zeugte von meinem Wissen und Einverständnis. »Ja, so ist es, Eric, jeden Tag werden wir aufs neue in Versuchung gebracht!«

Er mußte lachen und antwortete: »Allerdings. Nein, ich will mich nicht wie so ein Blödmann anhören, der sich das Maul zerreißt über all die Nachbarn, die sich das Maul zerreißen! Dad sagt, die Welt ist voll von Leuten, die sich aufregen und über andere herziehen, und die einzigen, die das nicht täten, seien er und ich, und manchmal, sagt er, zieht er selbst auch ein bißchen über andere her! Verstehen Sie?«

»Ja, allerdings.«

»Passieren Lehrern solche Ausrutscher auch?«

»Ja.«

»Auch Hochschullehrern?«

»Ja, aber sicher.«

Er knüpfte an meine Betonung des »aber sicher« an, wobei er wieder lächeln mußte. »Mir fällt gerade ein, was mein Dad mal aus seiner Collegezeit erzählt hat. Er sagte, es gäbe Professoren, die in ihre eigenen Vorlesungen verliebt seien; die redeten und redeten, und niemand dürfe ungestraft etwas dagegen sagen, denn ihnen ginge es nur darum, sich selber reden zu hören!«

Er sah mich prüfend an. Ich merkte, daß er das nicht persönlich meinte, obwohl ich mich in dieser Hinsicht nicht so ganz sicher fühlte. Aber ich wollte uns jetzt wieder zu dem zurückbringen, was – aus meiner Sicht – das Thema war. »Eric, glaubst du, daß die Menschen ihre Ansichten über die Welt ändern, wenn sie älter werden?«

Nachdem ich diese Frage gestellt hatte, wurde ich unsicher. Worauf ich hinauswollte, war das zunehmende Interesse an moralischer und spiritueller Selbsterkenntnis, das man bei manchen Leuten im Alter feststellen kann. Bei genauerem Nachdenken hatte ich das Gefühl, ich hätte meinen jungen Freund mit einer Frage konfrontiert, die von nirgendwo herzukommen und nirgendwo hinzuführen schien. Aber ich irrte mich. Er antwortete prompt und mit einiger Ausführlichkeit: »Darauf sollte Ihnen mein Großvater antworten. Er ist ein toller Typ. Alle paar Wochen lädt er mich zum Essen ein. Er redet dann über ›das Alter‹; er sagt, er habe erst nach seiner Pensionierung mit 65 Jahren angefangen, über ›das Leben‹ nachzudenken. Erst dann habe er angefangen viel zu lesen – Bücher über Politik und Geschichte – und lange Spaziergänge zu machen, weil sein Arzt sagt, daß er mehr Bewegung braucht, und er ist in einen Buchklub eingetreten, so einen Diskutierklub, der in der Öffentlichen Bücherhalle stattfindet. Mein Dad kennt seinen Vater gut, und er sagt: ›Der alte Herr hat sich verändert, er ist viel ruhiger geworden und denkt mehr nach als früher.‹ Das ist die Ansicht meines Vaters dazu! Wenn man älter wird, ist man näher am Tod, und deshalb muß man darüber nachdenken. Außerdem ist es ganz natürlich, daß man mal eine Pause einlegt, wenn das Spiel zuende geht, und rauszufinden versucht, was man richtig und was man falsch gemacht hat.« Er unterbrach sich, schien ganz in Gedanken verloren. Dann nahm er unvermittelt den Faden wieder auf: »Ich glaube, das tut man sogar schon in meinem Alter. Also, ich fahre gerade mit dem Fahrrad und sehe mir die Menschen und die Häuser an und überlege, wieviel Zeit ich noch habe, bis ich die nächste Sache erledigen muß – und im nächsten Augenblick bin ich tief in mir drin, und ich denke über was nach – na, vielleicht so Sachen, worüber die Philosophen nachdenken. Ich denke daran, daß ich jetzt noch auf der Welt bin, aber eines Tages werde ich nicht mehr hier sein. Bis dahin ist noch viel Zeit, hoffe ich, aber es könnte ja schon morgen sein. Man braucht nur an meinen Vetter Ned zu denken. Er hat nichts weiter getan, wollte nur die Straße überqueren, und da scherte ein Lastwagen aus, und schon war er tot, genau wie die Frau, die den Autounfall hatte, und die hatte noch zwei kleine Kinder, und die haben ihre Mutter verloren.

Eine Zeitlang habe ich immer von Ned geträumt. Im Traum stand er auf dem Fußweg und sagte mir, ich solle nicht dort über die Straße gehen, wo er den Unfall hatte; oder er war auf so einer Berg-und-Tal-Bahn, wo es immer rauf und runter geht, und er saß allein in einem der Wagen, und ich will gerade bei ihm einsteigen, aber ich kann nicht. Dann hält die Bahn an, und er steigt aus und geht zu Fuß davon, und hinter dieser Bahn ist ein großes Feld, und Ned ist immer noch allein, und ich rufe: ›Ned, Ned‹, aber er hört mich nicht und geht immer weiter, und dann drehe ich mich schließlich um und gehe zurück zur Achterbahn – anscheinend hoffe ich, daß ich jetzt mitfahren kann, doch gerade in dem Augenblick wache ich auf.«

Eric weiß nicht, was er von diesem immer wiederkehrenden

Traum halten soll. (Das Bild der Berg-und-Tal-Bahn ist mir recht häufig begegnet, es scheint für Kinder das Auf und Ab des Lebens zu symbolisieren.) Er erzählte mir, daß er den Traum jetzt nur noch selten erlebe, aber daß er ihn oder einen »noch unheimlicheren« nach Neds Tod »fast jede Nacht« hatte. Als ich mich nach dem »unheimlicheren« erkundige, macht er die Antwort kurz: »Es war der gleiche Traum, nur spielt die Berg-und-Tal-Bahn verrückt, sie fährt immer schneller und schneller, und dann kracht es, und ich weiß nicht, was mit Ned passiert, weil ich sehe, wie die Bahn, all die vielen Wagen, aus dem Gleis springt, und dann wache ich auf.«

Beim Weiterreden bezeichnete er die »unheimlichere« Version des Traums als »Alptraum«. Er ist froh, daß er ihn »schon lange« – »sechs oder acht Monate« – nicht mehr gehabt hat. [Ned war ein Jahr vor unserem Gespräch gestorben.] Er versuchte sich auch an einer Deutung seines Traumes: »Ich denke, daß Neds Unfall, also sein Tod, mir sehr nahe gegangen ist. Er war fünf Jahre älter als ich, und ich hab' wirklich zu ihm aufgeblickt. Bei allem, was er tat, dachte ich jedesmal: Das mache ich auch bald! Und dann komme ich eines Tages aus der Schule nach Hause, und meine Mom ist in der Küche und sagt, ich solle mich hinsetzen, sie habe mir etwas zu sagen. Ich sehe noch ihr Gesicht vor mir; es war ihr anzusehen, daß es sich um etwas Schlimmes handelte. Sie setzte sich hin, und dann erzählte sie es mir. Sie fing an zu weinen, und dann fing ich auch an. Zuerst mußte ich wohl weinen, weil sie weinte. Denn wenn meine Mutter weint, egal weshalb, dann kommen mir auch immer die Tränen. Erst später, am Abend, habe ich es wirklich verstanden: Ned war tot. Ich würde ihn nie wieder sehen! Ich hab' im Bett gelegen, auf dem Rücken. Wenn ich abends richtig nachdenken will, liege ich so da, mit den Armen wie eine Art Extrakissen unter dem Kopf, und dann starre ich an die Decke und denke nach! Das hab' ich damals getan, ganz lange. Ich habe nur hochgestarrt und nachgedacht.

Ich habe meinen ganzen Körper gefühlt. Ich habe mit den Zehen gewackelt und die Hände bewegt; ich habe mit den Beinen gewippt und meine Arme hochgestreckt – ein seltsames Gefühl! Ich habe zu mir gesagt: ›Du bist Eric, und du bist am Leben! Ned ist nicht mehr da – es gibt keinen Ned mehr. Du bist noch hier, aber eines Tages wirst du auch nicht mehr da sein.‹ Und dann mußte ich an ein paar alte Familienbilder denken, die Mom und Dad uns öfter mal gezeigt haben – ein Typ und so eine Frau, und dann noch drei oder vier andere Leute, die auf Stühlen sitzen, alle feingemacht. Sie haben uns erzählt, wer die waren und wie sie hießen. Und wie wir mit ihnen verwandt sind. Ich hab' das meiste vergessen. Ich kann mich aber an das Bild von meinem Urgroßvater erinnern. Er hatte einen Schnurrbart. Er sitzt auf einem Stuhl und seine Kinder, drei oder vier, glaube ich, stehen um ihn herum. Er hat die Hände auf die Knie gelegt. Er starrt direkt in die Kamera. Genaugenommen guckt er total grimmig. Er sieht ein bißchen unheimlich aus! Ich möchte ihm nicht in die Quere kommen! Er war sehr groß, sagt Dad, und sehr stark. Er hatte ein Geschäft, ein Eisenwarengeschäft, und er hat auch getischlert. Und wissen Sie, was mir noch einfällt? Er trägt eine Fliege. Ich hab' meinen Dad danach gefragt, warum er [der Großvater] auf allen Bildern immer dieselbe Fliege trägt.«

Natürlich wollte ich wissen, was Erics Vater darauf geantwortet hatte. Eric wußte es noch, und ihm war dadurch klargeworden, daß diese Frage sehr viel tiefer mit der Vergangenheit der Familie, ja, der des ganzen Landes verbunden war, als er vermutet hätte. »Dad sagte, sie seien damals sehr arm gewesen und hätten das Geschäft aufgeben müssen, und wahrscheinlich sei es die einzige Fliege gewesen, die er hatte. Er ist krank geworden und jung gestorben. Angeblich hat es ihm das Herz gebrochen, daß er seinen Laden aufgeben mußte, und er war ganz verzweifelt. Und dann bekam er eine Grippe oder so was und hat sich davon nie wieder erholt. Mein Vater erzählt uns dauernd, wie gut wir es haben – daß wir so viel haben, im Vergleich zu unseren Vorfahren, und daß wir verdammt dankbar dafür sein müßten, sonst wäre es eine große Sünde.«

Bei dem letzte Wort unterbrach er sich. Er schwieg. Als sein Schweigen andauerte, fragte ich ihn, woran er dächte. Er antwortete: »An nichts.«

Ich übernahm die Initiative: »Eric, was ist eine Sünde?«

Er antwortete: »Wenn man etwas Falsches tut.«

Ich ließ nicht locker. »Das ist doch ein religiöses Wort – Sünde?«

»Ja«, sagte er – dann änderte er seine Meinung und antwortete ausführlicher: »Das gebrauchen die Prediger, um dir Angst einzujagen, aber man kann es auch benutzen, wenn man damit nur sagen will, daß man etwas richtig Schlimmes tut. Meine Mutter sagt immer: ›Es ist eine *Sünde*, wie die Leute die Nahrungsmittel verschwenden und sich nicht um die Hungernden kümmern, *zwei*

Sünden!‹ Wenn Dad manchmal von seiner Familie erzählt, sagt er, daß sie keine ›Kirchgänger‹ waren, aber daß sie an Sünde glaubten – und deshalb versuchten sie, gute Menschen zu sein. Aber er ist sich nicht so sicher, ob sie an Gott glaubten!

Ich glaube, ich tu es auch nicht. Als Ned gestorben ist und ich so viel nachdachte, habe ich mich auch gefragt, ob ich an Gott glaube. Man überlegt sich das ja manchmal. Eine Nachbarin von uns sagte damals: ›Gott hat ihn zu sich genommen.‹ Meine Mutter hat uns das erzählt. Mom hat gesagt, sie wünschte, es *gäbe* einen Gott, und Er habe Ned zu sich genommen; dann hätte das Ganze ja noch einen Sinn, aber es hat ja keinen, es war bloß ein Unfall, ein Typ, der nicht mal betrunken war, der es nur eilig hatte und die Kontrolle über seinen Wagen verlor und *knallbumm,* hat er jemanden umgebracht! Darüber habe ich abends im Bett nachgedacht. Ja, so ist das Leben! Das sagen meine Eltern immer zu uns: ›So ist das Leben!‹ Das habe ich mir abends im Bett auch immer gesagt – und im nächsten Augenblick ist es Morgen, und du mußt aufstehen und in die Schule, denn so ist das Leben eben auch!«

Das Protokoll eines Nachmittags; ein Bruchstück aus dem Leben einer amerikanischen Familie, das ein Junge dazu benutzt, herauszufinden, was es mit dem Schicksal der Menschheit auf sich habe. Erics aufwühlender Traum – der ihn in Angst und Schrecken versetzt hatte – sprach für sich, und ich glaube, Eric wußte es auch, als er ihn mir erzählte. Die Bildersprache dieses Traumes war durchaus nicht einzigartig oder ungewöhnlich suggestiv, aber der Junge hatte es doch geschafft (mit einer gewissen Sparsamkeit der Symbole und einem gewissen erzählerischen Schwung) eine ganze Menge über den endgültigen Augenblick der Einsamkeit zu sagen, den jeder von uns erlebt, wenn er sich auf ein Gebiet begibt, das alle, die uns vorangegangen sind, bereits erforscht haben, und das doch diesseits von Himmel und Hölle gänzlich unbekannt bleibt. Jeder empfängt das Leben als ein Geschenk (woher oder von wem, weiß niemand genau), um daran festzuhalten, darüber nachzudenken und es schließlich verebben zu fühlen. Diese Erkenntnis, dieses Bewußtsein kann manchmal überwältigend sein. Eric hat seine eigene Art, dieses Gemisch von Ehrfurcht, Neugier, Frustration und angstvoller Erwartung zur Kenntnis zu nehmen: »Auch jetzt noch denke ich oft an Ned – ich sehe ihn innerlich vor mir –, und dann zieht sich in mir alles zusammen, richtig schlimm. Er ist tot, also geht's wohl um mich, wenn ich mich so verspanne, denke ich.« Mich rührte diese abschließende Bemerkung. Danach beendete er entschlossen unser Gespräch – er müsse jetzt zum Sport. Angesichts des erhellenden Augenblicks war das auch ganz in Ordnung.

*

Es muß sich natürlich nicht immer ein schrecklicher Unfall oder sonst eine Tragödie ereignen, damit die Voraussetzungen für intensive, ernsthafte Reflexion gegeben sind. Wie bereits erwähnt, habe ich eine Zeitlang an einer Grundschule in der Nähe von Harvard unterrichtet, die von einer bunt zusammengesetzten Gruppe von Schülern besucht wurde. Manche stammten aus Akademikerkreisen, aber die meisten kamen aus Arbeiterfamilien. Alice war zehn, als ich sie kennenlernte. Ihre Eltern arbeiteten als Automechaniker bzw. als teilzeitbeschäftigte Verkäuferin. Alice ist ein »Mittelkind«, sie hat eine ältere Schwester von vierzehn und einen jüngeren Bruder von acht Jahren. 1988 besuchte sie die vierte Klasse. Sie war eine sehr gewissenhafte Schülerin, verfügte aber durchaus über Sinn für Humor und generell für alles, was Spaß macht. Sie reagierte auf meine Unterrichtsthemen mit Geist und Intelligenz – es handelte sich wieder um eine Art von Kunstgeschichtsunterricht, der bei den Kindern Überlegungen zu den unterschiedlichen Weisen, auf die Künstler sich mit der Realität auseinandersetzen, auslösen und sie dazu anregen sollte, über ihre Reaktionen auf die Gemälde und Zeichnungen zu diskutieren, die sie Woche für Woche mit Hilfe von Diapositiven kennenlernten. Bei der Betrachtung von Werken von Rembrandt und El Greco, van Gogh und Gauguin, Picasso, Henry Moore, Edward Hopper und Käthe Kollwitz fielen den Kindern bestimmte Aspekte der Kunstwerke auf, die eine Verbindung zu ihrem eigenen Leben hatten.

In jenem Jahr trafen wir uns jeweils donnerstags am späten Vormittag, und häufig knabberten die Kinder an Obst, Nüssen oder Süßigkeiten herum, während sie ein bestimmtes Bild betrachteten und über ihre Beobachtungen redeten. Ich kann mich noch gut an den Tag erinnern, an dem ich ihnen Picassos *Les Saltimbanques* zeigte. Beim Anblick der ausgemergelten Gestalten wurden die Kinder sogleich etwas unsicher. »Ich würde ihnen gern etwas von meinem Essen abgeben«, bemerkte Alice. Dann wurde sie neugierig: »Warum werden Leute so? Machen Sie eine Diät?«

Ihre Nachbarin, deren Namen ich ständig vergaß, vielleicht weil sie immer wieder die anderen unterbrach, trompetete sofort ihre Reaktion auf Alices Frage heraus: »Das sind komische Typen. Vielleicht sind sie gar nicht auf Diät; das können auch totale Spinner sein!«

Alice runzelte die Stirn. Als wir später allein zusammen im Klassenzimmer saßen (der Unterricht war beendet, und ich machte ein Interview mit ihr), fiel ihr dieser Augenblick wieder ein: »Das war nicht nett, diese Leute als Spinner zu bezeichnen. Meine Mami sagt, sie sieht im Geschäft ›alle möglichen Leute‹, und man muß tolerant sein, sonst würde man bald über jeden nur noch etwas Schlechtes sagen! Vielleicht gibt es ja auch Leute, die mich oder *sie* [die Klassenkameradin] für Spinner halten. Man soll sich in acht nehmen, wie man über andere redet. Neulich hat mich ein Junge gefragt, welche Religion ich hätte. Ich habe gesagt: ›Keine‹. Er sagte: ›Was, gar keine?‹ und ich hab' gesagt: ›Ja, genau!‹ Man hätte meinen können, ich hätte gerade jemanden umgebracht! Er sagte: ›Wenn du nicht an Gott glaubst, kommst du in die Hölle, und da bleibst du in alle Ewigkeit.‹ ›Na und wenn schon!‹ habe ich da gesagt!«

Sie ging nicht näher auf die Einzelheiten dieser Konfrontation ein, sondern wechselte zu etwas Persönlicherem, wenn auch Abstrakterem über. »Ich hatte nicht vor, ihm meine Ansichten zu erklären. Er ist schließlich nicht der einzige, der über Gott nachdenkt! Nur weil man nicht in die Kirche geht und nicht an das glaubt, was sie einem da erzählen, heißt das ja noch nicht, daß man nicht über Gott nachdenkt und wie man ein guter Mensch wird und was wirklich wichtig ist im Leben und welche Sachen im Grunde völlig egal sind. Ich kann doch auch am Fenster sitzen und zusehen, wie es schneit, und dabei an Gott glauben. So macht das meine Mutter auch; sie sagt, daß jede einzelne Schneeflocke anders ist als alle anderen Schneeflocken, die es je gegeben hat oder jemals geben wird, und daran kann man sehen, daß es etwas da draußen gibt, was unsere Welt zu etwas Besonderem macht.«

Während ich noch überlegte, welche Frage ich ihr stellen könnte, begann sie wieder zu sprechen: »Es ist ganz schön schwer, zu wissen, wie man mit anderen Leuten umgehen soll! Meine Mutter weiß, wie man andere Leute durchschaut. Sie ist Verkäuferin: Oberhemden und manchmal auch in der Damenabteilung, Kleider – sie kann beides. Sie begegnet sehr vielen Menschen, und sie kann schon im voraus sagen, wie die sind, jedenfalls bei den meisten. Sie sagt, sie kann es ihnen ansehen. Manche wollen, daß man ihnen einen Sonderpreis einräumt, auch wenn gar kein Ausverkauf ist. Manche sind nett, und manche sind scheußlich, richtig unverschämt. Mami sagt: ›Sie sind alle von Gott geschaffen‹; nur, sagt sie, das Dumme ist, wenn Er sie alle geschaffen hat, was ist dann der Grund, daß viele nicht gerade nett sind. Er ist doch nett, also, warum hat Er das getan?«

Ich stellte die Frage, die auf der Hand lag: »Hast du irgendeine Vorstellung, warum Er das getan haben könnte – Gott?«

»Nein.«

Bei einem Gespräch, das wir einige Tage später führten, formulierte sie die ungewöhnliche Bitte: »Können wir heute mal über die verschiedenen Kirchen reden? Ich verstehe nicht, warum die Leute hingehen, aber wenn Sie es wissen, würde ich es gern erfahren.«

Ich erklärte ihr, daß ich sicher imstande sei, mit einigen Erklärungen aufzuwarten, warum Menschen zur Kirche gehen und was sie dort zu finden hoffen, aber ich erinnerte Alice daran, daß es bei meiner Arbeit gerade darum ginge, zu erfahren, was junge Menschen wie sie über solche Dinge dächten. Ob sie also etwas zu sagen habe? Ja, aber gerade deshalb mache sie sich Sorgen: »Es könnte doch sein, daß ich etwas Falsches sage. Ich weiß noch, wie ich letztes Jahr aus dem Fenster sah, und die Leute von nebenan kamen gerade aus der Kirche nach Hause, und da habe ich versucht, Gott zu fragen, ob sie recht hätten und wir unrecht, denn wir gehen ja nie hin. Aber wie kann man mit Gott sprechen? Er spricht ja nicht mit uns! Daddy sagt, daß manche Leute Seine Stimme hören, aber das ist alles nur Einbildung! Jedenfalls seiner Meinung nach. Aber ich habe das damals ganz ernst gemeint. Ich habe gesagt: ›Okay, Gott, bitte, ich bin noch ziemlich klein, und ich möchte es gern wissen, also gib uns ein Zeichen, mir und meiner Mami und meinem Daddy.‹ Ich wußte schon, Er würde es nicht tun – und Er hat es auch nicht getan. Als ich dann später in den Park ging, dachte ich, vielleicht gibt es doch keinen Gott, aber irgendwie sind da doch der Park und die Blumen, die da blühen, und wie hat das alles nur angefangen, das hätte ich gern gewußt!«

Ich sagte, daß die meisten Menschen das genauso gern wüßten wie sie – wie diese Welt mit all ihrer Schönheit zustande gekommen sei. Sie war ein bißchen erleichtert, meine genau genommen harmlose Wiederholung dessen, was sie gerade gesagt hatte, zu hören; anscheinend hatte ich ihr wenigstens bestätigt, daß sie nicht allein mit ihren Spekulationen und ihren an sich selbst (oder an Gott) gerichteten Fragen dastand. Sie trieb unsere Diskussion noch voran: »Nur weil man nicht in die Kirche geht, heißt das noch lange nicht, daß man nicht über Gott nachdenkt. Ich weiß nicht, wo Gott ist, aber wenn Er irgendwo ist, dann sieht Er alle Menschen, nicht nur diejenigen, die gerade auf dem Weg zur Kirche sind – das hoffe ich wenigstens. Vielleicht ist Er auch nirgends, oder Er versteckt sich womöglich irgendwo und niemand kann ihn finden, bis Er sich von selbst zeigt.

Manchmal sehe ich nachts draußen Schatten, und ich denke, daß da vielleicht jemand ist, aber vielleicht ist es niemand, oder es könnte Gott sein oder ein Engel, im Schatten. Meine Tante [die Schwester ihrer Mutter] hat mal gesagt, daß ein Hund netter als ein Mensch sein kann, weil ein Hund treu ist und Vertrauen zu einem hat, und vielleicht würde Gott, wenn Er auf die Erde käme, kein Mensch sein – Er könnte auch als ein netter Hund kommen!«

Hier machte sie eine Pause, um ihre Behauptung sogleich zu widerrufen: das sei »albern« gewesen. Ihr bärbeißiger Vater, ein Freidenker und Populist, habe auch einmal etwas dergleichen gesagt – daß Gott in der Natur zu finden sei, in Tieren wie beispielsweise in Hunden, die in mancher Hinsicht »reiner« als Menschen zu sein scheinen, oder zumindest hatte er es so dargestellt, und in diese Richtung gingen jetzt auch Alices Mutmaßungen. Aber sie war nicht mit dem Herzen dabei, und sie wußte auch, daß ihr Vater nur mit solchen Vorstellungen herumspielte, und damit eigentlich nichts weiter als belustigt seinen Skeptizismus zum Ausdruck bringen wollte. Alice dagegen war es ernst, als sie an jenem Tag ihr spirituelles Leben und Erleben zu beschreiben versuchte. »Ich versuche, das Rechte zu denken«, sagte sie ernsthaft zu mir, und dann wandte sie sich, mit fast schon Augustinischer Offenheit, ihrer anderen Seite zu: »Manchmal vergesse ich das aber auch, und dann bin ich nicht sehr gut. Ich sage etwas Falsches, oder ich tue irgend etwas, und hinterher weiß ich, daß ich schlecht gewesen bin. Ich gucke hoch zu den Sternen und frage mich, ob es da oben jemanden gibt, der dich total durchschauen kann und weiß, was du vorhast. Er weiß es immer! Bevor man jemand anderen anklagt, soll man sich an die eigene Nase fassen, hat meine Oma gesagt, und sie hat recht. Sie geht auch nicht zur Kirche. Mami hat gesagt, daß sie [die Großmutter] am Sonntag gern näht und kocht, aber sie hört auch die Sonntagspredigten [im Radio]. Die bringen sie oft zum Lachen!«

Die distanzierte, humorvolle Skepsis gegenüber den etablierten Glaubensrichtungen auf Seiten eines Großelternteils war bereits zum intellektuellen und spirituellen Erbe des Kindes geworden. Alice wußte, daß ihre Großmutter sich über die Erweckungsprediger im Rundfunk lustigmachte, kannte die amüsierte oder verärgerte Reaktion ihrer Eltern auf die Auftritte bestimmter Bildschirm-Evangelisten und war bereits darauf eingestellt, die Sache zu hinterfragen, wenn sie eine Menschenmenge aus der Kirche kommen sah. »Ich überlege, ob es ihnen was bringt, wenn sie zur [katholischen] Kirche gehen. Mein Daddy könnte sich ja irren; vielleicht hilft einem Gott, wenn man zur Kirche geht, und man ist ein besserer Mensch. Aber es gibt so viele verschiedene Kirchen – so viele. In meiner Klasse streiten sich die Kinder darüber, welche Religion die beste ist. Das höre ich mir an, und wenn ich allein nach Hause gehe, höre ich sie innerlich immer noch streiten, und dann denke ich: Also, Gott, was denkst *du*? Meine Mami ist nicht so gegen die Religion wie Daddy, aber sie sagt, ich soll Gott darum bitten, daß all die Leute, die Ihn für sich haben wollen und sich wegen Ihm streiten, damit aufhören sollen, und dann wäre die Welt besser. Es wäre eine christlichere Welt! So was denke ich oft, und dann sehe ich eine nette alte Dame, die bei uns in der Nähe wohnt, zur Kirche gehen, und der Weg dahin fällt ihr wirklich schwer, aber sie tut es trotzdem, und sie ist den Rest des Tages immer so glücklich, und das ist doch etwas Gutes.«

Ich habe bei mehreren Gelegenheiten versucht, mehr über Alices spirituelles Erleben zu erfahren, und dabei zu erreichen, daß sie den eifernden Antiklerikalismus, der bei ihr zu Hause vertreten wurde und den sie bereits in ihr moralisches Empfinden aufgenommen hatte, beiseite ließ. Sie hatte, wenn das gelang, etwas Ergreifendes und Anrührendes beim Blick in ihr eigenes Innere oder in die Zukunft: »Wenn der Mond durch die Wolken zieht – das ist schon etwas Besonderes! Ich weiß, ich weiß – es sind in Wirklichkeit die Wolken, die sich bewegen; der Mond ist einfach nur da. Aber für mich sieht es genau andersherum aus! Ich stelle mir vor, daß der

Mond versucht, durch die Wolken hindurchzukommen; oder daß der Mond etwas besonders Schönes ist und wir ihn besuchen wollen, aber die Wolken uns nicht zu ihm durchlassen. Dann fragt man sich, ob es einen Gott gibt und ob Er einem sagen will: ›Sieh dir an, was hier oben ist, und sage Dankeschön dafür, und vergiß den Mond und die Sterne nicht, wenn du irgendwo in einem Verkehrsstau steckst!‹ «

Gleich nachdem sie das gesagt hatte, entschuldigte sie sich dafür – es habe keinen rechten Zusammenhang und sei nicht überzeugend; trotzdem hatte sie das Gefühl, daß es einiges darüber aussagte, womit sie sich herumschlug. Sie fuhr fort: »Ich werde wohl nie so jemand werden, den jeder leiden mag. Ich weiß das. Ich bin nicht beliebt in der Schule. Ich glaube, ich sage manchmal das Falsche. ›Du kannst wie Tag und Nacht sein‹, sagt meine Mutter – denn im einen Augenblick bin ich okay, und gleich darauf will ich nur noch in mein Zimmer gehen und mich hinsetzen und aus dem Fenster gucken. Deshalb gefällt mir die Nacht auch so gut; man kann allein sein, und es ist still! Meine Freundinnen wollen sich immer in die Sonne legen; ich sehe lieber dem Mond und den Wolken zu. Ich verrat's Ihnen – ich bin fast enttäuscht, wenn nur der Mond am Himmel steht! Ich finde es schöner, wenn auch Wolken da sind und sie schnell vorüberziehen und der Mond dauernd zwischen ihnen hindurchschlüpft. Es ist ein Gefühl, als würde ich hypnotisiert, wenn ich dabei zugucke! Und in dem Augenblick denke ich auch immer an Gott und überlege: Was mache ich, wenn ich älter bin? Ich weiß es noch nicht. Wenn ich die Wahl hätte [ich hatte sie danach gefragt], würde ich Lehrerin werden, vielleicht – oder im Naturkundemuseum arbeiten. Es ist mein liebstes [von den Museen, die sie bereits kannte]. Ich mag die Sterne so gern betrachten, und ich sehe so gern den Kaninchen und Schlangen und Hühnern zu. Ich betrachte auch gern den Charles-River und die Schiffe. Das gehört alles zu unserer Welt, und ich sehe auch gern die Leute an, die herkommen [ins Naturkundemuseum]: Sie gehören auch zur Welt! Ich weiß nicht, wer uns alle erschaffen hat, aber es ist schön, hier zu sein!«

Diese umfassende Sicht war ein Aspekt von Alices nach innen gerichtetem Blick. Obwohl sie von ihren Eltern die kritische Sicht auf die institutionalisierte Religion übernommen hatte (so wie unzählige Millionen von Kindern in vielen Ländern eine völlig zweifelsfreie Hinnahme dessen, was in Kirchen, Moscheen oder Synagogen gepredigt wird, von ihren Eltern übernehmen), so war sie trotzdem keine für alle Zeiten ideologisch festgelegte Agnostikerin oder Atheistin. Statt dessen versuchte sie, ihre eigenen Wertvorstellungen und Ideen herauszufinden und sich selbst in Verbindung zum Universum zu setzen. Ihre Großmutter – eine direkte, völlig unprätentiöse Frau, die viele Jahre in der Fabrik gearbeitet hatte, bevor sie Rentnerin wurde – war es denn auch, die Alices spirituelles Erleben auf angemessene Weise beschrieb: »Sie hat wirklich etwas Geistiges an sich und bleibt nicht an der Oberfläche. Sie ist ehrlich mit sich selbst, und das ist selten. Als ich ein junges Mädchen war, sprach man von Gewissensprüfung – also, daß es eine Zeit gibt, wo man seine Seele erforschen und mit sich selbst so ehrlich und offen wie irgend möglich sein soll, und eine Zeit, wo man herausfinden soll, woran man glaubt und wo man steht. Alice erforscht ihre Seele!«

*

Auch andere Kinder zieht es zu einer derartigen Erforschung der Seele, obwohl Religion in ihrem Leben keine große Rolle spielt. Alice war nicht die einzige in der Grundschulklasse, die ich unterrichtete, die aus einer mehr oder weniger agnostischen Familie kam. Da waren zum Beispiel ein zwölfjähriger Junge namens Norman und ein elfjähriges Mädchen namens Sylvia; beide stammten aus Akademikerfamilien. Normans Vater unterrichtete Chemie, Sylvias Vater Wissenschaftsphilosophie. Beide Kinder standen der Religion relativ gleichgültig gegenüber – was man von Alice ja keineswegs sagen konnte –, aber sie waren durchaus nicht abgeneigt, über die Ursachen verschiedener Naturphänomene zu spekulieren, eingeschlossen solche möglichen Erklärungen, die nicht beweisbar oder »wissenschaftlich« sind. Gelegentlich saß ich mit den beiden noch nach der Stunde zusammen, und dann mußte ich immer wieder über ihr Interesse für die Natur und ihre Liebe zu allem Lebendigen staunen. Ihre Reaktion auf van Goghs Bilder hätte dem Künstler gefallen. Der Ruhelosigkeit, dem angstbeladenen Aufruhr, der drängenden Energie seiner Felder, Himmel, Bäume, Flüsse lag eine spirituelle Aussage zugrunde: Die mitreißende Transzendenz seiner Gemälde bezeugt das Gespür des Malers für das Göttliche in allem, was wir hier auf unserem Planeten sehen und hören, vor dem Hintergrund des unerforschlichen, wartenden Universums, in dem der gesamte Verlauf der Geschichte (Vergangenheit, Gegenwart, Zukunft) zu einem bloßen Augenblick wird und in dem auch der festeste Boden, der weiteste Raum zu einem bloßen Stecknadelkopf zusammenschrumpft. Die beunruhigendsten Ironien und Paradoxien können durchaus auch von Kindern gesehen werden, die nicht unter religiösen Vorzeichen aufwachsen, die aber bei sich zu Hause und in der Schule darin gefördert werden, sich auf seelische Forschungsreise zu begeben oder, wie Norman es ausdrückte, »irgendwie herauszukriegen, was eigentlich rund um uns herum passiert«.

Bei der Betrachtung von van Goghs Bild »Weizenfeld und Zypresse« führten Norman, Sylvia und ich ein Gespräch, das so aufschlußreich wie unterhaltsam war. Norman engagierte sich besonders lebhaft. »Wenn du das Bild ansiehst«, sagte Norman und wendet sich dabei an Sylvia, »dann siehst du eine Explosion – genau das, was in der Welt passiert, aber *du* siehst es nicht; van Gogh sieht es. Mein Dad sagt, der Typ [van Gogh] war einer der Größten. Man darf nicht erwarten, daß es wie ein Foto aussieht. Weißt du was? Ich saß zu Hause und las, und draußen war es sehr windig, richtig stürmisch, und das ging wahrscheinlich schon seit einer Stunde so, aber ich hab's gar nicht gemerkt. Aber dann fiel es mir auf, und ich stand auf und guckte nach draußen. Der Wind pfiff nur so, und die Bäume bogen sich hin und her. Ich guckte den Bäumen zu und konnte nicht wieder aufhören, und ich dachte: sie tanzen, das ist es, sie sind ganz aufgeregt. Die Blätter – der Wind fuhr durch sie hindurch. Das konnte man richtig hören, und die Grashalme neigten sich, und manche Zweige gingen in die eine Richtung und andere in die andere. Dabei mußte ich plötzlich an die Welt denken. Ich guckte nach draußen und hatte ein ganz eigenartiges Gefühl – ich meine, eines Tages bin ich nicht mehr da, aber die Bäume werden noch da sein, und der Wind und das Gras. Ein Freund von mir glaubt, wenn der Wind weht, dann spricht Gott. Das sagt er wenigstens. Ich glaube das überhaupt nicht. Ich weiß nicht, ob es einen Gott gibt. Ich glaube, es gibt keinen wirklichen Beweis dafür. Aber wenn du dem Wind und den Bäumen zuhörst, dann merkst du plötzlich, daß du ein Teil davon bist. Verstehst du, was ich meine?«

Seine Freundin Sylvia hatte ihm gespannt zugehört und immer

wieder zustimmend mit dem Kopf genickt. Sie interessierte sich sehr für Kunst und träumte manchmal davon, Malerin zu werden, wenn sie auch jedesmal hinzufügte, daß sie vielleicht schließlich doch eine Karriere in einem großen Konzern machen würde, weil ihre Eltern sich hoch verschuldet hatten – einer ihrer jüngeren Brüder, Joey, litt unter angeborener Lungenfibrose, wodurch große Behandlungskosten entstanden. »Wenn es einen Sturm gibt, höre ich immer zu. Falls es einen Gott gibt, dann würde Er damit etwas sagen! Ich glaube aber nicht, daß es einen gibt. Ich hab' auch versucht zu beten; ich habe gefragt, warum mein kleiner Bruder mit dieser Krankheit geboren ist und warum er so leiden muß, warum er kein normales Leben leben kann; warum er wahrscheinlich früh sterben wird, wie der Arzt gesagt hat. Das ist nicht fair; das ist keine Gerechtigkeit – daß ein Junge krank ist, immer, und dauernd Erkältungen hat und seine Lungen nicht richtig funktionieren. Als wir Joey neulich ins Krankenhaus brachten, war er so tapfer. Er hat gesagt, was auch geschieht, er ist einverstanden. Ich war überhaupt nicht einverstanden! Ich habe da einen Priester gesehen, der für die Kinder beten wollte, und ich hab' mir gewünscht, daß er in unser Zimmer käme und erklärte, warum das alles so unfair ist und warum Gott die Gebete der Menschen meistens nicht erfüllt. Mein Bruder hat schon so viel Elend in seinem Leben erlebt – er war schon so oft im Krankenhaus, und hinterher erzählt er uns immer so furchtbare Geschichten; du kannst dir gar nicht vorstellen, wie schlimm es für manche Leute ist! Weiß Gott davon? – Das würde ich gern mal wissen!«

Über ihren eigenen Zorn erschrocken, hielt sie inne. Sie senkte den Kopf, dann warf sie ihn in einer dramatischen Gebärde zurück. Sekundenlang blickte sie Norman und mich direkt an, und ihre blauen Augen glänzten. Zögernd hob sie die rechte Hand, fuhr sich über die Augen. Dann wendete sie sich an Norman: »Du hast recht, vielleicht gibt es da draußen etwas, das uns geschaffen hat, und vielleicht auch eine Erklärung dafür, warum die Welt so ist, wie sie ist. Meine Eltern sagen, es ist alles Zufall – die Dinge geschehen einfach so. Die Lehrer sagen, sie können vieles von dem, was geschieht, erklären, und wir kennen einen Physiker, der ist ein richtiger Experte; er kann dir erklären, wie alles funktioniert – nur kann ich ihn leider nicht immer verstehen, auch wenn er so nett ist und es mir ganz speziell erklärt, nicht so wie seinen Studenten!

Wenn ich an einem Friedhof vorbeikomme und die Grabsteine sehe, dann denke ich an meinen Bruder, und manchmal muß ich dann weinen. Vielleicht kann Lungenfibrose eines Tages geheilt werden. Vielleicht kann man schon vor der Geburt etwas dagegen tun. Aber das ist unsere Sache – wir sind es, die die Welt auf diese Art besser machen werden. Ich weiß nicht, was Gott damit zu tun haben soll! Wenn ich so spazierengehe, überlege ich, warum ich gesund bin und mein Bruder nicht. Ich denke jeden Tag darüber nach – und ich finde keine Antwort. Nicht eine. ›Sieh mal, wie schön das Meer und der Sand sind‹, sagt mein Bruder. ›Das wird sicher ein schöner Tag.‹ Solche Sachen sagt er, wenn wir an den Strand fahren. Und dann sage ich mir: ›Wenn er krank ist und doch so sein kann, so etwas sagen kann, dann solltest du auch so sein wie er, Sylvia, wirklich.‹ Aber meistens stelle ich mir nur all diese Fragen, warum das alles so ist, und kriege keine Antwort, und ich fang' schon an zu glauben, daß es immer so sein wird, und wenn du dir nicht was vormachen willst – so wie viele Leute das machen, sagen meine Eltern –, dann muß man sich mit dem zufrieden geben, was man hat, und darf keine Wunder erwarten. So sehe ich das wenigstens.«

Von Normans Gesicht ließ sich ablesen, daß ihm Sylvia mit dem vorletzten Satz aus der Seele gesprochen hatte. Sobald sie geendet hatte, fing er an zu reden: »Stimmt genau. Ich denke auch immer über solche Sachen nach, genau wie du. Nachts sehe ich oft aus dem Fenster, es ist dann so still, und man kann einfach dasitzen und überlegen, ob es da oben, auf den anderen Planeten oder den Sternen, noch Menschen gibt, die so wie wir sind; und man kann darüber nachdenken, ob es einen Gott gibt, der einen sieht – oder vielleicht mehr als einen oder sogar eine ganze Menge Götter, oder Engel, ich weiß auch nicht, aber ich denke darüber nach, und auch daß es nicht fair ist, wie du schon gesagt hast, daß du und ich gesund sind, und andere, wie dein Bruder, sind es nicht. Sicher, man muß sich ›mit dem zufrieden geben, was man hat‹, da hast du recht – auch wenn die Welt heute ganz anders ist als früher, als unsere Eltern jung waren. Das ist doch so? Jedenfalls sagen sie das in meiner Familie andauernd.

Man muß die Welt verändern und sich nicht bloß ›zufrieden geben, mit dem, was man hat‹. Falls es da oben einen Gott gibt – vielleicht ist das das einzige, was Er uns gegeben hat, nämlich daß wir etwas verändern können. Da sind all die Wissenschaftler und Ärzte und das Weltraumprogramm und die Erforschung der Ozeane. Ich weiß nicht, ob es Gott wirklich gibt; aber du bist hier, du und ich und dein Bruder, auch wenn er oft krank ist, und wir können was tun, bevor wir wieder weg sind. Ich meine, wenn dein Bruder ein Künstler wäre, so wie van Gogh, dann könnte er malen, selbst mit seiner Lungenfibrose, und wir würden uns darüber freuen. Und auch wenn er kein Künstler ist, kann er doch einfach sein, was er ist – also, dein Bruder – und er bewirkt was bei dir (das tut er doch?) genau wie van Gogh, wie der was bei einem bewirkt. Es ist alles so kompliziert, ich weiß. Aber man muß doch etwas finden, woran man glaubt; man kann nicht einfach sagen, daß da oben gar nichts ist. Wie dein Bruder schon gesagt hat, es gibt so viel Schönes, das Meer und die Wellen und den Sand und die Muscheln und all die Menschen, deine Eltern, meine Familie, unsere Freunde: all das, und das ist *so viel,* damit kann man sich schon ›zufrieden geben‹.«

Norman schien Vertrauen zu seinem Gedankenstrom zu haben. »Ich denke, ich habe gesagt, was ich sagen wollte«, fügte er hinzu – und dann: »Wirklich«. Das war keine Prahlerei. Eher ein fast demütiges Staunen über seine eigene persönliche Autorität. Sein Bemühen, über den Sinn des Lebens nachzudenken, in sein Inneres zu blicken und bestimmte Überzeugungen zu äußern, die er als zutiefst wahr empfand, war eine Leistung, die er und Sylvia (wie wir alle) mit einer gewissen Befriedigung und vielleicht sogar Ehrfurcht betrachten konnten.

In bemerkenswerter Ausgewogenheit (die ich aber erst zu würdigen wußte, als ich Tage später das Band abhörte und danach die Abschrift las) reagierte Sylvia auf Normans Engagement für diese Erde, wenn auch nicht auf seinen Glauben an einen tieferen Sinn des Alltäglichen: »Ich habe nicht gesagt, daß da oben nichts ist; ich weiß, daß es vieles gibt, wofür es sich zu leben lohnt. Ich liebe meine Familie, und ich liebe meine Freunde. Ich finde es toll, wenn wir auf unseren Reisen an neue Orte kommen und neue Menschen kennenlernen. Und wenn man – zum Beispiel oben in Vermont oder New Hampshire – auf einem Berg steht und so weit ins Land blicken kann, meilenweit, und all die Bäume sieht, dann ist man auch näher an den Wolken. Einmal bin ich mit meinem Dad auf der Spitze vom Mount Washington gewesen, und ich sagte: ›Ich glaube, so eine Aussicht hat Gott, wenn Er zu uns hinunterguckt.‹ Das hat ihm gefallen. Er hat gelacht. Er sagte: ›Stimmt, Sylvia.‹ Dann hat er gesagt, daß er hofft, daß es einen Gott *gibt*. Er hat mich gefragt: ›Sylvia, glaubst du an Gott?‹ Ich wußte nicht, was ich sagen sollte.« Sie unterbrach sich – und natürlich waren wir beide gespannt auf ihre Antwort, und das war ihr auch bewußt. Sie fuhr fort: »Ich hab' gesagt: ›Daddy, ich weiß es nicht.‹ Ich hab' gesagt: ›Manchmal.‹ Er hat gesagt: ›Das ist eine gute Antwort, manchmal.‹ Aber manchmal tue ich es eben nicht, und das ist die Wahrheit. Das heißt nicht, daß ich eine ›negative‹ Lebenseinstellung habe. Ein Pastor hat das mal zu meiner Mutter gesagt, ich sei so ›negativ‹, weil ich nämlich gesagt habe, daß Weihnachten und Ostern heute nur noch ein einziger Schwindel sind – es sind Feiertage für die Geschäfte, und die Leute kaufen und kaufen nur. Wenn man die Wahrheit kennt, muß man sie auch sagen. Das bedeutet nicht, daß man negativ ist, das ist was Positives!«

Das gefiel Norman, und er sagte es auch. Beide schwiegen dann. Sie hatten ihre jeweiligen Argumentationsketten zu Ende geführt und waren ermattet. Sie lächelten und bestätigten sich damit gegenseitig, daß die engagierte, sehr persönliche und zeitweilig auch kontroverse Diskussion nichts an ihrer Freundschaft geändert hatte. Immer, wenn ich später daran zurückdachte, erinnerte ich mich nicht nur an das, was sie gesagt und gedacht hatten, sondern auch an die Art, wie sie einander ansahen: In ihren Blicken drückten sich die Anerkennung und Zustimmung aus, die ein Freund für den anderen verspürt.

Sicherlich hatten diese beiden jungen Menschen ihre skeptische Einstellung, die zu ihren Bedenken und Zweifeln gegenüber den traditionellen religiösen Vorstellungen führte, in ihren Elternhäusern aufgenommen. Und natürlich hatten auch viele »gläubige« Kinder, mit denen ich sprach, ihre Zweifel. Wenn diese ins Grübeln kamen, dann hatte das oft nicht so sehr mit religiösen Überlegungen zu tun als mit dem individuellen Bemühen, einen tieferen Sinn im Leben zu finden. Es geschah tatsächlich sehr häufig, daß eines dieser Kinder mir gegenüber einmal seinen konventionellen Glauben vertrat, am nächsten Tag aber betonte, welche Schwierigkeiten es ihm bereitete, unter allen Umständen an seinem Glauben festzuhalten. Eine meiner Schülerinnen im Kunstgeschichtsunterricht in Cambridge, eine fromme kleine Katholikin, fragte mich

einmal nach einer Stunde, in der ich das Bild eines mittelalterlichen
»Angelo Musicante« (eines musizierenden Engels) gezeigt hatte,
»ob diese Engel immer gute Katholiken waren«. Zuerst sagte ich,
daß ich nicht so sicher sei. Ich erklärte, daß der Maler (Fra Angelico)
ein Mönch gewesen sei, der bestimmt sein Gelübde ernst genommen habe und der vielleicht eine Art von Frömmigkeit und An-
dacht habe darstellen wollen, die wir als »engelsgleich« bezeichnen
würden. Es gefiel mir nicht, was ich da sagte – es war ausweichendes
akademisches Gerede, das nur bezeugte, daß ich mich nicht festle-
gen wollte. Drück dich klar aus gegenüber diesem Kind, ermahnte
ich mich selbst. Aber dieses Mädchen, erst zehn Jahre alt und mir
noch relativ fremd (ich wußte nicht einmal seinen Namen), ließ
sich von meiner kleinen Rede nicht einschüchtern – oder vielleicht
verstand es sie auch gar nicht. »Ich spreche abends mein Gebet«,
sagte sie, »aber hinterher liege ich manchmal noch wach und denke
nach und überlege, wie das gekommen ist, daß ich die geworden
bin, die jetzt hier ist, und warum ich als ich geboren wurde und
nicht als jemand anders – all so was, und ich weiß, daß viele andere
Leute auch so etwas denken, bestimmt.«

Ja, ich bestimmt, dachte ich und mußte lächeln, und ich nickte
zustimmend und dankte ihr dafür, daß sie so offen und freimütig
von ihrem ganz persönlichen Erleben erzählt hatte. Sie hatte mir
gestanden, daß in ihr Augenblicke tiefer Frömmigkeit mit ganz
anderen Zuständen abwechselten – daß sie, wie Pascal, jene äußerste Verwirrung und Einsamkeit kannte, vor der Glaube wie Vernunft in die Knie gehen. Pascals Dilemma ist dasselbe Dilemma,
dem ich bei vielen Kindern begegnet bin, die von ganzem Herzen
und mit aller Kraft nach einem Glauben suchen, und die zugleich
sehr viel über ehrliche Selbstbefragung und über die moderne,
säkularisierte Seelenerforschung wissen, in deren Verlauf, wie
schon vor Jahrhunderten bei Pascal, »die Skeptiker durch die Natur
und die Dogmatiker durch die Vernunft widerlegt werden«.

So ist es nun mal: Was Frömmigkeit und Zweifel, Glauben und
Unglauben angeht, stehen wir alle »auf der Kippe«, wie Reinhold
Niebuhr uns in einem seiner Seminare erklärte. Aus seinem Munde
klang das sehr überzeugend. Man konnte auf seine eigenen Un-
schlüssigkeiten, Meinungsumschwünge und Glaubensschwankun-
gen schließen. Mitten in den ehrfurchtgebietenden Mauern des
Theologischen Seminars im Unionsgebäude nahm er uns sozusa-

gen beiseite, um immer wieder Dinge zu diskutieren, Zugeständnisse zu machen, zu grübeln, unschlüssig zu schwanken und die Beichte abzulegen.[3]

»Ich weiß nicht, wo die Seele ist«, sagte eine Zehnjährige am Anfang eines Gesprächs zu mir, »aber daß sie in mir drin ist, das weiß ich genau, denn das kann ich fühlen.« Es war also für sie eine Selbstverständlichkeit, daß ihr der Begriff »Seele« begegnet war und sie darüber nachgedacht (wo ist sie und wie ist sie?) und alles genau überprüft hatte. Nun hatte sie das sichere Gefühl, daß etwas in ihrem Innern war, an das man sich wenden, das man ansprechen konnte. Andere Kinder, die etwas wagemutigeren und weltlicher ausgerichteten, fragen sich selbst und ihre Lehrer und sehr häufig auch mich, worin »diese Seele«, wie ein Junge es ausdrückte, »sich vom Verstand unterscheidet«. Einige wenige Kinder, die ganz und gar diesseitig ausgerichtet waren, haben sogar vom »Unbewußten« gesprochen und mich gefragt, ob es sein kann, daß die Seele vielleicht dort wohne oder daß sie damit identisch sei. Ja, sage ich dann; oder auch: wahrscheinlich – gewissermaßen – ich weiß nicht oder: Ich weiß es nicht genau. Aus ihrer Art zu fragen geht manchmal hervor, daß sie überzeugt sind, daß die Seele und das Unbewußte ein und dasselbe sind. Aber manche der Fragenden sind wirklich unsicher, während andere in ihrer philosophischen Direktheit geradezu weise sind. Eine Dreizehnjährige gab mir zu bedenken: »Es ist nicht so wichtig, was man glaubt, wo die Seele ist; was man damit sucht, ist wichtig.« Ich wollte wissen, was sie »damit suchte«, und ohne Umschweife antwortete sie: »Ich glaube, nach ein paar Anhaltspunkten, worum es im Leben eigentlich geht.« Dann lachte sie auf eine selbstbewußte Weise, wie sie nicht allen amerikanischen Kindern ihres Alters gegeben ist. Dieses Mädchen brachte mich dazu, eine interessante Möglichkeit in Betracht zu ziehen, daß nämlich zumindest ein kleiner Teil des Unbewußten doch nicht Freuds »Kessel voll brodelnder Erregungen« ist, sondern eher, wie Jesaja es nannte, ein aufmerksamer »Wächter«, der fragt und gefragt wird: »Wie weit ist's in der Nacht?«

KAPITEL II

Das Kind – ein Pilger

Während meiner Assistenzzeit als Kinderarzt in den späten fünfziger Jahren bezeichnete man Kinder als »gesund« oder »krank«. Es gab Tabellen, Schaubilder, Listen, eine Unzahl von auswendig gelernten Nummern bzw. »Indizes«, auf die wir jungen Assistenzärzte zurückgreifen konnten und die wir auch ständig bei den Entscheidungen und Beurteilungen, die wir zu treffen hatten, benutzten. Um etwas Abwechslung in die Sache zu bringen, wendeten wir auch andere Begriffe an – ein »normales« Kind, eine »Station für gesunde Säuglinge« bzw. ein »krankes Kind«, ein »verletztes Kind«, ein »chronisch krankes Kind«. Als ich mich auf Kinderpsychiatrie verlegte, herrschten in unserer täglichen Praxis ähnliche Gegensatzpaare vor. Da hatte ein Junge »ernste Probleme«; ein anderer war »schwer gestört«, ein Mädchen benötigte eine »langwierige Behandlung«, während ein anderes, wie wir alle wußten, »schwere seelische Störungen« hatte. Es schien aber auch einige Menschen zu geben, die – darauf machten uns die Ausbilder gelegentlich, wenn auch recht selten, aufmerksam – »in psychischer Hinsicht im wesentlichen intakt« und nicht nur »geistig gesund« waren, sondern auch eine »stabile psychische Verfassung« aufwiesen. Wenn ich tage- oder wochenlang nur von verschiedenen Spielarten von »Geisteskrankheit« oder »schweren Charakterstörungen« gehört hatte, dann horchte ich auf, wenn einem Kind fast widerwillig eine »altersentsprechende Persönlichkeitsentwicklung« attestiert wurde. Wenn der behandelnde Arzt oder Gastdozent sogar einen Schritt weiterging und von »geistiger Gesundheit« oder – noch merkwürdiger – von »guter mentaler Hygiene« sprach, dann waren wir ebenso interessiert wie verwirrt. Ich kann mich noch daran erinnern, wie ein Assistent einen Ausbilder zu fragen wagte, was »geistige Gesundheit« wirklich bedeute. »Eine gute Frage«, antwortete dieser – aber dann wurde dieser scharfsinnige Diagnostiker, für gewöhnlich ein sehr gesprächiger Lehrer, ungewöhnlich wortkarg. Er beschrieb den Begriff »geistige Gesundheit«, indem er mehrmals betonte, was sie *nicht* sei und welche

273

Befunde ein aufmerksamer Beobachter dabei nicht erhob: keine »Psychose«, keine »Persönlichkeitsstörung«, kein »starkes Ausagieren«, keine Anzeichen einer beeinträchtigenden »Neurose«. Zu dieser Zeit wußten wir allerdings bereits alle, daß jeder Mensch eine stärkere oder schwächere Neurose hat.

Als meine Zeit in der Kinderpsychiatrie beendet war und ich eine psychoanalytische Ausbildung begann, kamen mir all diese Fachausdrücke schon recht geläufig über die Lippen. Dank Marian Putnam, einer älteren Kinder-Psychoanalytikerin (einer klugen Frau, gesegnet mit gesundem Menschenverstand und Humor), hatte ich sogar schon gelernt, diese Begriffe mit Vorsicht zu benutzen, ja sogar, mich der gewöhnlichen, schlichten »Laiensprache« zu bedienen, wenn ich über die Kinder, die ich behandelte, nachdachte und die Fälle »nachbereitete«. Als ich einmal bei ihr in ihrem Büro in Cambridge saß, sagte sie: »Wir haben schließlich alle unsere Probleme, und deshalb ist die Art, wie wir damit umgehen, das, was uns voneinander unterscheidet.« Das machte Eindruck auf mich, doch da ich nicht mit einem Schlag darauf verzichten mochte, den Schwerpunkt auf das Pathologische zu legen, hielt ich dagegen – mit einer Zustimmung und einer Widerlegung zugleich: »Ja, aber manche ›Probleme‹ sind viel schlimmer als andere« –, der klägliche Aufschrei eines Menschen, der sich nach fünf langen Jahren, in denen er sich mit solchen »Problemen« herumgeschlagen hatte, endlich ein bißchen als Experte zu fühlen begann. Dr. Putnam antwortete: »Ja, aber es gibt auch Menschen, die sehr viel besser als andere mit ihren Problemen umgehen können, und seien diese noch so schwer; und manche, deren Probleme gar nicht so besonders ernst zu sein scheinen, werden von ihnen völlig zugrundegerichtet – und Sie und ich wissen nicht, woran das liegt.«

Ich kann mich noch heute daran erinnern, wie sehr mich das beunruhigte. Wenn manche Menschen unter erheblichen Belastungen litten und doch den Bogen raushatten, wie sie damit leben konnten, und wenn andere auf uns – oder zumindest auf Dr. Putnam – den Eindruck machten, daß sie nicht besonders schwer gestört waren, obwohl es ihnen andererseits nicht gelungen war, einen Weg zu finden, um mit ihrem Leiden zurechtzukommen, was sollte ich dann davon halten bzw. welche Maßnahmen ergreifen? Ich hatte das Gefühl, daß mir der Boden unter den Füßen weggezogen wurde; ich verstummte, unfähig, diese beiden Fragen laut zu stellen. Die erfahrene Therapeutin las mir meine Verunsicherung vom Gesicht ab. »Vielleicht ist es gelegentlich das Beste, in anderen Kategorien über die Menschen nachzudenken, die zu uns kommen. Vielleicht sollten wir die Betonung nicht so sehr auf ihre ›Probleme‹ legen, sondern auf die Frage, wie sie durchs Leben kommen – ob mit einigermaßen angemessenem psychischen Erfolg oder mit offensichtlichem persönlichem Versagen.«

Ich merkte, daß sie eigentlich nur ihre Aussage anders formulierte, aber sie ging doch noch ein bißchen weiter. Ihr erster Satz war allgemeingültig – daß es ratsam sei, den eigenen Standpunkt zu verändern und damit zugleich auch die eigene Sprache. Mit ihrem zweiten Satz hielt sie mir indirekt vor, daß wir Ärzte und Kinderpsychiater manchmal gegenüber bestimmten Persönlichkeitsmerkmalen eines Kindes blind sind, selbst wenn wir andere Aspekte gut wahrnehmen. Nun sind wir nicht dazu verpflichtet, alles zu wissen oder unseren Patienten in jeder Hinsicht zu genügen. Trotzdem ist es in unserem ureigensten Interesse, einem Berufsrisiko, das ich als psychiatrische Spielart des »pars pro toto« bezeichnen möchte, aus dem Weg zu gehen, nämlich das gesamte Leben eines Kindes mit dem speziellen Ausschnitt seines Lebens zu verwechseln, in den wir Einblick haben.

In den frühen sechziger Jahren gab es bei uns in der Kinderpsychiatrie und -analyse viele Kollegen, die Dr. Putnams Rat mit Begeisterung befolgten. Wir betonten die Abwehrmechanismen des Ich, auf die uns Anna Freud bereits seit den späten dreißiger Jahren hingewiesen hatte. Anstatt uns endlos auf das Pathologische zu konzentrieren, auf Instinkte und Triebe, auf Ausbrüche von Verrücktheit aus dem Unbewußten, sahen wir uns statt dessen genauer an, wie die Menschen mit den heftigen Gefühlsregungen, den Begierden und Wutanfällen zurechtkommen, die in uns allen wohnen. Nichtsdestotrotz teilten wir die Patienten weiterhin in Gute und Schlechte, Bevorzugte und Abgewertete, ja sogar in Erlöste und Verdammte ein. Manche Patienten hatten »unreife« Abwehrmechanismen, während sich andere auf »reife« stützen konnten. Wenn wir jemanden mochten, sprachen wir von »Ich-syntonen« Abwehrmechanismen; falls nicht, diagnostizierten wir grimmig »primitive« Abwehrmechanismen. Mir fiel auf, daß die Schichtzugehörigkeit eine weitaus größere Rolle spielte, als wir uns einzugestehen bereit waren. Ich kann mich noch gut daran erinnern, welche wohlklingenden psychologischen Adjektive wir für Alkoholiker fanden, die zwar nicht gerade besonders nett mit ihren Familienangehörigen umgingen, aber reich und gebildet waren; und ebensogut erinnere ich mich an die negativen Etiketten, die solchen Alkoholikern verpaßt wurden, die zwar oft sehr liebenswert waren, aber kein Geld hatten oder der Arbeiterklasse angehörten. Um es deutlich zu sagen: Wir hatten zwar unsere Perspektive geändert, aber mit Hilfe unserer Adjektive sortierten wir die Menschen immer noch in moralischer wie auch psychiatrischer Hinsicht.

Auf wirklich schmerzliche Weise wurden mir diese Unterscheidungen erst bewußt, als ich an einer psychiatrischen Beratungskonferenz in einem Kinderkrankenhaus in Boston teilnahm, bei der auch der Fall eines Kindes besprochen wurde, dessen Eltern in den Kreisen der Bostoner Gesellschaft und Intelligenz einen Namen hatten. Der Junge war extrem gestört. Wir alle wußten, daß er einen langen stationären Aufenthalt benötigte. Wir diskutierten ausführlich über das Kind, machten uns Sorgen über seine Zukunft, schlugen Behandlungsmöglichkeiten vor. Zugleich gaben wir uns, wie mir auffiel, die größte Mühe, besonders freundlich zu seinen Familienangehörigen zu sein – nicht nur im persönlichen Umgang, sondern auch in unserer Ausdrucksweise. Wir waren zwar uns selbst wie der Familie gegenüber ehrlich und versuchten nicht, etwas zu vertuschen, aber wir gaben uns doch besondere Mühe, alles ins beste Licht zu rücken, und unsere Wortwahl war, auch das fiel mir auf, besonders taktvoll. Wir benutzten sogar im Gespräch unter uns laienhafte wohlklingende Umschreibungen, um dem Kind und seiner Familie bestimmte klinische Ausdrücke zu ersparen, die wir sonst bei Kindern mit einer ähnlichen Diagnose und Prognose anwendeten. Der Junge war, wie einer es ausdrückte, in einer »traurigen Lage«; ein anderer fügte hinzu, es ergäbe sich ein »beunruhigendes Bild«. Wie freundlich und wie zartfühlend, dachte ich – und so höflich.

Am selben Morgen diskutierten wir als nächsten »Fall« einen Jungen, der ein Jahr älter war als der, den wir soeben unserer mitfühlenden Untersuchung unterzogen hatten. Dieser Junge kam aus ziemlich heruntergekommenen Verhältnissen. Seine Eltern waren nicht auf dem College gewesen. Sein Vater war Möbelpacker, die Mutter zog die große irisch-amerikanische Kinderschar auf. (Sie war in Irland geboren und erst mit sechzehn Jahren nach Amerika gekommen.) Auch dieser Junge war erheblich gestört, und wir meinten auch hier, daß ein längerer stationärer Aufenthalt angezeigt sei. Aber wir verhielten uns keineswegs, weder ihm selbst noch seinen Eltern gegenüber, so zurückhaltend. Wir benutzten einen medizinischen Fachausdruck nach dem anderen. Es war nichts mehr zu spüren von der taktvollen Sprache, den vorsichtigen Andeutungen und zurückhaltenden Kommentaren, dem Ausweichen auf eine schmeichelhafte Umgangssprache, den diskreten oder diplomatischen Umschreibungen. Die Art, wie wir über die beiden Jungen dachten und sprachen, war völlig unterschiedlich. Auch die Karteikarten mit ihrer »Krankengeschichte« unterschieden sich im Ton und in den Formulierungen. Die Subjektivität der behandelnden Ärzte, unsere gesellschaftlichen Wertvorstellungen und unsere persönlichen Erfahrungen nahmen entscheidenden Einfluß auf die Art und Weise, in der wir auf die beiden Kinder eingingen.

Nicht nur das Privatleben des Beobachters bestimmt seine Sicht eines Kindes, auch seine intellektuellen Interessen haben eine wesentliche Wirkung. Ein Kinderarzt sieht sich Gewichts- und Längenwachstumstabellen an, Röntgenbilder und Laborberichte, betrachtet »Positiva« und »Negativa«, die bei der körperlichen Untersuchung festgestellt werden – und befindet dann, ob ein Kind »normal« ist oder eine verdächtige »Störung« oder einen »fortschreitenden Prozeß« aufweist oder daß es »krank« ist, weil eine bestimmte Erkrankung vorliegt. Ein Psychiater hört sich emotionale »Probleme« an, ob sie nun von dem Kind oder, wie es häufig der Fall ist, von den Eltern oder Lehrern als solche bezeichnet werden, und nimmt eine »Auswertung« der Befunde vor, schreibt eine Diagnose, dann einen Therapievorschlag. Aber beide Ärzte würden jederzeit zugeben, daß an einem Kind mehr ist als sein physischer Gesundheitszustand und der Zustand seiner emotionalen Verfassung. Zum Beispiel seine kognitive Entwicklung und seine intellektuellen Fähigkeiten. Wie lebhaft ist das Interesse des Kindes an Lesen, Schreiben, Rechnen? Wie empfänglich ist es für die Erscheinungen dieser Welt, für optische und akustische Eindrücke, für das, was es außerhalb des Klassenzimmers hört und sieht, im Radio, Fernsehen, Kino, und für das Geschehen innerhalb der Schule, für das Angebot von Lehrern und Sporttrainern? Oder für das, was ihm Pfadfinderführer, Angehörige der Geistlichkeit, Freunde und Verwandte bieten?

Ein Kind kann körperlich krank oder seelisch gestört sein und trotzdem gut in der Schule mitkommen. Ein Kind kann körperlich gesund und ziemlich stabil in emotionaler Hinsicht sein und in der Schule versagen. Es gibt sehr viele Kinder, die zwar physische und seelische Schwächen aufweisen, die aber Wege finden, um sich in der Schule hervorzutun – im Sportunterricht, durch Hobbys oder in freiwilligen Arbeitsgemeinschaften. Worte wie »begabt«, »talentiert«, »geschickt«, »kontaktfähig« sollten uns daran erinnern, daß ein Kind auch ein Mitglied der Gesellschaft oder ein zukünftiger Arbeiter ist, Beispiele für Rollen, die nicht immer von all denen, die sich vordringlich mit Kindern aus den wohlhabenden Vororten Amerikas beschäftigen, für wichtig gehalten werden. Im Alter von neun oder zehn Jahren arbeiten in Lateinamerika und Afrika bereits Millionen von Kindern. »Er ist der Beste von meinen Kindern«, sagte einmal eine Mutter in einer »Favela« von Rio de Janeiro zu mir. Der Sohn, auf den sie so stolz war, war mit seinen acht Jahren bereits ein vielseitiger Unternehmer: Er war der Organisator einer ganzen Gruppe von Kindern, die als Autowäscher und Schuhputzer in dem Reichen-Stadtteil Copacabana arbeiteten. Sein Einfallsreichtum, seine Gewitztheit, seine Initiative, seine Fähigkeit, andere zu organisieren und zu führen, hatten ihm eine herausragende Stellung eingetragen, sowohl in den Augen seiner Mutter wie auch in denen der Nonnen, die sich in seinem Viertel um die Ärmsten der Armen bemühten. Dieser Junge hatte sich in der kurzen Zeit, die er bei den Nonnen zur Schule gegangen war, nicht gerade hervorgetan, und ich selbst kann nur voll Bedauern bezeugen, daß er aus kinderärztlicher und psychiatrischer Sicht ernste Störungen aufwies. Trotzdem stand er in seiner sozialen Umgebung als außerordentlich erfolgreich da, und ich muß zugeben, daß ich sehr lange brauchte, bis ich seine Leistungen richtig einordnen konnte. Auch seine moralische Einstellung war außerordentlich interessant. Es war ihm nämlich sehr daran gelegen, das Geld, das er verdiente, mit anderen zu teilen – mit seiner Mutter, seinen Geschwistern, seinen Freunden und selbst mit den Nonnen, denen er jede Woche eine ansehnliche Summe schenkte.

Einen solchen Jungen zu kennen, bedeutet auch, sich ins Gedächtnis zu rufen, daß es noch andere Arten, Kinder zu beurteilen, gibt – man kann zum Beispiel diejenigen, die rücksichtsvoll sind und sich gut benehmen, von denen unterscheiden, die abgestumpft, gemein und selbstsüchtig sind. Sind diejenigen Kinder, die vor Gesundheit strotzen, emotional weitgehend gesund sind und in der Schule gute Noten bekommen, auch unbedingt die anständigsten, gutherzigsten und verantwortungsbewußtesten? Keiner der Lehrer, die ich in den letzten dreißig Jahren getroffen habe, würde behaupten, daß ein kinderärztliches Gutachten oder eine Serie psycho-diagnostischer Tests oder ein IQ-Test Aufschluß über den Charakter eines Kindes, über seine moralische Einstellung im Alltag gibt.

Heutzutage legen wir unser Augenmerk immer mehr auf Sonderprobleme, z. B. von behinderten Kindern oder von solchen, die die furchtbaren Belastungen von Krieg, Vertreibung, Obdachlosigkeit, rassischer oder religiöser Verfolgung durchgemacht haben. Natürlich muß keine dieser Betrachtungsweisen eine andere ausschließen. »Im Haus des Kindes sind viele Wohnungen« – einschließlich seines Seelenlebens, das sich ständig entwickelt, verändert, in einer Wechselwirkung mit anderen Gebieten steht, die, alle zusammengenommen, das Individuum ausmachen, das wir bei seinem Namen nennen und dessen Lebensgeschichte wir kennen, eine Geschichte, die ganz allein ihm gehört.

Im Laufe vieler Jahre habe ich immer wieder Kinder dazu aufgefordert, mir zu sagen, wer sie sind – sei es mit Worten, sei es mit selbstgemalten Bildern, die es möglich machen, sich statt durch Sprache durch visuelle Mittel mitzuteilen. Mich interessiert besonders, welche analytischen Konstrukte, welche theoretischen Paradigma die Kinder selbst auswählen, weil sie diese als passend, anregend, suggestiv empfinden. Ich staune immer wieder darüber, wie enorm die Reaktionen sich voneinander unterscheiden. Selbst wenn ich mich in einem bestimmten Stadtviertel befinde, wo die nationalen, regionalen, sozialen und rassischen Merkmale aller Kinder übereinstimmen, stelle ich immer wieder erstaunliche Unterschiede in der Art fest, wie sich die Kinder selbst darstellen, welche Perspektive sie wählen.

*

Eines Tages war ich in einer fünften Klasse in einer Grundschule in Lawrence, Massachusetts, die von einem Gemisch von weißen, schwarzen und spanischstämmigen Arbeiterkindern besucht wurde. Mir begegneten dort die verschiedensten Arten der Selbstanalyse, als ich die Kinder aufforderte, mir auf folgende Fragen zu antworten: »Erkläre mir, so gut du es kannst, wer du bist – was an dir das Wichtigste ist, was dich zu dem Menschen macht, der du bist.« Ich erläuterte das dann noch näher mit den Worten: »Wenn dir nicht nur eine einzige Sache einfällt, also eine spezielle Eigenschaft oder ein Charakterzug oder etwas besonders Typisches, sondern mehrere Dinge, dann kannst du diese auch hinschreiben. Aber versuche möglichst, eine Sache besonders hervorzuheben oder zu beschreiben.«

Die Kinder waren durch dies Ansinnen längst nicht so verblüfft, wie ich gedacht hatte. Ein paar verlangten weitere Erklärungen, aber die meisten saßen eine Weile vor ihren Blättern, dachten über sich selbst nach und machten sich dann mit Elan an die Arbeit – manche griffen zu Bleistift oder Füller und schrieben, andere nahmen Buntstifte oder Wasserfarben, um sich selbst zu porträtieren, entweder allein oder in einer speziellen charakteristischen Situation. Ein Junge schilderte sich selbst sehr treffend mit folgenden Worten: »Ich bin einfach ich. Ich bin gut im Sport. Ich möchte gern Sportler werden, wenn ich älter bin. Ein Profi. Ich weiß noch nicht, ob in Baseball oder Football. Ich mag beides.« Ein auf der anderen Seite des Ganges sitzender Junge schrieb: »Kommt darauf an. Manchmal sorge ich mehr als die anderen für unseren Hund. Ich bin sein bester Freund. Ich kann aber auch faul sein. Ich möchte gern so ein Arzt werden, der Tiere gesund macht. Ich habe vergessen, wie das heißt [nämlich das engl. Wort für Tierarzt = veterinary, Anm.d.Ü.]. Aber ich werde wohl wie Dad was mit Autos machen. Ich weiß noch nicht.«

In seiner Nähe saß ein Mädchen, das lange Zeit dasaß und zur Decke sah. Ich überlegte schon, ob sie überhaupt etwas schreiben oder malen würde. Ganz plötzlich, als die anderen bereits ans Ende kamen, legte sie los: »Ich bin die, die das hier schreibt! Ich bin die bei uns zu Hause, die unseren Opa zum Lachen bringen kann. Er ist schon alt und lacht nicht oft. Ich kitzele ihn nicht. Ich erzähle ihm bloß Witze. Meine Mom hat gesagt, daß Opa ohne mich sehr traurig wäre.« Als sie mit Schreiben fertig war, drehte sie ihr Blatt um, als einzige in der Klasse. Ich sagte nichts dazu, aber als sie das Blatt Papier nahm und anfing, es zu zerknüllen, wurde ich unruhig.

Ich fing ihren Blick auf und bat sie mit einer Kopfbewegung zu mir nach vorne. Bereitwillig gehorchte sie. Sie hielt ihr zerknittertes Blatt Papier in der Hand, und ich fragte, ob ich es sehen dürfe. Sie ließ es nicht los, so daß ich mich vorbeugen mußte, um zu lesen, was sie über sich geschrieben hatte. »Das ist doch gut«, sagte ich zu ihr. Ihr Gesicht blieb unbewegt. Ich fügte hinzu: »Es geht mir zu Herzen.« Jetzt sah sie mir direkt in die Augen und sagte, mit einem verzagten Unterton: »Mir fällt nichts anderes ein, was ich über mich sagen kann.« Ich antwortete: »Du hast sehr viel gesagt, wirklich eine Menge.« Sie hielt den Zettel immer noch in der Hand und schien nicht zu wissen, was sie damit anfangen sollte. Ich fragte sie, ob ich das Blatt behalten könne, weil ich es gern meiner Frau und meinen Söhnen zeigen wollte. Jetzt strahlte sie über das ganze Gesicht, aber sie hatte immer noch das Gefühl, sich entschuldigen zu müssen, und sagte selbstkritisch: »Okay, aber vielleicht sollte ich es noch mal versuchen, denn auf diesem Zettel habe ich geprahlt, und das soll man nicht, sagen die Nonnen.« Gut, sagte ich, sie könne noch etwas schreiben, aber dieses Blatt wolle ich auf jeden Fall behalten. Und außerdem würde ich mich gern noch weiter mit ihr unterhalten, über die Nonnen und ihre Einstellung, aber später, denn die Klasse sei sehr groß und beanspruche mich im Moment zu sehr.

Auf ihren Platz zurückgekehrt, legte das Mädchen ohne zu zögern los und schrieb seine zweite Darstellung. Jetzt kamen andere Kinder zu mir, um mir ihre Blätter zu geben, es waren auch ein paar Zeichnungen darunter, und dann begannen sie sich leise, aber durchaus vernehmlich zu unterhalten. Das Mädchen schien sich dadurch aber keineswegs gestört zu fühlen. Sie war die letzte, die fertig wurde – und erst als sie mir ihr neues Blatt brachte, schien sie zu merken, daß sie als Nachzüglerin das Mißvergnügen ihrer Klassenkameraden erregt hatte, die es eilig hatten, zur nächsten Sache zu kommen. Inzwischen lag ein beachtlicher Stapel von Zetteln vor mir, aber ich las mir ihre neue Version sogleich durch: »Ich bin jetzt wie ich bin, aber ich werde vielleicht noch anders, wenn ich groß bin. Man weiß nie, wer man ist, bis man ganz erwachsen ist. Aber Gott weiß es bestimmt die ganze Zeit.«

Der letzte Satz gefiel mir; ich mußte lächeln und sah dann zu ihr hin. Gespannt hatte sie mich beobachtet, und jetzt verzog sich auch ihr Gesicht zu einem breiten Lächeln. Ich fragte die Schüler, ob ich ihre Antworten laut vorlesen dürfe, wobei ich nicht sagen würde, wer was geschrieben habe. Ein begeisterter Chor von Stimmen erklärte sich mit dem Vorschlag einverstanden, manche klopften auch mit dem Lineal auf den Tisch, aber am schönsten war es, daß sich gleich darauf eine erwartungsvolle Stille ausbreitete, etwas sehr Ungewöhnliches, das sich stark von dem übliche Gezappel und Geflüster unterschied, das die meisten Lehrer als unvermeidliches Hintergrundgeräusch akzeptieren, bis es endlich still wird und wirklich Ruhe einkehrt.

Als ich die Darstellungen vorlas, reagierte die Klasse abwechselnd mit Applaus, Gekicher oder lautem Stöhnen, am häufigsten aber mit einer Mischung aus allem dreien. Manchmal gab sich der Urheber durch ein Erröten, ein Senken des Kopfes, ein Lächeln oder Stirnrunzeln zu erkennen. Manchmal war der Autor aber auch ein Meister darin, seine Identität zu verbergen. In jedem Fall schien es den Kindern großen Spaß zu machen.

An jenem Tag ernteten eine ganze Reihe von Darstellung die höchste Anerkennung, die Schüler vergeben können: Alle hielten den Mund, und nur auf ihren Gesichtern spiegelte sich Überraschung, Neugier oder manchmal auch Verblüffung. So erntete ein Mädchen mit folgendem Selbstporträt sehr viel Aufmerksamkeit: »Ich lege Wert darauf, jeden Tag eine gute Tat zu tun. Ich versuche es jedenfalls. Dann habe ich ein besseres Gefühl: Wenn ich das immer mache, komme ich vielleicht in den Himmel.« Bei einem anderen Mädchen zeigte sich eine völlig andere Lebenseinstellung: »Ich kann schon gut kochen. Ich weiß schon sehr viele verschiedene Rezepte. Meine Mutter sagt, ich kann schon besser kochen als sie. Vielleicht arbeite ich später in einem Restaurant, aber vielleicht gehe ich auch ins Büro. Genau weiß ich das noch nicht.« Das Mädchen, das neben ihr saß, konnte derartigen Plänen nichts abgewinnen: »Ich werde vielleicht Pilotin, oder ich fliege mit einem Raumschiff. Ich schaffe mir einen Computer an. Ich will nicht zu Hause sitzen und Socken stopfen. Meine Mutter haßt das. Sie sagt, ich soll zeigen, was ich leisten kann. Dann würde ich auch nicht mehr arm sein.«

Als ich dies vorgelesen hatte, klatschte die ganze Klasse Beifall, was nur dieses eine Mal geschah. Diese Kinder lebten hart an der Armutsgrenze in einer Stadt, die früher einmal Standort vieler Textilfabriken gewesen war, in denen Tausende von Neueinwanderern zu niedrigen Löhnen beschäftigt gewesen waren. Inzwischen hatte die Stadt mit einer hohen Arbeitslosigkeit zu kämpfen, während weiterhin immer neue Einwanderer aus Puerto Rico und von den karibischen Inseln versuchten, auf der berühmten amerikanischen »Erfolgsleiter« nach oben zu klettern. Auf diesen Aspekt ihres Lebens in Lawrence wiesen mehrere Kinder in ihren Selbstdarstellungen hin. Ein Junge schrieb: »Ich wäre gern jemand, der ein gutes Auto hat. Ich möchte in einem schönen Haus wohnen. Vielleicht könnte ich Rechtsanwalt werden. Ich glaube aber nicht. Ich werde wohl zum Militär gehen. Ich habe gute Zensuren, deshalb könnte ich vielleicht doch Anwalt werden. Wer weiß?«

Mich rührte der Schluß, wo er den Anwaltsberuf zum zweitenmal erwähnte, und die rhetorische Frage ganz am Ende, und das war wohl auch meiner Stimme anzumerken. Die Kinder reagierten auf meine Bewegung, indem sie, ohne sich zu melden, losriefen: »Das *kannst* du schaffen, du *kannst* ein Anwalt werden!« Sie wußten gar nicht, wer der Verfasser war, so daß mir die Idee kam, daß sie sich selbst Mut machten.

Mir fällt ein weiterer »Schlachtruf« ein, der diesmal von einem Mädchen stammte: »Ich bin hier. Ich hätte auch da unten auf der Insel [Puerto Rico] geboren worden sein können. Ich bleibe noch in der Schule. Meine Schwestern fragen mich, warum. Ich bin die jüngste. Ich werde als einzige Abitur machen. Ich will versuchen, einen guten Beruf zu bekommen.« Manche Kinder definierten sich selbst auf besonders originelle oder eigenwillige Weise. Das einzige Mädchen in der Klasse, das rote Haare hatte, beschrieb sich folgendermaßen: »Ich bin die mit den roten Haaren. Ich habe ein Muttermal. Daran erkennt mich jeder. Ich habe schwimmen gelernt. Ich schwimme sehr schnell. Ich bin groß, und meine langen Beine machen viel aus. Ich wäre gern ein Sport-As, aber ich weiß noch nicht. Ich werde es versuchen, und meine Chance ist gut, sagt der Lehrer. Wenn ich eine gute Schwimmerin bin, komme ich vielleicht ins Fernsehen. Das wäre super!« Das löste wieder einige ermutigende und zustimmende Zurufe aus.

Ein wirklich ganz besonderer Beitrag kam von einem Jungen: »Ich weiß nicht, was ich sagen soll. Gott hat mich auf die Welt geschickt, und ich hoffe, ich bleibe hier, bis Er sagt: Okay, es reicht, komm zurück. Dann bin ich nicht mehr hier. Ich hoffe, daß ich am

Ende weiß, warum ich auf die Erde gekommen bin und viele andere nicht. Es gibt sicher viele, die darauf warten. Gott entscheidet.« Diese Selbstdarstellung wurde mit Schweigen aufgenommen, sie rief einige neugierige, ja sogar furchtsame Blicke hervor. Die Kinder sahen sich um, wer der Verfasser sein könnte, aber der gab sich nicht zu erkennen. Er legte anscheinend keinen Wert darauf, erkannt zu werden. Ein Junge hob die Hand und stellte als einziger eine Frage: »Was entscheidet Gott?«

Nun meldete sich der Junge doch, der diese Sätze geschrieben hatte, mit einer dramatischen Bewegung, die in der langen Zeit, die wir uns kannten, einzigartig blieb, und sagte: »Das will ich dir sagen: Ich wollte sagen, daß das allein Gottes Sache ist, zu entscheiden, wer geboren wird. Er stellt uns hier hin, und Er ist es dann auch, der sagt, wann wir wieder zurückgehen und bei Ihm sein sollen.« Großes Schweiges. Draußen auf dem Gang trampelte eine Gruppe von Kindern lachend und schubsend vorbei – und noch immer blieb es still. Ich wollte schon das nächste Papier vorlesen, da schoß eine Hand nach oben – sie gehörte einem Mädchen aus Puerto Rico, das intelligent war, aber meistens nicht viel sagte. »Und *wie* entscheidet Er? Wie kann Er das schaffen, über jeden Bescheid zu wissen? Ich habe unseren Priester danach gefragt, und er hat gesagt, daß alle Kinder das wissen wollen, und man muß nur daran glauben, und falls nicht, kommst du in Schwierigkeiten, und außerdem wirst du es nie wissen, denn das ist Gottes Geheimnis. Er kann Dinge tun, von denen wir meinen, daß sie unmöglich sind, aber Er tut sie trotzdem. Aber ich kann immer noch nicht einsehen, wie Gott jeden einzelnen im Auge behalten kann, und mein Onkel sagt, das ist alles Unsinn.«

In der Klasse erhob sich ein Tumult. Die Finger schossen nur so in die Luft. Glücklicherweise fingen die Kinder aber gleich miteinander zu sprechen an, ohne darauf zu warten, daß ich ihnen das Wort erteilte – was ich sowieso nicht gern tue, weil es die spontane Begeisterung eher dämpft. »So etwas darf dein Onkel aber nicht sagen«, meinte der Junge, dessen Aufsatz den ganzen Aufruhr verursacht hatte.

»Warum nicht?«

Dann sprachen mehrere Kinder in raschem Wechsel und durcheinander. »Über Gott werden wir nie was Genaues wissen, bevor wir sterben.«

»Stimmt, aber eines ist sicher: Er ist vom Himmel herabgekommen!«

»Ja, aber das ist schon lange her. Doch was hat Er gemacht, nachdem Er gestorben und wieder weggegangen ist?«

»Wenn du in die Kirche gehst, da ist Er. Du brauchst nur das Abendmahl zu nehmen.«

»Richtig, aber ich kann mir immer noch nicht vorstellen, wie irgendwer, und wenn es Gott ist, über jeden einzelnen Buch führt.«

»Nein, nein, Bücher braucht Er gar nicht! Er *kann* das eben! Das kann man nicht erklären. Gott ist kein Mensch wie wir.«

»Aber Er ist doch einer *gewesen!* Das stimmt doch?«

»Ja, aber nur kurze Zeit. Dann ist Er wieder Gott geworden.«

»Ich weiß, ich weiß – aber was ich nicht verstehe, ist die Sache mit dem ›Erwählen‹, daß Gott bestimmte Menschen auswählt. Ich dachte, darüber reden wir die ganze Zeit, oder?«

»Ja, aber wir werden nie eine Antwort darauf finden. Man muß das eben glauben; das würde der Priester jedenfalls sagen.«

»Glaubst du, die Priester wissen, wie es wirklich ist?«

»Genausowenig wie wir! Sie wissen auch nur, daß es niemand weiß außer Gott.«

»Ich glaube an Gott, aber es ist schwer, immer zu wissen, ob man das Richtige tut, das, was Gott will, oder das Falsche.«

»Dafür braucht man eben die Priester.«

»Und die Pastoren; ich bin nicht katholisch!«

»Aber woher willst du wissen, daß die Priester – oder die Pastoren – dir sagen können, was richtig und was falsch ist – wenn nur Gott das weiß? Wer sagt, daß die Priester recht haben oder irgendein Pastor?«

»Aber die beten schließlich viel öfter als du und ich. Hab' ich nicht recht?«

»Woher willst du wissen, wieviel sie beten? Bloß weil einer Priester ist, heißt das noch lange nicht, daß er mehr betet als jemand, der kein Priester ist, aber ganz oft betet!«

»Die meisten Leute haben doch gar keine Zeit zum Beten. Sie müssen den ganzen Tag arbeiten, und wenn sie nach Hause kommen, sind sie müde.«

»Diese Priester, die arbeiten nicht so schwer wie mein Dad. Er sagt, viele Priester haben es ganz schön leicht!«

»Aber ohne die Priester und die Pastoren geht es nicht!«

»Warum denn nicht? Warum kann jemand nicht einfach so versuchen, gut zu sein und zu Gott zu beten? Wenn du das immer machst, kommst du hin – in den Himmel!«

»Das meine ich auch!«

»Ich auch!«

»Ich auch, aber unser Priester ist nett, und er hat meiner Mutter geholfen, als sie das Baby verloren hat, kurz bevor es auf die Welt kommen sollte. Sie haben sie noch operiert, aber das Baby war schon tot. Es war ein Junge. Der Priester hat uns wirklich geholfen.«

»Ich kenne einen Priester, der ist ständig am Trinken, und das kann man auch sehen: Er hat ein ganz rotes Gesicht. Daddy sagt, er fängt mit dem Wein an, dem von der Kommunion, und abends ist er beim Wodka angelangt.«

»Woher weißt du das – woher weiß dein Vater das?«

»Der weiß das eben! Alle wissen das! Glaubst du, Priester sind andere Menschen als wir, oder Pastoren vielleicht?«

»Sie sind *doch* anders. Sie versuchen ihr Leben lang Gott immer näher zu kommen. Das ist ihr Lebensziel!«

»Na und – schön für sie, aber das sollen wir doch eigentlich alle! Oder etwa nicht?«

»Richtig, aber tust du das? Tun das alle Leute?«

»Augenblick mal, das tun viele Leute – sie versuchen zu erkennen, was Gott will, und dann tun sie es!«

»Was meinst du? Wer tut das?«

»Meine Mutter. Mein Vater. Meine Großeltern. Meine Schwester – ganz viele Leute.«

»Die gehören doch alle zu deiner Familie! Was ist mit den anderen Familien?«

»Ach, hör auf! Ich kenne meine Familie am besten, deshalb zähle ich sie auf. Was ist denn mit deiner Familie?«

»Sei bloß nicht so ein Schlauberger! Meine Leute sind mindestens soviel wert wie deine! Meine Mutter beginnt den Tag mit einem Rosenkranz! Die legt sich tüchtig ins Zeug, darauf kannst du dich verlassen! Wenn mein Dad nach Hause kommt, ist er weiß wie die Wand. Er ist seit dem frühen Morgen auf – wenn es noch dunkel ist –, und er schafft es kaum zu duschen, so müde ist er. Er betet für uns, wenn wir uns zum Abendbrot hinsetzen. Jeden Abend sagt er: ›Bitte, lieber Gott, sieh uns mit Wohlgefallen an und hilf uns, so gut wie möglich zu sein.‹ Ich weiß es auswendig.«

»Warum streiten wir uns eigentlich? Wir sollten damit aufhören!«

»Wir streiten gar nicht! Wir reden miteinander! Wir diskutieren darüber, was er gesagt hat [dabei zeigte er auf den Jungen, der gesagt hatte: ›Gott entscheidet‹]; zumindest haben wir seinetwegen angefangen, meine ich.«

»Es spielt keine Rolle, wer angefangen hat; wir reden eben einfach über Gott und die Kirche und all so was. Was soll daran schlecht sein?«

»Das hat auch keiner gesagt! Beruhigt euch doch! Gleich läutet es sowieso.«

»Und ich meine immer noch, daß jeder hier versuchen kann, ein guter Mensch zu sein, und daß Gott davon weiß – egal, ob du zur Kirche gehst oder nicht. Das ist deine Entscheidung, ob du hingehst.«

»Okay, okay. Ich fühle mich Gott eben am nächsten, wenn ich in der Kirche bin. Du kannst das ja halten, wie du willst.«

»Glaubst du, es gefällt Gott, wie wir hier reden?«

»Woher willst du das wissen?«

»Das hab’ ich nicht gesagt, daß ich das weiß! Ich habe nur eine Frage gestellt!«

»Das weiß keiner, oder? Nur Er weiß das, oder?«

»Richtig! Aber du kannst versuchen zu erkennen, was Er will. Deshalb betet man doch!«

»Das meine ich auch. Mein Großvater, der ist schon sechzig oder siebzig, der betet, und das ist schön. Ich bete auch.«

»Das sollten wir alle! Ich hoffe, ich denke daran, wenn ich so alt wie dein Großvater bin. Vielleicht vergesse ich es ja!«

»Nicht, wenn du dir das richtig angewöhnt hast. Es muß zur Gewohnheit werden.«

»Jeder betet so, wie er es gelernt hat. Meine Mom sagt: ›Bete, wenn du das Gefühl hast, daß du es möchtest, dann ist es auch echt.‹ Sie zwingt uns nicht zu beten, bloß weil es Abend ist oder wir essen wollen.«

»Das finde ich richtig. Sie hat recht.«

»Das glaubst *du*! Andere Leute sind da anderer Meinung!«

»Also, laßt uns nicht darüber streiten, wann man beten sollte! Laßt uns beten, daß wir unser ganzes Leben lang beten. Sollte man das nicht tun?«

»Das finde ich auch.«

»Ich auch.«

»Es ist doch genauso wichtig, zu Gott zu beten, wie gut in der Schule zu sein, oder?«

Hier wurde es plötzlich mäuschenstill in der Klasse. Alle Augen wendeten sich zum Lehrerpult, wo ich saß. Ich merkte, wie genau sie alle zugehört hatten, und überlegte nicht so sehr, was ich sagen sollte, sondern wie ich es so kurz machen könnte, daß ich die Fortsetzung der Diskussion nicht verhinderte. Ich war ganz begeistert und wollte keinesfalls durch irgendeine gewichtige Bemerkung den Vorhang fallenlassen. Ich sagte: »Das meine ich auch.«

Ich erwartete, daß die lebhafte, gelegentlich hitzige Diskussion sofort wieder aufgenommen würde, aber das Schweigen hielt an. Keine Hand hob sich, niemand sagte etwas. Es würde wohl Zeit sein, Schluß zu machen, dachte ich, auch wenn noch Zeit übrig war.

Wir waren durch Zufall in diese fruchtbare Auseinandersetzung hineingeraten, aber waren wir wirklich schon fertig damit? Im selben Augenblick, als ich aufblickte, um einen Vorschlag zu machen, was wir jetzt tun sollten, fing ein Mädchen, das bisher nicht viel gesagt hatte, zu reden an: »Wir sollten so was öfter machen. Man denkt viel nach, während man zuhört, und dann sagt man selbst, was man denkt, und man vergißt auch nicht so schnell, was man gehört hat – wenn man so miteinander redet wie eben.«

»Genau«, sagte das Mädchen, das neben ihr saß. »Manchmal reden meine Mutter und meine Oma und mein Opa so miteinander, besonders, wenn sie viele Scherereien gehabt haben. Sie versuchen dann herauszufinden, was sie tun sollen. Erst regen sie sich auf, und dann beruhigen sie sich wieder. Es passieren ja manchmal schlimme Sachen, und so findet man heraus, was sich tun läßt. Dann denkt man auch an Gott – das Ihm ja auch schlimme Sachen passiert sind; das sagte mein Opa immer, daß wir daran denken sollen. Wir marschieren durchs Leben, sagt er. Es ist ein langer Marsch – wenn du Glück hast. Aber meine Schwester ist gestorben, als sie erst vier war, viereinhalb.«

Sie brauchte lange, bis sie all das herausgebracht hatte. Sie machte Pausen zwischen den einzelnen Sätzen, und sie stotterte etwas. Bei anderen Gelegenheiten hatte ich mitbekommen, wie Klassenkameraden hinter ihrem Rücken über sie kicherten, und ich befürchtete, sie könnten es wieder tun. Zwei oder drei kamen anfangs auch in die Versuchung, aber als sie anfing, ihren Großvater zu zitieren und uns von dem Marsch durch das Leben berichtete, hörten ihr alle im Raum gebannt zu. Als sie vom Tod ihrer Schwester sprach, blickten die Kinder sie voller Mitleid an. Manche Gesichter nahmen einen angespannten Ausdruck an, und ihre Nachbarin wischte sich die Augen.

Wir waren alle wieder ganz still. Die Vorstellung des Lebens als »Marsch« sprach meine Phantasie an. Ich wünschte mir, daß die Kinder und ich das Bild etwas näher betrachteten. Würden sie mitmachen? Sollten wir eine Pause einlegen? Ich wollte gerade ankündigen, daß wir uns nach dem Mittagessen wiedertreffen würden, als das Mädchen, dem die Tränen gekommen waren, zu reden begann. Die Augen auf ihre Nachbarin gerichtet, sagte sie: »Wenn du stirbst, solange du noch ein kleines Kind bist, kommst du in den Himmel. Deshalb ist deine Schwester sicher da oben. Erst wenn du älter wirst, kannst du Pech haben und alles verpatzen!«

Köpfe nickten zustimmend, manche lächelten, ein paar sagten ja – Jungen, wie mir auffiel, und einer von diesen knüpfte an die Frage des Älterwerdens und dessen Gefahren an: »Klar, wenn du älter wirst, kannst du in was reingeraten, richtig schlimme Sachen machen. Guck dir all die Kinder aus der Oberschule an, die festgenommen werden. Da sind die Drogen. Und die Gangs. Du kannst im Gefängnis landen, wenn du nicht aufpaßt. Mein Dad hätte es gern, daß wir fortziehen, irgendwohin, wo es besser ist, aber wo ist die Knete? Man braucht reichlich Mäuse, um drüben in Andover zu wohnen.«

»Glaubst du etwa – also, wer hat das behauptet, daß man in den Himmel kommt, wenn man in irgendeine feine Gegend zieht? Du spinnst ja! Der Priester sagt doch jede Woche wieder, daß Jesus die Armen geliebt hat. Meine Mama sagt, irgendeinen Vorteil muß das Armsein doch haben!«

»Er hat recht, sie hat recht!«

»Also, mal ganz ruhig: Ich habe nicht gesagt, daß Andover 'ne Eintrittskarte für den Himmel ist. Ich habe nur gesagt, daß du hier leichter in was Schlimmes reingerätst als in Andover. Hier passieren nun mal mehr schlimme Sachen, und dann gerätst du auch in mehr rein, so einfach ist das.«

»Aber nicht, wenn du dich aus so was raushalten willst. Das liegt alles an dir selbst. Du kannst auch in Andover in was Schlimmes reingeraten, wenn du willst. Außerdem ist die Gegend da voll von eingebildeten Typen. Wer will schon da wohnen, wo all die eingebildeten Typen wohnen?«

»Ich schon!«

»Gut, dann zieh doch da hin.«

»Würde ich auch – wenn es ginge. Aber wir haben ja nicht genug Geld.«

»Ich würde nie aus unserer Straße wegziehen. Wenn es dir um den Himmel geht, dann will ich dir mal was verraten: Andover hilft da auch nicht. Du hast eher eine Chance, wenn du hier in Lawrence wohnst. Bitte, das ist meine Meinung.«

»Mir geht es aber gar nicht um den Himmel. Mir geht es um mein Leben – wenn ich älter werde. Wer will hier schon wohnen, wenn er es besser haben kann! Wir sind ja hierher gekommen [aus Puerto Rico], um es besser zu haben, und du meinst, jetzt, wo wir hier gelandet sind, sollen wir uns nicht mehr verbessern wollen?«

»Hey, das sagt ja keiner, daß man sich nicht verbessern soll! Vorhin hat jemand gesagt, wenn du älter wirst, dann macht es was aus, ob du gut oder schlecht bist. Stimmt's? Jemand hat gesagt, wenn du in was Schlimmes reingerätst, dann kommst du nicht in den Himmel. Stimmt's? Und dann hat jemand gesagt, daß man den ganzen Ärger nur vermeiden kann, wenn man wegzieht. Stimmt's? Also, wozu das ganze Geschrei? Sie wollen Leute wie uns in Andover gar nicht erst haben. Das weiß doch jeder! Wenn wir dorthin ziehen würden, dann würden die wegziehen! So sieht das doch aus!«

»Vielleicht sind wir auf dem Holzweg – wir liegen völlig daneben. Jesus hat *reichlich* Ärger gehabt! In der Sonntagsschule sprechen sie dauernd davon, daß Er in Schwierigkeiten steckte. Der Priester hat ein Wort an die Tafel geschrieben: ›Geächtet‹, und wir sollten es auswendig lernen. Er hat das sogar abgefragt. Glaubst du, da wären 'ne Menge Geächtete in Andover? Erfolgstypen leben da, keine Geächteten! Laßt uns doch hier bleiben. Wir können in den Himmel kommen, wenn wir uns Mühe geben. Wir können in die Kirche gehen und Gott bitten, uns einzulassen. Wir können uns auch in Lawrence von den Gangs fernhalten. Es gibt schließlich kein Gesetz, daß du Mitglied in einer Gang werden mußt!«

»Gesetz nicht, aber 'ne Menge Gewehre und Messer, und die benutzen die auch!«

»Hör mal, guck doch mal meine Familie an und deine; da ist doch keiner in einer Gang – noch nie gewesen. Mein Papa hat sein Leben lang gearbeitet. Er hat sogar zwei Jobs gleichzeitig. Er rackert sich ab, und er sagt, er tut's gern, damit wir was zu essen haben und ein Dach über dem Kopf. Der kommt in den Himmel! Ich kann nur hoffen, daß ich mal so ein guter Mensch werde wie er. Das wäre toll!«

Allgemeiner Beifall, in den auch ich einfiel. Wir blickten uns gegenseitig an. Ich dachte, nun seien wir wirklich am Ende. Noch eine halbe Stunde bis zum Mittagessen, stellte ich mit einem verstohlenen Blick auf meine Armbanduhr fest. Auf einmal sagte das Mädchen, das von dem »Marsch durchs Leben« gesprochen hatte: »Richtig, wir sollten versuchen, so gute Menschen wie unsere Eltern zu sein, so gut wie der beste Mensch, den wir kennen. Gott hilft uns, wenn wir uns darum bemühen. Er hat uns hierher gestellt, und wir haben eine gute Chance, eines Tages zu Ihm in den Himmel zu kommen, wenn wir ein gutes Leben geführt haben.«

»Das meine ich auch, aber denk mal an all die schlimmen Sachen rundherum. Mein Vater ist neulich ausgeraubt worden; der Lohn für eine ganze Woche war weg. Man kann zwar gut sein, aber die anderen, die machen dich fertig.«

»Ich weiß«, antwortete sie, »du hast recht. Aber du kannst dich auch wehren. Wenn du so stark wie möglich bist. Du mußt immer daran denken, daß Gott dir am Ende hilfe.«

»Das stimmt, aber was nützt mir das *heute?* Ich kenne Leute, die beten und oft zur Kirche gehen, und die sind trotzdem schlecht dran. Die anderen machen sie trotzdem fertig.« Sie schwieg. Sie nickte mit dem Kopf, traurig und niedergeschlagen.

Ein Junge am anderen Ende der Klasse meldete sich kämpferisch zu Wort: »Das Leben ist ein einziger Boxkampf oder Ringkampf. Du kannst furchtbares Pech haben. Aber du darfst nicht aufgeben. Ich habe einen Onkel, der hatte Kinderlähmung. Er muß sein Leben lang im Rollstuhl sitzen. Aber hat der aufgegeben? Nein. Und der kennt auch kein Selbstmitleid. Er braucht Andover nicht. Andover braucht ihn! Er versucht sich nützlich zu machen. Er kommt rum. Er kann toll mit Kindern umgehen. Er gibt dir sein letztes Hemd, wenn du was brauchst und er was hat. Du hast davon geredet, daß wir ›durch das Leben marschieren‹. Er kann zwar nicht mehr gehen, aber er ›marschiert‹. Er sagt, Gott war gut zu ihm!

Meine Mom sagt: ›Stell dir vor – ausgerechnet dein Onkel sagt so etwas!‹ Siehst du, es liegt alles bei dir selbst, was du aus dir machst.«

»Das meine ich auch, hundertprozentig!«

»Ich auch – aber du kannst dir noch so viel vornehmen und doch nichts erreichen, nämlich wenn du dauernd Pech hast oder die Leute dich übers Ohr hauen.«

»Ja, aber wenn du weißt, du hast dein Bestes getan, dann ist es doch gut.«

»Ich glaube nicht, daß dann alles gut ist! Was ist, wenn du die Rechnungen nicht bezahlen kannst? Was, wenn du kein Geld fürs Essen oder für die Miete hast, ich meine, wenn es nicht reicht?«

»Stimmt genau! Ich meine, die Religion nützt dir manchmal überhaupt nichts – ich meine, der Priester bekommt sein Essen, und er wohnt in dem Haus da bei der Kirche, aber die Leute, die am Sonntag dahin gehen, denen kann es ganz schön dreckig gehen. Der Priester sollte uns nicht zu viele Reden halten, sagt mein Dad.«

»Unser Priester ist nett. Der würde uns alles geben. Er ist ein richtig guter Typ. In der Sonntagsschule hat er zu uns gesagt: ›Denkt an Gott, und Er wird an Euch denken, Euer ganzes Leben lang.‹ Ich hoffe, Gott denkt an uns, wenn wir an Ihn denken! Der Priester sagt, wir sollen nicht erwarten, daß Gott uns aus jedem Schlamassel wieder rausholt, in den wir uns selbst reingeritten haben, aber Er würde am Ende immer unser Freund sein, wenn es wirklich drauf ankommt!«

»Eine Menge Leute könnten es aber gut gebrauchen, wenn man ihnen jetzt gleich einen Gefallen tun würde, das ist mal sicher! Mein Dad hat seinen Job verloren. Was soll er tun? Beten? Er versucht jetzt, eine neue Arbeit zu finden – aber bisher hat er noch kein Glück gehabt!«

»Du hast recht, wir brauchen jetzt Hilfe, nicht erst, wenn wir sterben!«

»Stimmt, aber so macht Gott das nicht! Hier auf der Erde sind wir irgendwie auf uns selbst gestellt, denke ich. Das wird doch immer in der Kirche gesagt, oder?«

»Ja schon; aber es heißt auch immer, daß man beten soll, und dann würde Er einem helfen. Es macht keinen Sinn – einmal heißt es so und dann wieder so. Und woher weiß ich, was richtig ist?«

Das Mädchen, das uns durchs Leben marschieren ließ, meldete sich wieder zu Wort: »Das wirst du nie wissen! Du bemühst dich, ein guter Mensch zu sein, gut zu sein, solange du lebst – und dann heißt Gott dich willkommen. Ich glaube, das stimmt. Ich glaube, du mußt abwarten, und am Ende ist Er auf deiner Seite, jedenfalls, wenn du gut gewesen bist.«

»Aber was ist, wenn du in echten Schwierigkeiten steckst! Es ist nicht leicht, gut zu sein, wenn du hungrig bist! Wenn du reich bist, ist es leichter, gut zu sein!«

»Hey, das ist nicht wahr! Eine Menge von den Reichen sind Gauner! Sie denken nur an sich selbst. Aber egal, sie hat nicht gesagt, daß es gut ist, arm zu sein! Sie hat nur gesagt: Wenn du dich bemühst, gut zu sein, wird Gott dich nicht vergessen. Er ist auch mal arm gewesen, das mußt du auch bedenken!«

Niemand hob mehr den Arm. Es folgten keine weiteren spontanen Ausrufe, die während dieser intensiven Diskussion im Klassenzimmer vorgeherrscht hatten. Ich hatte im Verlauf dieses lebhaften Gesprächs einen ganz neuen Eindruck von den Kindern gewonnen, einen, der genau genommen in ihren eigenen Reihen formuliert worden war: Ich sah sie als eine Schar junger Pilger, die dabei waren, sich für eine Reise zu rüsten. Pilger, die sich darauf vorbereiteten, »durchs Leben zu marschieren«. Jetzt, nach allem, was abgelaufen war, saßen sie da und schwiegen und dachten darüber nach, daß Er »auch mal arm gewesen« war. Sie zappelten nicht herum, flüsterten nicht heimlich miteinander, spielten nicht mit den Sachen auf ihren Tischen herum. Keiner stand auf. Es wurde nicht gegähnt, und es gab keine ungeduldigen Blicke auf die ewig nachgehende Schuluhr. Und keine Blicke aus den ungeputzten Fenstern, die sonst solche willkommene Abwechslung bieten, wenn Kinder sich überfordert, irritiert, mißverstanden fühlen. Keine aufgezeigten Finger wegen all der endlosen Ablenkungsmanöver, mit denen die Kinder so gern ihre Lehrer irritieren. (Kann ich zur Toilette gehen? Kann ich meinen Bleistift anspitzen? Kann ich mir Papier holen?) Keine mürrischen Gesichter – keine Augen, die einen frustriert oder wütend anstarren, nichts von dem Groll, der sich als Folge ständiger Herabsetzungen durch die erwachsenen Lehrer zeigt.

Vielleicht romantisierte ich die unheimliche Stille aber auch. Die Kinder waren einfach fix und fertig. Ich brauchte nichts zu beschönigen, zu übertreiben oder irgend etwas auf etwas anderes zurückzuführen. Ich beobachtete sie noch ein bißchen aufmerksamer. Da hinten war einem Mädchen der Bleistift heruntergefallen, und sie bückte sich gerade, um ihn aufzuheben. Dort war ein Mädchen dabei, sich echten oder imaginierten Schmutz vom Kleid abzuklopfen. Und daneben hatte ein Junge wieder mal die Schulordnung durchbrochen und ein Kaugummi aus der Hosentasche geholt und in den Mund gesteckt. Jetzt knetete er gerade das zusammengerollte Kaugummipapier in seiner rechten Hand und kaute dabei ganz langsam, um nicht erwischt zu werden. Und da vorn saß auch das Mädchen, das uns den neuen Anstoß gegeben hatte – sie war damit beschäftigt, ihre Schuhe kritisch zu mustern, dann kratzte sie mit der rechten Hand etwas Schmutz davon ab und inspizierte danach ihre Fingernägel: Hier fielen keine heiligen Gaben für uns Sünder vom Himmel herab, es handelte sich lediglich um ein Kind wie viele andere, das sich bemühte, sein Leben in den Griff zu bekommen.

Ich wollte gerade den 27 Jungen und Mädchen, die so ernsthaft und anständig gewesen waren, es monatelang einmal in der Woche mit mir auszuhalten – heute schon seit halb zehn Uhr morgens –, das Programm für die Zeit nach dem Mittagessen ankündigen, als sich das Mädchen, die zu unserer Prophetin geworden war, noch einmal zu Wort meldete: »Was meinen Sie – glauben Sie, daß Gott uns heute Morgen hier reden gehört hat?« Ich war verblüfft. Auf ihrem Gesicht zeichnete sich ein leises Lächeln ab. Ich wußte nicht genau, was sie mit ihrer Frage bezweckte, und hätte ihr fast unterstellt, daß sie mich in Verlegenheit bringen wollte – als ob sie die Frage nicht auch ganz ohne Hintergedanken hätte stellen können, nach all unseren freimütigen Äußerungen. Ich mußte ihr aber antworten und sagte: »Ich hoffe doch.« – »Ich auch«, erwiderte sie. Unter den übrigen Kindern erhob sich zustimmendes Gemurmel, manche sagten dasselbe wie sie, andere nur »Ja« oder »Mhmm«. Mit meiner Bemerkung, daß ich die Spaghettisoße aus der Cafeteria schon riechen könne, fand der Vormittag sein Ende.

*

An diesem Abend und während der folgenden Tage dachten meine Frau und ich darüber nach, was an jenem einen Morgen geschehen war. Am Nachmittag desselben Tages waren die Kinder völlig anders gewesen. Sie hatten inzwischen gegessen und waren deshalb etwas müde. Auch hatten sie nichts mehr zu erzählen, sondern wollten statt dessen lieber Bilder malen. Ihre Bilder unterschieden sich in nichts von denen, die sie bisher gemalt hatten – es waren dieselben Themen, und sie waren auf dem gleichen künstlerischen Niveau, mit der gleichen Hingabe wie sonst auch gemalt. Und auch meine Frau und ich hatten, trotz unseres Nachdenkens, nicht viel in der Hand, um neue Schlüsse zu ziehen – mit Ausnahme der Metapher, die uns das eine Mädchen gegeben hatte.

Sie marschieren durchs Leben, sie sind Pilger,[1] setzte meine Frau immer wieder an – Reisende, die unterwegs zu einem spirituellen Ziel sind. Aber welchen Beweis gab es für diese Schlußfolgerung? Die Kinder hatten sich schließlich auf keine klar definierbare Weise als solche bezeichnet oder sich vorgestellt, sie seien Pilger. Eine Zeitlang waren wir im Ungewissen: Jane verteidigte ihre Sicht, während ich darauf bestand, daß wir damit in diese Gruppe von Kindern etwas hineinprojizierten, nur weil es uns paßte bzw. unseren eigenen Überzeugungen entsprach. Nein, sagte Jane – und deutete auf bestimmte Passagen in der Abschrift, die sie mit einem gelben Marker angestrichen hatte. Ohne Ginny – so hieß das Mädchen –, argumentierte ich, hätten wir überhaupt keinen Grund zu der Annahme, daß die Kindheit ein Teil einer Pilgerreise sei. Nein, beharrte sie: »Ihr alle habt euch so in die Diskussion hineingesteigert, weil jeder einzelne irgend etwas ganz Persönliches, selbst Erlebtes mit dem verbinden konnte, was ihr in der Klasse voneinander zu hören bekamt.« Schließlich beschlossen wir, daß wir die Vorstellung von einer Pilgerschaft im Gespräch mit den Schülern dieser Klasse noch vertiefen wollten, indem wir Ginnys Worte von dem »Marsch durchs Leben« benutzen und mit ihr selbst den Anfang machen würden.

Wir erfuhren schon bald, daß es für Ginny völlig natürlich war, daß sie vom »Marschieren« gesprochen hatte. Ihr Großvater war Berufssoldat gewesen, und ihr Vater war in seine Fußstapfen getreten, bis er im Dienst bei einem Autounfall schwer verletzt worden war. Die Familie lebte jetzt von seiner Pension und seiner Versehrtenrente. Ihre Mutter litt an rheumatischen Herzbeschwerden und konnte nicht arbeiten. Ginny hatte vier Schwestern; sie war die zweitjüngste. Ich möchte hier etwas Entscheidendes zitieren, das sie bei einem Gespräch, das wir bei ihr zu Hause führten, sagte, als es um diesen denkwürdigen Morgen in der Schule ging: »Vielleicht habe ich das Wort ›Marsch‹ benutzt, weil ich an meinen Dad dachte; er ließ seine Männer marschieren, als er noch in der Armee war. Ich glaube aber nicht, daß Gott ein Sergeant ist!« Wir mußten beide lachen. Dann wurde Ginny wieder ernst, und wir redeten noch etwa eine Stunde länger miteinander. Die folgenden Passagen habe ich diesem Gespräch entnommen.

»Ich versuche, mit Gott zu sprechen, wenn ich mein Gebet sage. Aber ich weiß nicht, ob Er mir zuhört. Er beobachtet uns sicher, jeden einzelnen von uns – das ist doch Seine Aufgabe! Mein Dad sagt, er wünschte, daß er wieder so laufen könnte wie früher, aber es geht nicht. Manchmal sagt er, ich soll für ihn laufen, und dann strenge ich mich ganz besonders an und renne noch schneller; dann gewinne ich [bei Schulsportfesten]. Man muß sich jeden Tag ›Rechenschaft ablegen‹, sagt meine Mami. Ich versuche das auch, wenn ich ins Bett gehe. Dann spreche ich auch meine Gebete.«

»Man weiß nie, was einem passieren kann. Sehen Sie sich Dad an, eben war er noch toll in Form, und am nächsten Tag hatte er ganz viele Knochen gebrochen und konnte seine Beine nicht mehr gebrauchen, außer zum Stehen. Ein ganz kleines Stück kann er noch gehen, aber dann muß er wieder in den Rollstuhl. Mami hat damals aufgehört, in die Kirche zu gehen, hat sie uns erzählt; sie war richtig sauer auf Gott! Sie ging erst wieder hin, als ich geboren war! Sie sagt, daß meine [jüngere] Schwester und ich sie für all das Schlimme entschädigt haben!«

»Wenn wir Zeugnisse kriegen, schneide ich ziemlich gut ab. Ich wünschte, ich wäre noch besser. Es passiert oft, daß ich mich in Gedanken verliere. Entweder bin ich ganz tief in der Vergangenheit und denke an etwas, was schon letztes Jahr oder im Jahr davor passiert ist, oder ich bin schon weit voraus und stelle mir vor, wie ich mit dreißig oder vierzig bin – also, ich meine, ich träume von dem Mann, den ich heirate, und von meinen Kindern und so was. Ich habe mal unseren Priester gefragt, ob Gott vorhersehen kann, was aus uns wird. Der Priester hat gesagt, er weiß es nicht, aber er meinte, Gott läßt alles geschehen, und ich glaube, da hat er recht. Aber wenn ich Gott wäre, ich würde schon mal heimlich in die Zukunft sehen wollen! Ich würde gern wissen, was im nächsten Jahr passiert oder noch später! Vielleicht etwas Schönes – oder auch was ganz Schlimmes. Vielleicht wird man ja belohnt, wenn man artig ist und tut, was man soll. Das hoffe ich wenigstens.«

»Ich würde gern einen Mann kennenlernen, der gut aussieht und

Arbeit hat und der vor allem nett ist, und ein guter Ehemann für mich und ein Vater, ein guter Vater. [Ich hatte sie gefragt, was für einen Mann sie gern heiraten würde, weil sie mehrfach entsprechende Tagträume erwähnt hatte.] Ich möchte gern mit ihm glücklich werden. Wir würden dieselben Filme und dasselbe Essen mögen. Wir würden gut mit unseren Kindern umgehen. Wir würden ihnen beibringen, daß sie gut zu anderen wären. Wenn du vor Gott hintrittst, dann wird er sicher auch was von deinen Kindern wissen wollen, nicht wahr? Unser Daddy sagt, er glaubt, daß er es ›in den Himmel schafft‹, weil wir Mädchen ihm keinen Kummer gemacht haben, bis jetzt jedenfalls. ›Das kann man nie sicher wissen‹, sagt er immer, aber ich habe letzte Woche zu ihm gesagt: ›Da, ich tue, was du gesagt hast, ich werde auf dem schmalen Pfad der Tugend wandeln!‹ Da hat er gelacht und gesagt, daß ich ›eine von den besten in seiner Truppe‹ bin!«

»Ich hoffe sehr, daß ich ihn nicht enttäusche! Man versucht ja, gut zu sein, weil es gut ist, gut zu sein; aber wenn dein Dad und deine Mama nicht gesund sind, dann gibst du dir vielleicht noch mehr Mühe! Manchmal habe ich Angst, daß ich auch noch krank werde. Meine Kusine [sie ist sechzehn] hat zu mir gesagt, daß jeder einmal krank wird und stirbt. Ich weiß. Ich hab' gesagt: Ich weiß! Aber wenn du Glück hast, kannst du hundert Jahre alt werden. Vielleicht bist du dann einsam, weil alle deine Bekannten schon gestorben sind. Vielleicht wunderst du dich, warum Gott dich nicht haben will. Er hat alle anderen zu sich geholt, und dich läßt Er hier, ganz allein! Ich hoffe, Er prüft uns nicht zu schwer! Mein Dad tut das manchmal – er fragt und fragt, bis du nicht mehr weißt, ›ob ein Ja ja oder nein bedeutet‹, wie meine Mami sagt! Wenn Gott es auch so macht, dann würde ich ganz durcheinander geraten! Manchmal weiß ich nicht mal mehr, was letzte Woche passiert ist!«

»Wenn ich wüßte, daß meine Kinder in Ordnung sind und ich nette Enkel hätte, und mein Mann zufrieden wäre, dann wäre ich auch zufrieden, und dann würde Gott wahrscheinlich beschließen, daß wir alle zu Ihm in den Himmel kommen könnten. Dann wären wir alle für alle Zeiten glücklich. Wir würden dann mit Ihm im Gleichschritt marschieren, nicht wahr!«

Zweifellos hatte der ehemalige Armeeangehörige einen starken Einfluß auf seine Tochter ausgeübt. Aber sie war nicht bloß die Tochter ihres Vaters, sondern ein religiös empfängliches Kind mit eigenen Moralvorstellungen, und sie hatte die Bereitschaft und die Fähigkeit, sich selbst Rechenschaft abzulegen. Sie war dem Hier und Heute zugewandt, wie es für Zehnjährige normal ist, aber ihr war auch die Vergangenheit nicht fremd, weder die eigene noch die der Familie; genauso wie sie weit in die Zukunft vorausblickte, in eine durch und durch konventionelle Zukunft, die ihrer sozialen und kulturellen Umgebung entsprach – aber auch den Vorstellungen eines Piers Plowman oder John Bunyan oder aller möglichen anderen aus Träumen erwachten Reisenden. Sie war kein besonders religiöses Mädchen. Natürlich ging sie fast jede Woche mit ihren Eltern in die Kirche und sprach regelmäßig ihre Gebete; aber sie war auch schon ein Rockmusik-Fan und eine leidenschaftliche Kinogängerin, und ihr Geschmack entsprach sicherlich nicht dem der Priester und Nonnen in ihrer Gemeinde. Es ist wohl kaum eine originelle Beobachtung, daß heranwachsende Kinder sich über ihre Zukunft Gedanken machen und ihre eigenen Vorstellungen herausbilden, wie das Leben verlaufen sollte. Nur daß die Vorhersagen dieses Mädchens einfach etwas anschaulicher waren als die der meisten anderen Kinder, weil sie eine sprachliche Vorliebe für bestimmte Bilder an den Tag legte: Marschieren, Stufen erklimmen und Ziele erreichen.

Ginny erinnerte meine Frau und mich an die uralte Vorstellung vom spirituellen Wanderer oder Reisenden, und doch war sie ein normales Kind, dessen Pilgerreise sich aus solchen Tagen und Nächten zusammensetzte wie sie durch die Arbeitergegend von Lawrence, Massachusetts bereits zu ihrem persönlichen Schicksal geworden waren – Umstände, die sie selbst bereits erkannte. »Wenn Dad sich aufregt, dann schlägt er auf die Seite von seinem Rollstuhl. Einmal hat er sich dabei geschnitten. Wir haben einen Schreck gekriegt. Ich fragte, ob ich ihm helfen könnte, und er hat ›Nein‹ gebrüllt, so laut er nur konnte! Ich bin weggegangen und habe meine Kusine besucht. Meine Oma war gerade da. Sie sagte: ›Mein Gott, man lebt nur einmal!‹ Sie sagte: ›Dein Vater, der vergißt das immer. Er meint, es geht ihm schlecht, aber er ist am Leben und hat eine wunderbare Familie. Wir müssen mit Gott im Gespräch bleiben und Vernunft in unsere Köpfe kriegen!‹ Sie hat eine ganze Menge gesagt. Ich kann das noch heute hören, und wenn ich mal einen richtig schlechten Tag habe, wenn alle meine Freundinnen keine Zeit haben und es Dad nicht so besonders geht und Mami weint, dann sage ich das zu mir selbst. Das ist der richtige Augenblick, wo man dran denken muß, daß man nur einmal auf der Welt ist und daß es noch viel schlimmer sein könnte!«

»In den Fernsehnachrichten zeigen sie furchtbare Bilder. Da muß man sich fragen . . . Dad sagt dann immer: ›Wie kann so etwas nur passieren?‹ Er sagt auch, was ich eben gesagt habe: ›Da muß man sich fragen.‹ Er meint, daß es soviel Leid gibt, und Gott das sicher sieht und trotzdem kein Ende damit macht. Einmal besuchte uns ein Priester, und wir setzten ihm Kaffee und den Melonen-Kuchen vor, den meine Mutter backt, ein Stück davon, und Dad hat zu ihm gesagt, daß er keine Angst hat, in die Hölle zu kommen, denn so wie die Welt jetzt ist, ist es die Hölle. Meine Mami streitet mit ihm darüber. Es gibt auch viel Gutes in unserer Gegend – die Leute, die wir kennen, und der Mann, der den Lebensmittelladen hat, der gibt einem manchmal was umsonst, nur um einem zu zeigen, daß man ein guter Kunde ist. Dad sagt, er würde lieber verhungern als in einen großen Supermarkt gehen, wo du die Leute nicht kennst. Ich hoffe, wenn ich groß bin und eine eigene Familie habe, daß ich Glück habe und in einem schönen Haus wohne und daß wir alle füreinander sorgen. Das tun nicht alle in unserer Straße, aber viele gehören zu den besten Menschen, die es gibt. Man hat das Gefühl, daß Gott auf uns aufpaßt, und deshalb passen wir aufeinander auf. Ich glaube zwar, daß Er sich die Straßen nicht aussucht; in der Sonntagsschule haben sie gesagt, daß Gott das nicht tun würde. Aber es gibt doch Leute, die zu Ihm beten, und dann die anderen, die es nicht tun, und Er weiß das doch sicher, und vielleicht erinnert Er sich daran und hilft uns. Ich hoffe, Er hat ein Auge auf uns, auf mich und meine Familie, unser Leben lang.«

*

Weiter vorn in diesem Kapitel habe ich von Augenblicken berichtet, die für mich unvergeßlich blieben – Augenblicke an jenem Morgen in einem Klassenzimmer voller zehnjähriger Fünftklässler in einer alten, renovierungsbedürftigen Schule in einer heruntergekommenen Industriestadt. Es waren Kinder, deren Eltern in Fabriken, Reparaturwerkstätten oder Kaufhäusern arbeiteten – oder überhaupt keine Arbeit hatten, sondern von Sozialhilfe lebten. Es waren zumeist katholische, aber auch protestantische Kinder, viele davon waren schwarz oder hatten Spanisch als Muttersprache, manche stammten von Iren oder Frankokanadiern ab. Es waren Kinder, die keine rosige Zukunft vor sich hatten. Sie kamen aus Familien und aus Stadtvierteln, wo in den Haushalten chronischer Geldmangel herrschte; sie besuchten Schulen, die in vieler Hinsicht unzulänglich waren, und sie wußten bereits, daß sie sich nicht allzu viel vom Leben erhoffen konnten. Ich muß zugeben, daß ich sie eine Zeitlang als die unschuldigen Opfer eines bestimmten Gesellschafts- und Wirtschaftssystems angesehen habe oder als die willigen Opfer der Auswüchse der Massenkultur – Fernsehen, Kino, Rockmusik. Dieselben Kinder, die von Gott und Pilgerschaft sprachen, habe ich auch eine ganz andere Sprache benutzen hören – Flüche und Schlimmeres: gedankenlose Beleidigungen, unverhohlene Gemeinheiten, sogar Grausamkeiten, so wie das überall bei Kindern zu finden ist. Ginny zum Beispiel hatte einer Freundin, die unbedingt mit ihr hatte sprechen wollen, die kalte Schulter gezeigt und später erfahren – was sie sehr beschämte –, daß deren Schwester von einem Autofahrer getötet worden war, der Fahrerflucht begangen hatte. Das Mädchen war nämlich mit einer neuen Frisur in die Schule gekommen, ausgerechnet einen Tag, bevor Ginny sich das Haar ebenso hatte schneiden lassen wollen. »Ich kam mir vor wie ein Nachmacher«, erklärte Ginny mir, »und deshalb habe ich mir das [mit der neuen Frisur] wieder anders überlegt.«

Ginny und ihre Klassenkameraden in Lawrence haben keine Heiligsprechung nötig, aber sie verdienen eine getreuliche Wiedergabe all dessen, was sie über sich selbst und ihr Leben gesagt haben – über ihre Vergangenheit, so wie sie in ihrer Erinnerung dasteht, über die Gegenwart, die sie bewältigen müssen, und die Zukunft, so wie sie sie sich erträumen. Je länger ich solche Kinder kenne, desto auffälliger scheint mir ihr unveränderliches Interesse daran, über das Wesen des Menschen nachzudenken[2] und darüber, aus welchen Gründen sich die Menschen so verhalten, wie sie es tun, wie auch über die Mysterien des Universums, so wie sie an Erde, Sonne, Mond und Sternen abzulesen sind. Und es kann geschehen, daß die moralische und spirituelle Kraft, die bestimmte Kinder aufweisen, mir dazu verhilft, Dinge wahrzunehmen, die ich sonst nicht gern als Teil dessen anerkennen möchte, was ich als psychologische »Wirklichkeit« bezeichne.

Wie eindrucksvoll sind zum Beispiel Ginnys Reaktionen auf Kinofilme: »Ich habe noch nicht viele ernste Filme gesehen. Manchmal sehe ich sie später, wenn sie als Kassetten rauskommen. Ich habe ›Platoon‹ gesehen; der hat mich wirklich erschüttert. Mein Onkel ist drüben in Asien, in Vietnam, verwundet worden, schwer verwundet. Er hat es immer noch mit den Nerven. Er muß oft weinen. Er raucht viel. Er hat Depressionen. Ich wünschte, es gäbe nie wieder Krieg. Gott sollte alle Kriege beenden. Ich würde gern wissen, wie Er sich gefühlt hat, als sich damals in Vietnam all die Menschen gegenseitig umbrachten. Wenn mein Onkel heute noch weint, dann muß Gott doch auch geweint haben. Er muß Tränen vergossen haben. Meinen Sie nicht?« Ich nickte.

»Ich freue mich schon darauf, daß ich eines Tages erwachsen bin«, fuhr Ginny fort, »und vielleicht geschieht es eines Tages, daß Gott mir ganz leise etwas ins Ohr sagt! Meine Tante sagt, sie betet so sehr, daß sie Gottes Antwort hören kann. Ich habe Ihn noch nie gehört, aber vielleicht redet Er eines Tages auch noch mit mir. Man muß Ihn nicht unbedingt hören – man muß nur beten, daß Er einen auf den richtigen Weg bringt. Mein Dad sitzt manchmal da und denkt über das Leben nach, und warum er der ist, der er ist, und das mache ich auch. Eines Tages finde ich heraus, warum ich ich bin – vielleicht kurz vor meinem Tod oder gleich danach. Ich werde darauf warten, und ich hoffe, ich werde Ihn dann sehen. Es ist noch lange nicht soweit, aber schließlich kommen wir alle an den Punkt! Stimmt doch, oder?«

Ich nickte wieder – aber was veranlaßte mich eigentlich zu dieser Zustimmung? Ein leicht verunsichertes Mädchen, dessen Ängste mich rührten? Ein intelligentes, phantasievolles und sprachbegabtes Mädchen, dessen intellektuelle Vitalität und dessen Fähigkeit, immer einen Ausweg zu finden, ich zu respektieren gelernt hatte? Ein Kind aus einer Familie mit einem »niedrigen sozioökonomischen Status« und dennoch nicht ohne Ambitionen – daher mein Nicken? Ein Kind, das im Gebet und in den Tröstungen, die der Himmel bereithält, ein Mittel sah, mit seiner Stellung auf den untersten Stufen der sozialen Leiter besser zurecht zu kommen – daher mein Nicken? Aber wie sah das alltägliche Leben dieses Kindes aus?

»Als ich neulich Nachmittag nach Hause ging«, erzählte mir Ginny, »stand eine Frau, die ich noch nie gesehen habe, in der Nähe von unserem Haus. Sie war alt und hatte weiße Haare. Ich ging zu ihr und fragte sie, was los sei, denn es kam mir so vor, als redete sie mit sich selbst. Erst hat sie mich gar nicht gehört, aber schließlich dann doch. Ich fragte sie noch einmal: ›Kann ich Ihnen helfen?‹ Sie sagte: ›Oh, kleines Mädchen, es wäre wundervoll, wenn du das könntest.‹ Es paßte mir gar nicht, daß sie ›kleines Mädchen‹ zu mir sagte. Ich bin kein ›kleines Mädchen‹! Ich bin nicht mal klein für mein Alter. Ich guckte sie an und wollte schon sagen, daß sie auch nicht größer sei als ich. Vielleicht ein paar Zentimeter, aber nicht mehr. Aber dann dachte ich: Ginny, das ist blöd von dir – diese alte Frau hat sich verlaufen, und vielleicht ist sie auch etwas durcheinander, wie alte Leute manchmal sind, also sei mal ein bißchen höflich; außerdem, wenn sie dich ›klein‹ nennt, dann will sie damit nur sagen, daß du ein Mädchen bist und sie eine alte Frau, also, daß sie schon lange gelebt hat und du nur ein paar Jahre, und insofern bist du ›klein‹ im Vergleich zu ihr.

Nein, so in allen Einzelheiten hab’ ich das wohl nicht gedacht – jedenfalls nicht, wie ich das jetzt erzähle. Aber irgendwie doch; ich meine, ich hab’ mich zusammengenommen und mich bemüht, weiter mit ihr zu reden und nicht eingeschnappt zu sein. Verstehen Sie, was ich meine? [Nicken!] Dann hat sie gesagt, daß sie ihre Tochter besuchen wolle; die sei nämlich in unsere Gegend gezogen. Aber sie habe sich verlaufen. Sie zeigte mir, was auf ihrem Zettel stand, und ich bekam auch heraus, wohin sie gehen mußte. Ich wollte ihr erklären, wo sie falsch abgebogen war, und hab’ es auch versucht, aber sie kriegte das alles nicht klar. Ich wußte nicht, was ich tun sollte, schließlich mußte ich ja nach Hause; ich hatte noch Aufgaben zu erledigen. Aber dann dachte ich: Mensch, dies hier ist genauso eine Aufgabe, die du erledigen mußte, und hinterher kannst du immer noch nach Hause gehen. Außerdem tat mir die Frau wirklich leid. Außerdem dachte ich: Ginny, eines Tages . . . Sie wissen schon, dann bin ich an ihrer Stelle und brauche jemanden, der mir hilft, und wenn’s keiner tut, dann wäre es richtig schlimm. Für die alte Dame war es auch richtig schlimm, das konnte ich merken.

Ich habe mich dann blitzschnell entschieden und zu ihr gesagt: ›Missus, wenn Sie mit mir kommen wollen, dann zeige ich Ihnen den Weg.‹ Sie hat mir erst nicht glauben wollen! Sie klammerte sich an ihren Zettel und fragte mich wieder, wo wir waren – obgleich ich ihr das doch gerade gesagt hatte. Ich wollte mich aber nicht mit ihr streiten. Ich wollte nett zu ihr sein. Also bin ich einfach losgegangen und hab' ihr unterwegs alles erklärt – welche Läden hier sind und die Abkürzungen und wo die Telefonzellen sind. Ich habe sie gefragt, wo sie selbst wohnt, und es dauerte nicht lange, dann hat sie mir alles von sich erzählt. Ihr Mann war tot, und ihr Sohn war in Vietnam gewesen, genau wie mein Dad und mein Onkel. Er war gefallen! Ihre Tochter ist gerade erst in unser Stadtviertel umgezogen. Deren Mann war auch als Soldat drüben. Als er wiederkam, hatte er erst eine Arbeit, und alles war toll, aber dann wurde er krank, und jetzt ist er im Krankenhaus; er ist schwer krank, ›halb gelähmt‹, hat sie gesagt. Sie sagt, es ist furchbar, daß sie herumlaufen kann, und dabei ist sie doch soviel älter als er. Ich wußte nicht, was ich dazu sagen sollte. Ich wollte erst schon sagen, ja, so ist das Leben, aber dann kam es mir dumm vor, wenn ich *ihr* das sagte; sie wußte das bestimmt!

Wir gingen immer weiter, und ich brauchte ihren Zettel nicht dafür, aber sie hatte Angst, *ich* würde mich ohne ihn verirren, und deshalb hab' ich so getan, als wenn ich mich danach richtete. Ich hab' immer auf das Stück Papier geguckt und sie im Glauben gelassen, daß es mich rettet! Als wir angelangt waren, wo ihre Tochter wohnt und ihre Enkelkinder, waren wir schon gute Bekannte. Sie war müde. Sie atmete schwer. Ich hatte *so* langsam gehen müssen, und für sie war das immer noch zu schnell gewesen – sie wollte doch mit mir Schritt halten. Sie tat mir leid. Ich versuchte, ›rücksichtsvoll‹ zu sein. Meine Mom sagt: ›Du mußt dir immer Mühe geben, rücksichtsvoll zu sein.‹

Jedenfalls, ich sagte ihr Aufwiedersehen, und sie sagte so oft danke, daß ich schon dachte, sie hört gar nicht mehr auf! Sie hielt mich am Arm fest und sagte, Gott habe mich ihr geschickt, und sie würde abends vorm Einschlafen zu Ihm beten und Ihm dafür danken, daß ich da war. Ich wußte gar nicht, was ich sagen sollte. Erst war ich auch nicht sicher, ob sie es ernst meinte. Aber als ich sie anguckte, sah ich, daß sie Tränen in den Augen hatte, und da wußte ich es. Ich wollte schon sagen, daß es nur ein Zufall war, daß wir uns getroffen hatten, aber dann hab' ich es gelassen. Ich habe mich nur bei ihr bedankt, daß sie so etwas Nettes zu mir gesagt hat. Sie hat mir einen Kuß gegeben, und dann ging ich nach Hause. Auf dem Weg habe ich überlegt, ob ich wohl so alt werde wie sie und ob ich dann vielleicht ein Kind treffe, das so ist wie ich. Vielleicht gibt uns Gott solche kleinen Fingerzeige, wie es einmal sein wird, und man sollte darauf achten, weil Er auf diese Art mit einem spricht.«

Ich fand die Geschichte natürlich herzerwärmend – erneut ein Anlaß zum Nicken. Während ich zuhörte, nahm die ältere Frau in meiner Vorstellung allmählich Gestalt an. Wenn jemand eine Geschichte erzählt, geht es uns allen ja so: Unsere Phantasie, unsere Erfahrungen und unsere jeweiligen Vorlieben und Probleme sorgen dafür, daß vor unserem inneren Auge Bilder entstehen, die die Worte, die wir hören, begleiten. Ich merkte plötzlich, daß ich mir vorstellte, daß die alte Frau wie Dorothy Day in ihren späten Jahren, als ich sie kannte, aussah[3] – auch sie ging sehr langsam, hatte ein schwaches Herz, eine Tochter und Enkelkinder, die sie besuchte, und war durchaus geneigt, in den kleinen Geschehnissen des Lebens Hinweise auf die Nähe des Herrn zu finden. Dorothy Days Leben hatte nun, durch die Zufälle meines Lebenslaufes, eine Verbindung zum Leben dieses »kleinen Mädchens« gefunden. Was diese ältere Frau – Dorothy Day – über ihre »Pilgerschaft« geschrieben und gesagt hatte, verhalf mir plötzlich dazu, dieses Mädchen zu verstehen: *Ihre* Pilgerschaft und die der Kinder dieser Welt, die »durchs Leben marschieren«. So geht es uns allen: Wir nehmen Beziehungen untereinander auf, wir spielen unsere Rollen im Leben anderer und ziehen uns dann wieder zurück, wir belehren und heilen und bestätigen einander, über Ort und Zeit hinweg – alle sind wir Wanderer, Forscher, Abenteurer, Versprengte und Nachzügler, manchmal auch Tramps und Vagabunden, sogar Flüchtlinge, aber ab und zu auch Pilger: als Kinder, als Eltern, als Alte, die dabei sind, den letzten Schritt in ein unbekanntes Reich zu tun. Wie jung wir doch sind, wenn wir über alles nachzudenken beginnen, über das Wesen unserer Reise und über das Ziel, zu dem sie uns führen wird.

KAPITEL 12

Psychoanalyse und Religion

Zu einer Zeit, als er noch relativ unbekannt und in einer streng katholischen Stadt lebte, nahm Freud, und zwar Anfang März 1907 auf einer Tagung der Psychoanalytischen Gesellschaft Wien, die kritische Auseinandersetzung mit Glaubensfragen auf. Er legte eine Abhandlung vor mit dem Titel »Zwangshandlungen und Religionsübungen«. Diese Arbeit hatte im wesentlichen klinischen Charakter; brillant wie er war, gelang es ihm, seine Erfahrungen als praktizierender Arzt in eine zusammenhängende Darstellung einzubinden, die seine theoretische Position vermitteln sollte. Doch gegen Ende seiner Ausführungen, wo Freud den »Gedankenkreis der Religion« erwähnt, verlagerte sich seine Argumentation auf die moralische Ebene: »Volle Rückfälle in die Sünde sind beim Frommen sogar häufiger als beim Neurotiker« – diese Aussage war schon damals eine vorschnelle Verallgemeinerung (trotz der Hemmungen, die Freud bei »seinen« Neurotikern beobachtet hatte) und muß heute als kurios und unhaltbar gelten.

Wenn Freud sich zu »Religionsübungen« äußert, dann liefert er all den Wissenschaftlern aufschlußreiches Material, deren Interesse weniger darauf zielt, die religiöse Geschichte des Menschen als Täuschung zu entlarven, als vielmehr darauf, diese Geschichte verstehen zu lernen. Das »kleinliche Zeremoniell« einer jeden Religion kann, so führt er aus, tyrannische Züge annehmen; es kann die wahre Idee des Glaubens verdecken. Er äußert die Vermutung, daß religiöse »Reformen« historisch generell die Funktion hatten, das »ursprüngliche Wertverhältnis« wiederherzustellen – lebendigen Glauben vor der Bedrohung durch erstarrte Frömmelei zu schützen. Doch im Schlußteil seiner Ausführungen verfällt Freud wieder in sehr oberflächliche Verallgemeinerungen, wenn er versucht, psychopathologische Analyse mit Sozialkritik zu verbinden: »... könnte man sich getrauen, die Zwangsneurose als pathologisches Gegenstück zur Religionsbildung aufzufassen, die Neurose als eine individuelle Religiosität, die Religion als eine universelle Zwangsneurose zu bezeichnen«.

Hier zeigt sich eine naive und von der Sache her nicht notwendige Tendenz zur Übersimplifizierung, wie sie auch heute in der Psychoanalyse eine Vielzahl entschiedener Verfechter hat. Freud selbst legte da oft mehr Behutsamkeit an den Tag. In seinem bekannten Aufsatz »Dostojewski und die Vatertötung« gestand er die Unmöglichkeit ein, schriftstellerische Begabung psychoanalytisch zu »erklären«, im Gegensatz zu solchen psychologischen Schwierigkeiten, die ein Schriftsteller mit unzähligen anderen Menschen teilt. Wenn er sich auf Spekulationen über soziale und politische Fragen einließ (so in seinem Briefwechsel mit Einstein oder in den *Neuen Vorlesungen zur Einführung in die Psychoanalyse*), dann formulierte er bisweilen seine Vorstellungen zur Deutung von Kultur eher vorsichtig. Gelegentlich, selbst bei der Erörterung religiöser Fragen, wie in *Totem und Tabu* und *Der Mann Moses und die monotheistische Religion*, gestand er den spekulativen Charakter seines Ansatzes offen ein. Seinem 1934 abgeschlossenen Entwurf eines Buches über die Ursprünge des Monotheismus hatte er den Titel gegeben: »Der Mann Moses: Ein historischer Roman«.

Doch das Thema Religion verleitete ihn ganz offensichtlich zu ungehemmtem Spekulieren. Dies wird nirgendwo deutlicher als in *Die Zukunft einer Illusion* von 1927. Zunächst nimmt er sich ausdrücklich vor, objektiv an das Thema heranzugehen und eine übergreifende historische Perspektive zu entwickeln – er will seine Gedanken bescheiden und mit Bedacht formulieren. Doch sehr schnell geht er dazu über, religiöse Vorstellungen mit der offensichtlichen Hilflosigkeit des Menschen angesichts der Geheimnisse des Lebens zu verknüpfen. Diesen Tatbestand bringt er dann in Verbindung mit der besonderen Situation des Kindes – »ein animalischer Urzustand«. Nach dem Hinweis darauf, daß es für die Existenz Gottes keinen schlüssigen »Beweis« im modernen wissenschaftlichen Sinn des Wortes gebe, wendet er sich den »religiösen Märchen« zu und verficht mit immer größerer Heftigkeit die These, daß Religion eine bloße Illusion sei, »abgeleitet aus menschlichen Wünschen«. Dies ist nicht Freud, wie man ihn aus seinen anderen soziologischen Schriften kennt. Er nennt seine Argumentationsweise »korrektes Denken« und distanziert sich von »faulen Ausreden«. »Die Unwissenheit ist die Unwissenheit«, erinnert er uns, um dann sogleich hinzuzusetzen, daß »kein Recht zu glauben sich aus ihr ab(leitet)«. Und weiter: »Kein vernünftiger Mensch wird sich in anderen Dingen (als der Religion, d. Ü.) so leichtsinnig benehmen und sich mit so armseligen Begründungen seiner Urteile, seiner Parteinahme zufrieden geben, nur in den höchsten und heiligsten Dingen gestattet er sich das.« Er stellt fest, daß »die Wirkung der religiösen Tröstungen der eines Narkotikums gleichgesetzt werden darf«, und daß die Religion »wie die Zwangsneurose«, deren Auswirkungen er schon Jahre zuvor so anschaulich dargestellt hatte, »aus dem Ödipuskomplex, aus der Vaterbeziehung« entstehe.

Dann allerdings, das zu seiner Ehrenrettung, korrigiert er sich und erklärt, daß die »Individualpathologie« kein der Natur des religiösen Glaubens genau analoges Phänomen darstelle, doch wenig später bezeichnet er Glauben als »Trost der religiösen Illusion«. Er hofft hier auf eine bessere Zukunft: »Vielleicht braucht der, der nicht an der Neurose leidet, auch keine Intoxikation, um sie zu betäuben.« Zu guter Letzt zeigt er sich voll des Lobes für »unseren Gott Logos«, beharrt aber darauf, daß »die Religion einer Kindheitsneurose vergleichbar sei«, und trifft eine eher maliziöse Unterscheidung zwischen seiner unerschütterlich festen Bindung an die Wissenschaft und dem Glauben religiöser Menschen an Gott: »Meine Illusionen – abgesehen davon, daß keine Strafe darauf steht, sie nicht zu teilen – sind nicht unkorrigierbar wie die religiösen, haben nicht deren wahnhaften Charakter.«

Philip Rieff, der sich in seinen Essays und Büchern in besonders fundierter und konstruktiver Weise mit Freud auseinandergesetzt hat, äußert sich sehr kritisch zu *Die Zukunft einer Illusion* bzw. davor erschienenen Arbeiten Freuds mit vergleichbarer Thematik.[1] Er bezieht sich dabei auf Freuds »genetisch begründete Glaubenskritik« und bezeichnet seine Argumentation als tautologisch: »Als religiöse Gefühle gelten ihm nur solche der Unterwerfung und Abhängigkeit; andere werden verworfen als intellektuelle Täuschungen oder als Affektverlagerung des primären infantilen Gefühlslebens.« Hier handelt es sich, so meint Rieff, um »wissenschaftliche Begriffsklauberei«, die allerdings im Dienst eines ernsthaft vertretenen modernen Rationalismus daherkomme.

Die meisten Freudianer unter den Psychologen haben die Ansichten Freuds nie ernsthaft in Zweifel gezogen. Doch 1979 veröffentlichte Ana-Maria Rizzuto, die am Psychoanalytischen Institut in Neu-England arbeitet, unter dem Titel *The Birth of the Living God* (*Die Geburt des lebendigen Gottes*)[2] eine Veröffentlichung zur

Beziehung zwischen Psychiatrie und Religiosität. »Die gegenwärtige Psychoanalyse«, so beginnt sie, »vertritt die Position Freuds: Religion ist eine in Wunschvorstellungen begründete Neurose. Man hat sich immer wieder auf Freud berufen, ohne je seine Aussagen einer kritischen Prüfung zu unterziehen.« Im Lichte ihrer eigenen Erfahrung als Psychoanalytikerin sieht sie sich außerstande, Freuds These nachzuvollziehen, daß »Gott in Wirklichkeit der Vater ist«; ebenso distanziert sie sich von Freuds Überzeugung, daß Religion ein ödipales Phänomen sei – ein »Akt der Sublimierung«, ein Mittel, mit dessen Hilfe erotische und aggressive Gefühle gegenüber einem ganz bestimmten Mann, dem Vater, zum Ausdruck gebracht werden. Eine solche Erklärung, so argumentiert sie, erfasse einen äußerst komplizierten und lange anhaltenden emotionalen und intellektuellen Prozeß und »reduziere ihn, indem sie ihn auf einer bestimmten Entwicklungsstufe einfriere, auf ein Fossil mit Stellvertreterfunktion«. Und im übrigen leugne eine solche Sublimierungsthese jeglichen Einfluß der Mutter sowie der Großeltern und Geschwister auf die emotionalen Ereignisse, die im Zusammenhang mit Religiosität stehen. Bei seiner Analyse der Psychologie der Religion extrem auf die »Vater-Sohn-Beziehung« fixiert, »beschäftige sich Freud nicht mit der Religion oder Gott im Leben der Frau«.

Der Einfluß der britischen Psychoanalytiker D. W. Winnicott, Charles Rycroft und Harry Guntrip auf die Amerikanerin Rizzuto ist nicht zu übersehen. Wie ihre britischen Kollegen mißt auch sie dem Geflecht der »Objektbeziehungen« große Bedeutung bei; sie sieht das Bewußtsein als einen beständigen Prozeß des Austausches mit einer Vielzahl von Menschen und nicht als ein Schlachtfeld, auf dem die verschiedensten »Mächte« miteinander Kämpfe austragen. Sie scheint besonders beeindruckt zu sein von Winnicotts Freud-Kritik, die sich aus seiner Arbeit als Kinderarzt und Kinderanalytiker heraus entwickelt hat.[3] Er betonte die Bedeutung der ersten Wochen und Jahre, wenn Babys anfangen, sich selber wahrzunehmen – dort ist die Mutter, hier bin ich – und sich die spezifische menschliche Fähigkeit der Symbolbildung zu entwickeln beginnt. Das erste Beispiel für diese, das gesamte Menschenleben durchziehende Gewohnheit ist den meisten Eltern bekannt: Es handelt sich um den Griff zu »Ersatz- oder Übergangsobjekten«, die kleineren Kindern so viel bedeuten – eine Schmusedecke, ein

Teddybär, eine Puppe, ein Löffel, ein Kleidungsstück oder, später dann, ein Lied, eine Geschichte oder ein kleines Erlebnis. Sicher ist es so, daß selbst im Kinderzimmer Geschichte, Kultur und Schichtzugehörigkeit darüber entscheiden, welches »Material« hier überhaupt zur Verfügung steht; doch wirft Winnicotts Arbeit ein neues Licht auf die geistige Komplexität und den Verhaltensspielraum des Kindes. Überall und zu allen Zeiten haben Kinder sich ihre eigene Welt des Wortes und der Gedanken, der Symbole und der Erinnerung geschaffen.

Winnicott fand heraus, daß Vorstellungen oder Vorlieben von Erwachsenen den mentalen Prozessen bei einem Baby nicht vergleichbar sind. Er führt aus, daß alle Kinder schon sehr früh in ihrem Leben lernen, Vorstellungen und Gefühle zu entwickeln, die an Personen, Orte und Dinge geknüpft sind, und daß diese geistige »Symbolformation« von den gewaltigen Möglichkeiten des Menschen zeugt. Es wäre unsinnig, die Anhänglichkeit eines Kleinkindes an einen Zipfel seines Schmusetuchs mit der dichterischen Verwendung des pars pro toto zu vergleichen oder dem Vertrauen eines Betenden auf die Perlen des Rosenkranzes, doch man kann hier tatsächlich von einer (symbolischen) Verbindung reden, weniger der Art, wie sie zwischen früher und später Psychopathologie als zwischen beginnendem und voll entwickeltem Menschsein besteht. Analytiker wie Winnicott und Rizzuto wollen zeigen, daß sich unsere Persönlichkeit durch unsere Gedanken und Interessen, Vorlieben und Abneigungen, durch unsere Phantasien und Träume, durch Gefühle und Bindungen allmählich erst herausbildet.

Dr. Rizzuto nennt einen Aspekt dieses Prozesses die »Gott-Vorstellung«, womit sie das Bild von Gott meint, das sich bei den meisten Menschen unserer westlichen Kultur sehr früh im Zusammenhang mit dem herausbildet, was sie zu Hause, in der Schule, in der Kirche und in der Nachbarschaft hören. Selbst Agnostiker und Atheisten haben ihrer Meinung nach irgendwann eine Vorstellung von Gott gehabt, mag diese auch sehr persönlich gewesen sein – ein Bild vor ihrem geistigen Auge, eine bestimmte Abfolge von Worten oder ein Geräusch. Bei Kindern befindet sich Gott in der Gesellschaft von Königen, Supermännern, Zauberern, Monstern, Freunden, Geschwistern, Eltern, Lehrern, Polizisten, Feuerwehrleuten und so weiter und so weiter. Dr. Rizzuto liefert Berichte von Gotteserfahrung bei Menschen, die überzeugte Nicht-Gläubige sind. Sie führt aus, daß man Gott zwar ablehnen, leugnen oder verspotten könne, ebenso wie man sich ihm zuwenden und ihm vertrauen könne, daß aber beide Grundeinstellungen in den Lebenszusammenhang eines Menschen im Sinne von Zwängen und Möglichkeiten (Pech und Glück) sehr wohl einzuordnen seien. Anstatt abschließende Urteile zu fällen und nach Analogien zur Psychopathologie zu suchen, argumentiert sie als phänomenologische Psychologin, als jemand, der die Welt beschreiben und verstehen will.

Freud kehrte immer wieder zum Gottesproblem zurück; er schrieb darüber, wie sich die Gottesvorstellung im Bewußtsein anderer Menschen entwickelt und widmete Gott mehrere Artikel und drei Bücher. Warum? Im Sinne Winnicotts sieht Rizzuto religiöse Vorstellungen als Teil unseres kulturellen Lebens wie Musik, Kunst, Literatur oder auch formallogisches Denken und wissenschaftliche Spekulation. All diese Dinge ermöglichen uns eine Orientierung in Raum und Zeit, sie helfen uns herauszufinden, woher wir kommen, was wir sind und wohin wir gehen. In einer bewegenden Passage am Ende ihres Buches hat Rizzuto einen Punkt erreicht, an dem ihre »Trennung von Freud unvermeidlich wird«:

Freud versteht Gott und Religion als kindliche Wunschvorstellungen und bloße Illusion. Sein Werk zielt darauf, die Menschheit davon zu überzeugen, solchen Vorstellungen abzuschwören. Dem kann ich nicht zustimmen. Realität und Illusion sind keine unvereinbaren Begriffe. Psychische Wirklichkeit – deren Ausmaß Freud in so brillanter Weise aufgezeigt hat – kann es nicht geben ohne diesen spezifisch menschlichen Zwischenbereich für Spiel und Illusion . . . Eine reife, intakte Person aufzufordern, ihrem Gott abzuschwören, hieße soviel wie Freud aufzufordern, seinem Lebenswerk, der Psychoanalyse, und dem »illusionären« Vertrauen auf die Gültigkeit wissenschaftlicher Erkenntnis abzuschwören. Darum geht es. Menschen können ohne Illusion nicht leben. Die Art der Illusion, für die wir uns entscheiden – Wissenschaft, Religion oder irgend etwas anderes –, spiegelt unsere persönliche Geschichte wider oder, anders ausgedrückt, den Zwischenbereich, den jeder von uns zwischen seinen Objekten und sich geschaffen hat, um dort in »Ruhe« leben zu können.

Nach Rizzutos Ansicht liegt es in der menschlichen Natur, daß wir von frühester Kindheit bis zum letzten Atemzug sichten, ordnen und spielen, am Anfang mit Spielzeug und Spielen und Teddybären und Tieren, später mit Ideen, Worten, Bildern, Klängen, Vorstellungen. Wir sind unablässig bemüht, ein uns befriedigendes Bild davon zu entwickeln, wer und was wir sind, eine Welt zu schaffen, die unsere Welt ist – eine Welt aus Bauklötzen oder Mauersteinen oder Eisen, mittels Geld und abgesicherten Besitzansprüchen, unterstützt von Loyalität und zwischenmenschlicher Solidarität, aber auch begleitet von Ausbrüchen des Hasses und der Gemeinheit; mit Hilfe von geistigen Bildern und nicht zuletzt mittels Theorien darüber, wie das Leben eigentlich sein sollte. Man fragt sich allerdings, wie man die unterschiedlichen »Illusionen«, von denen Dr. Rizzuto spricht, vergleichend bewerten kann. Die Geschichte der Wissenschaften besteht zu einem großen Teil aus dem Nachweis von Illusionen; und wenn es stimmt, daß »Realität und Illusion nicht unvereinbare Begriffe sind«, so sind sie doch auch nicht identisch.

Bei ihrem Versuch, die allgemeine Gültigkeit eines bestimmten Aspektes der geistigen Prozesse beim Menschen nachzuweisen, hat Dr. Rizzuto die Verbindung von »Realität« und »Illusion« vielleicht überbetont. Dies hat sie aber, so scheint es mir, wohl deshalb getan, weil Freud seinen Lesern und Anhängern immer nur die Entweder-oder-Möglichkeit gelassen hat, weil er stets aufs Neue die Gegensätzlichkeit der beiden Begriffe unterstrichen hat. Worauf sie hinaus will, wird deutlicher, wenn sie über die »Fähigkeit« spricht, die jeder von uns hat, nämlich »sich übermenschliche Wesen in symbolischer Form vorzustellen, sie sich auszudenken oder zu erschaffen«; oder wenn sie die Rolle der Phantasie im Leben der Menschen beschreibt: als ein Mittel, mit dessen Hilfe man (wobei sie jeden einzelnen von uns meint) »das Verlangen nach bestimmten Dingen steuert, seine Ängste und die bittere Enttäuschung über die Begrenztheit der Realisierungsmöglichkeiten«. Ein Kleinkind drückt das »Verlangen«, das Dr. Rizzuto anspricht, über seine Augen aus, und wir Erwachsenen, wie Kinder verloren in den tiefen Wäldern des Universums, dessen ungeheuerliche Größe und Mysterium uns nur allzu leidvoll vertraut sind, verhalten uns genauso. Der Begriff »Theorie« ist abgeleitet von Θεϱϱία, einem altgriechischen Wort, das Schauen und Sehen bedeutet – das, was der Zuschauende bei einer religiösen Zeremonie tut, oder der Augur, wenn er die Vorzeichen untersucht, oder der Wahrsager, der seinen Blick über den Himmel schweifen läßt, um zukünftige Ereignisse voraussagen zu können. Theoretiker tragen Fakten zusammen, um uns in die Lage zu versetzen, mit Problemen zu leben, die oft genug unlösbar und rätselhaft erscheinen: »Die Gegenstände unseres Verlangens, auf die wir nicht verzichten können, existieren nie für sich allein, sondern verbinden in sich das Geheimnis ihrer Realität und unserer Phantasie.«

Wie ist diese zentrale These von Dr. Rizzuto zu verstehen? Man kann Tatsachen als solche, gleichsam isoliert, formulieren; so verfährt man bei einer Gleichung der Chemie, bei einer physikalischen Formel, bei den Erkenntnissen, die ein Psychologe über das Verhalten von Ratten in einem Labyrinth gewinnt, bei der Beobachtung eines Psychoanalytikers, daß Menschen, die ein Verhalten X zeigen, mit an Sicherheit grenzender Wahrscheinlichkeit eine Kindheit Y gehabt haben – doch dabei kann man nicht stehen bleiben. B. F. Skinner nutzt seine im Labor gewonnenen behavioristischen Erkenntnisse, um Geschichten zu konstruieren, um Ratschläge zur Kindererziehung zu formulieren, um Utopien zu entwickeln – um uns Empfehlungen zu geben, wie wir unser Leben meistern sollen. In seinem sehr schönen Buch *The First Three Minutes (Die ersten drei Minuten)* vermittelt uns Steven Weinberg, ausgehend von seiner Arbeit im Bereich der theoretischen Physik, eine Vorstellung von »modernen Ansichten zur Entstehung des Universums«. In einer faszinierenden Einleitung gibt er dazu einen alten nordischen Mythos wieder, entwickelt dann aber seine eigene Theorie, die er auch als solche kennzeichnet und in der er sich mit dem auseinandersetzt, was er immer wieder als »offene Fragen« bezeichnet. »Wir Menschen müssen einfach glauben«, so schreibt er, »daß wir eine ganz besondere Beziehung zum Universum haben, und daß unsere Existenz nicht nur ein mehr oder minder absurdes Ergebnis einer Reihe von Ereignissen ist, die sich in den ersten drei Minuten abgespielt haben.« Wenig später bemerkt er: »Je mehr wir über das Universum zu wissen glauben, desto rätselhafter wird es uns.«

Dr. Rizzuto weiß aus ihrer Arbeit mit Kindern, daß auch sie sich mit solchen Fragen auseinandersetzen und immer wieder darüber reden. Der Glaube an Hexen entsteht aus dem Verlangen des Kindes, den grausamen und willkürlichen Charakter des Lebens zu verstehen. Wenn ein Kind von Hexen redet, so muß dies nicht unbedingt »neurotisch« sein, und man muß auch nicht von »Unreife« oder »Neurose« sprechen, wenn ein religiös orientierter Erwachsener den Satan beschwört oder wenn Freud von einer »Urhorde« oder einem »Totem« oder von »Thanatos« schreibt – es sind dies nur Beispiele dafür, wie *er* von einer am Realen orientierten Vorgehensweise zu der Art von Spekulation übergeht, die Dr. Rizzuto meint: die Abenteuerlust des Geistes, die allen Menschen eigen ist, wenn auch unterschiedlich in der Komplexität der Symbolbildung und des Gehalts, der Klarheit oder Anmaßung. Von Platons *Timaios* bis hin zu Professor Weinbergs Aufsatz, von ägyptischen Mythen bis zu unserer Theorie der schwarzen Löcher – unsere kosmischen Sehnsüchte haben in Fakten der verschiedensten Art oder in Wissenschaften wie der Geometrie in der Antike und der zeitgenössischen Physik ein Mittel gefunden – wofür? Vielleicht nicht, um Illusionen im engeren Verständnis des Wortes zu entwickeln, aber doch, um besser verstehen zu können, worin der Sinn des Lebens besteht. Hier geht es nicht um eine »regressive« Tendenz, sondern – ob jung oder alt – um unsere Bestimmung als Menschen und darum, wie wir als geistige Wesen mit dieser Bestimmung umgehen, von der frühen Kindheit bis zum letzten Atemzug.

So empfinden wir bittere Ironie, wenn wir feststellen, wie verächtlich sowohl die Freudsche als auch die marxistische Theorie mit der Frage der Religion umgehen. Sicher ist religiöses wie jedes andere Gedankengut zur politischen Unterdrückung und Ausbeutung von Menschen mißbraucht worden, doch sind davon auch die Freudsche bzw. die Marxsche Theorie nicht ausgenommen. Die Gedanken des Ökonomen und Historikers Marx erscheinen, bei all ihrer ursprünglichen Klarheit, nun eher als futuristische »Phantasien« von einer angeblich (eines Tages) »sich auflösenden« Wesenheit namens »Diktatur des Proletariats«. Die Schriften des klinisch und historisch orientierten Menschenbeobachters Freud haben sich zu einer »Bewegung« entwickelt, die sich »Psychoanalyse« nennt, angeführt von wenigen Auserwählten, in sich (sektiererisch) zerstritten, mit »Schulen« und Abspaltungsprozessen und Ausschlüssen, mit Analytikern, die selbst von »autokratischer Orthodoxie« reden. Man wird sich Dr. Rizzutos Einsicht nicht verschließen können: selbst bei den brillantesten und sorgfältigsten Forschern, bei denjenigen, die sich mit besonderer Entschlossenheit daranmachen, die »Wirklichkeit« zu verstehen, wird man stets auf die eine oder andere festverwurzelte Phantasie oder sogar Illusion stoßen.

Sowohl Winnicott als auch Rizzuto bringen unser religiöses Denken in Verbindung mit einer Eigenart, die uns als bewußte Wesen, von der Kindheit bis ins hohe Alter, der uralten Frage nachgehen läßt: Was ist der Sinn des Lebens? Die Geschichte der Philosophie und der Religion besteht zu wesentlichen Teilen aus den vielfältigen Antworten auf diese Frage.

Winnicott und Rizzuto, und sicher auch der philosophische Romancier Walker Percy, würden weiter argumentieren: Wir sind die Wesen, die sich selbst als »ausgesetzt«, »gefangen« oder »gestrandet« empfinden, sich auf jeden Fall in einer besonders heiklen Beziehung zur Welt sehen; und als sprachbegabte Wesen sind nur wir in der Lage, nicht allein die »Gegenständlichkeit« der Welt in uns hineinzunehmen, sondern diese auch in unserm Bewußtsein anzusiedeln und sie (in Gedanken und Phantasien verarbeitet) zu nutzen, uns das Gefühl der Verlorenheit zu nehmen und einen Sinn dafür zu entwickeln, woher wir kommen, wo wir sind und wohin wir gehen.

Kierkegaard sagte: »Ein Genie und ein Apostel sind etwas qualitativ Verschiedenes.« Ersteres betreibt mit hohem Ethos eine intellektuelle oder ästhetische Untersuchung, der letztere hat einen Auftrag. Anders als das Genie, das keinen Auftrag kennt, ist der Apostel, absolut und paradox, von Gott berufen und bestellt. Und weiter lesen wir bei Kierkegaard:

»So also hat eine in der Irre gehende Wissenschaft das Christentum in Verwirrung gebracht, und von der Wissenschaft her hat die Wirrnis wieder sich in den religiösen Vortrag eingeschlichen; daher hört man nicht selten Prediger, welche mit aller wissenschaftlichen Gutgläubigkeit bona fide das Christentum prostituieren. Sie sprechen in den höchsten Tönen davon, wie geistreich der Apostel Paulus ist, welchen Tiefsinn er hat, wie schön seine Gleichnisse sind usw. – lauter Ästhetik. Soll Paulus als Genie betrachtet werden, so sieht es schlimm für ihn aus; lediglich pastorale Unwissenheit kann darauf verfallen, ihn ästhetisch anzupreisen, denn die pastorale Unwissenheit besitzt keinen Maßstab, sondern denkt etwa so: wenn man nur etwas Gutes über Paulus sagt, so ist es schon gut.«

Für Kierkegaard erschließt sich uns der Gott des Glaubens nicht durch empirische Analyse oder Vorstellung, gleich wie genial derjenige sein mag, der sich auf diesem Weg versucht. Für Rizzuto ist der »Unterschied«, den Kierkegaard macht, nicht so absolut; es gelinge uns durchaus, immer größere Teile der Welt zu erkennen – über Ratio und Logik, durch die Leistungen verschiedener »genialer« Menschen; doch wenden wir uns auch anderen Formen geistiger Bemühungen zu – solche, die subjektiv, existenzphilosophisch, teleologisch oder kosmologisch-spekulativ sind. Wenn von »Ästhetik« die Rede ist, läßt sich aber auf jeden Fall vorstellen, welche Verachtung Kierkegaard für das unsinnige Geschwätz und die faden Banalitäten empfinden würde, auf welche der »psychologische Mensch« des 20. Jahrhunderts so viel hält – eine Verachtung, die Philip Rieff wohl teilen würde und vielleicht sogar Freud selbst, wenn er wüßte, was aus seinem Werk geworden ist.

Blaise Pascal, der Physiker und Mathematiker des 17. Jahrhunderts, hat sich ernsthaft und auf der Grundlage umfangreicher Kenntnisse mit dem Problem von Religion und Wissenschaft beschäftigt. Freuds *Die Zukunft einer Illusion* läßt sich gut als Fußnote zu Pascals *Pensées* lesen. Pascal unterschied sehr klar zwischen der Beschäftigung mit Mensch und Natur einerseits (wissenschaftlicher Forschung) und der Beschäftigung mit Gott andererseits. Nach Pascal wird letztere intellektuell in der Theologie betrieben, aber auch durch andere geistige Bemühungen in unserem Leben – nicht nur im Gebet oder durch die Teilnahme am kirchlichen Zeremoniell, sondern durch bewußtes Handeln in allen Lebensbereichen des Alltags (das schließt Phantasien und Träume ein sowie die symbolische Arbeit, von der Rizzuto und Winnicott schreiben). Pascal formuliert dies in der ihm eigenen einfachen Sprache: »Und deshalb sind die, denen Gott den Glauben als Gefühl des Herzens gegeben hat, sehr glücklich und völlig rechtmäßig überzeugt. Denen aber, die ihn nicht haben, können wir ihn nur durch Überlegung vermitteln, und darauf warten, daß Gott ihnen den Glauben als Gefühl des Herzens geben wird, denn sonst ist er nur menschlich und ohne Nutzen für das Heil.«

Diese Passage (Teil von »Pensée« 282) verweist darauf, daß für manche Menschen der Punkt eintreten kann, an dem es für sie tatsächlich um das geht, was Pascal »Glauben als Gefühl des Herzens« nennt, eine ganz eigene Form der Psychologie, die wiederum im Dienste einer speziellen Art von Liebe steht. Mit den Worten von Dr. Rizzuto könnte man vielleicht von der Liebe zu »einem lebendigen Gott« reden – zu, anders ausgedrückt, einer besonderen »Verkörperung«, die (bzw. Die) uns zu Hilfe kommt, so hoffen und beten wir inständig, in unserer ansonsten absurden Existenz. Man kann wohl davon ausgehen, daß Dr. Rizzuto ihre Gedanken in Pascals *Pensées* wiederfinden würde; sie würde dieses Werk als zusätzliches Beweismaterial verstehen für die mystisch entrückte und gedankentiefe Kontemplation, die sie immer wieder beobachtet hat – bei zahllosen Jungen und Mädchen, Männern und Frauen, die sich auf den erstaunlichsten Entdeckungsreisen befinden und, wie Pascal, versuchen, den vielfältigen Bedürfnissen von Kopf und Herz auf die Spur zu kommen.

*

Was mich angeht, so muß ich sagen, daß ich die Thematik meines Buches nicht hätte angehen können, ohne ausführlich auf diese theoretischen Fragen eingegangen zu sein. Meine medizinische und psychiatrische Ausbildung für die Arbeit mit Kindern fand in den fünfziger Jahren statt, der Blütezeit derjenigen psychoanalytischen Orthodoxie, die Erik H. Erikson in seinem denkwürdigen Nachwort zu *Kindheit und Gesellschaft* dargestellt hat. Die Menschen, denen ich in Krankenhäusern und Kliniken begegnete, reduzierten sich in meinem Bewußtsein nur allzu oft zu bloßer Modelliermasse, da ich mich mittlerweile nahezu bedingungslos dem Glauben an streng hierarchische Autoritätsstrukturen verschrieben hatte. Noch heute denke ich mit Betroffenheit und nicht frei von Schuldgefühlen an das zurück, was ich damals dachte und daran, wie ich redete, wenn ich mit Kindern arbeitete, die doch ihre eigenen moralischen Empfindungen besaßen, ihre eigenen philosophischen Interessen und religiösen Überzeugungen. Unerbittlich richtete ich mein Interesse auf die »Dynamik ihrer Psyche«, soweit, daß sie und ich zu Karikaturen verkamen: in der Art, wie sie von Komikern wie Mike Nichols und Elaine May in den späten fünfziger Jahren und von Woody Allen in den Siebzigern dem Publikum präsentiert wurden.

*

Man kann wohl Freuds Einschätzung teilen, daß die Geschichte der Religion sehr stark vom Geist der Mißgunst und des Hasses und von blindem Aberglauben geprägt ist. Es gilt auch zu bedenken, daß er sich eher als philosophischer Essayist denn als klinischer Mediziner äußerte, als er *Die Zukunft einer Illusion* verfaßte – das erklärt auch seine Neigung, in diesem Werk eher provozierend und stark verallgemeinernd zu formulieren, ganz im Gegensatz zu seiner sonstigen Praxis, im Großteil seiner klinischen Arbeiten, wo er einzelne *Beispiele* bringt, seine eigenen Träume oder die seiner Patienten, oder Anekdoten, die sich im Laufe eines ereignisreichen Lebens angesammelt haben. Ob der unerschütterliche Glaube eines Kindes an Gott inmitten einer Welt, die den Haß sozial und politisch längst sanktioniert hatte, den großen Wiener Doktor wenn auch nicht an die Pforten des Glaubens zurückgebracht, so aber doch zu der Einsicht bekehrt hätte, wieviel manche unter uns, gleich welchen Alters, mit ihren Überzeugungen bewegen können?

Da wo Freuds Kritik besonders ironisch, ja sogar aggressiv zynisch ausfällt, sah er Religion als die institutionalisierte Form von Wunschphantasien an – als soziale Lüge, die aus dem Bedürfnis des einzelnen nach Selbsttäuschung entsteht. Hier wurde ein großer Moralist selbst beängstigend moralisch. Dr. Rizzutos Grundgedanke sollte uns daran erinnern, daß die Suche unseres Geistes nach Sinn und Ziel des Lebens, wie sie sich darstellt in Phantasie und Geschichtenerzählen, im Glauben an Legenden, zu Hause und an Kultstätten immer wieder weitergegeben, in Liedern und Gedichten und Gebeten, daß diese Suche nicht notwendig oder willkürlich urteilend als Lüge oder Form der Selbsttäuschung gesehen werden darf. Wie immer kommt es auf Zusammenhang und Zielsetzung an. Romanautoren erfinden Geschichten, die darauf abzielen, daß (für Schriftsteller und Leser zugleich) Wahrheit freigelegt wird, wohingegen Lügner Geschichten erfinden, um zu täuschen, in die Irre zu führen, zu verletzen und Leid zuzufügen. Freud konstruierte sich seine eigene Geschichte, eine Geschichte des menschlichen Geistes, seiner Kämpfe, seiner Helden und deren Widersacher, seiner Triumphe und seiner Niederlagen. Wenn er von »Metapsychologie« redete, gestand er eben dies ein.

Es geht stets um das Ziel, das man verfolgt. Ein psychoanalytischer »Ansatz« kann ideologische Überlegungen und konzeptgebundene Orientierung vernachlässigen zugunsten einer phänomenologischen Akzeptanz des Unmittelbaren, des Alltäglichen, des objektiv mit den Sinnen zu Erfassenden – lauter Dinge, die um ihrer selbst willen unsere ungeteilte Aufmerksamkeit ebenso verdienen wie deshalb, weil sie uns etwas über die Geschichte einer Person verraten, wobei man ohnehin auf Vermutungen angewiesen ist, da diese Geschichte nur indirekt über Träume und Erinnerung vermittelt wird. In den Worten eines Kindes, die mir als Zuhörer in Fleisch und Blut übergegangen sind: »Die ganze Welt da draußen ist Gottes Sorge – und auch meine, nehme ich an, denn ich gehöre ja zu Ihm.« Welch ein unglaublicher Besitzanspruch! Ein Anspruch, der Schöpfer und Suchende aneinander bindet, oder, anders ausgedrückt, den göttlichen und außer uns liegenden »Gegenstand« religiöser Gläubigkeit mit der Suche nach Sinn verknüpft, wie sie jeder von uns während seines kurzen Erdendaseins betreibt.

KAPITEL 13

Zur Methode

Wie läßt sich herausfinden, was Kinder über Gott und den Teufel, Himmel und Hölle denken, woran sie glauben und welchen Glaubensfragen sie skeptisch gegenüberstehen? Ich wiederhole mich, wenn ich sage, daß ich Kliniker bin, mit einer Ausbildung als Kinderarzt und als Kinderpsychiater psychoanalytischer Ausrichtung. Ich habe noch nie einen Fragebogen verfaßt oder verteilt. Ich habe weder eine wissenschaftliche Meinungsumfrage vorzuweisen noch bin ich daran interessiert, generelle psychologische Aussagen zu machen, die keine individuellen Abweichungen und Ausnahmen zulassen. Andererseits gehe ich durchaus von bestimmten Annahmen in bezug auf Kinder aus – daß wir Menschen nämlich über ein Erkenntnisvermögen bzw. Bewußtsein verfügen und daß wir mit Hilfe der Sprache versuchen, unsere Umwelt zu verstehen und unseren Mitmenschen unsere Erkenntnisse mitzuteilen. Eine weitere Annahme von mir ist, daß ich meine, etwas mehr zu wissen, wenn sich genügend Menschen bereitgefunden haben, mir ihre Gedanken, Gefühle und Ideen mitzuteilen. Auf weitreichende Verallgemeinerungen bezüglich dessen, was im religiösen oder spirituellen Bereich in Kindern vorgeht – oder auch nicht vorgeht –, wollte ich aber verzichten. Bei meinen Bemühungen, die moralische und politische Einstellung von Kindern zu erkunden, bin ich nämlich wieder und wieder auf die unterschiedlichsten Varianten, auf erstaunliche Widersprüche oder Ungereimtheiten gestoßen – und habe mich dennoch, in meiner Gier, die Dinge zu ordnen, auf Schlußfolgerungen und Interpretationen gestürzt und umgehend ans Klassifizieren gemacht.[1]

Für solche Rückschlüsse und Folgerungen – einige »Befunde« – wird später noch Gelegenheit sein. Nur allzu oft werden uns heutzutage psychologische und soziologische Aussagen oder »Daten« als Wahrheit vorgesetzt, ohne daß auf ihre begrenzte Anwendbarkeit hingewiesen wird und ohne eine Erklärung, wie sie zustande gekommen sind und in welchem Kontext sie stehen. Beispielsweise gibt es immer wieder Aussagen darüber, welche

Gedankengänge junge Menschen verstehen bzw. nicht verstehen können, Aussagen, die auf der Basis von Befragungen von Kindern in der Schule oder in einer soziologischen Praxis beruhen. Diese Behauptungen sind zweifellos richtig – aber man muß wissen, daß ein Kind, das einen Sachverhalt in einem formalisierten akademischen Umfeld, wo es mit Multiple-choice-Fragen konfrontiert wird, nicht versteht, daß dieses Kind über dieselbe Sache sehr wohl auf seine eigene Weise und zu einer von ihm selbst bestimmten Zeit nachdenkt und dann auch darüber redet. Es stimmt durchaus, daß es »Phasen« der »moralischen Entwicklung« gibt – also eine zunehmende Fähigkeit, komplexe moralische Themen zu analysieren, sie einzuordnen und in bezug auf die verschiedensten ethischen oder philosophischen Gesichtspunkte zu durchdenken. Auch die Entwicklung des religiösen Glaubens (»faith-development«) ist untersucht worden.[2] Gewiß beschäftigen sich Jungen und Mädchen mit zunehmendem Alter in zunehmend subtilerer Form mit religiösen oder spirituellen Fragen – sie können dann Ideengut oder Informationen heranziehen, die ihnen vorher noch nicht zur Verfügung standen, Ideen, die sie noch nicht mit acht, aber durchaus mit achtzehn Jahren anwenden können.

Trotzdem beruhen unsere Vorstellungen von dem, was Kinder begreifen können, sehr häufig auf den Fähigkeiten, die sie in einer strukturierten Situation gezeigt haben. Wenn ein Kind auf die vorformulierten Fragen eines Forschenden nicht adäquat eingeht, dann wird dieser sehr wahrscheinlich von einer »entwicklungsbedingten« Unzulänglichkeit sprechen. Wenn ein etwas älteres Kind gut darauf anspricht, wird man das seinem Entwicklungsvorsprung zuschreiben. Die begrenzte Gültigkeit einer derartigen Bewertung steht mir besonders vor Augen, wenn ich an die Kinder der Hopi-Indianer denke, die nicht lesen und schreiben können, nie gelernt haben, wie man einen Testbogen ausfüllt (es gibt nämlich auch so etwas wie eine Entwicklung bei der Bewältigung von Tests!) und die verschlossen wie Austern sind, selbst wenn sie von jemandem befragt werden, der sich alle Mühe gibt, die »kulturellen Schranken« zu überwinden, und sich deshalb wiederholt zu zwanglosen Gesprächen mit ihnen trifft, bevor er sie mit den Testfragen konfrontiert. Selbst einem erfahrenen Kinderanalytiker, der ganz gewiß schon mit den Schwierigkeiten in Berührung gekommen ist, die

Kinder haben, wenn sie über ihre Gedanken und Gefühle Auskunft geben möchten, kann es passieren, daß ein Hopi-Kind nach Wochen oder sogar Monaten immer noch relativ stumm und passiv zu sein scheint.

Meine ersten Gespräche mit Hopi-Kindern führte ich an einer Schule, wo der Direktor sowie ein Lehrer mich freundlicherweise in meiner Arbeit unterstützten. Nach sechs Monaten – was wohl bei jedem Forschungsvorhaben als ansehnliche Zeitspanne gilt – war ich soweit, das ganze Projekt fallenzulassen. Die Kinder schwiegen sich aus. Sie verweigerten zwar nicht die Antwort auf meine Fragen und taten mir auch den Gefallen, Bilder zu malen, aber sie waren nicht mit dem Herzen dabei. Als Reaktion darauf wurde aber mein Wunsch, Begriffe zu definieren, Ergebnisse zu formulieren, Kategorien aufzustellen, immer stärker. Ich sah nur noch ihr Mißtrauen, ihre Unzugänglichkeit, ihre kulturelle und gesellschaftliche Isolation, ihren Mangel an Schulbildung.

Eine Hopi-Mutter, die als freiwillige Helferin an dieser Schule arbeitete, öffnete mir schließlich durch eine knappe Bemerkung die Augen. »Je länger Sie hier bleiben«, sagte sie, »desto schlimmer wird es.« Ich war erstaunt, auch verwirrt. Noch bevor ich sie nach einer näheren Erklärung fragen konnte, fühlte ich bereits Zorn in mir aufsteigen, gefolgt von einer Reaktion, die wohl weder besonders originell noch selten ist. Ich wurde auf sie persönlich wütend, nahm sie im Geiste psychologisch, ja sogar moralisch auseinander – was für eine aufdringliche Wichtigtuerin, die sich in Dinge einmischte, die sie nichts angingen! Durch meine jahrelange Berufspraxis war ich nur zu leicht geneigt, ihre nicht gerade freundliche Äußerung nur insoweit aufzunehmen als sie unaufgefordert erfolgt war. Nach außen hin blieb ich aber kühl und zeigte die gewohnte Maske gelassener Neugier, die über meine wahren Gefühle hinwegtäuschte, und konterte mit der Routinefrage: »Können Sie mir das bitte genauer erklären?« Es dauerte nicht lange, und ich erfuhr, was den Hopi-Kindern ihr Zuhause bedeutet. »Sehen Sie, in diesem Gebäude hier werden sie niemals darüber reden, was in ihrem privaten Bereich läuft. Hier lernen sie Lesen und Schreiben und Rechnen, aber das ist alles. Das, wonach Sie sie fragen, sind Gedanken, die sie draußen lassen, wenn sie hier hereinkommen. Je länger Sie hier bleiben und die Kinder immer wieder dahin bringen, stumm, dumm und mürrisch zu wirken, um so weniger werden sie überhaupt noch bereit sein, auf Ihre Fragen zu antworten. Vielleicht denken sie: Bei diesem Typ fällt der Groschen nie.«

Das ist noch so ein Berufsrisiko – Noblesse oblige, wenn nicht sogar totale Selbsttäuschung. Ich hatte die ganze Zeit darauf gewartet, daß bei den armen (was wörtlich zu nehmen ist) Kindern »der Groschen fiel« und sie sich endlich auf meine Interessen einstellten. Wenn ich großzügig gelaunt war, hatte ich von »Vertrauen« gesprochen. Hatte ich aber das Gefühl gehabt, daß es keinen Schritt vorwärts ging – und unbedingt jemand oder etwas gebraucht, dem ich die Schuld dafür geben konnte –, dann war mir wieder eingefallen, wieviel »Widerstand« die Hopis bekanntlich gegen die »westlichen Wertvorstellungen« leisten, wie »zugeknöpft« sie sind, wie »isoliert von den allgemeinverbindlichen Wertvorstellungen unserer Nation«. Hatte nicht ein »Beamter beim Büro für Indianerangelegenheiten« (»Bureau of Indian Affairs«) genau diese Worte benutzt?

Als ich schließlich die Hopis in ihren eigenen vier Wänden aufsuchte, geschahen zwar keine Wunder, doch fraglos ging die Arbeit mit diesen Kindern jetzt, während dieser Hausbesuche, überhaupt erst richtig los. Nach ein, zwei Monaten machten die Kinder einen völlig anderen Eindruck. Sie lächelten. Sie fingen von sich aus ein Gespräch an. Sie führten mich an Plätze, die ihnen wichtig waren. Sie machten mich mit ihren Freunden und Nachbarn bekannt. Und, was sehr wichtig war, sie ließen mich schließlich, nach Monaten der Bekanntschaft, hier auf ihrem eigenen Territorium, und wenn ich nicht nach etwas Bestimmtem fragte, sondern nur tatenlos herumstand, eine Cola trank oder einen Schokoriegel aß, an ihren innersten Gedanken teilhaben. Es waren Gedanken, die so einprägsam waren, daß ich immer an diese Kinder denken muß, wenn die Sprache darauf kommt, wann die ersten halbwegs zuverlässigen Vorstellungen über die religiöse Vorstellungswelt der Kinder bei mir entstanden.

Zum Beispiel hörte ich schließlich (im Jahre 1975) folgendes von einem Hopi-Mädchen, die ich schon fast zwei Jahre kannte: »Der Himmel sieht uns und hört uns zu. Er spricht mit uns, und er hofft, daß wir bereit sind zu antworten. Eine von den Lehrerinnen hat uns erzählt, daß im Himmel der Gott der ›Anglos‹ wohnt. Sie hat uns gefragt, wo unser Gott lebt. Ich sagte: Ich weiß es nicht. Ich hab' die Wahrheit gesagt! Unser Gott ist der Himmel und lebt überall, wo der Himmel ist. Unser Gott ist auch die Sonne und der Mond. Und unser Gott ist unser Volk [das der Hopi], solange wir hier bleiben [auf dem geweihten Land]. Hier ist der Ort, wo wir sein sollen, und wenn wir fortgehen, verlieren wir Gott.«

Ob sie das auch der Lehrerin erklärt habe?

»Nein.«

»Warum nicht?«

»Weil –. Ja, sie denkt, Gott ist eine Person. Wenn ich es ihr gesagt hätte, hätte sie wieder mal so komisch gelächelt.«

»Inwiefern komisch?«

»Wenn sie so lächelt, dann heißt das, daß wir zwar niedlich sind, aber dumm. Daß wir anders sind und alles falsch sehen.«

»Vielleicht hättest du ihr das so erklären können wir mir eben.«

»Das haben wir früher mal getan. Unser Volk hat mit den Anglos gesprochen und ihnen erklärt, was wir denken. Aber sie wollen nicht hören, was *wir* sagen – sie wollen nur sich selbst reden hören, sagt mein Papa, und der hört sie den ganzen Tag. [Der Vater war Lastwagenfahrer.] Meine Großmutter sagt, sie hätten das Ziel, den Himmel zu erobern, und wir hätten das Ziel, zu ihm zu beten, und Leuten, die etwas erobern wollen, kann man sich nicht verständlich machen – für die kann man nur beten. Deshalb lächeln wir immer und stimmen ihnen zu, und wir beten für sie.«

Sie blickte zum Himmel empor, und plötzlich wurde mir klar, daß sie gerade jetzt Gebete dorthin schickte – für uns, die »Anglos« der Vereinigten Staaten, mich eingeschlossen. Die intensive Spiritualität eines Kindes trat hier offen und unbefangen zutage. Als das Mädchen mir schließlich wieder die Augen zuwendete, fehlten mir die Worte. Sie musterte aufmerksam eine am Himmel entlangziehende Wolke. Sie deutete mit der rechten Hand auf die dunkle Wolke, und zwar auf den hochgetürmten oberen Rand. »Dort wohnen die Geräusche«, sagte sie. »Die Geräusche haben auch in uns eine Wohnung.« Ich wartete, ob sie noch mehr sagen würde, denn ich hatte bisher nicht geglaubt, daß sie derart rätselhaft und hintersinnig sein konnte. In der Schule hatte sie einen ruhigen, reservierten Eindruck gemacht, sich an Diskussionen nie sehr beteiligt. Und jetzt standen wir an einem Berghang in der Nähe ihres Zuhauses, und sie nahm »die Natur« ernst und ließ mich wissen, daß wir ein Teil der »Natur« waren und keineswegs so davon abgehoben, wie ich vielleicht dachte.

Wie ein Kind auf einen außenstehenden Beobachter reagiert, wird nicht nur von dessem »methodischem Vorgehen« abhängen; sein Verhalten verändert sich auch als Reaktion auf dessen wechselnde Arbeitsgewohnheiten, Stimmungsschwankungen und, was sehr wichtig ist, dessen oft wechselvolle Gefühle, wie, wo, wie lange und mit welchen Kindern gearbeitet werden sollte. Es liegt auf der Hand, daß manche Kinder nie besonders viel sagen werden, egal, wieviel Zeit ich mit ihnen verbringe und wie sehr ich mich auf die Dauer auf ihren sozialen Hintergrund und ihre Überzeugungen einstelle. Andere Kinder wiederum geben nicht bloß eine Antwort, sie sind regelrechte Geschichtenerzähler – und zwar äußerst lebhafte und wortgewandte. Ich erkundige mich aber nicht gezielt nach solchen Kindern, sondern warte darauf, daß ich sie durch Zufall kennenlerne.

Natürlich können Gespräche, die ausschließlich mit solchen redegewandten Jungen und Mädchen geführt werden, gewissen Einschränkungen unterliegen – es fehlt ihnen die konzentrierte Weisheit, wie sie ein einziges stilles Hopi-Mädchen auf ihre zurückhaltende, pointierte Weise vermittelte. Monate nach unserem Dialog über die Gewitterwolke erzählte mir dasselbe Mädchen von Gebietsstreitigkeiten zwischen den Hopis und den Navajos. »Die Navajos wollen das Land haben, aber wir glauben, daß es immer für uns dagewesen ist und uns vermissen würde.«

Ich fragte, wie das Land bestimmte Menschen »vermissen« könnte.

»Oh«, entgegnete sie, »das Land kann den Unterschied fühlen.« Ich fragte, wie.

»Die Navajos wollen es aufgraben, und sie wollen Häuser bauen. Das wird dem Land weh tun.« Dann fuhr sie fort: »Wenn es hier ruhig ist, richtig ruhig, dann werden wir alle bei Gott sein – die Navajos und wir, und die Anglos auch. Das Land wird bei Gott sein und nicht bei uns.« Und wann käme diese Zeit wohl? Das wisse sie nicht genau. Aber sie sei »ziemlich sicher«, daß folgendes stimme: »Unser Volk ist hier, um die Zeit zu erwarten, wo keiner mehr dem Land weh tut. Dann wird man uns wissen lassen, daß wir unsere Aufgabe erfüllt haben, und wir können fortgehen.« Wieder sah sie zum Himmel empor, während ich versuchte, die komplexe Theologie zu verstehen, die in einem Mädchen Wurzeln geschlagen hatte, das erst ein knappes Jahrzehnt gelebt hatte und weder über eine besonders gute Schulbildung verfügte noch bei ihren Lehrern als »intelligent« galt. Und doch war sie, wie ich im Laufe der Jahre dankbar anerkannte, ein Mädchen, dessen Herz im Hopi-Rhythmus schlug und dessen Seele sich der Weite einer großen Landschaft öffnete.

Der Kern meiner Arbeit sind die sich über längere Zeiträume erstreckenden Begegnungen mit Kindern, ob in Krankenhäusern (bei meiner klinischen Arbeit) oder bei Hausbesuchen und in Schulen. Jedes einzelne Kind wird zu einem Sachverständigen, und jedes Treffen wird zu einer Gelegenheit, bei der ein Lehrmeister – nämlich das Kind – eine Art Unterricht erteilt. Meine Aufgabe ist es natürlich, zuzuhören, das Gesprochene festzuhalten, die selbstgemalten Bilder anzusehen und zu versuchen, den Sinn des Gehörten und Gesehenen zu erkennen. Meine Aufgabe ist es auch, genügend Zeit zur Verfügung zu stellen, so daß ein Kind wie das Hopi-Mädchen sagen kann, was es zu sagen hat – also eine Seite von sich enthüllen kann, die selbst von guten Lehrern selten entdeckt wird. Darüber hinaus ist es auch von Bedeutung, daß ich den Kindern so deutlich wie möglich und so oft wie nötig erkläre, was ich erfahren möchte und wie sie mir helfen können.

*

Lassen Sie mich hier in einer nur leicht überarbeiteten Version darstellen, was ich einmal zu einer Gruppe von sieben Jungen und Mädchen in der Sonntagsschule einer Episkopalkirche in einem Vorort von Boston sagte. Es war noch zu einer Zeit, als ich gerade erst anfing, mich mit dem zu beschäftigen, was zum Herzstück dieses Buches wurde. Es war an einem trüben Tag Mitte November, als ich nach ein paar einleitenden Worten folgendes sagte: »Ich möchte euch um Hilfe bitten. Ich habe viele Jahre – genaugenommen fast mein ganzes Leben, seitdem ich ein fertiger Arzt bin – damit verbracht, zu verstehen, was Kinder wie ihr über die Sachen, die sie erleben, denken. Ich möchte wissen, woran sie glauben, was sie für richtig und falsch halten, wie sie leben wollen, wenn sie groß sind, und wo. In letzter Zeit interessiert mich besonders, was sie im Kindergottesdienst, in einer Sonntagsschule wie eurer hier, lernen, und vor allem, was für sie das wirklich Wichtige daran ist. Ich möchte auch wissen, was Kinder über Gott denken und über die Bibel und die Kirche – zum Beispiel, wie es sich in eurem täglichen

325

Leben auswirkt, daß ihr zur Kirche geht und zur Sonntagsschule, oder ob es vielleicht überhaupt keinen Unterschied macht.«

Plötzlich meldete sich ein Junge von ungefähr zehn Jahren. Ich kannte die einzelnen Kinder noch nicht, ich hatte nur eine Liste mit ihren Namen und wußte, daß sie zwischen neun und elf waren. Ich war noch nicht ganz fertig – genaugenommen war aber das Wesentliche gesagt –, und so nickte ich dem Jungen zu, der mit der rechten Hand in der Luft wedelte. »Wollen Sie wissen, ob es einen Sinn hat, daß man zur Kirche geht?« fragte er.

»Ja«, antwortete ich, »das gehört zu den Sachen, die ich herausfinden möchte.«

»Also, den hat es«, sagte er, »denn wenn man hinterher nach Haus geht, denkt man an Jesus – nicht dauernd, aber manchmal. Da liegt der Unterschied.«

Ich wußte nicht, ob ich darauf eingehen oder mich an meinen Plan halten und zu einer Malaufgabe überleiten sollte: Ich wollte nämlich die Kinder dazu auffordern, für mich ein Bild zu malen oder zu zeichnen, das Jesus zeigte, als er noch auf der Erde war. Bisher war ich noch gar nicht soweit gekommen, zu erklären, welchen besonderen »Kunstunterricht« ich im Auge hatte. Gerade als ich zu meiner ursprünglichen Absicht überleiten wollte, schoß die Hand eines anderen Jungen in die Höhe: »Also, wenn man nach der Kirche wirklich noch an Jesus denkt, das war dann der Sinn der Sache – oder was?«

Es war nicht klar, an wen die Frage gerichtet war, aber mir wurde sofort klar, daß der Punkt strittig war. Ich wollte meinen Faden gerade wieder aufnehmen, als ich hörte, daß ein Mädchen eine Antwort auf seine Frage gab, die für sie offensichtlich sowohl eine Herausforderung als einen Anlaß zum Zweifel darstellte. »Man soll Jesus nachfolgen, so wie es Matthäus und Markus und Lukas getan haben. Er ist jetzt nicht richtig hier, so wie damals, aber Er ist hier. Ich meine, wenn man in die Kirche geht, ist Er da – also hier –, und wenn du hinterher nach Hause gehst, auch. Er ist irgendwie immer bei dir. Das ist doch richtig, oder?«

Jetzt sprach wieder der Junge, der sich zuerst gemeldet hatte: »Das meine ich doch – du gehst von der Kirche nach Hause und denkst an Jesus, und deshalb ist Er auch in diesem Augenblick hier, bei dir.«

»Ja«, sagte der Junge, der als zweiter gesprochen hatte, »aber es genügt nicht, bloß an Jesus zu denken. Mein Dad sagt, wenn du nicht versuchst, so zu werden wie Er, dann bleibt das Ganze ein Witz. Hat mein Vater gesagt.«

Ein Mädchen, das bisher einen eher gelangweilten Eindruck auf mich gemacht hatte, mischte sich spontan ein, ohne sich erst zu melden: »Das darf man nicht sagen, daß es ein Witz ist, wenn man in die Kirche geht.«

Sie schien noch mehr sagen zu wollen, aber der Junge, den sie verbessert hatte, fühlte sich angegriffen: »Mein Dad hat nicht gesagt, daß es ein Witz ist, wenn man in die Kirche geht. Und ich hab' das auch nicht so gesagt. ›Wenn du ein Christ bist, dann mußt du auch wie ein Christ leben‹, das sagt mein Dad zu uns. Wenn wir nach der Kirche wieder zu Hause sind – dann sagt er das. Er möchte, daß wir an Jesus denken und daran, was wir in der Kirche gehört haben, damit wir bessere Menschen werden. Wenn du in die Kirche gehst und hinterher genau wie vorher nur an dich selbst denkst, dann ist es ein Witz, das sagt mein Papa.«

Das Mädchen machte immer noch einen gelangweilten Eindruck. Sie hatte die anderen nur ein oder zwei Sekunden angeschaut. Seit sie verstummt war, starrte sie auf die Tischplatte, und jetzt sah sie immer noch dorthin. Es war ganz still. Ich wollte gerade meine Einleitung beenden und Papier, Stifte und Tuschkästen austeilen, als sie wieder zu sprechen begann. Sie blickte jetzt nur mich an und sah nicht wieder weg, bevor sie ihrem Herzen Luft gemacht hatte. »Es ist nicht fair, es ist einfach nicht fair, wenn man hier anfängt, mit dem Finger auf einen zu zeigen! Er sagt, was sein Vater zu ihm sagt – ich kann ja auch sagen, was mein Vater zu mir sagt. Er sagt nämlich, wenn du zur Kirche gehst, dann weiß Gott das, und deshalb geht man auch hin, damit Er weiß, daß man an Ihn denkt, und das will Er ja von einem. Deshalb ist es kein Witz, selbst wenn« – sie hielt inne und nickte mit dem Kopf in Richtung des Jungen, ohne den Blick von mir zu wenden – »selbst wenn jemand das behauptet.«

Während der letzten Worte richtete sie ihre Blicke fest auf den Sohn dieses »Jemand«, der unbeeindruckt zurückstarrte. Wir waren alle irgendwie betroffen. Ich dachte noch darüber nach, was ich sagen sollte, als der Junge entgegnete: »Also, das ist genau wie bei den Erwachsenen. Mein Vater ist Rechtsanwalt, und er sagt, es gibt nichts, worüber sich die Leute nicht streiten! Über ihre Religion streiten sie auch, sagt er. Sie sagen, der hat recht, und der hat unrecht, und sie ziehen Jesus mit hinein. Das finde ich nicht richtig.«

»Du hast damit angefangen«, erwiderte das Mädchen prompt. »Du hast gesagt, es ist ein Witz, wie wir zur Kirche gehen. Von dir selber kannst du meinetwegen so etwas sagen, aber nicht von uns, nicht von meiner Familie. Meine Mutter geht sehr gern in die Kirche, und mein Dad auch.«

»Ich hab' nichts gegen deine Mutter und deinen Vater gesagt oder gegen dich. Alles, was ich gesagt habe, ist das, was der Pastor auch sagt, daß du nicht einfach in die Kirche gehen kannst und dann denkst, das reicht, das sei alles, was du tun sollst. Du mußt Jesus nachfolgen. Hat Er das nicht selbst gesagt? Hat uns das nicht letzte Woche der Lehrer [in der Sonntagsschule] erzählt? Ich wollte dich nicht ärgern. Ich habe nur meine Meinung gesagt.«

Ein anderer Junge, der bisher nur gespannt zugehört hatte, mischte sich ein: »Ihr habt beide recht. Jeder hat seine eigenen Ansichten. Du hast deine« – er wendete sich an den Jungen – »und du hast deine« –, er drehte sich zu dem Mädchen um – »und ich habe auch meine Ansichten.«

Er machte keine Anstalten fortzufahren, und auch sonst schien keiner etwas hinzufügen zu wollen. Das Mädchen, zu dem er gerade hingesehen hatte, sagte aber: »Na, welche hast du denn?« Ihr Gegner schloß sich prompt an: »Ja, Carl, erzähl mal.«

Es fiel mir auf, daß damit zum ersten Mal eines der Kinder für mich einen Namen hatte. Eine Sekunde lang beobachtete ich Carl. Man konnte an seinem gespannten Gesichtsausdruck und dem vorgestreckten Kopf sehen, daß er die Herausforderung annehmen würde, und es hatte ihm durchaus nicht die Sprache verschlagen: »Das ist wie überall, es gibt eine Menge verschiedener Leute und eine Menge verschiedener Ansichten. Ich gehe meistens nicht gern in die Kirche. Ich würde lieber mit meinen Freunden zusammensein und spielen. Ein paar von denen müssen nicht zur Kirche gehen. Einer hat gesagt, er glaubt nicht, daß Jesus gern in die Kirche gehen würde.«

Carl hatte nur inne gehalten, um Luft zu holen, aber seine Worte waren so provozierend, daß drei Kinder fast gleichzeitig fragten: »Woher weißt du das?«

Carl korrigierte sie sofort: »Ich habe nicht gesagt, daß ich das weiß. Ich habe erzählt, was ein Freund von mir denkt. Das ist doch ein Unterschied. Da kommt doch der ganze Ärger her. Alle« – und dabei blickte er sich im ganzen Raum um – »wollen immer nur miteinander streiten. Meine Mutter sagt, die Bibel ist voll von Streit, und jetzt gibt's hier auch einen, ausgerechnet hier in der Kirche. Wir sind noch nicht mal auf dem Heimweg, und schon sind wir verschiedener Meinung. Versteht ihr jetzt, warum ich am Sonntag lieber mit meinen Freunden spielen würde? Und das tue ich auch oft.«

Das mußten wir erst einmal verdauen. Mir fiel auf einmal wieder ein, was meine Mutter mir als Schuljungen gesagt hatte: »Wir können im Leben nicht immer nur tun, was wir wollen. Wir tun, was sich gehört, auch wenn es nicht immer Spaß macht.« Ich hatte nie gewagt, ihr mit der Tretmine »Warum?« zu kommen. Manchmal kam unser Vater uns in versteckter Form zu Hilfe: »Ich weiß nicht, warum wir soviel Trara darum machen sollten, daß die Jungen in die Kirche gehen.« Dann waren wir, mein Bruder und ich, aus dem Schneider, denn prompt entwickelte sich eine zwar höflich, aber zunehmend gefühlsbetont geführte Diskussion, die uns ganz kribbelig machte, weil es doch jedesmal damit endete, daß wir mit zur Kirche fahren mußten.

Ich wurde in meinem Tagtraum unterbrochen. »So geht es mir auch oft am Sonntag«, sagte das Mädchen von vorher. »Letztes Jahr habe ich meinen Eltern gesagt, daß ich immer so müde werde in der Kirche, und weil es mir an dem Morgen gar nicht gut ging, habe ich gefragt, ob ich zu Hause bleiben könnte. Sie haben es erlaubt. Das hätte ich nie gedacht, aber sie haben es tatsächlich getan. Sie zogen mit meinem Bruder los, und ich saß allein in der Küche und dachte, ich hätte doch mitgehen sollen, und ich war froh, als sie wiederkamen.«

Nun kam auch von dem Jungen, mit dem sie sich gestritten hatte, ein Bekenntnis: »Das ist bei mir auch so – ich habe bis heute keine Lust, jeden Sonntag mitzukommen, obwohl ich es dieses Jahr getan habe. Meine Eltern haben gesagt, daß sie uns nie zwingen würden, in die Kirche zu gehen, aber irgendwie tun sie es doch. Sie sagen, wir sollten hingehen und beten, und wenn wir nach Hause kommen, dann sagen sie, wir sollten auch alleine beten, und wenn wir gute Menschen wären, dann würde Gott sich freuen, und deshalb sollten wir es tun.«

Ein Kind, das bisher ganz still dagesessen hatte, ein Mädchen mit langen, blonden Haaren, großen, braunen Augen und einem ausdrucksvollen Gesicht, mischte sich jetzt mit einer Frage ein, die allgemein großes Erstaunen auslöste: »Woher willst du wissen, daß Gott sich freut?«

Absolute Ruhe. Die Kinder guckten sich ratlos an. Das Schweigen dauerte so lange, daß ich schon meinte, ich müsse womöglich eingreifen. Ich fand die Frage ausgesprochen faszinierend und wünschte mir, daß diese redegewandten, diskutierfreudigen Kinder darauf eingingen. Aber keines brach das Schweigen. Schließlich wollte ich etwas sagen – wenn ich auch noch nicht genau wußte, was –, als mir der konzentrierte Ausdruck auf den Gesichtern auffiel. Es war also keineswegs so, daß die Kinder – etwa aus Schüchternheit, Vorsicht, Mißtrauen oder Bockigkeit – ihre Kommentare unterdrückten, sondern sie waren dabei, ernsthaft darüber nachzudenken, wie man die Frage beantworten könne. Und dann machte Carl eine Bemerkung (oder war es eher eine Frage?), die allgemeines Lächeln und zustimmendes Nicken auslöste: »Wie *kann* man überhaupt wissen, daß Gott sich freut, oder falls Er sich nicht freut, ob Er traurig ist?«

Im selben Augenblick war der Streit vergessen, wir waren uns alle einig. Carls Frage war rein rhetorisch gewesen, und uns allen war klar, warum. Ein Kind nach dem anderen sprach es aus. Eins nach dem anderen faßte seine Erkenntnis in Worte, daß Gott letzten Endes unerforschlich sei. Carl hörte zu, sagte »genau« und »stimmt« und »nee«. Als jedes Kind dies auf seine Weise ausgedrückt hatte, beschloß Carl, unsere Folgerungen zusammenzufassen: »Gott kennt uns, aber wir kennen Ihn nicht. Vielleicht werden wir Ihn kennenlernen, wenn wir sterben und vor Ihn treten – aber nur vielleicht.«

Das Schweigen schien Anzeichen für eine allgemeine Übereinstimmung zu sein. Aber plötzlich wandte sich das Mädchen, das mit ihrer Frage, wie man wissen könne, wann Gott sich freue, den gemeinsamen Gedankengang ausgelöst hatte, mit einer weiteren Frage an Carl: »Glaubst du, wir werden Gott wirklich mal sehen?«

Wieder gab es eine gewichtige Pause. Ich hatte das Gefühl, an einem Wendepunkt zu stehen. Carl senkte erst den Kopf und blickte dann, ein bißchen betont, nach oben zur Zimmerdecke. Mein erster Eindruck war, daß er sich wirklich nach Kräften mit dieser großen Frage abmühte. Aber die Kinder reagierten ganz anders – alle miteinander fingen an zu lachen, und das Mädchen, das die Frage gestellt hatte, posaunte in die Runde: »Guckt mal, Carl fragt Gott nach der Antwort!« Noch mehr Gelächter, und nun war auch ich soweit und lachte mit.

Carl mußte bei dieser humorvollen Ablenkung lächeln, aber er ließ sich nicht beim Nachdenken unterbrechen. Schließlich holte er tief Luft und sagte: »Ich hoffe es. Es wäre einfach super. Schließlich haben Ihn die Menschen ja früher, als Er auf der Erde war, tatsächlich gesehen. Vielleicht kommt Er noch einmal wieder. Wenn mein Vater schlimme Nachrichten im Fernsehen sieht, dann sagt er manchmal: ›Mannomann, der einzige, der diese Schweinerei wieder in Ordnung bringen kann, ist Gott, und der ist bereits hier unten gewesen und hat wohl kaum Lust wieder herzukommen!‹ Aber es heißt doch, daß wir vor Ihn treten werden – oder nicht?«

Das Mädchen, das die Frage gestellt hatte, gab sich nicht mit einer Antwort zufrieden, die eigentlich nur eine andere Version ihrer eigenen Frage war. Sie stellte Carl eine weitere Frage: »Aber wo würden wir Ihn denn sehen? Glaubst du, das passiert wirklich, ich meine, daß du zu Ihm kommst?« Sie hielt inne, aber ihr Mund blieb leicht geöffnet, und sie beugte sich vor. Als sie schließlich die Abschlußfrage stellte, leise, fast wie einen nachträglichen Einfall, ließ der Klang ihrer Stimme ihre Spannung erkennen: »Ich meine, was würdest du sagen – zu Ihm?« Carl zuckte die Achseln und antwortete nicht. Auch sonst sagte niemand etwas. Dann hatte das Mädchen eine Idee. »Was würden Sie sagen, Herr Doktor?« Sie fixierte mich mit ihrem Blick, und für den Fall, daß ich noch Zweifel hätte, was gemeint sei, hatte sie die persönliche Anrede angehängt.

Ich wußte nicht, was ich darauf sagen sollte oder was ich dachte. Ich fühlte mich unwohl, daß ich in diese Sackgasse geraten war (wer versuchte was von wem zu erfahren?), und saß da und sah die Kinder an, bis ich mich schließlich sagen hörte: »Ich denke, ich würde erst mal guten Tag sagen.«

Die Kinder lachten, und ich glaubte schon, daß ich mich aus der Affäre gezogen hatte. Ich wollte den Ball an sie zurückgeben – ich hatte jedenfalls einen Versuch gemacht. Aber Carl war zu schlau für mich. Höflich, aber beharrlich fragte er nach: »Und was würden Sie danach sagen?«

Ich sagte, ich hätte darüber noch nie nachgedacht und wüßte nicht, was ich sagen würde – und dann fügte ich noch etwas verwegen hinzu: »Vielleicht würde Gott etwas sagen, und daraus würde sich vielleicht eine Unterhaltung ergeben.«

Was auch immer mir dabei durch den Kopf ging – bei den Kindern löste das eine Fülle von phantasievollen Vorstellungen aus, zumindest was ihren eigenen Anteil an einer derartigen Unterhaltung anging. Einer der Jungen verkündete, daß er alle seine schlechten Taten beichten und auf Vergebung hoffen würde. Eines der Mädchen hielt dagegen, daß Gott unsere Fehler und Schwächen bereits kenne und es sich deshalb nicht lohne, ihm damit seine Zeit zu stehlen. Ein anderer Junge erklärte, daß Gott gern Gesellschaft habe, jedenfalls in der Person Jesu, der zum Beispiel gern mit seinen Jüngern gegessen und getrunken habe, und deshalb würde das Gespräch vielleicht bei Tisch stattfinden. Ein anderes Mädchen überlegte, was es dann zu essen gäbe, was einen Aufruhr mittleren Ausmaßes auslöste, den Carl (immer noch der einzige, dessen Namen ich wußte, über eine Stunde, nachdem diese bedeutende Phase meines Forschungsprojekts begonnen hatte) schließlich so zusammenfaßte: »Jetzt werden wir aber albern, oder?« Aber gleich darauf fiel ihm noch etwas ein: »Ich würde schon gern wissen, ob Gott wohl essen oder trinken muß. Ich hab' mal meine Mutter so was in der Art gefragt, und die hat mich ganz schön blöd angeguckt. ›Wie kommst du denn darauf?‹ hat sie gesagt, und ich hab' gesagt: ›Weiß nicht.‹ Sie hat meine Frage überhaupt nicht beantwortet! Sie hat das Autoradio angestellt.«

Es gab noch weitere phantasievolle Gedankenflüge. Den Jungen und Mädchen gelang es einerseits, auf kindgemäße Weise eine Vorstellung von der in Dunkel gehüllten Beziehung Gottes zu uns, seinen Geschöpfen, heraufzubeschwören. Aber andererseits bedrückte sie die schreckliche Verantwortung, sich sozusagen an Gottes Stelle zu versetzen. Eines der Mädchen, das bisher am wenigsten geredet hatte, sprach für die anderen mit, als sie sagte: »Keiner hat bisher etwas darüber gesagt, was Gott von uns denken würde und was Er zu uns sagen würde. Wir stellen uns alle vor, was wir zu Ihm sagen würden, aber was würde Er zu uns sagen? Ich frage mich, wie Seine Stimme wohl klingt. Das weiß wohl kein Mensch. Glaubt ihr, daß Er all die verschiedenen Sprachen versteht, so daß Er jeden einzelnen verstehen und mit jedem sprechen kann? Müßte Er doch!«

Sogleich gingen darüber die Meinungen auseinander. Ein Junge sagte, es sei lächerlich, Gott durchschauen zu wollen, indem man sich ausdenke, was Er wohl sagen oder welche Sprache Er sprechen würde. Ein anderer Junge bestritt das und wies darauf hin, daß Gott mit Moses gesprochen habe und daß Jesus doch sicher »vor vielen Jahren« mit seinen jüdischen Landsleuten gesprochen habe und deshalb mindestens eine Sprache könne, nämlich eine Art Hebräisch. Hätten sie nicht vor ein paar Wochen schon darüber in der Sonntagsschule gesprochen? Ja, aber »es war nicht Hebräisch«, meinte ein Mädchen; es sei »irgend so eine andere Sprache« gewesen. Niemand kam auf das Wort Aramäisch, aber es wurde ganz still im Raum, während sie danach suchten und, wie mir allmählich klar wurde, sich dabei vorstellten, wie Jesus mit ihnen redete.

»Ich würde kein Wort herausbekommen«, meinte Carl. »Mir würde vielleicht schwummerig werden. Außerdem würde ich mir blöd vorkommen – als wenn ich sowieso nur etwas Dummes sagen könnte.«

»Nein«, sagte das Mädchen, das schon öfter anderer Meinung gewesen war als er. »Er will doch nicht, daß wir uns Seinetwegen blöd vorkommen, und deshalb passiert das auch nicht.«

»Mir schon«, beharrte Carl und fügte dann hinzu: »Stellt euch vor, Er würde sich ganz schön wundern, wenn wir total cool blieben und nicht völlig geplättet wären, weil Er hier – da – bei uns wäre! Meint ihr nicht auch?«

»Was meinst du mit ›hier‹ oder ›da‹?« fragte dasselbe Mädchen Carl.

Er antwortete in gelangweiltem, geheimnistuerischem Ton: »Keine Ahnung.«

Die in der Luft liegenden Vermutungen darüber, wo in unserem spirituellen Leben Gottes Ort liegen könne, faszinierten mich. Doch die Kinder hatten offensichtlich kein Interesse daran, diese Spur weiter zu verfolgen, und ich verzichtete darauf, mit einer Frage oder einem Kommentar weitere Spekulationen in Gang zu setzen. Draußen vor der Tür hatten sich inzwischen einige Eltern versammelt, und die Kirchenglocke hatte bereits vor 15 Minuten die Stunde geschlagen, zu der unsere Zeit ablaufen sollte. Schon standen alle auf und verabschiedeten sich.

Ich schildere diesen frühen Versuch, die Religiosität von Kindern zu verstehen, so detailliert, weil ich bei den Vorbereitungen für diese Stunde noch gar nicht gewußt hatte, ob überhaupt etwas zustandekommen würde. Ich steckte damals noch ganz in den Anfängen meines sogenannten »Forschungsprojekts« und war mir über das, was Soziologen (und Verwalter von Forschungsgeldern!) häufig als »Methodologie« bezeichnen, noch nicht schlüssig. Zu einem sehr viel früheren Zeitpunkt hatte ich von meiner Frau gelernt, daß man eine derartige Untersuchung am besten damit beginnt, indem man sich mit Kindern zusammensetzt, ihnen erklärt, was man erfahren möchte, und dann darauf hofft, daß sie zu Partnern, Lehrern und Führern werden. Von dem geschilderten Treffen nahm ich nicht nur meine Tonbänder mit den »Daten« der Kinder und meine Noitzen mit nach Hause; der lebhafte Gedankenaustausch hatte sich mir vor allem so tief eingeprägt, weil ich hier in diesem Klassenzimmer zum ersten Mal erlebt hatte, daß meine Idee lebendig geworden war. Ich war sicher, daß es noch mehr solcher Zusammenkünfte geben würde, nicht nur mit diesen, sondern noch mit vielen anderen Kindern an den verschiedensten Orten der Erde. Eines der Kinder hatte beim Abschied noch einen wichtigen Dialog in Gang gesetzt. »Sie haben gar nicht mehr gesagt, daß wir Bilder malen sollten.«

»Ich weiß. Tut mir leid ... wir waren so in unser Gespräch vertieft, nicht?«

»Ja!«

»Möchtest du beim nächsten Mal ein Bild dazu malen?«

»Klar.«

»Ich bringe dann Buntstifte und Tuschkästen mit.«

»Okay.«

*

Das Kernstück meiner Forschungen – der Kern dieses Buches – sind Dutzende von derartigen Gesprächen, die bei uns in den Vereinigten Staaten sowie in vielen anderen Ländern geführt wurden, und zwar mit christlichen, mohammedanischen und jüdischen Kindern sowie mit Kindern, die weniger an Religion als solcher interessiert waren als an einer Form von spirituellem Grübeln, das viele von uns kennen, auch wenn sie sich eher als Agnostiker oder sogar Atheisten verstehen. Den Kern meiner Untersuchungen und dieses Buches bilden Tonbandaufzeichnungen von Treffen mit einzelnen Kindern und mit Kindergruppen, die in die jeweiligen Einzelkapitel Eingang fanden. Dazu kommen Kinderzeichnungen, die auf meinen Vorschlag oder auch in Eigeninitiative entstanden und auf denen Gott, biblische Gestalten oder bildliche Umsetzungen des Heiligen bzw. Profanen dargestellt sind.[3]

Die Kinder waren mindestens so alt, daß sie die Grundschule besuchten, und so jung, daß sie noch nicht zur High-School gingen. Die meisten Jungen und Mädchen waren im Alter zwischen acht und zwölf, einige waren erst sechs oder schon dreizehn. Bei meinen vielen Reisen lernte ich von protestantischen und katholischen Kindern in Nord- und Südamerika und in Europa; von jüdischen Kindern in Nordamerika, Europa und dem Nahen Osten; von mohammedanischen Kindern in Europa, Afrika und dem Nahen Osten. Alle zusammengerechnet, haben meine Mitarbeiter und ich über fünfhundert Kinder interviewt, einige davon nur ein- oder zweimal, die meisten wenigstens fünfmal und viele (über hundert) gut über fünfundzwanzigmal. Die Kinder, die zu der letztgenannten Gruppe gehören, waren die geduldigsten und ermutigendsten unserer Lehrer.

Wenn man ein oder zwei Jahre mit einem Kind arbeitet, dann kennt man es so gut, daß man Zusammenhänge zwischen seinem religiösen oder spirituellen Leben und anderen Aspekten seines Alltagslebens erkennen kann. »Gott ist unter uns und lebt in allem, was wir tun«, ist einer der hoffnungsvolleren Aussprüche von Dorothy Day. Als ich noch in der Orientierungsphase dieses Forschungsvorhabens war, sagte ein achtjähriges jüdisches Mädchen, das in der Nähe von Boston wohnt, zu mir, daß sie »sehr häufig Seine Nähe spüren« könne und daß sie hoffe, Er bliebe in der Nähe, bis »Er so nahe ist, daß ich Ihn hören kann«. Sie deutete an, daß sie dann allerdings nicht länger hier unter den Lebenden sein würde. Bis man von einem derartigen Gefühl von spiritueller Verbundenheit und Kontinuität bei einem Kind erfährt, können oft Monate oder Jahre vergehen.

Wie schon bei früheren Forschungsvorhaben habe ich auch mit Eltern und Lehrern gesprochen – jedoch sehr viel seltener als in früheren Jahren, denn mehr als je zuvor wollte ich die ganz persönliche, intime Gefühlswelt, aus der sich die Spiritualität der jungen Menschen speist, kennenlernen. »Sie meinen also die Gedanken, die einem ganz plötzlich einfallen, über Gott und die Welt und wozu das alles gut ist – ja, das sind wirklich oft ganz schön komische Gedanken« – das sagte ein protestantischer Junge aus

Westford, Massachusetts, in einer Unterhaltung ein paar Stunden nach Ende der Sonntagsschule. Durch diese Worte – die erst nach sieben Monaten mit allwöchentlichen Gesprächen fielen – wurde ich daran erinnert, daß die sogenannten Langzeitstudien bei all ihrer zeitlichen Ausdehnung und mühevollen Datensammlungen ihren ganz besonderen Lohn haben. »Wenn Sie mit Ihren Patienten durch dick und dünn gehen und lange genug dranbleiben, dann lernen Sie verteufelt viel mehr, als Sie je erwartet haben«, sagte Dr. William Carlos Williams einmal zu mir.[4] Diese Bemerkung zeigt, daß auch er in seinen Patienten seine Lehrmeister sehen konnte.

Ich habe versucht Dr. Williams' Vorbild nachzueifern und so lange bei einer Reihe von Kindern »dranzubleiben«, bis ich ihr Vertrauen erworben hatte und etwas von ihnen lernen konnte. Je länger ich an dieser Untersuchung gearbeitet habe, desto deutlicher wurde mir, wieviel es aus unserer Zeit im Kindergottesdienst oder im Hebräisch-Unterricht neu zu entdecken gibt, aus der Zeit, als wir neun oder zehn Jahre alt waren und die Geheimnisse der Bibel oder des Korans eng mit denen der Kindheit verbunden waren. Die Fragen, die Tolstoi stellte und Gauguin bildlich darstellte – Woher kommen wir? Wer sind wir? Wohin gehen wir? –, sind die ewigen Fragen, die auch die Kinder stellen – intensiver, beharrlicher und subtiler, als wir uns das manchmal vorstellen.

Ich habe mich bemüht, Kindern ganz unterschiedlicher nationaler, religiöser und kultureller Herkunft zuzuhören, um so eine Vorstellung davon zu bekommen, was ihnen, die – in all ihrer Verschiedenheit – am Beginn ihrer zweiten Dekade auf dieser Erde stehen, diese universalen Fragen bedeuten. Ich danke den vielen Lehrern, Priestern, Pastoren, Rabbinern und mohammedanischen Eltern auf der ganzen Welt, die mir und meiner Frau, meinen Söhnen und meinen jungen Kollegen ermöglichten, mit so vielen Jungen und Mädchen zu sprechen. Trotzdem bilden die wöchentlichen Gespräche mit Kindern aus meine eigenen wohlhabenden Heimatstadt Concord und mit Kindern aus der Nachbarstadt Lawrence, wo vorwiegend Arme und Arbeiterfamilien leben, die eigentliche Grundlage dieser Untersuchung.

Ich wiederhole noch einmal: Es lag nicht in meiner Absicht, die religiösen und spirituellen Gedanken der Kinder als kollektiven Beweis für eine Psychopathologie der Kindheit darzustellen. Natürlich können Kinder, die unter psychischen Spannungen stehen, Religion auf eine Art benutzen, daß sie ihrer Neurose oder Psychose dient. Ich denke dabei insbesondere an einen zehnjährigen Patienten von mir, der schizophren war. Allen gegenteiligen Überzeugungsversuchen zum Trotz beharrte er darauf, daß Jesus ihn auf eine spezielle Mission in seine Heimatstadt Sudbury, Massachusetts geschickt habe. Die Behauptungen des Jungen hatten eine unheimliche Ähnlichkeit mit den Bekenntnissen von christlichen Heiligen und Märtyrern: »Jesus lebt in mir«, sagte er immer wieder zu den Krankenschwestern. Seine intensive und zunehmend krankhafte Beschäftigung mit der Stimme Christi führte zu einem längeren Aufenthalt in einer geschlossenen Abteilung für selbstmordgefährdete Kinder und Jugendliche. Ich zuckte manchmal zusammen, wenn der Junge mich »einen Atheisten, der nur so tut, als ob er glaubt«, nannte.

Diesen kranken Jungen darf man nicht mit Kindern verwechseln, die in psychischer Hinsicht völlig gesund sind, sich aber in religiöse oder spirituelle Dinge derart versenken, daß ein alltäglicher, aus dem Kontext gerissener Satz aus ihrem Mund ganz ähnlich klingt wie eine Äußerung von ihm. »Jesus soll mein Gebieter sein, ich will mich Ihm total unterwerfen«, erklärte mir ein anderer Junge von zehn Jahren, als ich meine Forschungen bereits seit einem Jahr betrieb. Ich kannte ihn mittlerweile schon gut und wußte deshalb, daß er sehr ernsthaft, aber völlig unbelastet und in sich gefestigt war. Zweifellos zitierte der Junge Jesus als Verstärkung herbei, denn er stand kurz vor den Jahren des adoleszenten Skeptizismus und hegte unbewußt bereits erhebliche Zweifel an seinen Eltern.

Ebensowenig wie es sich bei meinem Vorhaben um eine Übung in psychiatrischer Diagnose oder Zuschreibung handelte, sollte es auch kein Versuch sein, den von mir befragten Kindern eine lineare Theorie von der ständig zunehmenden kognitiven Bewußtheit überzustülpen, um ihre »Glaubensentwicklung« zu untersuchen – ein Begriff, der sich in den letzten Jahren von der sogenannten »moralischen Entwicklung« abgespalten hat. Die Gespräche eines Klinikers mit bestimmten Kindern dürfen nicht mit einem Forschungsvorhaben verwechselt werden, das mit Hilfe von Fragebögen durchgeführt wird oder dadurch, daß Kinder dazu aufgefordert werden, sich zu einer strukturierten Serie von Behauptungen zu äußern. Ich bezweifle nicht, daß psychiatrische Interpretationen von kindlichen Äußerungen zu religiösen und spirituellen Fragestellungen in der Hand eines sensiblen Arztes in vielen Fällen von großem Interesse sein können. Und ebensowenig bezweifle ich, daß eine auf einem kognitiven Fundament basierende Analyse der Frage, in welcher Form sich das moralische, religiöse und spirituelle Denken der Kinder im Laufe größerer Zeiträume wandelt, auch von großem Interesse sein kann. Riskiere ich überheblich zu wirken, wenn ich diese Arbeit hier als phänomenologisch und existentiell bezeichne statt auf Psychopathologie ausgerichtet oder auf die abstrakten Begrifflichkeiten, die mit der »psychoanalytischen Entwicklungstheorie«, mit »Stufen« der »Entwicklung« einhergehen?

Natürlich habe ich als Psychiater versucht, die ganze Bandbreite des Fühlens und Denkens meiner jungen Gesprächspartner zu erfassen. Ich habe darauf geachtet, ob sich etwas bizarr, »verrückt«, psychisch auffällig oder krank anhörte. Ich habe auch nach bestimmten Themen und Trends Ausschau gehalten und die Variablen, die die Theoretiker der Entwicklungspsychologie betonen, miteinbezogen: Alter, Herkunft und Milieu, Geschlecht, Rasse, Nationalität. Aber der Hauptakzent dieses Buches liegt nicht auf abstrakter Analyse, sondern auf dem Erzählerischen, d. h. auf Schilderungen religiöser und spiritueller Erfahrungen in all ihrer »blühenden, schwirrenden Konfusion«, um William James zu zitieren. Allerdings habe ich sehr wohl versucht, den Sinn derartiger Erlebnisse herauszufinden, indem ich die Äußerungen der Kinder und meine eigene Reaktion darauf sowie ihre Zeichnungen und Tuschbilder und meine Reaktion auf diese einer genauen Untersuchung unterzogen habe. Aber es lag nicht in meiner Absicht, möglichst viele Dinge auf eine Formel zu bringen und den Schwerpunkt auf die theoretische Einordnung zu legen, was viele Soziologen und Psychologen so nützlich finden.

Wenn ich an die Begegnungen mit Kindern zurückdenke, die sich darüber äußerten, was ihnen an ihrer Religion oder am Leben, so wie sie es kennengelernt haben, lieb und wert ist, dann fallen mir bestimmte Schriftsteller und Romanfiguren ein, wie z. B. James Agee und sein jugendliches Ich in *A Death in the Family* (dt. Ein Schmetterling flog auf), Charles Dickens' kleiner Pip in *Große Erwartungen* oder sein *David Copperfield* sowie das Kind, das Henry James in »Maisie« schildert – Kinder also, die in ihrem Bemühen, die Welt zu verstehen, die ganze Komplexität, Ironie, Unzuverlässigkeit und Widersprüchlichkeit des menschlichen Charakters veranschaulichen. In diesem Buch stellt also ein einzelner Mensch dar, was ihm viele junge Menschen zu erklären versuchten – es ist meine Geschichte der Geschichten, die sie mir freundlicherweise erzählt haben. Möglicherweise werden auch andere Menschen Gefallen daran finden, diesen Weg einzuschlagen, einen Weg, den wir bisher weitgehend vernachlässigt, wenn nicht gar gemieden haben, sofern unsere Ausbildung vorwiegend areligiös und naturwissenschaftlich ausgerichtet war. Von solchen Menschen würden wir ganz sicher noch mehr darüber erfahren können, was es bedeutet, ein Mensch im Vollbesitz seiner Sprache und seines Bewußtseins zu sein. Und von religiösen Menschen könnten wir vielleicht das lernen, was ein großer Lehrmeister einst über das spirituelle Leben sagte: »Lasset die Kindlein zu mir kommen und wehret ihnen nicht; denn solcher ist das Reich Gottes.«

Anmerkungen

Einleitung

1. Diese beiden hervorragenden Kinder-Analytiker zu würdigen, habe ich versucht in meinem Buch *Erik H. Erikson: The Growth of His Work* (Boston: Atlantic-Little, Brown, 1970) sowie in den beiden Aufsätzen »The Achievement of Anna Freud« (in *Massachusetts Review* 7, Nr. 2, Frühjahr 1966) und »Children's Crusade« (in *The New Yorker*, vom 23. September 1972).

2. Ich habe versucht, einige dieser persönlichen Konfrontationen zu beschreiben, – das Spannungsverhältnis zwischen dem modernen Agnostizismus der zeitgenössischen Psychoanalyse, wie er mir mein ganzes Berufsleben hindurch wohlvertraut blieb, und den spirituellen Anliegen, die manche meiner Berufskollegen immer noch für sehr wichtig halten. Vgl. dazu mein Buch *Harvard Diary: Reflections on the Sacred and the Secular* (Harvard-Tagebuch: Reflexionen über das Heilige und das Profane), erschienen bei Crossroad Publishing Company, New York 1988.

1. Das Antlitz Gottes

1. Zur einführenden Lektüre in die Thematik dieses Kapitels empfehle ich: Ann Belford Ulanov: *Picturing God* (Cambridge: Cowley Press, 1986) – eine erstklassige Sammlung von Aufsätzen. Einer davon befaßt sich mit der Frage, wie Erwachsene unterschiedlicher Herkunft Gott »sehen« – eine Folge, freilich, der Beschaffenheit ihres eigenen Innenlebens. Recht nützlich fand ich auch Teile von Clifford Geertz: *Local Knowledge* (New York: Basic Books, 1983), so die Kapitel über die Sozialgeschichte der moralischen Phantasie und über Kunst als kulturelles System. Die Kinder, denen ich begegnete, riefen sich bildliche Vorstellungen ins Bewußtsein und brachten sie dann zu Papier – und ich mußte mich gelegentlich selbst daran erinnern, daß diese Jungen und Mädchen in einer bestimmten Zeit und an einem bestimmten Ort lebten: Die Soziologie und Anthropologie des bildnerischen Ausdrucks von Kindern, ihres visuellen Lebens.

2. Vgl. dazu: *A Spectacle Unto the World: The Catholic Worker Movement* (New York: Viking, 1973) und *Dorothy Day: A Radical Devotion* (Boston: Addison-Wesley, 1987).

2. Die Stimme Gottes

1. Als ich diese Kinder mir ihre Geschichten – Gottes Worte darin eingeschlossen – erzählen hörte, dachte ich an Arthur Appleby: *The Child's Concept of Story* (Chicago:

340

University Press, 1978) und nutzte seine Anregungen. Ich erinnerte mich auch an eine Äußerung von Perry Miller in einer Seminarstunde meiner Anfangssemester: »Die Puritaner verbrachten ihr Leben in der Bemühung, die Stimme Gottes zu hören.« Damals war ich mir nicht sicher, was der Professor sagen wollte – warum er die Sache in diese Worte gekleidet hatte. Später betonte er das »Gott-Hören« bei einigen der Puritaner, was ich mir damals schwer vorstellen konnte. Jetzt, nach so vielen Jahren, glaube ich zu verstehen, was Perry Miller hatte sagen wollen: Das »Wort« verwandelt sich in unsere eigenen um Ausdruck ringenden Worte, wenn sie zu sagen versuchen, wer Er ist, was Er uns zu sagen hat.

2. Vgl. *The Moral Life of Children* und *The Political Life of Children* (Boston: Atlantic Monthly Press, 1986).

3. Kindliche Spiritualität: psychologische Themen

1. Ich hoffe, bei späterer Gelegenheit Anna Freud ausführlicher meine dankbare Anerkennung dafür ausdrücken zu können, daß sie mir Mut machte, als ich lange zögerte und nur schwer zu bewegen war, die Forschungsarbeiten in Angriff zu nehmen, die dieses Buch ermöglicht haben. Ihre Briefe, ihre Bereitwilligkeit, bei mir zu sitzen und einige der Geschichten anzuhören, die mir gerade von Kindern erzählt worden waren, waren für mich von großer Bedeutung. Ich habe ihr meine Dankbarkeit ausgedrückt in *The Mind's Fate* (Boston: Atlantic-Little, Brown, 1975), aber meinem Gefühl nach reicht das noch nicht aus.

2. Vgl. meinen Aufsatz »Neuropsychiatric Aspects of Acute Poliomyelitis« im *American Journal of Psychiatry* 114, Nr. 1 (Juli 1957). Trotz der inzwischen vergangenen Jahrzehnte ist immer noch an diese Arbeit zu erinnern – meinen ersten Versuch klinischer Forschung, der in eine Zeit großer Belastungen durch eine Epidemie fiel. Ich bin mit einigen der damaligen Patienten all die Jahre hindurch in Verbindung geblieben – ein Prozeß der Erziehung für mich. Um nochmals Anna Freud zu zitieren: »Unsere Patienten sind unsere Lehrmeister!«

3. *God's Choice: The Total World of a Fundamentalist School* (Chicago: University of Chicago Press, 1986) von Alan Peshkin wirft ein sehr hilfreiches und erhellendes Licht auf die Welt des Fundamentalismus.

4. Kindliche Spiritualität: philosophische Betrachtungen

1. Manchmal führten mich die Bemerkungen der Kinder zurück in meine Studentenjahre bei Perry Miller und die Kierkegaard-Lektüre, die er uns aufzuerlegen pflegte: *Furcht und Zittern, Die Wiederholung, Entweder-Oder.* Kierkegaard, der abstrakte Metaphysiker, vermochte sich auch in Kierkegaard, den scharfsinnigen Beobachter des bürgerlichen Alltags der Mitte des 19. Jahrhunderts in Kopenhagen und seiner »Alltäglichkeit« zu verwandeln, geradeso wie diese Jungen und Mädchen von Zeit zu Zeit innehielten, um zu versuchen, das Leben, seinen Sinn, seine Absurditäten, richtig einzuschätzen. Es war mir ein wichtiges Anliegen, getragen, während ich es in die Tat umsetzte, von der Hoffnung, der kierkegaard-

schen Weisheit des Romanschriftstellers Walker Percy auf diese Weise meine Wertschätzung auszudrücken – wie geschehen in meinen unter dem Titel *Walker Percy: An American Search* (Boston: Atlantic-Little, Brown, 1978) veröffentlichten Prosastücken und Essays. Deutsche Ausgaben der Romane von Walker Percy sind im Suhrkamp Verlag, Frankfurt am Main, veröffentlicht worden.

5. Kindliche Spiritualität: visionäre Momente

1. Vgl. *The South Goes North* in Band III von *Children of Crisis* (Boston: Atlantic-Little, Brown, 1978).

6. Bildliche Darstellungen

1. Dr. Williams waren die der künstlerischen Darstellung sich bietenden Möglichkeiten nicht fremd – auch nicht die Hindernisse, die sich dem Künstler in den Weg stellen. Vgl. dazu: *A Recognizable Image* (New York: New Directions, 1978), eine Sammlung seiner Essays über Kunst und Künstler; ferner den von J. D. McClatchy herausgegebenen Band *Poets on Painters* (Berkeley: University of California Press, 1988). Mögen auch die hier vorgelegten Kinderzeichnungen nicht »Kunst« in ihrer vollendeten Form sein, so haben diese Jungen und Mädchen doch darum gerungen, wie Schriftsteller und Künstler unablässig darum ringen, anderen nicht nur eine Idee zu vermitteln, sondern das Suggestive, Provokative, Überzeugende und Überraschende wiederzugeben.
2. Interessierte Leser haben möglicherweise das Bedürfnis, die bibliographischen Hinweise und Anmerkungen zu den fünf Bänden *Children of Crisis* (Boston: Atlantic-Little, Brown, 1967, 1972, 1978) sowie *The Moral Life of Children* und *The Political Life of Children* (Boston: Atlantic Monthly Press, 1986) einzusehen, wo Anregungen zu finden sind bezüglich weiterführender Lektüre zum Thema der künstlerischen Arbeit von Kindern, ihrer Bedeutung und ihres Nutzens für diejenigen von uns, die sich mit Kindern beschäftigen und sich bemühen, sie zu verstehen. So wertvoll diese sozialwissenschaftlichen Bücher auch sind, manches Mal wende ich mich den Künstlern selbst zu, z. B. Gauguin, der mit den Worten ringt, um das zu vermitteln, was er zunächst in überragender Weise als bildliche Darstellung vorgelegt hatte. Vgl. dazu Wayne Andersen: *Gauguin's Paradise Lost* (New York: Viking, 1971), außerdem natürlich van Goghs Briefe: *Als Mensch unter Menschen. Vincent van Gogh in seinen Briefen an den Bruder Theo* (übersetzt von E. Schramm, herausgegeben von F. Erpel, eine Auswahl in zwei Bänden, München 1960), von denen so viele einen hochgestimmten Künstler und einen Menschen am Rande des Abgrunds offenbaren. Ich erwähne diese beiden auch schriftlich tätigen Maler, weil Kinder, wie ich bemerkt habe, sich so häufig gedrängt fühlen, über das zu reden, was sie gezeichnet oder gemalt haben – oftmals, wie ich zugeben muß, wenn ich mehr Zeit benötigte für eine stille Betrachtung ihrer Arbeit.
3. Ich empfehle hier eine Studie der biblischen Lepra von meinem israelischen

Freund Joseph Zias: »Leprosy in the Byzantine Monasteries of the Judean Desert« in *Koroth* 9: 242–248. Joseph Zias bezweifelt, daß die Lepra, die wir heute als Hansensche Krankheit kennen, in biblischen Zeiten existierte. Vielmehr sei »Lepra« ein Allerweltswort gewesen, das für diverse klinische Probleme herhalten mußte.

4. Wenn ich bisweilen Kinder beobachtete, wie sie künstlerisch mit dem Leben Jesu ringen, Seiner Geburt, Seinen Wundertaten oder Seinem Leidensweg, mußte ich an die Kunst des Mittelalters und der Renaissance denken, die Gegenstand meiner Universitätsstudien war und kürzlich von mir in einem kunstgeschichtlichen Kurs für Grundschüler einer 4. Klasse in Cambridge zum Unterricht herangezogen wurde. Die mir bekannten Jungen und Mädchen sind nicht in Gefahr, große Künstler zu werden, doch nicht wenige hat die Gestalt Jesu gewaltig aufgewühlt, so daß sie sich in ihrer künstlerischen Leistung selbst übertrafen, wie ihre Lehrer bemerken konnten. Ich habe diesen Kindern den Bildband zur Geschichte der mittelalterlichen Kunst von Georges Duby: *History of Medieval Art* (New York: Skira, 1986) gezeigt (und mich bei der Arbeit mit ihnen davon anregen lassen), desgleichen Marvin Eisenberg: *Lorenzo Monaco* (Princeton, N. J.: Princeton University Press, 1989), und war beeindruckt von ihrer spontanen Bereitschaft, mit gebannter Aufmerksamkeit die Leistungen anderer ehrfürchtig zu betrachten – eine Konzentration, die mit dem Bewußtsein entsteht, daß eigene Ziele und Sehnsüchte von anderen geteilt werden: Dem Wort eine »Form« zu geben, die so »heilig« ist, wie das eigene ästhetische Talent und die eigene spirituelle Energie es gestatten. Diesbezüglich von Interesse ist Ernst H. Gombrich: *Kunst und Illusion: zur Psychologie der bildlichen Darstellung*. Stuttgart 1986, außerdem seine Besprechung von David Freedberg: *The Power of Images* (Chicago: University of Chicago Press, 1990) in *The New York Review of Books* (vom 15. Februar 1990).

7. Christliche Erlösung

1. Wenn ich Kinder über das Christentum sprechen hörte, kamen mir Stellen des Neuen Testaments in den Sinn, desgleichen keine theologischen Werke, aber der persönliche Ausdruck des Glaubens in Autobiographien wie *The Long Loneliness* (New York: Harper and Row, 1952) von Dorothy Day oder in Romanen, die in ihrer Weise einem nahe bringen, was Glauben letztlich bedeutet: täglich wiederkehrende Zeiten des Gebets und des Zweifels, der Hingabe und der Skepsis – wie uns dies in der christlichen Tradition dieses Jahrhunderts geschildert wird von Graham Greene, Georges Bernanos, Ignazio Silone, Walker Percy, François Mauriac. Einige Jahre lang habe ich (zusammen mit Robert Kiely) an der Harvard-Universität einen Kurs abgehalten über »Eine Literatur der christlichen Reflexion«. Wir mühten uns redlich, Luther und Calvin näher zu kommen, dem Heiligen Franziskus und Sankt Benedikt ebenso wie George Herbert, Pascal und Kierkegaard, Emily Dickinson und Robert Frost, Philip Larkin, Flannery O'Connor, Simone Weil, Thomas Merton – dem Ringen ganz verschiedenartiger

Menschen um eine Vision Gottes und Gottes Bedeutung für uns. Ich dachte an diese Schriftsteller, auch an Tolstoi oder an James Agees Jugend in *Die Morgenwache* (Stuttgart 1983), wenn ich hörte, wie diese Kinder ihre Kämpfe und Ängste, ihre Zweifel und Hoffnungen in Worte zu fassen suchten.

Erlauben Sie mir hier, eine bunte Vielfalt von Büchern anzuführen, die mir von Nutzen waren, als ich das von den Kindern Gehörte mit dem zu verbinden versuchte, was frühere Generationen dazu zu sagen hatten: von James J. Thompson *Christian Classics Revisited* (San Francisco: Ignatius Press, 1983); der Sammelband *Writers Revealed*, in welchem zeitgenössische Autoren wie Iris Murdoch und Anthony Burgess »über Glauben, Religion und Gott reden«; *Children in Amish Society* (New York: Holt, Rinehart and Winston, 1971) von John Hostetler und Gertrude Huntington, ein Blick auf eine besonders engagierte Gruppe junger Christen; *Evangelicalism: The Coming Generation* (Chicago: University of Chicago Press, 1987) von James Davison Hunter, eine scharfsinnige, eindrucksvolle Betrachtung gegenwärtiger Entwicklungen – und ihrer Gründe – bei einigen von Amerikas eifrigsten christlichen Gläubigen; und schließlich drei köstliche und anrührende Bücher, die Kinderworte wiedergeben, die an Gott als einer gefühlten oder angenommenen Gegenwart gerichtet sind: *The Child is Superior to the Man: Children's Experiences with God in the Public School Classroom* (Hicksville: Exposition Press, 1980) von Samuel Silverstein, eine Reihe entzückender Beschreibungen von einem wunderbar aufmerksamen Lehrer; *Children's Letters to God* (New York: Simon and Schuster, 1975), gesammelte Kinderbriefe, herausgegeben von Eric Marshall und Stuart Hample; und *Mister God, This is Anna* (New York: Ballantine, 1974; deutsche Ausgabe: *Hallo, Mister Gott, hier spricht Anna*, Scherz Verlag, Bern und München, 1974) von einem Autor, der unter dem Namen »Flynn« schreibt, ein Bericht – eine Art Tagebuch – über das tiefempfundene, introspektiv religiöse Leben eines einzelnen Mädchens. Allen diesen Kindern eignet eine gewisse Leidenschaft, nicht unähnlich der Leidenschaft, die Pascal empfunden haben mag, als er auf seinem Weg von einem *pensée* zum nächsten weiterschritt – eine Arbeit der Gedanken, gewiß, aber unter Verausgabung seelischer Energie bei bisweilen höchster Erregung, geht es doch um die Erlösung.

8. Islamische Gottesgefolgschaft

1. Ich bin Heidi Larson außerordentlich dankbar, der jungen, vitalen und begabten Anthropologin, die sich eine Reihe von Jahren mit pakistanischen Kindern in London beschäftigt hatte, und die mit Taktgefühl und Liebenswürdigkeit zwei meiner Söhne, Danny und Mike, mit diesen Kindern bekannt machte und damit uns allen den Kontakt zu jungen islamischen Menschen eröffnete. Heidi Larsons Doktorarbeit über das Thema »Kulturen auf dem Spielplatz: Pakistanische Kinder, britische Kindheit« (angenommen von der Universität von Kalifornien in Berkeley, 1989) ist ein ungewöhnliches Dokument, eine originale Mischung ausgezeichneter Fotos mit hochliterarischen, bisweilen poetischen Texten. Ihre

dokumentarische Arbeit war für meine eigene außerordentlich hilfreich. In vielen Gesprächen hat sie mich geduldig von ihren Einsichten profitieren lassen, die auf ihrer praktischen Forschungsarbeit mit pakistanischen, arabischen und jüdischen Kindern in England, Asien und Israel beruhen.

2. Während ich diesen islamischen Kindern zuhörte, versuchte ich ihre Religion kennenzulernen. Ich las Teile des Korans in der (englischen) Übersetzung von A. J. Arberry (New York: MacMillan, 1955); *An Introduction to Islam* (New York: Macmillan, 1985) von Frederick Mathewson Denny; *The Arab Mind* (New York: Scribners, 1983) von Raphael Patai; *Islamic Concept of God* (London: Kegan Paul International, 1984) von Zia Ullah; *Islam: Beliefs and Teaching* (London: Muslim Educational Trust, 1980) von Ghulam Sarwar. Ich las das faszinierende Buch von Paul Rabinow *Reflections on Field Work in Morocco* (Berkeley: University of California Press, 1977) und mit großem Vergnügen einige »Moslemische Kinderreime« und einige der »Aussprüche Mohammeds«, die mir die Kinder, mit denen ich arbeitete, in Gestalt wunderbar aufgemachter und sehr nützlicher Heftchen schenkten. Besonderen Dank schulde ich meinem Freund Asif Sumal für sein Exemplar von »Liebe deinen Bruder, liebe deinen Nächsten« – eine Mahnung an mich, den Menschen des Westens, wie groß, über Kontinente und Kulturen hinweg, unser aller Gemeinsamkeiten im Ethischen und Spirituellen sind. Als mehr und mehr Kinder mir mehr und mehr zu lesen gaben, wurde ich stutzig und fragte mich, was sie mir damit sagen und über meine Unwissenheit zu verstehen geben wollten. Schließlich nahm ich einen Grundsatz ihres islamischen Glaubens ernst und sagte ihnen, daß ich niemals das, was sie wissen, so wissen könne, wie sie es wissen, – woraufhin der junge Asif, der als erster in diesem Kapitel auftritt, scherzhaft bemerkte: »Dann geben Sie also auf!« Ich gab nach: »Ja, ich gebe auf.« Er darauf: »Das ist gut«, und ebenso knapp wie rätselvoll fügte er hinzu: »Sie lernen es schon noch.« Er ging nicht weiter, und ich sagte nur mit einem Lächeln: »Ich hoffe es.«

9. Jüdische Gesetzestreue

1. Während meiner Gespräche mit jüdischen Kindern las ich verschiedene Bücher, das eine oder andere auf ihre Empfehlung hin und von den Eltern freundlicherweise mir zur Verfügung gestellt: *What is Judaism?* (New York: MacMillan, 1987) von Emil Fackenheim und das umfangreiche, in populärem Stil gehaltene Werk *A History of the Jews* (New York: Harper and Row, 1987) von Paul Johnson. Ich ging auch auf Martin Buber und Gershom Sholem zurück, auf Abraham Heschel: *The Prophets* (New York: Harper and Row, 1962), den ich schon bei meinem Aufenthalt in den Südstaaten während der Bürgerrechtskämpfe gelesen hatte, als ich so häufig schwarze Kinder, die Volksaufläufe, Drohungen und Gewalttätigkeiten ertragen mußten, um die bisher den Weißen vorbehaltenen Schulen besuchen zu können, sich auf Jesaja, Jeremia, Amos und Micha berufen hörte. Ich las *Worship and Ethics: A Study in Rabbinic Judaism* (Chicago: Northwestern University Press, 1964) von Max Kadushin, ferner Elie Wiesels außeror-

dentliches Werk: *Was die Tore des Himmels öffnet: Geschichten chassidischer Meister.* (Freiburg 1981). Ich ging zurück zum Buch Hiob mit Hilfe meines Freundes Stephen Mitchell, des Verfassers von *The Book of Job* (San Francisco: North Point Press, 1979), und ich las die hervorragende Studie von Freema Gottleib: *The Lamp of God: A Jewish Book of Light* (North Vale, N. Y.: Aronson, 1989), eine Untersuchung der Lichtmetapher in jüdischen Schriften. In Jerusalem, im Yad Vashem, gedachte ich meiner Kindheit, gedachte der Finsternis, mit der Hitler die Welt überzogen hatte, betrachtete mit einigen der Kinder, die ich in Jerusalem kennengelernt hatte, das Buch von Chana Abells: *The Children We Remember* (New York: Greenwillow, 1983), dessen Bilder die Welt einer Jugend vergegenwärtigen, welche die Nazis auszulöschen versuchten. Ich las von Dan Bar-On: *Legacy of Silence* (Cambridge, Mass.: Harvard University Press, 1989), die Begegnung eines Israelis mit den Kindern jener Nazis, und *A Modern Jew in Search of a Soul* (Phoenix: Falcon Press, 1986), eine Sammlung persönlicher Essays von Dr. Marvin Spiegelman und Dr. Abraham Jacobson. Alle der genannten Werke waren mir von Nutzen, brachten mich einer Welt näher, die durch die Augen der Kinder zu sehen, aber auch mit Hilfe der genannten Autoren zu verstehen, für mich so sehr notwendig war. Das in dieser Hinsicht wertvollste Buch war jedoch der von David Rosenberg herausgegebene Band *Congregation* (New York: Harcourt Brace Jovanovich, 1987), eine bemerkenswerte Reihe interpretierender Essays amerikanischer Schriftsteller zur jüdischen Bibel. Ich sagte es den Kindern, daß ich mit der Lektüre dieses Buches beschäftigt war, nannte ihnen die von mir bevorzugten Texte, brachte das Buch zu unseren Zusammenkünften mit, las bestimmte Stellen daraus vor und vernahm die Reaktionen jener Jungen und Mädchen – die von ihnen wahrgenommene »allen sich mitteilende Rechtschaffenheit der Worte«, wie eines der Kinder unsere Diskussionen über *Congregation* beschrieb und zugleich gewissenhaft darauf achtete, das Verdienst dieser Formulierung ihrem Religionslehrer zuzuerkennen.

10. Der innere Dialog: das Seelenleben nicht-religiös erzogener Kinder

1. Reinhold Niebuhr war vor allem christlicher Theologe, aber auch ein gründlicher Kenner der profanen Welt des 20. Jahrhunderts, und als moralphilosophische Einführung in die Werte und Grundannahmen dieser Welt zählen seine vielen Bücher zu den besten der mir bekannten. Als Medizinstudent habe ich einem seiner Kurse als Zuhörer beigewohnt, und viele Male habe ich es mich einige Mühe kosten lassen, ihn sprechen zu hören – eine Begegnung mit einer noch immer lebendigen prophetischen Tradition, wie ich damals dachte und noch heute fühle. Vgl. meine Besprechung: »Reinhold Niebuhr's Nature and Destiny of Man« in *Daedalus,* Winter 1974.

2. Ich glaube, mir ist erstmals bewußt geworden, wie eindringlich manche Kinder aus areligiösen Elternhäusern sich selbst Fragen wesentlich religiöser und spiri-tueller Art stellen, als ich in den 70er Jahren mit Jungen und Mädchen aus recht

wohlhabenden Familien in New Orleans und in Boston arbeitete. Vgl. dazu: *Privileged Ones*, Band V von *Children of Crisis* (Boston: Atlantic-Little, Brown, 1978).

3. Ich versuchte in meinen Gedanken, eine Brücke zu bauen zwischen den Welten der religiös Gebundenen und denen, die keinem Bekenntnis anhingen, wie ich es in den Interviews mit diesen Kindern tat. Vgl. dazu mein *Harvard Diary: Reflections on the Sacred and the Secular* (New York: Crossroads, 1988). Für dieses Buch habe ich Artikel benutzt, die ich für *The New Oxford Review* verfaßt hatte, eine Monatszeitschrift mit starkem Interesse an religiösen Fragen. Ich schrieb zunächst für diese Zeitschrift mehrere Essays zur Thematik des spirituellen Lebens von Kindern (New Oxford Review, November 1985, Dezember 1985, Januar und Februar 1986). Darin habe ich auch die stark entwickelte introspektive Moralität aufzuzeigen versucht, der ich häufig bei Kindern begegnete, die niemals eine Synagoge oder Kirche besucht, aber ihre eigene Art hatten, nach dem Woher und Wohin zu fragen, sogar über sich selbst hinauszuschauen und sich der Frage nach Sinn und Zweck des Lebens zuzuwenden.

11. Das Kind – ein Pilger

1. Wer immer von uns sich mit Fragen der Kindheit in diesem Jahrhundert beschäftigt, sollte *Geschichte der Kindheit* (München 1976²) von Philippe Ariès zur Hand haben, ein Werk über Jungen und Mädchen früherer Jahrhunderte, was sie waren und was nicht, wie sie sich verhielten und wie eben nicht. Ich vermute, ein Sozialgeschichtler späterer Jahrhunderte wird, falls wir als Gattung das kommende dritte Jahrtausend überleben, über unsere Zeit so schreiben, wie Ariès über die längst verflossenen Jahrhunderte – über ein Leben, das einst als selbstverständlich hingenommen, eines Tages nicht mehr ist. Freilich, uns werden immer Grenzen gesetzt sein, sind wir doch hierher gekommen aus dem Nirgendwo, um bald genug wieder zu gehen, und daher rührt das stets wiederkehrende Leitmotiv vom Leben als einer Reise oder gar Pilgerschaft, das ich über die Schranken der Rassen- und Klassenzugehörigkeiten, der Nationalitäten, der religiösen Ansichten und Bekenntnisse hinweg bei Kindern wie Erwachsenen vernehmen konnte. Gabriel Marcel forscht in seinem *Homo Viator* (Chicago: H. Regnery Company, 1951; Bastion-Verlag, Düsseldorf 1949) der Idee des Menschen als eines Reisenden, eines Wanderers, nach – eine so ansprechende Vorstellung gerade darum, weil sie sich mit dem verbindet, was Jungen und Mädchen immer wieder äußern, die von religiösem Existentialismus nie gehört haben. Ja, manchmal können Kinder, die beobachtet werden aus Gründen, die mit ihrem religiösen oder spirituellen Leben nichts zu tun haben, ihre Nachdenklichkeit dennoch in dem, was sie sagen und tun, offenbaren, wie in *Childhood's Domain* (London: Croom Helm, 1986) von Robin Moore deutlich wird, einer Studie zur Frage, wohin Kinder gehen und wie sie spielen, wenn sie draußen sind. Sie zeigt Kinder, wie sie sich bewegen, laufen oder in der Welt herumforschen, aber manchmal auch innehalten und über »die Dinge« und ihre moralische Bedeutung grübeln, wie wir alle es tun.

2. Auch Kinder können sich eine (selbst erlebte) Geschichte vergegenwärtigen, können Zeit überblicken, sich selbst »in« und schließlich »außerhalb« derselben sehen, wie ich sie es habe sagen hören, wenn sie von dem Leben reden, das sie eine Spanne von Jahren gelebt haben und das schließlich endet. Was Jerome Bruner und Donald Spence von Erwachsenen behaupten, gilt auch für Jungen und Mädchen: Sie denken über ihr Leben in Form einer Geschichte. Das ist nicht ganz das gleiche wie das Denken in abstrakten Sätzen – und daher die Anschauung des Lebens als Reise, als Entfaltung einer Geschichte, als Drama. Vgl. dazu: *Actual Minds, Possible Worlds* (Cambridge, Mass.: Harvard University Press, 1986) von Jerome Bruner und *Narrative Truth and Historical Truth* (New York: Norton, 1982) von Donald Spence. Vgl. auch den Aufsatz: »On Narrative and Sociology« von John Shelton Reed, der im September 1989 in *Social Forces* erschienen ist.

3. Dorothy Day hat mir gegenüber oft darauf hingewiesen, daß ganz am Anfang der Bibel – und damit, der biblischen Darstellung zufolge, am Anfang der Welt – eine Mischung von Denken und Handeln, von Wort und Tat, von Symbol und Substanz vorlag. Gott sprach: »Es werde Licht«, doch zugleich handelte er, hauchte Leben in den Erdenkreis. Und so gilt es bis heute für die Kinder, wenn sie sich in Raum und Zeit ihren Weg bahnen, immerfort tätig, aber auch innehalten, fragen, staunen, und dann in ihrer Weise verkünden und bekräftigen, was sie glauben.

12. Psychoanalyse und Religion

1. Rieffs Werk war jenen von uns außerordentlich hilfreich, die eine große Achtung vor psychoanalytischer Arbeit mit ernsten Vorbehalten gegen das auszugleichen hatten, was in den vergangenen Jahrzehnten im Namen derselben intellektuell und kulturell hervorgetreten ist. Vgl. Rieffs Buch *Freud: The Mind of the Moralist* (Freud als Moralphilosoph), erschienen bei Viking, New York 1959. Nützlich sind auch von Peter Gay *Freud: eine Biographie für unsere Zeit.* Frankfurt/M. 1989[2] und *Ein gottloser Jude: Sigmund Freuds Atheismus und die Entwicklung der Psychoanalyse.* Frankfurt/M. 1988.

2. Dieses Buch von Dr. Rizzuto ist keineswegs der erste Versuch seitens eines Psychoanalytikers, das Phänomen des religiösen Glaubens aus der Sicht der psychoanalytischen Theorie zu erörtern. Dr. Rizzuto setzt sich in aufrichtiger Weise mit den revisionistischen Spekulationen zweier Generationen auseinander, die wiederum eine Reaktion auf Freuds persönliches leidenschaftliches Interesse an metapsychologischen Fragen und – nicht zuletzt – auf sein Interesse an dem Einfluß waren, den der religiöse Glaube auf so viele Menschen ausübt, die nicht alle, wie er einsehen mußte, so einfältig oder abergläubisch waren, wie er gelegentlich zu versichern pflegte. Seine Tochter Anna Freud bemerkte 1979 zu mir: »Ja, in *Die Zukunft einer Illusion* zeigte sich mein Vater gelegentlich unnachsichtig gegen überzeugte Gläubige. Ich weiß, daß er jenen, die ehrlich und aufrichtig an einem Glauben festhalten, auch mit Achtung begegnen konnte. Ich denke da an seinen Briefwechsel mit Oskar Pfister, einem Geistlichen und guten Freund.«

Die Briefe, die während einer 28 Jahre währenden Freundschaft zwischen Dr. Freud und dem Schweizer Geistlichen hin- und hergingen, sind wahrhaftig lesenswert: *Sigmund Freud – Oskar Pfister: Briefe 1909–1939*, Frankfurt a. M. 1963. Natürlich sollte ich an dieser Stelle Erik H. Eriksons wichtiges Werk erwähnen, diese Herausforderung des psychoanalytischen Reduktionismus hinsichtlich des religiösen Glaubens und spirituellen Lebens: *Der junge Mann Luther* (Suhrkamp, Frankfurt a. M. 1965) sowie *Gandhi's Truth* (New York: Norton, 1969). Sein Gesamtwerk wäre es wert, als eine entschieden psychoanalytische Ergänzung und Korrektur rücksichtlich solcher Gegenstände in Betracht gezogen zu werden. Diesen Freund und Lehrer zu würdigen, habe ich in meinem Buch *Erik H. Erikson: The Growth of His Work* (Boston: Atlantic-Little, Brown, 1970) versucht. Viele der bedeutenden psychoanalytischen Pioniere dieses Jahrhunderts haben in der Tat ihre eigenen Wege gefunden, sich mit den religiösen, geistigen und ethischen Fragen auseinanderzusetzen: Heinz Hartmann in *Psychoanalyse und moralische Werte* (Stuttgart, 1973); Bruno Bettelheim in *Freud and Man's Soul* (New York, Knopf, 1982); Erich Fromm in sehr vielen seiner soziologischen und sogar in seinen politischen Schriften, insbesondere in *Das Christus-Dogma* (Deutsche Verlags-Anstalt, Stuttgart, 1981); Jung, nicht zu vergessen, in seinen »Terry Lectures«, einer in Yale gehaltenen Vorlesungsreihe, die unter dem Titel *Psychology and Religion* veröffentlicht worden ist (New Haven: Yale University Press, 1938), ferner in seinen *Essays on Contemporary Events* (London, Kegan and Paul, 1947) und in *Modern Man in Search of a Soul* (New York, Harcourt, Brace, 1933), vgl. C. G. Jung, *Gesammelte Werke*, Olten/Freiburg i. Br., 1964 ff. Auch Piaget und seine Mitarbeiter haben es nicht versäumt, solche Fragen in der ihnen eigenen Art anzusprechen, vgl. dazu die Kapitel über den Ursprung der Nacht und über den Begriff von Leben in *Causal Thinking and the Child: A Genetic and Experimental Approach* (New York, International University Press, 1962). Deutsche Ausgabe der Veröffentlichungen Piagets: *Gesammelte Werke I–X*, Stuttgart 1975 (Studienausgabe).

3. Den besten Zugang zu den vielen ausgezeichneten medizinischen, pädiatrischen und psychoanalytischen Abhandlungen von D. W. Winnicott bietet *Von der Kinderheilkunde zur Psychoanalyse: aus den »Collected Papers«*. München 1983, außerdem *Reifungsprozesse und fördernde Umwelt*. München 1974. *Studies in the Theory of Emotional Development* (London, Hogarth, 1965). Zu den anregenden Büchern von Charles Rycroft gehören *Imagination and Reality* (New York: International University Press, 1968), *The Innocence of Dreams* (London, Hogarth, 1979) sowie *Psychoanalysis and Beyond* (London, Hogarth, 1985). Das Buch von H. Guntrip *Psychoanalytic Theory, Therapy, and the Self* (New York: Basic Books, 1971) ist eine Hilfe zum Verständnis der Ansichten Dr. Rizzutos. Eine wertvolle Zusammenfassung dessen, was diese britischen Theoretiker der zeitgenössischen Psychoanalyse zu bieten haben, findet man in *Reshaping the Psychoanalytic Domain* (Berkeley: University of California Press, 1989) von Judith M. Hughes.

Ich habe die Arbeiten des Psychoanalytikers und Jesuiten William Meissner recht nützlich gefunden – vgl. seine Bücher *Life and Faith* (Washington: Georgetown Press, 1987) und *Psychoanalysis and Religious Experience* (New Haven: Yale University

Press, 1984). Ein äußerst provozierendes und anregendes Buch – eine wahre Tour de force – ist *Sigmund Freud's Christian Unconscious* (New York: Guilford, 1988) von Paul Vitz. Dr. Vitz will aufzeigen, wie eng verbunden Freud, trotz seines bekennerischen Agnostizismus, mit einer eigentümlichen und komplexen Mischung religiöser Traditionen lebte.

13. Zur Methode

1. Dieses Kapitel über die Arbeitsmethoden verbindet sich mit sieben anderen von mir verfaßten – für die fünf Bände von *Children of Crisis* (Boston: Atlantic Monthly Press, 1967, 1972, 1978) sowie für *The Moral Life of Children* und *The Political Life of Children* (Boston: Atlantic Monthly Press, 1986). Insbesondere verweise ich den interessierten Leser auf das Kapitel über »Psychoanalysis and Moral Development« (Psychoanalyse und sittliche Entwicklung) in *The Moral Life of Children*, einschließlich der Anmerkungen dazu – es war dies ein Versuch, meine eigenen Forschungen mit der psychoanalytischen Kinderpsychiatrie und den Beobachtungen der kognitiven Psychologen zu verbinden. Zum Verständnis des allgemeinen Hintergrundes der in diesem Buch vorgelegten Forschungsarbeit empfehle ich dringend die Lektüre von Piaget: *Das moralische Urteil beim Kind* (deutsche Ausgabe bei: Rascher Verlag, Zürich 1954), ferner Lawrence Kohlberg: *Philosophy of Moral Development* (New York: Harper and Row, 1981) und das recht nützliche und instruktive Buch von Carol Gilligan *In a Different Voice* (Cambridge Mass.: Harvard University Press, 1982). Außerdem empfehle ich von James Fowler: *Stages of Faith* (San Francisco: Harper and Row, 1981) und *Life Maps* (Minneapolis: Winston Press, 1978). Ich kämpfe weder mit dem Begriff einer »Entwicklung zum Glauben« noch mit den Bemühungen, durch kognitive Analyse zu erkennen, wie sich unser rationales Leben mit unserem religiösen oder spirituellen Leben verbindet. Ich kann hier nur wiederholen, was ich in *The Moral Life of Children* ausgeführt habe – daß meine Arbeit *kontextuell* ausgerichtet und bestrebt ist zu erfahren, wie Kinder ihr Leben anpacken: zu Hause, auf dem Spielplatz, in der Schule, beim Religionsunterricht. Für die Kinder wichtig, und in der Sache aufschlußreich ist es, daß ihnen Fragen gestellt werden, daß man sie mit moralisch suggestiven (oder mehrdeutigen) Szenarien konfrontiert und sie auffordert, in mehrfacher Weise zu den Befragungen Stellung zu nehmen, die Licht auf ihre Denkstrukturen, Wertvorstellungen und Grundannahmen werfen sollen. Für manche von uns könnte es nützlich sein, Monate oder sogar Jahre mit Kindern zu verbringen, sie zu beobachten und ihnen zuzuhören, wie sie mit ihrem sich entwickelnden Leben ringen, und von ihnen zu lernen, wenn sie unbefangen miteinander reden und Fragen beantworten, die sie selbst einander gestellt haben. Ich habe versucht zu verstehen, wie bestimmte Kinder die religiösen Traditionen (oder nicht-religiös geprägten Ideale) ihrer Familie in ihr alltägliches Gesprächsleben einpassen. Falls die von mir angewandte Methodik ihre logischen Grundlagen hat, sind diese wahrscheinlich am besten erklärt in meinem dem Thema »Wie Geschichten zu uns sprechen« gewidmeten Buch: *The Call of*

Stories: Teaching and the Moral Imagination (Boston: Houghton Mifflin, 1989). In einem gewissen Sinne bietet das hier vorgelegte Buch einige Auszüge aus Gehörtem, die auf einer langfristigen Beschäftigung mit bestimmten Kindern beruhen – was diese Kinder, wenn sie nach Gott, über die Bedeutung der Religion für sie persönlich, gefragt wurden, sowohl zu mir allein als auch, häufig genug, zueinander gesagt haben.

2. Gabriel Moran bietet in *Religious Education Development* (Minneapolis: Winston Press, 1983) eine ausgezeichnete Analyse der verschiedenen theoretischen Ausgangspunkte für psychologische Kinderstudien. Ich selbst bin offenkundig weniger daran interessiert, die Denkstrukturen der Kinder zu analysieren, die ich kennengelernt habe, als vielmehr anderen die markantesten Äußerungen von dem wiederzugeben, was mir zu hören vergönnt war. Vielleicht könnten wir es eine dokumentarische Arbeit nennen – vorgelegt von einem ausgebildeten Kinderarzt und Kinderpsychiater, der mithin, wie er hofft und für sich erbittet, eine gewisse Fähigkeit besitzt, mit Kindern so umzugehen, daß bei ihnen selbst das Bedürfnis entsteht, über manches zu reden. Vielleicht ist es nicht gänzlich abwegig, wenn Kinder hin und wieder dazu angeregt werden, ganz frei auf die Bibel zu reagieren, aus ihrem Lebensgefühl heraus, nach ihrem Herzen. Die Bibel ist kein theologischer Text, keine philosophische Abhandlung: Sie ist eine Folge von Geschichten, von Erzählungen, mit Höhepunkten voll lyrischer Ausdruckskraft.

3. Lassen Sie mich bekennen, daß ich bei dieser Arbeit bedeutende Anregungen durch zwei wunderbare Bücher von Robert Alter erfahren habe: *The Art of Biblical Narrative* und *The Art of Biblical Poetry* (New York: Basic Books, 1981 und 1985), außerdem durch das hervorragend instruktive, von Robert Alter und Frank Kermode herausgegebene Handbuch *The Literary Guide to the Bible* (Cambridge: Harvard University Press, 1987); ferner durch Cynthia Ozick: *Metaphor and Memory* (New York: Knopf 1989) und Dan Jacobsen: *The Story of Stories: The Chosen People and Its God* (New York: Harper and Row, 1982). Manchmal, wenn ich bei Kindern gesessen habe und hörte, wie sie – religiös gläubig oder nicht – um einen Sinn des Lebens rangen, habe ich an Robert Alter gedacht, der so feinsinnig jene uralten Erzählungen, jene erhabenen, von fernher gesprochenen lyrischen Worte zu interpretieren versteht, und an Dan Jacobsen, der seinen eigenen Kampf kämpft mit dem großen (und manchmal schweren, gefahrvollen) Schicksal eines großen Volkes, sowie an Cynthia Ozicks kraftvolle, faszinierende Wiederbelebung der spirituellen und literarischen Tradition des Hebräischen.
    Zu den weiteren Quellen der Ermutigung, Erbauung und sogar der Inspiration gehören die ausgezeichneten Untersuchungen von Gareth Matthew, die, unter dem Titel *Philosophy and the Young Child* (Cambridge, Mass.: Harvard University Press, 1980) veröffentlicht, offenbaren, welch subtile moralische Einsicht Kinder einem Beobachter vermitteln können, der auf sie eingeht; ferner Richard Coe: *When the Grass Was Taller* (New Haven: Yale University Press, 1984), eine ausgezeichnete Analyse, die zum Genre der autobiographischen Darstellungen der Kindheit zählt; William Damon: *Die soziale Welt des Kindes*. Frankfurt/M. 1984, der wertvolle Ergänzungen zur kognitiven Psychologie von Piaget, Kohlberg und

Gilligan bietet; Peter L. Berger: *Zur Dialektik von Religion und Gesellschaft: Elemente einer soziologischen Theorie.* Frankfurt/M. 1988, der in ähnlicher Weise dem religiösen Leben in bestimmten sozialen und kulturellen Milieus nachgeht; Jerome Kagan: *The Nature of the Child* (New York: Basic Books, 1989) und darin besonders das ausgezeichnete Kapitel über die Grundlegung einer moralischen Haltung; Reinhold Kuhn: *Corruption in Paradise: The Child in Western Literatur* (Hanover, N. H.: University Press of New England, 1982), insbesondere das Kapitel über Himmel und Hölle in der Kindheit; Colleen McDonnell und Berhard Land: *Heaven: A History* (New Haven: Yale University Press, 1988), eine ungewöhnliche historische Studie; Richard Rabinowitz: *The Spiritual Self in Everyday Life* (Boston: Northeastern University Press, 1988), eine weitere wertvolle historische Arbeit, die sich mit der »persönlichen religiösen Erfahrung« im New England des 19. Jahrhunderts befaßt; John Allan (ein Analytiker aus der Schule C. G. Jungs), der eine einfühlsame Studie künstlerischer Arbeiten von Kindern bietet: *Inscapes of the Child's World* (Dallas: Spring, 1988). Besonders erwähnen möchte ich auch den Klassiker von William James: *Die Vielfalt religiöser Erfahrung: eine Studie über die menschliche Natur* (Olten 1979), den ich vor vielen Jahren als Student und nochmals während dieser Forschungsarbeit gelesen habe; desgleichen das ausgezeichnete Buch von David Heller: *The Children's God* (Chicago: University of Chicago Press, 1986), eine hervorragende Studie zur Frage, wie Kinder unterschiedlicher Herkunft über Gott denken, Gott darstellen und im Geiste ansprechen.

4. Ich habe mit einiger Ausführlichkeit die Zeit beschrieben, die ich mit Dr. Williams verbracht habe – eine mir unvergeßliche Gunst des Schicksals. Vgl. dazu meine Veröffentlichungen: *William Carlos Williams: The Knack of Survival* (New Brunswick, N. J.: Rutgers University Press, 1975), *The Doctor Stories of William Carlos Williams* (New York: New Directions, 1984) und *Rumors of Separate Worlds* (Iowa City: University of Iowa Press, 1989).